Hannes Meyer, Architekt

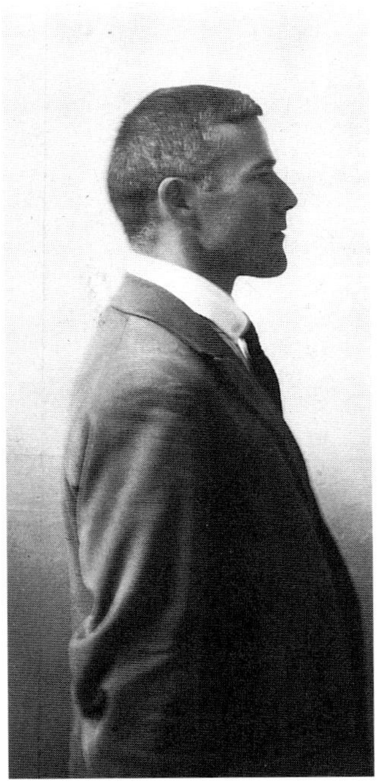

Martin Kieren

HANNES MEYER

Dokumente zur Frühzeit
Architektur- und Gestaltungsversuche 1919–1927

n'li   Verlag Arthur Niggli AG

© 1990 by Verlag Arthur Niggli AG, CH-9410 Heiden
Konzeption: Bruno Waldburger
Layout: Bruno Waldburger/Martin Kieren
ISBN 3-7212-0224-4

«Eine Lesart!...»

«In Wirklichkeit, und allen Verleugnungen zum Trotz, beruht ja die Arbeit der ernstesten modernen Architekten durchaus auf der triebmäßigen, künstlerischen Instinktsicherheit und nicht auf rationalen Überlegungen, das heißt diese dienen nur dazu, das instinktiv als richtig Empfundene nachträglich vor dem Intellekt zu rechtfertigen, und darum sind Bauten beispielsweise eines Hans Schmidt oder Mart Stam Kunstwerke durchaus im normalen Sinn des Wortes, so entrüstet das ihre Urheber bestreiten mögen»

Peter Meyer 1929

Hannes Meyer
eine Zueignung:

schon weil er auch
nicht recht hatte,

und wenn keiner recht hat
bleibt ein Rest:
und im Zweifelsfalle
kommt es auf diesen an,

einer,
den es zu bewahren und
zu retten gilt
vor den Popen
jedweder couleur,

einer,
dem man sich
— festen Blickes —
ruhig
nähern kann:

und schon ist man
einen Schritt weiter
von der Wahrheit entfernt.

Kein schlechter Ort.

Auch dieses Buch wäre nicht möglich ohne die Hilfe der Personen, die mir Hinweise gegeben, mit mir diskutiert oder mir Material zugänglich gemacht haben. Zuallererst ist Claudia Meyer zu nennen, die mir in zahlreichen langen Gesprächen mit Informationen und Kritik zur Seite stand und mir die Privat-Archivalien und -Korrespondenz ihres Vaters zur Verfügung stellte und darüber hinaus das Manuskript ins Reine schrieb und mit Anmerkungen und Verbesserungsvorschlägen versah. Ihrer Förderung, ihrem stetigen (notwendigen) Drängen und ihrer Geduld mit meiner unorthodoxen Arbeitsweise ist das Zustandekommen dieses Buches zu verdanken. Nächstfolgend danke ich Hans-Jakob Wittwer, mit dem ich viele Einzelheiten der Zusammenarbeit von HM und Hans Wittwer in langen Diskussionen klären konnte; – auch las er das fertige Manuskript kritisch gegen. Zu Dank bin ich auch folgenden Personen verpflichtet: Livia Meyer-Klee, Freddy Grazioli, Peter Degen, Petra und Uli Leuenberger; den Mitarbeitern der Bauplanausgabe und des Staatsarchivs Basel-Stadt, des Staatsarchivs Basel-Land und des Wirtschaftsarchivs Basel wie denen der Co-op Schweiz; Frau Rosinger und Frau Verena Rentsch vom institut gta der ETH Zürich, Hans Frei, Michael Koch, Ursula Suter, Simone Rümmele, Christoph Kübler, Sabine Giese, Julia del Mestre und Claudia Eichenlaub (Übersetzungen), Jörn Janssen, Jonas Geist, Ingeborg Beer, Sabine Hartmann und Heinz und Hildegard Kieren; – schließlich noch Annette del Mestre: wegen des einen Gedankens, der in diesem Buch verborgen ist.

Inhaltsverzeichnis

8 *Einleitung/Vorbemerkungen*

15 *Prolog*
16 Prolog 1: Ein Auftritt
18 Prolog 2: «Das Waisenhaus 1899–1905 (ein christlich-bürgerliches Erziehungskollektiv)»
20 Prolog 3: Ausbildung zum Architekten
26 Prolog 4: Metzendorf/München und Krupp/Essen

31 *Freidorf*
32 Freidorf 1: Eine Baumonografie
34 Freidorf 2: Pic-Pic in Genf
35 Freidorf 3: Genossenschaften und Bodenreformer
37 Freidorf 4: Familien- und Siedlungsgedanken
39 Freidorf 5: Krumme Straße/straffes Zellensystem
42 Freidorf 6: «Scharfrichter der Nachkriegszeit»
45 Freidorf 7: Das «System der kleinen Kreise»
51 Freidorf 8: Alles normal(isiert)
55 Freidorf 9: Die Planfassungen, Kommentare
60 Freidorf 10: Zwei Nutzgebäude
63 Freidorf 11: «Tempel der Gemeinschaft» und zentraler Platz
70 Freidorf 12: Schlußbetrachtung

73 *Baustube Hannes Meyer 1919–1924*
74 Baustube 1: Die «Brotarbeiten»
76 Baustube 2: Balsthal
79 Baustube 3: Minimalhausentwürfe
82 Baustube 4: Hallenkonstruktionen
85 Baustube 5: Friedhof «Hörnli»

91 *Co-op*
92 Co-op 1: Ein Ausflug nach Gent, Belgien 1924
94 Co-op 2: «Le Théâtre Co-op» (Hannes Meyer et Jean Bard)
99 Co-op 3: Vitrine Co-op
104 Co-op 4: Exkurs: Belgische Kunst
109 Co-op 5: «Junge Kunst», Belgien und die Folgen: Lino und Foto Co-op

129 *Die neue Welt*
130 Die neue Welt 1: Eine Alfabetisierungskampagne: «ABC»
136 Die neue Welt 2: Konsequenz 1: Das «Laboratorium» Meyer/Wittwer
143 Die neue Welt 3: «ist mir schon wieder zu zahm und zu wenig anarchistisch»
148 Die neue Welt 4: Konsequenz 2: Die Petersschule in Basel, 1926
160 Die neue Welt 5: Konsequenz 3: Der Völkerbundpalast in Genf, 1926/27

177 *Dessau*
178 Dessau 1: Ein Bauhaus ohne Bauen
183 Dessau 2: Verabschiedung einer «Mirakellehre»

187 *Anhang*
188 Verzeichnis der zitierten Literatur
190 Verzeichnis des zitierten Quellenmaterials und dessen Standorte
191 Bibliographie der Schriften und sonstigen Veröffentlichungen Hannes Meyers 1908–1953
195 Abbildungsnachweis/Editorische Notiz

Einleitung / Vorbemerkungen

Hannes Meyer
Nachgeordneter Rettungsversuch für einen «verschollenen» Romantiker

1954 starb in Crocifisso di Savosa bei Lugano der Architekt und Urbanist Hannes Meyer. Hier, in der südlichen Schweiz, nahe den letzten, zumeist italienischen Freunden, verbrachte er die letzten drei Jahre seines Lebens mit Studien und Skizzierungen seiner Arbeit als Architekt, Städtebauer, Marxist und Lehrer. Seine letzte Arbeit sollte eine Durchsicht, Aufarbeitung und Veröffentlichung seiner zahlreichen Schriften, Vorträge, architektonischen und städtebaulichen Projekte und Studien sein. Krankheit und Tod ließen ihn dieses letzte Projekt nicht mehr beenden.

Zehn Jahre später machte sich Claude Schnaidt, seinerzeit Architekt und Lehrer an der Hochschule für Gestaltung (HFG) Ulm, daran, mit Unterstützung von Lena Meyer-Bergner, der zweiten Frau Hannes Meyers, diese begonnene Arbeit, die nun Sache folgender Generationen werden sollte, fortzusetzen und zu einem ersten Abschluß zu bringen. Ergebnis dieser Beschäftigung war das Buch: «Hannes Meyer / Bauten, Projekte und Schriften», das 1965 im Verlag Arthur Niggli, Niederteufen/Schweiz, erschien.

*

In Berlin studierte ich bis 1979 an der Technischen Universität Architektur. 1977 wurden Assistenten und andere Hochschulangehörige oder solche im öffentlichen Dienst durch das – leider immer noch nicht «legendäre» – Berufsverbot bedroht: Linksstehende allerdings ausnahmslos. Einige Studenten machten sich unter unseren Mentoren Johann Friedrich Geist und Joachim Krausse während einer Streik-Woche – die den bedrohten Kollegen Solidarität signalisieren sollte – daran, der Tradition von Berufsverboten unserer Zunft nachzugehen. Irgendwann an einem Abend im Januar 1977 schnitt ich mit KollegInnen Schablonenbuchstaben, um unser Fakultätsgebäude umzubenennen: Eines Morgens prangte dort der Schriftzug «*Hannes Meyer Haus*». Die Streikwochen wegen Solidarität mit vom Berufsverbot betroffenen Kollegen verbrachten wir mit der Vorbereitung eines mehrtägigen Kolloquiums mit Vorträgen: «Hannes Meyer, die Tradition und wir». Erst eine realpolitische Situation hatte uns dazu gebracht, unseren Blick zu richten auf ein Verhältnis, das zu analysieren und in seine praktische und theoretische Arbeit einzubauen schon

Hannes Meyer angetreten war: auf das zwischen Architektur (oder besser: Bauen) und Gesellschaft. Hannes Meyers Entlassung aus dem Bauhaus 1930, Bruno Tauts gleichzeitige Relegation aus dem Lehrkörper der Technischen Hochschule Berlin, der Exodus der HFG Ulm 1968 und die Verfolgung Alexander Schwabs – dem marxistischen Architekturkritiker – und dessen Tod in einem Nazigefängnis; – all das war Geschichte und uns Anlaß, «Bau-» und nicht mehr Architektur- und Stilgeschichte dem Fachbereich gegenüber einzuklagen bzw. selbst zu betreiben. Während meiner anschließenden Assistenzzeit (1980–85) an der Hochschule der Künste Berlin wurde ich immer wieder damit konfrontiert, daß Hannes Meyer in der Baugeschichtsschreibung ausgeblendet wird. Warum aber sprachen uns so wenige Lehrer davon?

Feststellen mußte ich, daß sein Werk immer nur rezipierbar war anhand des Buches von Claude Schnaidt. Aber was heißt hier nur: Nach ersten Recherchen, die über die von Schnaidt geleistete Arbeit hinausgehen sollten, sprach ich des öfteren mit Kollegen: mit Historikern, aber auch mit denjenigen meiner Studienkollegen, die in der Praxis vor Ort seit Jahren tätig sind. Darunter nicht wenige, die ins Schwärmen gerieten: Ja, Hannes Meyer, der war für uns wichtig; das Buch von Claude Schnaidt: zu sehen, daß es etwas gab, wonach wir immer gesucht haben: nach einem Blick auf die gebaute Umwelt, der uns diese erst einmal erklärt und die gesellschaftlichen Ursachen für diese bloßlegt und die Zusammenhänge aufzeigt, die bestehen zwischen den Möglichkeiten, zu entwerfen (eben mit allen benachbarten Disziplinen) und denen, im Kapitalismus überhaupt zu bauen. Ja, 1965 ff. war es der Kapitalismus (unsere Gesellschaft), den wir im Blick hatten und den wir angetreten waren zu überwinden. Aber eben: Diese Bestrebungen waren nicht neu.

1980 erschien dann, herausgegeben von Lena Meyer-Bergner, das kleine, aber inhaltschwere Taschenbuch «Hannes Meyer / Bauen und Gesellschaft / Schriften, Briefe, Projekte» im Verlag der Kunst Dresden: die Schriften Meyers. Die Lektüre dieser Original-Texte vermag das vorliegende Buch nicht zu ersetzen. Hier ist der Zündstoff, der sich nur dem unter dem rezeptionsbereiten Publikum erschließt, der die Ideengeschichte der Bau-Schaffenden ebenso ernst zu nehmen bereit ist wie die gezeichnete, gemalte und entworfene «Architektur»-Idee. Bauen und Architektur: Für Meyer ließe sich sagen (hätte er es selbst gesagt?): Bauen ist nicht Architektur. Das vor allem Entwerfen stehende Denken, Suchen und schriftliche Fixieren war für Meyer Bestandteil des Prozesses «Bauen». Heraus kam aber auch bei ihm immer Architektur, wobei gerade Äußerungen von ihm, in denen er mit dem Begriff «Architektur» operiert, nur allzuoft mißinterpretiert wurden und noch werden.

*

Heute ist die Situation wieder reif, sich der Person Meyers und seines Werkes anzunehmen. Seit Jahren läuft die Bauhaus-Rezeption auf vollen Touren: Einzel-Monografien der «Meister» des Bauhauses, von Schülern über Schüler und von solchen, die sowieso dabeigewesen sein wollen, überschwemmen den Buchmarkt. Aber eigenartigerweise wurde und wird Meyer mal wieder ignoriert. Etwas scheint an ihm zu stören. Nimmt man das Gründungsmanifest des Bauhauses und sein erklärtes Ziel, nämlich «Das Endziel aller bildnerischen Tätigkeit ist der Bau», so muß man sich wundern, daß gerade zu diesem Bau (am Bauhaus) die wenigsten Arbeiten erschienen sind. Es gibt keine Untersuchung zur Bauabteilung, keine zur «Baulehre» und keine, die nur erst einmal eine «Bestandesaufnahme Architektur» vornähme. Bis zur Berufung Meyers im April 1927 hat es am Bauhaus keine Architekturabteilung gegeben. Die einzigen realisierten Bauten, die in der Bauabteilung des Bauhauses dort wirklich auch von Schülern/Studenten bearbeitet und durchprojektiert wurden, sind unter Meyers Leitung und im Zusammenhang mit seiner Baulehre entstanden: die ADGB-Bundesschule in Bernau bei Berlin (1928–30) und die fünf Laubenganghäuser des 2. Bauabschnittes der Siedlung Dessau-Törten (1929/30). Die bekannten Bauten der Aera Gropius sind allesamt Ergebnisse von Arbeiten des Baubüros W. Gropius/Adolf Meyer mit Mitarbeitern (die allerdings z. T. am Bauhaus studiert haben). Gropius selbst hat alle diese Bauten unter seinem Namen veröffentlicht; – Bauhausbauten? Unter Mies van der Rohe wurde das Bauhaus wieder eine Lernschule, nachdem er durch polizeiliche Räumung «Ordnung» herstellen ließ – gebaut wurde nichts.

Hannes Meyer am Bauhaus; das weiß man noch gerade. Seine kurz zuvor mit Hans Wittwer erarbeiteten Beiträge zum Wettbewerb des Völkerbund-Palastes in Genf und zur Petersschule in Basel kennt man auch gerade noch. Und sonst? Zum 100. Geburtstag von Meyer 1989 erschien eine erste Biografie in der DDR und ein Ausstellungskatalog zu der von mir mitverantworteten Ausstellung in Berlin, Frankfurt/M. und Zürich. Diese beiden Publikationen versuchen jeweils eine Gesamtschau über Meyers Leben und Werk. Das hier von mir vorgelegte Buch will Anderes: Es konzentriert sich auf die Jahre Meyers, in denen er seine «moderne» Haltung als Architekt und Gestalter herausarbeitet, wobei ein längerer Prolog in biografisch-erzählender Weise die ersten dreißig Jahre im Leben dieses Architekten zu erschließen sucht.

Statt ein weiteres mal den «ganzen» Meyer vorzustellen, ging es mir darum, einen ganz bestimmten Aspekt in seinem Leben herauszuarbeiten: die Umstände nämlich, die Meyer 1927 in die erste Reihe einer immer noch unzureichend mit «Avantgarde» etikettierten Architektengeneration stellten. Dabei ging es mir weniger um die Überprüfung fertig gedachter und -formulierter Hypothesen als vielmehr darum, dem biografisch möglichen Material nachzuspüren, das zu diesen oben benannten Umständen geführt haben könnte; – eine fiktive Geschichte mithin.

Fragen als Ausgangspunkte meiner Arbeit waren derer zwei:

1. Was ist für Walter Gropius zum Jahreswechsel 1926/27 interessant an Hannes Meyer, daß er diesen beruft, eine endlich einzurichtende Architekturabteilung (von Schülern/Studenten lange gefordert) am Bauhaus aufzubauen? – Was muß ein Architekt bis dahin geleistet haben, um für diese Aufgabe in Gropius' Augen geeignet zu sein?

2. Zwischen Meyers Freidorf von 1919/21 und seinen Wettbewerbsbeiträgen zur Petersschule 1926 und zum Völkerbundpalast 1926/27 liegen architektonische Welten: Wie kommt er in den dazwischen liegenden fünf Jahren von einer an Tessenow, Palladio und einer «Um 1800»-Bewegung geschulten Architektur (Freidorf) zu *den* konstruktivistischen Entwürfen, die in ihrer Haltung eher den russischen Konstruktivisten verpflichtet sind, denn einer bauhausmäßigen Würfel-Kompositions-Mentalität? Was passiert in jenen Jahren bei ihm?

Diese Fragestellungen führten mich in entlegene und nie auch nur annähernd beleuchtete und wahrgenommene Winkel von Meyers Schaffen. Aber ich denke, daß gerade hier ein Schlüssel zum Verständnis des (nicht nur architektonischen) Werkes liegt: seine intensive Beteiligung an und Suche nach neuen Ausdrucksmöglichkeiten in Kunst und Architektur. Die Ausführlichkeit, mit der die Klärung und Sichtung dieser fünf Jahre hier in dieser Arbeit geschieht, will auch einen Zentralvorwurf, der immer wieder gegen Meyer erhoben wird, entkräften helfen: den seiner angeblichen Kunstfeindlichkeit. Wie wir sehen werden, hat sich Meyer intensiv mit den Fragen der Form, der Farbe, der Proportion und Harmonie und allen anderen die Disziplin Architektur tangierenden Künsten auseinandergesetzt. Aber immer war er darum bemüht, seine Fragestellungen nach den sichtbaren Disziplin-Beziehungen aufgrund wissenschaftlicher Erkenntnis-Modelle a posteriori (manchmal auch a priori) abzusichern bzw. sich diese Bereiche durchdringen zu lassen. Meyer war – nicht nur hierin – Romantiker. (Einer seiner Maler-Freunde, Ernst Morgenthaler, hat ihn auch so genannt – so bin ich denn in guter Gesellschaft: denn Maler sehen mehr.) Ob Liebe, Frauen und Familie oder ob Bauen, Bauhaus und Gesellschaft: immer und überall scheint dieser Romantizismus durch. Nicht selten durchzieht seine Schriften ein lyrischer Ton bis zur Verklärung: von seinen Baubeschreibungen, Landschaftsschilderungen und wissenschaftlich-theoretischen Äußerungen bis hin zu Briefen persönlicher oder geschäftlicher Art: alles eigentlich eigenwillige Loblieder auf des Menschen Dasein überhaupt. Aber allesamt auch voll von Witz und geistiger Schärfe dort, wo es um die Disziplin baukünstlerischen Schaffens geht, um das Metier, das ihn als ausgemachten «Schaffer» ausweist, wie es schon eine Protokollnotiz der ersten CIAM-Zusammenkunft auf dem Schloß La Sarraz/Schweiz 1928 bezeugt («meyer / ein schaffer / un homme qui ne peut plus s'arrêter de travailler»).

*

Der Romantiker also. Diese Etikettierung bedarf einer kurzen Präzision. Nicht verstehen wollen wir darunter jene Gattung literarhistorischer Betrachtung, die um 1800 von Schlegel bis Tieck auftaucht. Hier noch ging es um eine partielle Rückwendung zu gewesener Epoche, um «romantische Verklärung». Aber auch um ein Gegengewicht zu ausschließlich rationaler Aufklärungsmentalität, die die Phantasie aus dem unmittelbaren Leben auszublenden sich anschickte. Und: Zeitgleich suchte die Architektur nach einem Ausdruck, den nicht nur Hannes Meyer um 1922/23 rezipierte und mit seinem Friedhofsprojekt «Hörnli» auf die Spitze trieb. Auch jetzt suchte sich eine Architektengeneration einen Weg zu bahnen heraus aus überkommenen Vorstellungen, um eben in dieses zwielichtige Brachfeld vorzustoßen, in dem der Rückgriff auf einen traditionellen Formenkanon geradezu als Neuerung erscheinen mußte: eben weil die – sich bis 1922/23 herausgebildete – Richtungslosigkeit geradezu nach einem Fixpunkt in der Geschichte zu rufen schien.

In Meyers architektonischem Schaffen ist dieser Entwurf Dreh- und Angelpunkt. Anschließende Reisen, Begegnungen und neue Aufgaben zwangen ihn, für sich eine «neue Welt» zu deklarieren, sie aber gleichsam als Deklamation der Welt zurückzugeben. Die Deklamation aber dieser «neuen Welt», die in seinem Text-Manifest gleichen Namens 1926 in der schweizerischen Zeitschrift «Das Werk» erscheint, kommt in einem so ungeheuren Ton daher, daß von Romantik zu sprechen sich allerdings aufdrängt. Hier wird – im Tonfall ähnlich z. B. den Manifestationen der expressionistischen «Gläsernen Kette» 1919/20 – die vorgefundene und konstatierte mechanisierte Welt derart «romantisch» verklärt und gegen die «alte Welt» ausgespielt, daß es sich durchaus lohnte, Hannes Meyers sprachliche Muster auf ihre strukturell-inhaltlichen Bedeutungen hin zu untersuchen. Nicht nur, daß er inhaltliche und sprachliche Anleihen bei anderen «romantischen» Bewegungen des Jahrhunderts macht (Futuristisches Manifest, De Stijl, Gropius' zweites Bauhausmanifest); – er synthetisiert diese mit einem ihm auch später eigen gebliebenen Fanatismus, der noch jeden Romantiker auszeichnet und ihn nicht sehen läßt, daß er – z. B. – die Lyrik mit dem lyrischsten aller Töne aus einer Welt vertreiben will, die sich ohne diese Lyrik und Lyrismen allerdings gar nicht denken ließe. Wenn er am Schluß seines Manifestes die Persönlichkeit, das Gemüt und die Seele scheiden und in «ihr ureigenstes Reservate» verweisen will: in «Liebestrieb, Naturgenuß und Umgang mit Menschen», – indem er das mit eben diesen Worten (und Werten) unternimmt (dem Dasein also diese Kategorien nicht abspenstig machen will und kann); – auch schon dies zeichnet ihn (als Romantiker) aus und gibt ihm recht gegenüber seinen kategorischen Forderungen nach deren Ausblendung aus der künstlerischen Produktion, deren Ausdruck eben sein Manifest ist und deren Kraft als «Romantiker» (als potentiellen Verbesserer der Welt) ihn eben immer «schaffen» läßt.

Ein Letztes, diesen «Romantizismus» betreffend: als suchender und ordnender Forscher ist mir gerade diese Seite an Meyer liebgeworden; – und nichts Geringeres soll u. a. mit diesem Buch bedeutet werden, als daß ich diese Romantik vor ihm selbst retten will, den frühen HM vor dem späten, den suchenden Architekten und Künstler vor dem Ideologen. Immer hat sich gezeigt, daß es einer gewissen Orientierungslosigkeit bei den Menschen bedurfte, um sich auf die Suche nach einem Weg/ einer Richtung zu begeben: bei Hannes Meyer hat mit der vermeintlichen Findung eines Weges, – ideologisch: die marxistisch-leninistische Sichtweise der Welt – die Suche partiell aufgehört. Die frühen Wortungestüme machen dabei leider späten Peinlichkeiten Platz. Und doch rettet ihn gerade der frühe Froh- und Neugier-Geist auch noch in späteren Schriften. Verwegen genug, will ich ihn hier deshalb einen Gefühlskommunisten seines Metiers nennen, – und eben auch deshalb Romantiker (sozusagen als säkularisierten Ur-Christ-Kommunisten) (man lese ihn).

*

Der Schaffer: Meyers Tragik liegt auch darin, daß er nicht so viel gebaut hat, wie es einer Person zukommen möchte, die doch zu den wichtigsten Exponenten seiner Disziplin in der ersten Jahrhunderthälfte zählt. Und vielleicht ist das ein Grund mit dafür, daß ihm in Architektenkreisen nicht die Bedeutung/Aufmerksamkeit zukommt, die ihm zustehen möge. Unzweifelhaft aber ist für mich, nach entsprechender Kenntnis seines gesamten künstlerischen, theoretischen und gebauten Werkes: daß ein theoretisch begründetes «bauwissenschaftliches» Werk von gleicher Größe für einen Architekten des 20. Jahrhunderts sein kann, wie jenes von Kollegen, das hauptsächlich aus Projekten und Bauten besteht. Der Aneignung solcher Größe will ich hier Vorschub leisten helfen.

Dort, wo in diesem Buch das Formproblem im Vordergrund steht (also auch dort, wo man das soziale Moment abgehandelt sehen will), – dort hat diese Setzung der Priorität seine Richtigkeit schon deshalb, weil somit eine der ureigensten Fragen der Architektur in der Geschichte behandelt wird: ob nicht durch die ästhetische Erziehung so etwas wie die soziale Erziehung mitwirkt. Wir werden sehen, wie Hannes Meyer sich der Lösung der Frage, nämlich ob sich baulich-räumlich übersetzen und zukünftigen Benützern vorgeben läßt, was zuvor als soziales Beziehungssystem in einer entworfenen «gerechten» Gesellschaft gedacht ist – wie er sich dieses Lösungsversuches annimmt. Im Vordergrund seines Bauschaffens steht für ihn immer ein soziales Postulat, – und nicht unoft spricht er in seinen Erläuterungstexten zu seinen Projekten und Bauten selbst von dem Versuch der «Übersetzung» z.B. des Pestalozzi'schen «Familien-Nachbarschafts-Erziehungs-Kreis-Systems» in eine Entsprechung: nämlich die einer baulich-räumlichen Ordnung. Dort wo es gelang, ist es zu sehen: doch nicht etwa so, daß die Form zeigefingernd auf das soziale Moment zu verweisen sucht (so wie das z.B. nur allzuoft verkrampft bei sog. «anthroposophischer Architektur» der Fall ist); – vielmehr in der Art einer zurückhaltend-einfachen – und doch nicht simplen – Geste, der man – z.B. mittels einer harmonisch gestalteten Form der Gesamtproportionen und der Landschaftsgebundenheit des Baukörpers – gern folgt und es ihr auch ansieht, es spürt, daß hier etwas Besonderes in der Architektur vor sich geht. Dafür aber benötigt der Architekt zuvor eine fachliche, das ist künstlerische und handwerkliche Reife, die er zudem umzusetzen in der Lage ist dann, wenn es darauf ankommt, beides: das soziale Engagement und «Wollen», und die Architektur, ernst zu nehmen und zur Vollendung zu bringen. Zur künstlerischen und handwerklichen Reife kommt aber bei Meyer noch etwas Entscheidendes hinzu: seine Belesenheit und seine Motorik, sein Wissen in Form von Texten/Manifesten/Reden schriftlich zu fixieren und somit festzuhalten für einen potentiellen Leser. Seine Erfahrungen weitergeben: im besten Sinne als Lehrer! – das ist ein Teil der «Baulehre Hannes Meyer» heute (wobei es gar nicht um das Lehren und Lernen, sondern eher um eine Art kontemplativer Betrachtung des Problems «Bauen» geht): Die Texte wollen allerdings gelesen sein.

Wenden wir uns kurz einem Ausschnitt seiner Wortproduktion zu, – schon um einige Interpretationsmuster vorliegenden Buches offenzulegen. Wenn Meyer versucht, eine Verbindung herzustellen zwischen gesellschaftlich-sozialer Haltung und Notwendigkeit des Tuns eines Architekten und seiner städtebaulich-architektonischen Ergebnisse (nach diesem Tun, als Form-Produkt entwurflicher Tätigkeit), so stoßen wir bei allen realisierten Projekten (Freidorf, ADGB-Bundesschule, Kinderheim Mümliswil) auf die Lehre des «Systems der kleinen Kreise» von Pestalozzi. Beim Freidorf exemplifiziere ich das: einerseits beschreibe ich das dem Entwurf des «Dorfes» zugrunde liegende soziale Programm (Bildung von Familieneinheiten in einem Gemeinwesen pestalozzischer Prägung: Familie – Nachbarschaft – Gemeinde), – andererseits unternehme ich einen Interpretationsversuch der Bauanlage anhand der räumlichen (Haus-) Einheiten. Dabei bildet mein Versuch der Zurdeckungbringung von sprachlich-inhaltlicher (d.i. literarischer) Vorlage (Pestalozzi) und schließlicher baulich-räumlicher Anlage (Meyers Freidorf-Entwurf) nur *eine* Lösungsmöglichkeit unter wahrscheinlich vielen anderen. Es geht u.a. darum, die literarisch-sprachliche Vorlage zur Findung seiner theoretischen Positionen für seine Entwurfskriterien ausfindig zu machen. Es soll aber eben nicht eine unbedingte (mechanische) Kausalität hergestellt werden in dem Sinne, daß Meyers Entwürfe diese Vorlage abzubilden in der Lage wären; – das nämlich hieße, die ästhetischen Positionen, von denen Meyer sich ebenso leiten ließ wie von denen seiner sozialen Postulate, auszublenden, bzw. unbeachtet zu lassen bei der Herleitung und Interpretation seiner Entwürfe. Vielmehr soll der Versuch unternommen werden, Meyer dort ernst zu nehmen, wo es ihm darum ging, ein soziales (d.i. hier: gesellschaftliches) Modell vorab zu entwerfen für die Klientel, für die er anschließend auch zu entwerfen und zu bauen hatte. Und natürlich – s.o. – könnte jeder Entwurf, bei dem Meyer sich eines literarisch-sprachlichen oder sozialen Modells während seiner Arbeit bedient, auch anders aussehen. Doch bleibt – in diesem einen Falle (Freidorf) – sein eigenes Erklärungsmuster zumindest ein Schlüssel für das Verständnis seines «funktionalen» Denkens, das, wird Raum «organisiert» – immer eine Form (= architektonischer Ausdruck) zur Folge hat.

In diesem Sinne will Meyer auch seine 1927 (an W. Gropius) benannte «Ausdruckskultur» verstanden wissen: als immerwährender Versuch des Gestalters (und somit auch des Architekts), dem Prozeß des Gestaltens und Entwerfens eine gesellschaftliche Realität (sei es als wahrgenommenem oder entworfenem Ausschnitt aus dieser Realität) voranzustellen.

Meyers «Ausdruckskultur»: Wenn er schreibt, daß «meine erlebnisse und beobachtungen in der siedlungspraxis und im genossenschaftsleben in mir die überzeugung zur reife brachten, daß an eine weiterführung der übernommenen AUSDRUCKSKULTUR nicht mehr zu denken sei, wenn wir eine solche mit den übrigen erscheinungen der heutigen umwelt in harmonie stellen wollen», – so gibt uns das Aufschluß wiederum über das schon benannte «funktionale» Denken bei Meyer. Er glaubte immer, daß «Welt» nur so funktionieren kann, daß das «Form»-Ergebnis seines Schaffens (und das Anderer) ausschließlich zu messen sei an der Realität: – ab 1924 an Radio, Flugzeug, Ozeandampfer und Co-op-Produkt. Neben dem «Romantizismus», der dieser Weltsicht zugrunde liegt, scheint noch eine andere Haltung Meyers durch: seine an der Notwendigkeit des Sichbeteiligenmüssens an der «Gestaltung» der Welt gemessene Triebhaftigkeit, der von ihm konstatierten «neuen Welt» den «richtigen = wahren» Ausdruck geben zu wollen. Dabei hinkte er anfangs der Wirklichkeit hinterher – 1924/25 –, um anschließend sich und anderen Wege zu bahnen, die noch gar nicht oder kaum erschlossen waren. Dabei ist er es selbst, der den Begriff der «neuen Ausdruckskultur» seinen Arbeiten anhängt. In dieser Arbeit geht es dabei nicht um die Überprüfung der Richtigkeit dieser Selbstetikettierung von Arbeiten (im Co-op-Kapitel z. B.), sondern – im besten Falle – um die Verfolgung von Quellen seines Schaffens auch dort, wo die Widersprüchlichkeiten unterschiedlicher Zeugnisse zu diesem Schaffen – auch ohne Fundamentierung fertiger Thesen – offen zu Tage treten (wenn Ergebnisse an Qualität gemessen werden sollen, – wollen sie aber nicht: wir schreiben immer an einer fiktiven Geschichte).

*

Mit Meyer sich auseinandersetzen heißt so immer auch, sich seinen Texten auszusetzen. Sich seinen Texten aussetzen heißt aber auch, sich dem Ton, sich der Schreib- und Sprechweise eines Architekten auszusetzen, der in lyrischem Ton ganz unlyrisch daherzukommen und einzig vermeintlich Wahres (das ihm wiederum unlyrisch zu sein scheint): – nämlich das Verhältnis Architektur/Bauen und Gesellschaft betreffend – von sich zu geben meint. All die vielen Artikel, Baubeschreibungen, Manifeste, Vorträge und Erfahrungsberichte, die Hannes Meyer schrieb, sind Mission eines Romantikers, der, wenn nicht zum Bauen, so doch zum Nachdenken und Schreiben kommt; und eben dort – hier! – kommt er zur Sprache. Oder eben zur Sache. Ist es Mission, all das Gedachte zu obigem Verhältnis niederzulegen und somit festzuhalten und weiterzugeben (zwei frühe Berufswünsche Meyers waren Missionar und Lehrer), so ist es Passion, all das auch vorher zu denken im Sinne des so Müssens, nicht anders Könnens. Romantiker und Missionar ist man, wenn einem die Welt als eine durch Vernunft und Tun regulierbare und verbesserbare erscheint (mag der Schein auch zu oft trügen); – und doch sehen wir das Land nicht, wo die «beste aller Welten» zu ihrem Recht käme. Die von einer Passion beherrschte Person ist diejenige, die nicht anders kann, als der Ausweglosigkeit – auch des eigenen Tuns im ureigensten Metier (und hier hat Meyer eines: Architekt, Urbanist und Lehrer) –, dem Nichts, wenn man nichts tut, und der Sinnlosigkeit allen Tuns eben durch Arbeit, durch Tun und somit durch «Sinn»-Gebung (und das kann Arbeit in einem Metier sein, das seit alters her zur Kunst gerechnet wird: und nur hier kann Sinn – als Schöpfung – ausgemacht werden) zu begegnen.

Der Menschheit Sinn und Motorik (ach! – ist es wirklich Arbeit?) wird hier – in der Architektur, im Bauen – wohl am trefflichsten illustriert: in der Zeit Raum schaffen (Schöpfung): den chaotischen Raum organisieren (den naheliegenden): den Raum beherrschen, ihn ordnen (das Naheliegende): sich seiner selbst entledigen in erdachter und erfundener Geometrie (zu dieser gehören – Teufelseidank! – Symmetrie, Asymmetrie und Ametrie). Sinn macht das nur für den, der so denkt. Und denken tut nur so, der verzweifelt an einer Ordnung, die immerzu die Sinnfrage heraufzubeschwören zwingt, – und somit einer Ordnung, in deren Metrik man nicht vorzukommen meint.

Auszugehen ist also einmal mehr auch hier von dem Menschen Hannes Meyer, einer Person, der alle Wahrheitsfinder – von rechts und links – sich zu nähern trachten im Gefühl, am Ende (leider) doch recht zu haben. Die Lektüre seiner Texte hinterläßt aber Bitterkeit da, wo einem die seither verstrichene Zeit und somit die Uneinlösbarkeit eines solcherart vorgetragenen Nachdenkens über die gebaute Umwelt bewußt wird. Uneinlösbarkeit! – Denn: Uneingelöstheit zu sagen hieße, die Möglichkeit einer später erfolgenden Einlösbarkeit noch mitzudenken; hieße: zu hoffen und zu glauben; hieße: doch noch einen Sinn einschmuggeln zu wollen und zu können in diese Geschichte. Und wieder sind wir bei einem Romantizismus, der nicht sehen will – eben weil er nicht anders kann –, daß von all dem Klagen eben nur die Klage bleibt: komödiantisch die Situation, in der sie jeweils vorgetragen; tragisch die auftretenden Personen, wenn sie im Hiersein schon den Sinn sehen und doch auch am Versuch einer Sinngebung (diese ist und bleibt eine große sinnlose Suchbewegung) immer wieder neu arbeiten.

Hannes Meyer, ein Auftritt: nicht unoft komödiantisch, weil: Situationen hat er nie einschätzen können. Meinte er auf den Brettern zu stehen, hat er sich im Publikum vertan. Die Zuschauer und Rezipienten saßen leider ebenfalls im Parkett (und Kritik bezieht sich immer auf diejenigen, die sie äußern). Saß er im Parkett, hat er das falsche Stück gesehen: Er meinte, das Schauspiel der Welt zu sehen, und sah doch nur: eben ein Stück, einen gemachten Ausschnitt. (Und der Auftritt der sog. «Moderne» und der des «Kommunismus» waren nun mal nur solche; – warum [und wie] auch sollte die Menschheit ausgerechnet jetzt zu sich kommen?)

Hannes Meyer, – ein Auftritt: Wenn nur Dilettanten die Bühne bevölkern, ist ein auftretender Tragiker schon noch erträglich: Er rührt in seiner tragischen Rolle an: schon weil alle (gemeint sind auch hier wieder alle Zuschauer und Rezipienten) diese Tragik zu teilen vermögen. Wer kennte nicht die selbsternannte Rolle des einsamen Rufers, der nicht gehört wird und doch ernst genommen werden will, – ja muß, um überleben zu können? Wir ziehen den Hut, wenn diese Rolle gut gespielt ist. Hier sind beide Auftritte gelungen: schon weil in diesem Falle keiner den Schauspieler mit dieser seiner Auftrittsmentalität zur Kenntnis genommen hat.

Martin Kieren
Juli 1989/Februar 1990

Prolog

Prolog 1	Ein Auftritt	16
Prolog 2	«Das Waisenhaus 1899–1905 (ein christlich-bürgerliches Erziehungskollektiv)»	18
Prolog 3	Ausbildung zum Architekten	20
Prolog 4	Metzendorf/München und Krupp/Essen	26

Prolog 1
Ein Auftritt

Abb. 1
Margaretha Ryser, die Mutter von Hannes Meyer, vor 1890.
(Foto: Familienarchiv)

Abb. 2
Emil Meyer, der Vater von Hannes Meyer, vor 1890.
(Foto: Familienarchiv)

Hans Emil (Hannes) Meyer wird am 18. November 1889 in Basel geboren. Die Mutter, Katharina Margaretha Ryser (geb. 23. 1. 1866 in Basel, gest. 20. 10. 1916 in Locarno-Muralto), ist das jüngste von vier Kindern des Mathias Ryser (1836–1883), Musterweber und gelegentlicher Handlungsreisender für Wein, und der Anna Cath. Joerin (1834–1904), die ebenfalls in einer Weberei tätig war. – Der Vater, Johann Emil Meyer (geb. 23. 12. 1863 in Basel, gest. 13. 5. 1899 durch Freitod), war eines von sechzehn Kindern des Wagners und Fuhrhalters Friedrich Rudolf Meyer (1829–1894) und der Rosina Emilie Merian (1836–1903). Der Stammbaum des Vaters führt in zwölf Generationen zurück auf den Kunstmaler Hans Holbein d. J., wobei er durch sieben Generationen in der berühmten Künstlerfamilie Merian verläuft. – Johann Emil war Baumeister und betrieb in Basel ein Baugeschäft.

Die Eltern heirateten am 27. September 1888 in der Kirche St. Theodor zu Basel. Hannes Meyer hatte drei Geschwister: Rudolf Max, Innenarchitekt (29. 12. 1891, Basel – 11. 7. 1919, Davos), Helene Margareta (Rita), Kunstgewerblerin und Museumsangestellte (25. 2. 1896, Basel – 4. 2. 1982, Basel) und Emanuel Peter, Banklehre (5. 9. 1897, Basel – 16. 1. 1916, Basel).

Nach dem Freitod des Vaters am 13. 5. 1899 kommt Hannes mit den Brüdern Max und Peter in die seit 1888 so genannte «Bürgerliche Waisenanstalt» zu Basel. Hannes verbringt dort die Jahre vom 4. 12. 1899 bis zum 25. 4. 1905. Dem Waisenhaus verbunden bleibt er – durch deren weitere finanzielle Unterstützung – auch noch während seiner anschließenden Bau- und Bauzeichner-Lehre bei der Firma Gebrüder Stamm in Basel vom 25. 4. 1905 bis zum 24. 4. 1908. In seinen oftmals verfaßten Le-

benslaufen (zwecks Bewerbungen und Publikationen) erwähnt Meyer die Waisenhausjahre nie.
Mit zehn Jahren also wird Hannes des elterlichen Hauses verlustig und kommt 1899 in die als «Zucht- und Waisenhaus» zur «Züchtigung lasterhafter Buben», zur «Arbeitserziehung» und zur «Inhaftierung von Sträflingen» («zum Teil in bequemlichen Eisen») 1667 gegründete Anstalt. Dieses Haus machte alle reformerischen Stadien dieser in Europa nicht unüblichen Einrichtungen durch: Trennung von Erwachsenen und Kindern (1754), Aufhebung der Admodiation (1776), Erweiterung des Schulunterrichtes (1836), Entstehung großer «Familienquartiere» nach dem Vorbild des «Rauhen Hauses» in Hamburg und Gründung einer Hausbibliothek (1850), Aufhebung des Schulinternates (1886) und Einführung des Gruppensystems (Familien zu zehn bis achtzehn Kindern, getrennt nach Knaben und Mädchen) (1929–31). Seit 1876 gehen die ersten Schüler auf öffentliche Schulen. Hannes Meyer besucht während seiner Waisenhausjahre die Primar-, Real- und Oberrealschule. Seinen Zeugnissen ist zu entnehmen, daß er ein guter bis sehr guter Schüler war. Das Waisenhaus ist zu dieser Zeit noch in Gruppen bis zu 30 Kindern organisiert. Geschlafen wird in Schlafsälen mit ebensovielen Betten. Im Jahre 1900 sind 87 Knaben und 64 Mädchen, also 151 Kinder, hier untergebracht.[1]

Der Aufenthalt im Waisenhaus ist für Meyer von prägender Bedeutung, was in Äußerungen, die er später zu Bau-, Organisations- und Erziehungs-Fragen macht, immer wieder durchscheint. Spätestens 1919, bei der Ausarbeitung der ersten Pläne für die «Siedelungsgenossenschaft Freidorf» in Muttenz bei Basel, die sich expressis verbis auf das Familienerziehungsprogramm des großen Schweizer Pädagogen Johann Heinrich Pestalozzi beruft und das Meyer baulich-räumlich in eine Bauanlage umzusetzen versucht hat, reflektiert er zunehmend eigene – nicht nur im Waisenhaus gemachte – erzieherische Erfahrungen. Und ab 1927, dem Jahr des Beginns seiner Lehrtätigkeit am Bauhaus, werden ihm diese Erfahrungen und weitere Beobachtungen zum Programm; u. a. z. B. bei der Erfindung seiner «vertikalen Baubrigaden», in der verschiedene Semester zusammenarbeiten, damit die «jüngeren Semester von den älteren lernen können». Eindringlich und von großer Sympathie und Anteilnahme für das Werden der nächstfolgenden Generationen von «Baubeflissenen» (HM) begleitet, trägt er zukünftig in Praxis und Lehre und in Wort und Tat die Ideen vor, die ihn zu dem großen Lehrer unter den modernen Architekten der ersten Jahrhunderthälfte werden ließen, würde nur endlich eine von Schweigen, Ignoranz und Boshaftigkeit begleitete Rezeption seines Werkes beendet.

Ich versuche, bei dem hier vorgestellten und kommentierten Werk auch, gerade diesen Aspekt herauszuarbeiten: daß in all seinen projektierten und realisierten Bauten das «System der kleinen Kreise» gehandhabt, ja sinnvoll angewendet wird: der kleine überschaubare Familien-, Büro-, Arbeits- und/oder Lebenskreis. In allen baubeschreibenden Texten aus seiner Feder tauchen Termini auf, die Pestalozzi oder anderen Pädagogen entlehnt sind. Am 1.3.1939 wird er z. B. als «Ehemaliger des Waisenhauses» von Schülern gefragt: «Was würdest Du im Waisenhaus anders wünschen?» Er antwortet: «Ich bin ein Baumensch und muß also fachlich antworten, daß die Lage des Waisenhauses inmitten der Stadt an einem der tiefsten das ist neblig-rauhen Punkte hygienische Nachteile hat. Statt eines Umbaues des alten Kartäuserklosters, der mit soviel Liebe durchgeführt wurde, hätte ich eine Verlegung nach der Stadtperipherie (Gegend Zentralfriedhof-Wenkenhof oder Bruderholz) vorgezogen. Die pädagogisch so fortschrittliche Idee der jetzigen Leitung des Waisenhauses, die Auflösung in Erziehungs-Familien, ließe sich im Rahmen einer offenen Bebauung viel freier lösen, als der Umbau es zuläßt. Allerdings müßte der amüsante und geschichtlich denkwürdige Rahmen der ‹Kartause› geopfert werden, aber die hygienischen und pädagogischen Vorteile einer Verlegung in die freiere Umgebung der Stadt sind überwiegend.»[2]

Zur gleichen Zeit liegt auf seinem Arbeitstisch das Projekt für seinen letzten Bau: das Kinderheim in Mümliswil bei Balsthal, Kanton Solothurn. Hannes Meyer macht hier dingfest, was in zwanzig Jahren seiner Tätigkeit als Baumensch, Architekt, Lehrer und Pädagoge ihn beschäftigt hat.

In Schriften und Briefen erwähnt Meyer zuweilen die Waisenhausjahre und berichtet, was er dort gemacht hat. Und in autobiographischen Notizen (wohl in den vierziger Jahren gefertigt), die einer Notiz nach auf den Plan einer ausführlichen «Autoreportage» schließen lassen, findet sich eine Fülle von psychologisch interessanten Hinweisen nicht nur auf diese Zeit. Interessant an diesen Notizen ist allein schon die Tatsache, daß Meyer es überhaupt unternimmt, mit einer derartigen – der vermeintlichen Wahrheit verpflichteten – Genauigkeit und Erinnerung diese Aufzeichnungen zu machen. (z. B. erinnert und erwähnt er bei der Aufzählung und Kurzcharakterisierung von Lehrern, Angestellten und Mitschülern allein 38 Personen aus dem Waisenhaus.) Als Dokumente kommen Briefstellen, Bewerbungsschreiben, Zeugnisse und einige Fremdpublikationen hinzu, aus denen ich auf den nächsten Seiten versuchen werde, ein Bild zusammenzusetzen bzw. zu montieren, das rückblickend auswählend eine Möglichkeit bietet – mit wenigen Kommentaren meinerseits –, den Werdegang Meyers, seine «Erziehung zum Architekten» (HM) bis zum 30. Lebensjahr zu verfolgen; bis zu dem Zeitpunkt also, zu dem er mit einer ersten großen selbständigen Arbeit – dem Freidorf – in der Lage ist, seine bis hierher gesammelten Berufserfahrungen an einer umfangreichen Bauaufgabe anzuwenden.

1 *Asal,* Walter
Bürgerliches Waisenhaus
Basel in der Kartause
1669–1969
Basel 1971, S. 17 ff.
2 Hannes Meyer
Antwort zu einer Umfrage
der ‹Ehemaligen›
Genf, 1.3.1939
in: ders.
Bauen und Gesellschaft
Dresden 1980, S. 200 f.
(vollständig abgedruckt
1939 in der waisenhauseigenen Zeitung, Jg. 1939,
S. 20–22)

Prolog 2
«Das Waisenhaus 1899–1905 (ein christlich-bürgerliches Erziehungskollektiv)»

Bei Lektüre der Zitate aus den autobiographischen Notizen (im folgenden kurz Manuskript genannt) muß immer auch berücksichtigt werden, daß sie in den 40er Jahren entstanden, somit nicht authentisch sind, und daß Meyer auf mehr zielte als darauf, persönlich sich Rechenschaft abzulegen. Ihm ist es vielmehr um eine Wahrheit gegangen, die ermöglicht, über seine Person hinaus die Gesellschaft – bzw. den jeweiligen Ausschnitt aus ihr dort, wo er sich in ihr bewegte – darzustellen. Der Ton legt dies allein schon nahe. Hier: «Thema: methoden und folgen der waisenerziehung im bürgerlichen klassenstaat der vorimperialistischen periode aufzeigen, die gruppierungen unter den zöglingen und lehrkräften je nach herkunft, die ungesundheit der christlichen therapie für die im pubertätsalter stehende jugend, die unterdrückung aller seelischen und geistigen kulturregungen einer aufstrebenden generation durch religion und ‹beschäftigung›. die bürgerliche muster-gesellschaft en miniature mit der obrigkeit der leitung und lehrkräfte, der zwischenschicht angestellter handwerker und den dienenden zöglingen und waisenmädchen.»[3] Als Einleitung ist die gesamte Passage Zeile für Zeile im Manuskript unterstrichen.

Dann: «bruder max: leicht beeindruckbar, beweglich, intelligent, oft weinerlich. von holbro (einer der Lehrer, M. K.) geliebt und verfolgt, ein liebling der frauen. / bruder peter: intelligent, körperlich zart, ironisch-frühreif, fatalist. viel geprügelter bettnässer, wird nierentuberkulös.»[4] (Aus dem schon zitierten Text der «Umfrage der ‹Ehemaligen›» auf die Frage, was seine unangenehmste Erinnerung an das Waisenhaus sei, – Meyer: «Die Behandlung die mein Bruder Peter als ‹Bettnässer› erfuhr. Zehn Jahre Waisenhaus und Tag für Tag eine schmachvolle Zurschaustellung wegen einer sogenannten ‹Nachlässigkeit›, die sich zwei Monate nach seinem Austritt aus dem Waisenhaus als eine seit Jahren bestehende Nieren-Tuberkulose schwerster Art erwies. Anschließend drei Jahre Matratzengruft und ein junger Tod mit 18 Jahren.»[5]) «die mutter. immer schwarz gekleidete dame mit schleier, religiös, leicht reizbar, empfindlich, melancholisch. / die tante. lebenslustig, ‹unmoralisch›, witzig, gütig, schaffensfreudig.»[6]

Der «ereignisse» werden viele aufgeführt. Wir lesen u. a.: «meine arbeit an der drehbank / wir klopfen fresken im kreuzgang / wir glucksen in mönchszellen. (Hierarchie). / eine sexualorgie zu ‹julius cäsar›. (Hierarchie). / wir spielen schachturniere. / meine liebe zu margrit. (liebe auf distanz). / dreizehnmal täglich beten, zwei andachten täglich, 400 kirchenlieder / prügel für besuche beim bruder / böcklin, holbein und wir knaben (böcklins tod). / ich ordne das klosterherbarium. / das tägliche arbeitspensum: werkstatt / andachtsaal / schlafsaal / speisesaal / die abreibungen an unbeliebte. (Terror der zöglinge unter sich) / keine zeitung, keine briefmarken, / ferien in st. gallen. (der weg ins leben!) / die konfirmation und ‹mein herz›, acht seiten bibeltext pro drei tage lernen / meine entlassung im april 1905 in die ‹freiheit›.»

An «gegensätzen» tauchen auf: «atheistisches-liberales vaterhaus: christlich-orthodoxes waisenhaus. /

Abb. 3
Hannes Meyer mit 10 Jahren, 1899, beim Eintritt in das Waisenhaus. (Foto: Familienarchiv)

3 Hannes Meyer Notizen zu einer Autoreportage Manuskriptkopie im Bauhausarchiv, Berlin-West
4 ebd.
5 wie Anm. 2
6 wie Anm. 3

Abb. 4
Otto Meyer-Amden: Selbstbildnis in Waisenhausuniform, Zeichnung aus den späteren Jahren.

4

völlige freiheit in der außenwelt: absolut klösterlicher abschluß.»
«literatur: cook's reisen, stanley, livingstone, enver pascha, schweizer robinson, hector malot: sans famille. steuermann ready, ekkehard, Ivanhoe, Fräulein vom See, Pickwicker, Weihnachtsmärchen, j. gotthelf, meyer kf. (jenatsch), grüne heinrich, j. p. hebel, meine lieblingsbücher: h. v. kleist's werke, gotthelf, hebbel, bruckmann's böcklin, holbein-monographie., burckhardt: renaissance in italien.»
«nahrung: absolut gleichartig, derbe kost, genügend, ohne abwechslung.»
«einstellung: autoritäres regime innerhalb der klostermauern. / kampf der obrigkeit: lehrkräften: angestellten: zöglingen. / kampf der zöglinge untereinander, je nach herkunft, (Terror.) / abschliessung vom bisherigen familienmilieu des zöglings. / absolute abschnürung von der außenwelt. /»
«ziel: alle fähigkeiten zur wirtschaftlichen selbsterhaltung entwickeln, damit der zögling später der bürgerschaft nicht zur last fällt.»
«Einflüsse: der betäubung durch arbeit, beschäftigung, gleichartige nahrung. / der einfluß bigotter handwerker-angestellter-unteroffiziere. / gegensätze zwischen bürgerlich-liberaler schule und christlich-orthodoxer anstalt / absolute fernhaltung alles proletarischen, dafür zünftlerisch-kleinbürgerliches werkstattmilieu!»
«druckmittel: prügelstrafen – nachsitzen – badeverbot – zimmerarrest.»
«in der schule: *ich lernte aus verzweiflung*, wurde klassenprimus. berufswahl: architekt-missionar-lehrer. / starke einflüsse von dr. vischer, wild's, schläfli's, riggi's, buser's.» Von diesen heißt es weiter vorn im Manuskript (bei der Aufzählung aller Erinnerten):
«(schullehrer): dr. vischer: bedeutender bergsteiger, geschichtsforscher und charakter.»
«(die obrigkeit): lehrer wild: kultiviert-romanischer typ, kunstfreund, jähzornig,» «(angestellte/handwerker): schläfli, verkrachte schneiderexistenz der pariser weltausstellung 1901.»
«(schullehrer): dr. rigge: harnackfreund, ‹christ›, foerster's jugendlehre,» (schullehrer): dr. bus. germanist, pedant, konservativ, gründlich-klug.»
«resultate: sublimierung des ‹zuhause› und heroisierung des vaters. / drang in die ferne (übersee). / entwicklung handwerklicher fertigkeit / absolute unwissenheit über soziale und arbeiter-bewegung. / illusionäre welt von Obrigkeit/Zunft/dienen. / ... / sexuelle unaufrichtigkeit und unterdrücktheit. / alle zöglinge verachten das ‹christliche, kirchlich-religiöse›. / ohne sport, einseitig geistig-handwerkliche betätigung. / ... / absolute unkenntnis politisch-wirtschaftlicher vorgänge. / gute gesangs-, sprachliche, naturwissenschaftliche schulung. / autoritätsfimmel und angst vor jeder türfalle. / traditionelle verehrung und weiterführung bürgerlicher kultur. / konsequente abhaltung vom akademischen berufe (geld nötig!) / daher entwicklung der autodidaktischen fähigkeiten. / fast keine kameradschaftlichen regungen: alle gegen alle.»
«wirkung: viele mädchen verfallen widerstandslos. / die meisten zöglinge gehen ins ausland. / manche geraten auf haltlose art ins verbrechertum. / die meisten enden durch kleinbürgerliche heirat».[7]
Ich will es an dieser Stelle bei dem hier von Meyer selbst Aufgezeichneten belassen und nur noch eine Textstelle zitieren, die 1933 das Metier, den Architektenberuf, reflektiert: «in dem basler waisenhaus, wo ich vom 9. bis 14. lebensjahr aufwuchs, mußte ich in den schulfreien stunden als tischlerlehrling viel und hart arbeiten. am sonntag kopierte ich goldschmiedentwürfe von hans holbein und schulte dadurch meinen formensinn. ich bin überzeugt, daß ein knabenhafter reflex holbeinscher renaissance sich in der art ausprägte, in der ich die damals üblichen biedermeierkommoden mit furnierten einteilungen versah.»[8] Hannes Meyer entwarf während seiner ersten Praxisjahre Möbel, auf die sich der Gedanke hier wahrscheinlich bezieht.

[7] wie Anm. 3
[8] Hannes Meyer (1933) Wie ich arbeite in: ders. Bauen und Gesellschaft Dresden 1980, S. 103

Prolog 3
Ausbildung zum Architekten

In Meyers schriftlichem Nachlaß, der an das Deutsche Architekturmuseum Frankfurt/Main gekommen ist, findet sich ein frühes «curriculum vitae» (wohl 1915 im Zusammenhang mit Meyers Bewerbung bei Georg Metzendorf in München entstanden). Für die Zeit von 1905 bis Sommer 1915 gibt Meyer dort selbst Bericht, was er wann wo gemacht hat. Da mir dieser Nachlaß erst drei Jahre nach meiner ersten Anfrage und Bitte um Einsicht, zugänglich gemacht wurde, war es mir für diese Publikation nicht mehr möglich, alle von Meyer dort erwähnten Arbeiten zu sondieren, um unter Umständen noch Material zu finden, um es hier wiederzugeben. Deshalb hier das vollständige Dokument.

«Curriculum vitae
Als Sohn des *Baumeisters Emil Meyer* bin ich im Jahre 1889 zu Basel geboren und entstamme einer altbaslerischen Familie, in welcher der Architektenberuf traditionell ist. Meine Jugend verlebte ich in meiner Vaterstadt und absolvierte mit gutem Erfolg die Untere und Obere Realschule. Im väterlichen Baugeschäft empfing ich mit Interesse die ersten beruflichen Anregungen.
Im Frühjahr 1905 trat ich im *Baugeschäft & Architekturbureau Gebrüder Stamm in Basel* eine dreijährige Lehrzeit an; ich arbeitete zuerst als Maurer am Neubau des Schweiz. Bundesbahnhofs, später als Gehilfe der Bauleitung am Bau der Centralhallen, der Droschkenanstalt Settelen und verschiedenen Wohnhäusern. Im Herbst 1906 kam ich als Zeichner auf das Arch.-Büro der Firma und bearbeitete die Ausführungspläne zum Lagerhaus und Verwaltungsgebäude des Verbandes Schweiz. Konsumvereine. – Durch diese Tätigkeit im Betrieb eines großen Bauunternehmens lernte ich die Anforderungen der Baupraxis von Grund auf kennen, wurde mit der Bau-Technik und der Bau-Aufsicht vertraut und erhielt hiedurch einen soliden Handwerksboden, auf dem ich mich in der Folge sicher weiterentwickeln konnte.
Von 1905–1908 studierte ich mit vorzüglichem Ergebnis (vide Zeugnis) an der *Basler Kunstgewerbeschule* in der Hauptsache als Schüler des bekannten Mitarbeiters von Prof. Thiersch *Architekt B. S. A. Emil Fäsch*, und erhielt durch ihn eine gründliche theoretische Fachausbildung.

Nach beendeter Lehrzeit verblieb ich noch weitere 1½ Jahre als *Angestellter* bei *Gebr. Stamm, Basel*, bearbeitete die Ausführungspläne zur Zementfabrik Liesberg und besorgte nunmehr selbständig die Bauleitung der Alten Bayrischen Bierhalle und der Färbereien Schetty, Söhne, A-G, Basel, einer modernen Fabrikanlage. – Im Herbst verließ ich mit bestem Zeugnis meine Basler Stelle, um meine weitere Ausbildung in Deutschland zu suchen. (1909)
Nach einem vorübergehenden Aufenthalt in München trat ich Ende Oktober 1909 in das Atelier von *Architekt B. D. A. Albert Frölich in Charlottenburg*, dem Erbauer des Neuen Schauspielhauses am Nollendorfplatz in Berlin. Ich blieb daselbst während der nächsten zwei Jahre in Stellung und erhielt durch ihn reiche künstlerische Anregung. – Unter der Leitung meines Chefs bearbeitete ich die Wettbewerbsentwürfe zum Polytechnikum Zürich, (1. Preis), Kunstmuseum Basel, Warenhaus A. Wertheim Berlin, Museum Elberfeld, Bahnhof Stuttgart, Rathaus Mülheim a. d. Ruhr, Theater zu Hagen. – Einen besonderen Anteil hatte ich als Mitarbeiter bei der Ausführung des Crematorium Zürich, Museum Pro Vindonissa Brugg, Crematorium Aarau, Festsaal Comm.-Rat Woog in Grünewald, und verschiedenen Villen und Landhäusern, sowie am Projekt zum Stadttheater und Sekundarschulhaus der Stadt Ba-

Abb. 5
Hannes Meyer in Berlin, 1912. (Foto: Familienarchiv)

*Abb. 6
Wettbewerbsentwurf für die Königin-Luise-Kirche, Breslau, 1911.
(Foto: Familienarchiv)*

den. – Bei allen diesen Projekten hatte ich gute Gelegenheit mich im Entwurf von Monumentalbauten und im Lösen schwieriger Grundrißprobleme zu üben und zu vervollkommen; auch ist mir diese Mitarbeiterschaft im Zeugnis von Herrn Fröhlich bestätigt worden. – Im Juli 1911 schied ich im besten Einvernehmen mit meinem Prinzipal aus meiner Stellung und trat in das Atelier von *Emil Schaudt, Architekt B.D.A. Berlin,* dem Erbauer des Hamburger Bismarkdenkmals und des Kaufhaus des Westens in Berlin. Der Aufenthalt in diesem Atelier ist für meine weitere Entwicklung und Kunstauffassung in mancher Richtung bestimmend geworden: ich lernte ein erstklassiges und originelles Detail entwerfen und wurde in jeder Hinsicht zu selbständigem Arbeiten erzogen. – Ich begann mit dem Entwurf zum Herrenhaus Bugk i. d. Mark, einer ländlich-barocken Anlage; detaillierte darauf die Innenräume zur vornehmen Villa Keitel in Hamburg und fertigte die Projekte zu einem Warenhaus A. Wertheim am Moritzplatz, zum Geschäftshaus der Daimler Motorenwerke unter den Linden, zum Seidenhaus Cords, in Berlin. Daneben lag mir speziell der Entwurf kunstkeramischer Arbeiten ob, welche durch die Meissner Fabrik von Teichert ausgeführt und auf der Leipziger Bauausstellung zu einer Koje vereint deren verschiedene Verwendungsarten zu Brunnen, Öfen, Vasen, Heizkörperverkleidungen, usw. zeigten. Unter ähnlichen Gesichtspunkten hatte ich für die Grh. Karlsruher Manufaktur Garten-Architekturstücke zu entwerfen. – Die Hauptarbeit meiner Tätigkeit bei Herrn Schaudt war das Projekt zu einer Arbeiter-Gartenstadt Bohnsdorf bei Berlin, welches nach modernen städtebaulichen Grundsätzen ausgearbeitet einen Bebauungsplan über 44 ha umfaßte, berechnet für eine Einwohnerzahl von 20'000 Seelen; dazu waren die verschiedenen Platz- und Parkanlagen, öffentlichen Gebäude, und die Wohnhaustypen zu studieren und festzusetzen. Seit dieser Aufgabe bringe ich Fragen des Städtebaues ein besonderes Interesse entgegen. Nachdem ich noch die Fassaden und Grundrisse zum Neubau der Kammerlichtspiele an der Tauentzienstraße zu Charlottenburg nach den Entwurfskizzen meines Meisters ausgearbeitet, trat ich zu Neujahr 1913 aus dessen Atelier, um auf einer längeren Studienreise ins Ausland fremde Wohnsitten, Architektur und Städtebau kennen zu lernen, zu studieren und dadurch meinen künstlerischen Horizont zu erweitern.

Neben meiner Berufstätigkeit in Berlin benützte ich die freie Zeit zum Besuch der *Kgl. Hochschule* und der *Berliner kgl. Kunstgewerbeschule* und hörte zur Vervollständigung meiner theoretischen Kenntnisse die Vorlesungen über Architektur, Wohnungsreform, Kunstgewerbe und Städtebau etc. von Jolles, Bernoulli, Damaschke usw. – Daneben lernte ich auf zahlreichen Wanderungen Norddeutschland und seine Bauwerke kennen.

Nach einer Reise durch *Holland* kam ich Ende Dezember 1912 nach *England,* nahm zunächst längeren Aufenthalt in London und suchte nachher die

Erstlingswerke der modernen Gartenstadtbewegung zu genauem Studium auf: Bourneville, Hampstead, Port Sunlight, Letchworth. – Dann interessierten mich insbesondere die Stadtanlagen aus der Barock-Epoche des 18. Jahrhunderts, wie sie im ‹Alten Westen› weitab vom Verkehr zahlreich zu finden sind. Bath, das besterhaltene Beispiel aus jener Zeit habe ich während mehreren Monaten in allen Details studiert und eine Anzahl der dortigen Platz- und Gebäudeanlagen maßstäblich aufgenommen. Auf ausgedehnten Reisen besuchte ich historische Architekturwerke, Herrensitze, Parks und Gartenanlagen, sah die Industriezentren und machte mich mit den sozialen und Verkehrs-Einrichtungen eingehend bekannt. Im Sommer 1913 kehrte ich über *Frankreich* in die Schweiz zurück, nachdem ich Paris, Amiens und Nancy aufgesucht hatte, um bekannte Beispiele von Platz- und Monumentalarchitekturen zu sehen. Meinen Reisezweck hatte ich über Erwarten gut erreicht und die Eindrücke dieses Studiums sind bis heute nachhaltig geblieben.

Vom Herbst 1913 an arbeitete ich selbständig abwechslungsweise *in Berlin und in Basel*, bis mich eine Anzahl Aufträge nötigte, meinen Wohnsitz vorläufig nach Basel zu verlegen; aus dieser Periode seien herausgegriffen: Der Umbau des Geschäftshauses W. Gessler in Basel, bei dem es sich um den Ausbau eines Hauses aus dem 17. Jahrhundert handelte. Die Vergrößerung der Villa Beauregard in Arlesheim gab Gelegenheit zum Entwurf vornehmer Innenräume (Speisesaal, Frühstückszimmer etc.). Der Umbau der St. Jakobs-Apotheke betraf ein größeres Grundstück im Innern der Stadt. An weiteren Projekten seien erwähnt:
– Wohnhaus für Herrn Alt-Bundesrat Oberst Emil Frey.
– Landhaus ‹Auf dem Bollwerk› in Binningen.
– Haus ‹Ob dem Ziel› in Dornach.
– Landhaus der Familie Schmiedlin-Madeux in Arlesheim.
– Chalet Von Sprecher in Aesch.
– Geschäftshaus Guggenbühl-Merian in Basel.

In den Sommer 1914 fällt die Ausführung der neuen Hindernis-Reitbahn St. Jakob für die Section Basel des Schweiz. Rennvereins, mit allen Hindernissen, Tribünen-Anlagen etc. und bestimmt für den Concours hippique 1914. Bei der Ausführung der Dependance A. Wiesendanger in Dornach war ich bestrebt, die Garagen, Remisen, Garten-, Wasch- und Glättehaus zu einem neuartigen Ganzen zu gruppieren. – Für den Heimatschutzfriedhof der Schweiz. Landesausstellung 1914 entwarf ich eine Gruppe schmiedeeisernen Grabdenkmäler, welche als Einzige dieser Abteilung mit der Goldenen Medaille ausgezeichnet wurden.

Auf dem Gebiete des Wettbewerbs habe ich mich verschiedentlich betätigt, war jedoch bis dahin von Pech verfolgt: In die Zeit meines Berliner Aufenthaltes entfallen die Entwürfe zu einem Realgymnasium für Oranienburg (Engste Wahl), Synagoge in Mainz, Kirchen für Frankfurt, Breslau, Saignelégier; der Bebauungsplan für das Waidareal in Zürich, (80 ha);

Schulhäuser für Basel, Monthey, Binningen. – Meine städtebauliche Lösung der Stadthaus-Bauten zu Solothurn konnte wegen eines Formfehlers nicht prämiert werden; sie stand in der engsten Wahl (1914).

Zu meinen neuesten Arbeiten gehört der Entwurf zur Überbauung des Areals des ehemaligen Badischen Bahnhofes in Basel, einer großstädt. Bauaufgabe mit Marktplatz, Schulplatz, Spielplatz etc. und öffentl. privaten Gebäuden (Stadtsaal, Schulen, Verwaltungsgebäude, Markthalle etc.). – Ferner das Projekt zu einem Kirchgemeindehaus mit Turm und zwei Pfarrhäusern der Petersgemeinde Basel, eine interessante Eckplatzlösung mit Baugruppe.

Im Auftrage der Gesellschaft für soziale Wohnungsfürsorge in Basel schrieb ich ein Gutachten über den ‹Entwurf zu einem neuen Hochbaugesetz der Stadt Basel› vom architektonischen, wohnungsreformerischen und städtebaulichen Standpunkt aus; diese Eingabe liegt zur Zeit beim Regierungsrat meiner Vaterstadt, und es werden – dem Vernehmen nach – die darin enthaltenen Forderungen zum großen Teil berücksichtigt werden.

Hannes Meyer, Architekt.»⁹

Abb. 7
Hannes Meyer, um 1914.
(Foto: Familienarchiv)

9 Hannes Meyer
Curriculum Vitae
zum Bewerbungsschreiben für die Anstellung bei Georg Metzendorf, München 1915
Hannes Meyer-Nachlaß
DAM/Ffm.

Abb. 8
Das Zimmer von Hannes Meyer in Berlin am Lietzensee, Berlin-Charlottenburg, um 1911/12.
(Foto: Familienarchiv)

Nachzutragen bleiben mir an dieser Stelle noch einige Notizen aus den autobiographischen Aufzeichnungen, wie schon bei den Waisenhausjahren. Ich gebe hier in der aufgezeichneten Reihenfolge wieder diejenigen Notizen, die mir in unserem Zusammenhang – es ist die später von Meyer rückerinnerte Zeit – wichtig erscheinen:

«die lehre / 1905–1909: *mein lehrlingsdasein:* tagesarbeit / *alleingänger:* gewerbeschule (56 wochenstunden) / meine sonntage zuhause / nachtspaziergänge / literatur: j. p. jacobsen / m. gorki = individualist. / wölfflin. / Bebels frau im sozialismus. / die abstinentenbewegung / die zionistenbewegung / die freilandbewegung: flürscheim, geschwind, schär / vegetariertum / landwucher: alles spekuliert in miets- u. Einfam.-Häusern. / der 1. streik am bahnhof SBB. (ich leiste streikbrecherarbeit). / der 2. streik am st johannbhf. militär aufgebot. / *das milieu oscar schär* / viollet le duc / jacob burckhardt / *jugendstil* aus wien + paris / überflutung / *heimatschutz* aus schweiz. abwehr / *akademikertum.* (Hoffmann-Berlin) / *Novatoren:* Messel, Olbrich, / zeigen, wie basel als grenzort architektonisch überflutet wird von allen richtungen europ. arch. als durchgangsort!»[10]

Mit dem Wegzug aus Basel 1909 nach Berlin verläßt Meyer das vertraute Milieu. Anzunehmen ist, daß er durch Vermittlung seines Vormundes, Dr. Oscar Schär-Haller, dessen Vater Johann Friedrich Schär zu dieser Zeit an der Handelshochschule Berlin lehrt, in Berlin zu Arbeit und Wohnung kommt. Hier wird auch die persönliche Reifezeit Meyers gewesen sein, jedenfalls läßt die Übertitelung der fünf Manuskriptseiten darauf schließen. Hier heißt es: «*der berliner aufenthalt ist gekennzeichnet durch das verhältnis zu helene. und die persönlichen krisen dieser verbindung.*» Auch aus diesem Papier seien hier einige Passagen wiedergegeben:

«kultur: unsere literatur: wedekind, oscar wilde, strindberg, gebr. hart, peter hille, pschibyschewskij, vagabundenlieder. / Theater: frühlingserwachen, reinhardt/brahms. / malerei: Käthe Kollwitz / Hodler-Sezession / liebermann / wohnung: HM + HH mieten eine 2-Zimmerwohnung, bad, küche (lietzensee) = 42.- rm. / geld: sein gehalt 150,-, resp. 180, resp. 200,- rm, davon 50 frs an mutter. / analyse: seine zuneigung = sinnlichkeit, mütterlichkeit, mitleid, weltverbesserertum. / gewohnheiten: café karkow. wandern u. rudern. viel nachtarbeit. fotografieren. / milieu. landschaft am lietzensee, miethaushof mit

10 wie Anm. 3

nachtigallen, am rande der großstadt, zweizimmerexistenz. / *Flucht nach England.* / quintessenz: es muß gezeigt werden die ungenügende vorbereitung auf das leben durch die damalige erziehung, das romantische ‹Vorstellungsleben› des jungen intellektuellen mit all seinen hemmungen durch eine anerzogene moral; die unwissenheit und falsche scham der ersten sexuellen praxis, das leben in der luft einer ‹freien ehe› (er) und einer erhofften (sie) ‹versorgung in höherm bildungsstand›; die ‹kalte pracht› dieser kleinbürgerlichen existenz mit ihren sozialen träumen, die nichteingliederung in eine wirkliche sozialistische bewegung, das leben abseits der gesellschaft und ihr ersatz durch die teilnahme an fiktiven strömungen der sozialreformbewegung; statt primäres erleben – ein surrogat des lebens. das zusammenprallen zweier kleinbürger verschiedenen kulturellen grades u. verschiedenen realitätssinnes.»[11]

Hannes Meyer arbeitet in Berlin bei Albert Froelich (Oktober 1909 – Juni 1911) und bei Emil Schaudt (Juli 1911 – Dezember 1912). In dem Manuskript charakterisiert er beide, bzw. versucht, ihren «Typ» wiederzugeben. Übertitelt ist das Blatt mit «Berlin 1909/12 die architektonische Situation (ein einblick).» In der Reihenfolge diese Notizen:

«bruno schmitzer / metzner / völkerschlachtdenkmal. / die spekulationsarchitektur des vorkriegsberlin aufzeigen, ihre ökonomischen wurzeln, landerschließung, haberlandt! /

der Typ A. froelich: ecole des beaux Arts / provinzialer herkunft. / Stauffer – natur / böcklin-verehrer / Gottfr. Keller. / ich, fürst froelich. / Krematorien-Spezialist / Gräfin Rehbinder / die orgie zu viert. / Graf Eulenburg vergiftet sich / das überstundensystem. / es wird eine stelle besetzt. / das Theater am Nollendorfplatz. /

der Typ Schaudt: Schloßherr in Storkow / Sein Verhältnis (getarnt) das diakonissenheim nebenan / das Bismarckmilieu Hamburg. / seine spekulanten-auftraggeber. / mietsblock am kurfürstendamm. / Kino Tauentzienstraße / siedlung grünau / bodenspek. / majolika / schmiedeeisen / das Theater des Westens.

der Typ Bruno Schmitz: groß-Berlin/Vaterländ.-Vereine. / der Typ Peter Behrens: AEG. Rathenau.»[12] (Während Meyers Berliner Zeit arbeiten im Büro von Behrens: W. Gropius 1907–10, Mies van der Rohe 1908–11 und Le Corbusier 1910/11, – hat Meyer im falschen Büro gesessen? oder ist es nicht oben genanntes Triumvirat, das einer leichten Korrektur heute bedarf, ob der immer noch nicht eingelösten Postulate – ja, Versprechen vom «sozialen Bauen»?)

1950 erinnert sich Meyer wieder an Berlin: in einem Briefwechsel mit dem damaligen Leiter der Berliner Bauakademie, Heinrich Starck. Dieser sandte Meyer wohl das Buch «Berlin, gestern, heute, morgen», was diese Erinnerungen auslöste: «Den Bau der dreikuppligen Synagoge in der Fasanenstraße habe ich anno 1909–11 erlebt, als ich im Sehring'schen Künstlerhause gegenüber der Stadtbahn im Atelier von *Albert Froelich,* dem Erbauer des Theater am Nollendorfplatz, zuerst an dessen Wettbewerb teilnahm... in dem erwähnten Buche (Berlin, gestern, heute, morgen) suchte ich unter den Trümmerfotos nach alten Bekannten von mir und siehe da, ich fand einige vertraute Bauten: in der Tauent-

Abb. 9
Wettbewerbsentwurf für die Bebauung des Areals Badischer Bahnhof Basel, 1914. (DAM)

11 wie Anm. 3
12 wie Anm. 3

zienstraße steht der große Kinopalast noch leidlich erhalten da, den ich als Angestellter von *Emil Schaudt* anno 1911 auf dem Reißbrett im Detail bearbeitete. Ich kenne ja den ganzen Steinschnitt an diesem Bau und erinnere mich an die hitzigen Debatten über den Grundriß, dessen Kinokabine nicht in der Saalaxe lag, wodurch die projezierten Leute etwas dicker gerieten, als der Film es darstellen sollte... Sodann suchte ich das von *E. Schaudt* projektierte KDW, von dem ich die Struktur in der Luftfoto lokalisieren konnte. Es war damals mit der äußerst hohen ‹Kaufhalle› des Erdgeschosses eine kluge Konkurrenzlösung zu *Messels* Wertheimbau am Potsdamerplatz, dessen ‹Dritter Ausbau› ebenfalls mal auf meinem Brette studiert wurde anno 1912, als *William Muller* sich aus Verdruß umbrachte und der ‹Banken-Martens› an einer Fischvergiftung starb...»[13]

Die architektonische Ausbildung kann man also getrost als wirklich gründlich bezeichnen. Dazu kam das frühe Engagement für soziale Fragen, das durch vormundschaftliche Verhältnisse, Basler Milieu und Berliner Aufenthalt in Richtung sozialreformerische Arbeit gelenkt wird. In Basel, 1908 schon: «Unser junger Freund stud.-arch. Hanns Meyer las in einem Kreis interessierter Zuhörer aus Staudingers Grundrentenheimholung.»[14] Und im gleichen Jahrgang der «Zeitschrift für Bodenreform» findet sich Meyers erster veröffentlichter Artikel, in dem er sich für die Monopolisierung des Wasserrechts durch den Bund einsetzte. Hier in Berlin – die Beziehung zu J. F. Schär haben wir erwähnt – lernt Hannes Meyer Adolf Damaschke und Hans Bernoulli kennen, durch die er wohl erstmals mit der Diskussion um die Bodenreform vor Ort, in der Mietshaus-Spekulantenstadt Berlin konfrontiert wurde.

Im Manuskript heißt es dann «*Flucht nach England*» und in einem Bewerbungsschreiben 1927 (an Walter Gropius): «1912–13... einjähriger aufenthalt in england. studierte auf kreuz- und querfahrten probleme englischen städtebaus (u. a. bath, birmingham und london), die damals neuen gartenstädte, die soziale struktur, besonders cooperative mouvement, und theaterfragen (cinéma, music-hall, varieté).»[15] Das ist natürlich für den eitlen Gropius gedacht und von Hannes Meyer auch nicht ganz uneitel in die Bewerbung geschrieben: Er selbst schreibt in sein an Metzendorf gerichtetes Bewerbungsschreiben zwölf Jahre früher auch nur etwas von einem halbjährigen Aufenthalt. Besucht hat er – neben den zahlreichen Orten, an denen er seine Studien betrieb – einen in Bath lebenden Onkel und Nathalie Herkert, seine Freundin schon aus jugendlichen Tagen (sie wohnte in der Nachbarschaft, kennen lernte man sich 1905) und ab 1917 seine Frau, mit der er zwei Töchter haben sollte. Der authentische Bericht (als Bewerbung noch nicht ganz so geschönt) an Metzendorf gibt zudem auch das preis, was zu vermuten ist, wenn man sich Meyers erstes eigenständiges Projekt besieht: der starke Einfluß von «Erstlingswerken der modernen Gartenstadtbewegung».

Mit dem zitierten Schreiben hat er bei Georg Metzendorf Eindruck gemacht und eine Stelle im Büro/Atelier bei diesem in München angetreten: erstmals auch mit eigenverantwortlicher Entwurfs- und Bearbeitungstätigkeit.

13 Hannes Meyer
Brief an Heinrich Starck
1950
Hannes Meyer-Nachlaß
DAM/Ffm.
14 Notiz in:
Bodenreform
Deutsche Volksstimme –
Frei Land
Organ der deutschen Bodenreformer Jg. 1908,
Heft 21, 5. Nov., S. 667
15 Hannes Meyer
curriculum vitae
15. 2. 1927
in: ders.
Bauen und Gesellschaft
Dresden 1980, S. 10

Prolog 4
Metzendorf / München
und Krupp / Essen

Abb. 10/11
Hannes Meyer um 1916.
(Büro Metzendorf?)
(Fotos: Familienarchiv)

10

11

«*Zeugnis!*

Herr Architekt, Hannes *Meyer von Basel*, z. Zt. Essen = Ruhr, Göttingerstraße 23, war auf meinem Atelier vom 1. Mai bis 1. Dezember 1916 als Bürochef in leitender Stellung in München tätig. Während dieser Zeit war ich militärisch einberufen und konnte mich den Arbeiten auf meinem Atelier täglich nur wenige Stunden widmen. Dem Herrn Meyer oblag die selbständige Führung aller Arbeiten; er lieferte künstlerisch reife Entwürfe in städtebaulicher Hinsicht und im Siedlungsbau. Unter seiner Leitung entstanden die folgenden Entwürfe:

1.) Gartenstadt Margarethenhöhe Essen = Ruhr Entwurf der 8. Bauperiode mit ca. 130 Wohnungen, Skizzen für eine evangelische Kirche, für einen Schulplatz, für einen Innenhof nebst Bebauungsstudien.
2.) Gartenstadt Hüttenau, Skizzen und Bebauungsstudien,
3.) Arbeitersiedlung Breitenborn, Vorentwürfe,
4.) Umbau eines Landhauses für Herrn Kommerzienrat Offenheimer, Okriftl a/Main
5.) Inneneinrichtung für Herrn Hauptmann Haubs, München
6.) Verschiedene Möbel und kunstgewerbliche Arbeiten. –

Ich habe Herrn Meyer nur als ernsten, begabten Menschen kennengelernt. Seine Entwürfe sind reif zur Ausführung. Herr Meyer verfügt über viel praktisches Können und Erfahrung, auch kann jedes Vertrauen dem persönlichen Charakter des Herrn Meyer entgegengebracht werden. Metzendorf.»[16]

«*Zeugnis!*

Herr Architekt Hans Meyer aus Basel war vom 24. 11. 16 bis 20. 11. 18 bei unserer Bauverwaltung tätig.
Er bearbeitete unter Leitung des Vorstandes des Baubüros den Entwurf einer Siedlung für Arbeiter unserer Germaniawerft in Kiel – Gaarden, (etwa 1400 Wohnungen), ferner Bebauungspläne für städt. Baublocks in Essen zur Errichtung von Beamtenwohnungen.
Bei beiden Aufgaben, besonders bei der Gartenstadt in Kiel, waren bedeutungsvolle städtebauliche Probleme zu lösen. Hierbei sowohl wie der Bearbeitung der Haustypen bewies Herr Meyer ein volles techn. Können, gute praktische Erfahrungen und ein reiches künstlerisches Gestaltungsvermögen.
Herr Meyer gab sich seinen Arbeiten mit vollem Eifer hin und verstand es für die wechselnden Anforderungen immer wieder neue Lösungen zu finden.
Herr Meyer verließ seine hiesige Stellung auf eigenen Wunsch, um sich in seiner Heimat zu betätigen.
Unsere besten Wünsche für sein ferneres Wohlergehen begleiten ihn.

Essen, den 9. Mai 1919.   *Fried. Krupp*»[17]

16 *Metzendorf,* Georg Zeugnis für Hannes Meyer Hannes Meyer-Nachlaß DAM/Ffm.
17 *Friedrich Krupp AG* Zeugnis für Hannes Meyer ebd.

*Abb. 12
Georg Metzendorf/Hannes Meyer: Siedlung Margarethenhöhe, Essen-Ruhr, 8. Bauabschnitt, Zeichnung: Hannes Meyer, 1916.*

Hannes Meyer arbeitet bei Metzendorf vom 1. Mai bis zum 1. Dezember 1916, also sieben Monate. Das am 9. Mai 1919 von der Firma Friedrich Krupp ausgestellte Zeugnis belegt seine Tätigkeit dort vom 24. November 1916 bis zum 20. November 1918: Eine weitere Quelle zu Meyers Tätigkeit in Deutschland ist sein Curriculum vitae vom 15. Februar 1927, das er Walter Gropius sendet:

«1916
münchen
bürochef des ateliers von *Professor Georg Metzendorf* – essen, in münchen. bearbeitete u. a. die 8. bauperiode der siedlung margarethenhöhe – essen (130 wohnungen) und entwürfe zur gartenstadt hüttenau und zur siedlung breitenborn/wächtersbach.»

«1916–1918
essen
ressortchef bei der *Kruppschen Bauverwaltung,* unter baurat robert schmohl, in essen-ruhr. bearbeitete die gartenstadt kiel-gaarden (1400 wohnungen) vom entwurf bis zur völligen typisierung: einen beamtenwohnhausblock in essen, eine geschoßdreherei.
beteiligte mich intensiv an den ersten arbeiten zur standardisierung und typisierung kruppscher siedlungen. studium des kruppschen großbetriebes und seiner kulturversuche wie: werkzeitung, konsumorganisation, aufklärungsdienst (kino), ausstellungs- und bibliothekswesen. studierte die einschlägige soziologische literatur.»[18]

Seine Tätigkeit während zweieinhalb Jahren in Deutschland ist somit umrissen. Arbeiten aus dieser Zeit haben sich wenige erhalten.
Der Gesamtplan der Gartenstadt Margarethenhöhe in Essen ist im Laufe seiner Bearbeitungszeit (seit 1909) oft abgeändert worden. Unten rechts, bei dem Kirchenbau, liegt die von Meyer bearbeitete 8. Bauperiode. In Metzendorfs Zeugnis ist von Skizzen für eine Kirche die Rede; und aus Briefen, die Meyer an seine spätere Frau – Nathalie Herkert – aus München schreibt, geht hervor, daß er auch noch als Privatier an Kirchenwettbewerben in Basel teilgenommen hat.
Die sechs kleinen Federzeichnungen, die Meyer im Zusammenhang mit der Bearbeitung der Siedlung Margarethenhöhe gemacht hat, zeigen seine Vorliebe für das Vogelschaubild, dem er in all seinen späteren Entwürfen und Projekten treu bleibt: «in der regel bediene ich mich zur darstellung der gesamtanlage eines bauentwurfes des axonometrisch gezeichneten fliegerbildes. da es in allen teilen maßstäblich ist, zeigt es die räumliche anordnung der gesamtgruppe aller bauelemente in meßbaren dimensionen. es verrät mit unerbittlichkeit die denkfehler der gebäudegruppierung.»[19] Andererseits zeigen diese Zeichnungen deutlich die notwendige Beherrschung dieser Art der räumlichen Darstellung der Perspektivwirkung aus der Sicht des Fliegers und eben der Fußgänger. Zuletzt ist ihnen ablesbar die Vorliebe für Plätze und die, Gebäudegruppierungen diese Plätze bilden zu lassen: ganz so, wie er es bei seinem Freidorf 1919 auch unternimmt.
Wenn wir hier noch einen Bick auf die beiden Fotos der Gartenstädte Margarethenhöhe und Hüttenau werfen, diese dann vergleichen mit Meyers Freidorf, kann man auch schon erahnen, welch kühnen Schritt Meyer in den nächsten Jahren unternehmen wird.
Für diesen Zeitraum will ich aber auch noch einige Passagen aus dem Manuskript zu seiner «Autoreportage» aus den vierziger Jahren wiedergeben.
«1914–1918. 1. der krieg wird von HM seit dem 27. 11. 1914 (sarajewo) mit ungeduld herbeigewünscht als erlösung aus der zweifelhaften lage mit Helene ... wirkungen der kriegspsychose auf die Neutralen exemplifizieren! Nationale instinkte – Besitzwut – Wohltätigkeit – Selbstsicherheit der Ban-

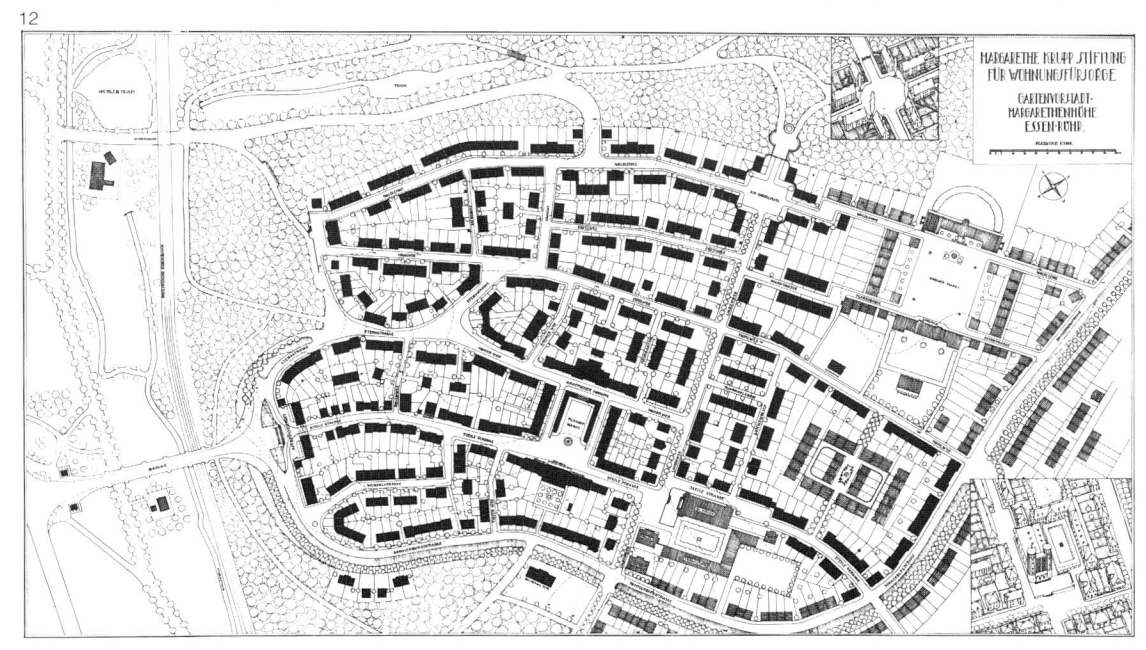

18 Hannes Meyer Curriculum vitae 15. 2. 1927 in: ders. Bauen und Gesellschaft Dresden 1980, S. 11
19 wie Anm. 8, S. 102

ken. / die spaltung der familie Herkert (4 nationen in einer familie). / flittermonate mit Nathalie. (kriegspausen) / die gruppierungen in der milizarmee schildern: / offiziere: unteroffiziere-gemeine / stadtbataillon zu landschäftlerbataillon. /» Hannes Meyer selbst war während der Kriegsjahre des öfteren im Grenzdienst tätig.

«München 1916. 1. *Das Milieu Prof. Metzendorf:* liberaler demokrat, plünderer, adj. de. bayr. pionierinspektion. – industrie-protegé. Hesse. Fürsten abschaffen. / 2. *Das Milieu der vegetarischen Restaurants. / Wer baute: die Kriegsgewinnler /* unser frankfurter bauherr (basaltwerk) / unser frankfurter jude (hattersheim) / die marg. Krupp-Stiftung auf Marg. Höhe-Essen. / das Siegesdenkmal in essen (dicke berta + soviel steine, als gefallene.) / das kirchenprojekt / *Mutters Tod / mein alleinsein / die antipathie zu münchen. / die architektonische situation.* / die G. Seidl-Architekten (Schulen, Krematorien, Volksbäder) / die kriegsgewinner-arch. / das deutsche museum. / klenze + die ludwigsbauten»[20]

An seine spätere Frau Nathalie schreibt er unter anderem (Briefe in Familienbesitz):

14.1.1916: «Ich erhielt heute von A. Gutknecht einen mehrspaltigen Artikel der Basler Nachrichten, in welchem die Kirchenkonkurrenz von Hans Bernoulli einläßlich besprochen wird. Mein Projekt Nr. 21 (mit dem weißen Rahmen) empfängt eine wohlwollende längere Kritik; ich glaube, wenn H. B. im Preisgericht gewesen wäre, so hätt's was gegeben.»

7.2.1916: «Für (Altersasyl) Glarus brauchen wir kein Gran Hoffnung haben; das Projekt ist zu schlecht für diesen Fall.»

6.6.1916 «Prof. habe ich erst zweimal gesehen, sonst bin ich immer allein im Atelier. Morgen wird er wohl zur Korrektur kommen; ich bin einigermaßen gespannt, was er zu meiner Arbeit sagen wird. Ich habe als erstes eine Bautengruppe für die Gartenstadt Hüttenau b. Essen zu entwerfen, eine sehr einfache Sache (ca. 9 Häuser). (...) Dann kommt die 7. oder 8. Bauperiode der Kolonie Margarethenhöhe (Krupp-Stiftung), ein paar Straßenzüge voll Häuser und dann kann ich auch unabhängiger entwerfen, weil ich dann schon besser im Zug bin. Als 3. Arbeit – auf die ich mich sehr freue – folgt die Kirche für die Margarethenhöhe bei Essen incl. Platzanlage; ich muß hiezu nach Landshut hinüberfahren, um eine besonders interessante Jesuitenkirche in Augenschein zu nehmen. –»

11.7.1916: «Bei Professor geht es *sehr* gut; ... *Er will mich unter allen Umständen definitiv behalten* ... Ich soll jetzt alle die Plätze der Margarethenhöhe ‹revidieren›, das ist eine Heidenarbeit. Hast Du schon einmal einen Chef gesehen, der täglich sagt: ‹Tun Sie ja *recht langsam* arbeiten, damit alles recht ausreift›; (...).»

Hannes Meyer heiratet im März 1917 die Freundin schon aus der Jugendzeit: – Nathalie Herkert. Mit ihr wird er bis 1929 zusammenleben, dem Zeitpunkt, zu dem Nathalie Meyer-Herkert mit den beiden Töchtern Claudia und Livia Dessau verläßt, um vorerst in München und anschließend in Zürich zu leben. Ende 1916 ist er in die Krupp'sche Bauverwaltung unter Robert Schmohl in Essen eingetreten. An Arbeiten hat sich hier nichts erhalten. Wir können wieder nur Meyer selber sprechen lassen, indem wir aus drei Texten, die zu unterschiedlichen Zeiten entstanden sind, zitieren, und die direkt hinführen zu seiner ersten großen selbständigen Arbeit: der Siedlung Freidorf in Muttenz bei Basel.

Aus dem Manuskript: «Krupp 1916–18 / architektonische Situation: Nationale Strömungen! / zeigen die etappen der wohnkultur bei Krupp: / die Holz- und Schachbrettsiedlungen. / das deutsche dörfchen als deckmantel der plünderung. / die großanlagen der kriegsperiode: friedr.-alb. hof. / die halbdauernde bauweise. / das standardisieren. / mechanisieren, Taylorisieren. / das hessische dörfchen. / die frage der autorschaft. / die entlohnung: / Kriegsanleihe / der fallende kurs. / mein studium palladio's. / turner und die engl. malerei. / spencer's filosofie. / Rathenau's schriften. / das Folkwang: Renoir-Manet-ehernes Zeitalter / kiel-gaarden als fantasiegebilde. / die 27000 menschen-menage. (Rationalisierung des gefang. lebens) / das folkwang-museum in hagen (geistiger erholungsplatz.)»[21]

«mit 27 jahren, inmitten einer ausgedehnten siedlungspraxis im dienste eines deutschen großunternehmens der schwerindustrie, habe ich in dienstfreien stunden sämtliche grundrisse palladios auf dreißig normenblättern im formate 420/594 in einheitlichem maßstab dargestellt. durch diese auseinandersetzung mit palladio wurde ich angeregt, meine erste städtebauliche arbeit, die siedlung freidorf-basel des schweizerischen zentrosojus (VSK), 1919–1921 erbaut, im einheitlichen modul einer architektonischen ordnung durchzuführen...»[22]

«Wir hatten sogenannte Menagen für Arbeiter durchzuführen für je 5000 Arbeiter mit voller Verköstigung und Schlafsälen. Die Arbeitskraft wurde zur menschlichen Nummer standardisiert, typisiert und exploitiert. Sie erhielt täglich zwei Liter Essen à x Kalorien, schlief auf 2 m^2 Schlaffläche und erholte sich auf einem Hofe von 2 m^2 pro menschlicher Nummer. Anno 1918 beendeten wir den Bau einer gigantischen Menage für 27000 Arbeiter, die täglich in 36 Dampfbatterien à 600 Liter 54000 Essen abzugeben hatte, und mit allen zugehörigen Schlafbaracken. Hugenberg, der damalige Kruppsche Direktor, behauptete, mit solchen Einrichtungen könne das deutsche Volk den Weltkrieg zur ewigen Einrichtung machen.

Für die Kruppschen Beamten mußte ich indessen Siedlungen im romantischen Stile hessischer Dörfer entwerfen, in denen das schiefe Dach, die krumme Straße, die bauchigen Erker das Mitglied der Kruppschen Beamtenkasinos darüber hinwegtäuschen sollte, daß er in etwas romantischer Art an das Haus Krupp von Bohlen und Halbach gekettet war. So entwarf ich eine Siedlung von 1600 Beamtenwohnungen, war selbst der Baubeamte Meyer No. 16824 und erhielt jeden Mittwoch eine kriegsmäßige Beamtenzulage von 2 m Pferdewurst. Es ist verständlich, wenn ich unter dem Eindruck dieser unmenschlichen Erlebnisse am Schluß des ersten Weltkrieges in meiner schweizerischen Hei-

Abb. 13–15
Platz-Entwürfe und -Skizzen für die Siedlung Margarethenhöhe, Essen-Ruhr, 1916/17.

20 Hannes Meyer Notizen zu einer Autoreportage Manuskriptkopie im Bauhausarchiv, Berlin-West
21 ebd.
22 wie Anm. 8

INNENBLOCK · MARGARETENHÖHE

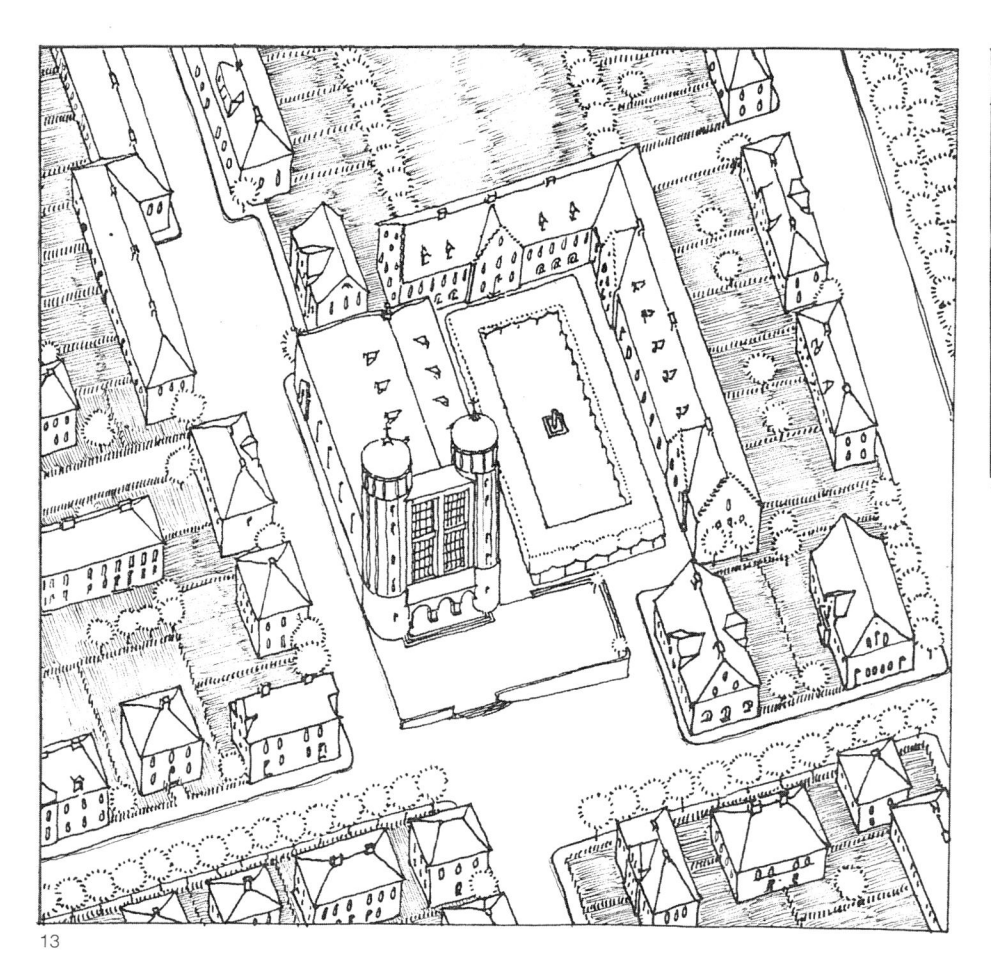

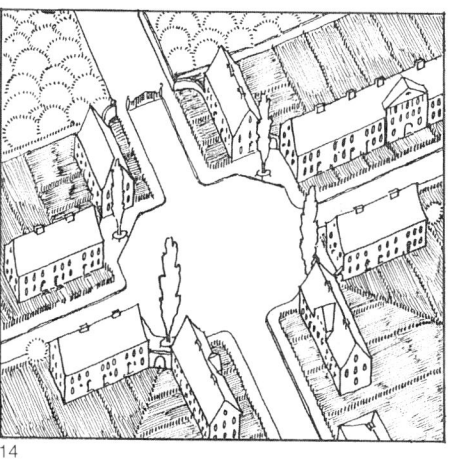

mat versuchte, zusammen mit zwei Pionieren des Genossenschaftswesens, Prof. J. F. Schär und Dr. B. Jäggi, auf integral kooperativer Grundlage eine Mustersiedlung zu organisieren: die Siedlung Freidorf bei Basel... auf der Grundlage der Pädagogik des großen Schweizer Genossenschafters Heinrich Pestalozzi.»[23]

Interessant an diesen beiden Texten ist, daß Meyer die Herleitung des Freidorfes zweimal unternimmt – besser: doppelt in seiner Entstehung und Erscheinung zu erklären sucht: das Organisationsprinzip aus der Pädagogik Pestalozzis, das formale Prinzip aus der eigenen Beschäftigung mit Palladio.

Nach dem Kriege lebt Meyer zeitweise in Lausanne (1918/19), dann wieder in Basel (bis April 1927). Zu dieser kurzen Zeitspanne hier wenige Auszüge aus dem Manuskript: «lausanne 1918/19. die erschöpfung und das freiwerden neuer energien im sozialleben der wirtschaftlich und kulturell überschwemmten schweiz zeigen. die formen des versteckens der kriegsgewinne und den typus des kriegsgewinnlers in verschiedenen abarten des weltverbesserers.» (Passage komplett unterstrichen im Original).

«die Arbeit an Pic-Pic, Genève (Kriegsgewinne und Siedlung.) / der typ k. v. meyenburg: / aristokrat, ingenieur, fantast; / motorkultur – industrielle landwirtschaft – siedeln – selbstversorger – das leberecht migge-team (?). / das haus nietzsche am gellert. / die familie meyenburg: genfer aristokratie, / die wohngenossenschaft / konsumgenossenschaft. / die ges. z. ansiedlung auf dem lande. (Intrigenspiel). / die krupp'sche rente bis 1. 4. 19. / der zusammenbruch ausländ.-valuten. (unser erspartes). / der sterbende bruder in davos. / die landschaft am genfersee. (lausanne-genf.) die reitstallwohnung in basel.»[24]

*Abb. 16/17
Platz-Entwürfe und -Skizzen für die Siedlung Margarethenhöhe, Essen-Ruhr, 1916/17.*

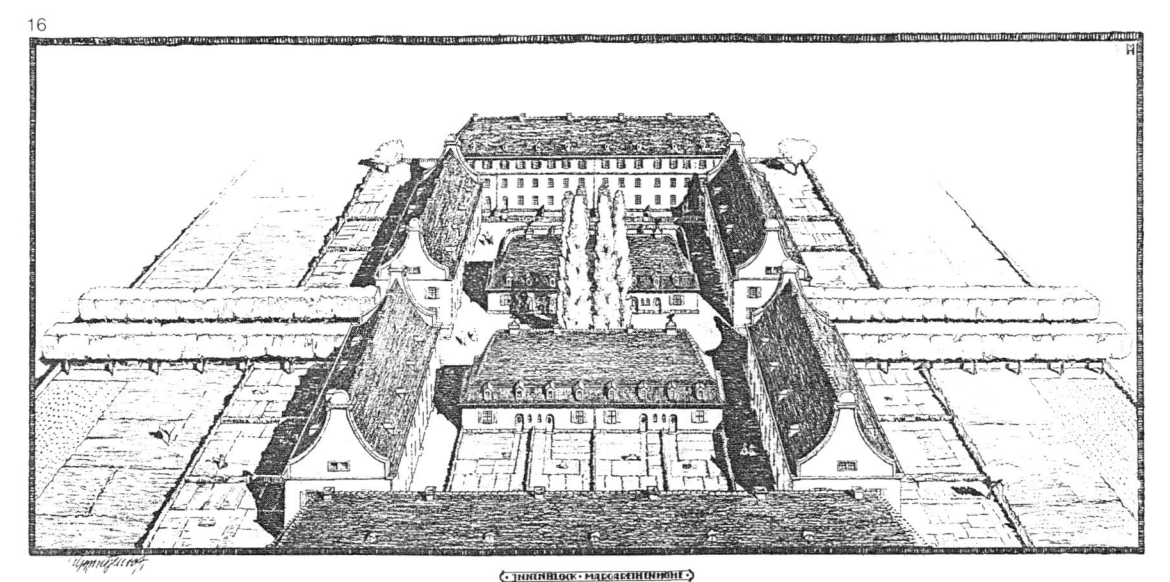

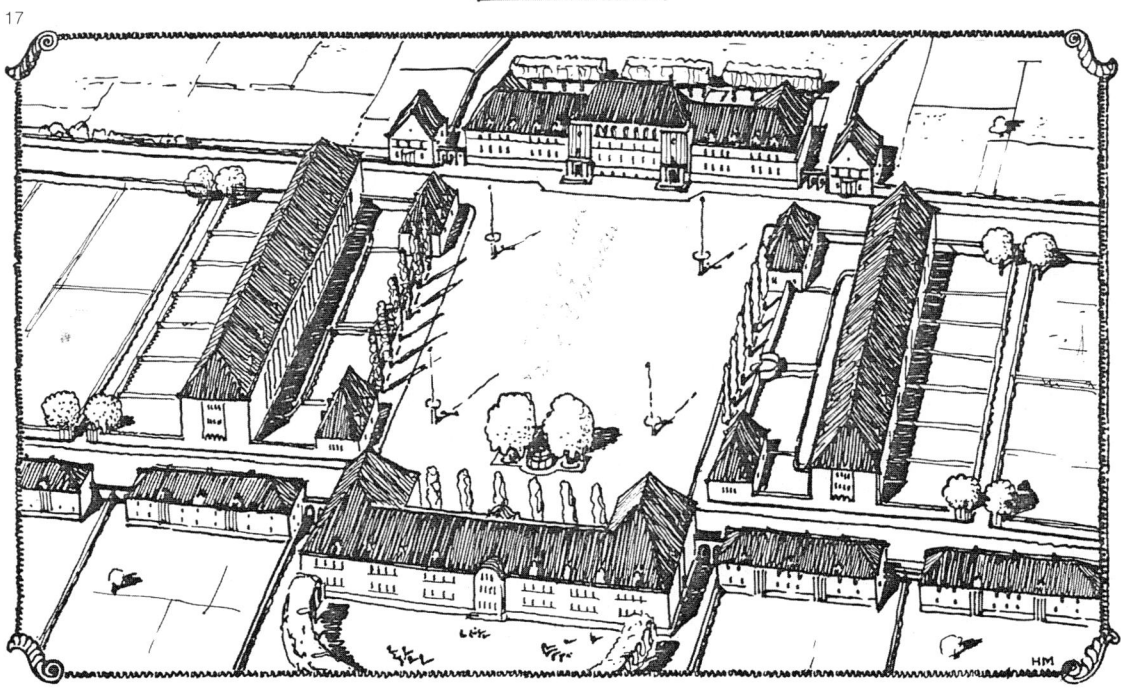

16

17

23 Hannes Meyer
Erfahrungen im Städtebau
in: ders.
Bauen und Gesellschaft
Dresden 1980, S. 216f.
24 wie Anm. 3

Freidorf

Freidorf	1	Eine Baumonografie	32
Freidorf	2	Pic-Pic in Genf	34
Freidorf	3	Genossenschaften und Bodenreformer	35
Freidorf	4	Familien- und Siedlungsgedanken	37
Freidorf	5	Krumme Straße/straffes Zellensystem	39
Freidorf	6	«Scharfrichter der Nachkriegszeit»	42
Freidorf	7	Das System der «kleinen Kreise»	45
Freidorf	8	Alles normal(isiert)	51
Freidorf	9	Die Planfassungen, Kommentare	55
Freidorf	10	Zwei Nutzgebäude der Siedlung Freidorf	60
Freidorf	11	«Tempel der Gemeinschaft» und zentraler Platz	63
Freidorf	12	Schlußbetrachtung	70

Freidorf 1
Eine Baumonografie

Im folgenden Kapitel wird die Siedlung Freidorf, werden ausführlich die Pläne des Architekten und werden die Absichten der Gründer und Erbauer behandelt. Die, gegenüber der bisherigen Literatur über Hannes Meyer, relative Ausführlichkeit, mit der das hier geschieht, bedarf einer kurzen Erklärung.

1. Im Werk Hannes Meyers nimmt dieses Projekt der Planung und Organisation eine Sonderstellung ein. Zum einen ist es das erste selbständig bearbeitete Projekt des knapp dreißigjährigen Architekten, und es bleibt – was den Umfang und die Bedeutung der Aufgabe betrifft – auch schon durch diese Selbständigkeit eine Ausnahme: Meyer betonte später immer bewußt seine Neigung zu kooperativer Arbeit, ja, er bestand auf ihr als notwendiges Vorgehen in seiner Zeit. Aber gerade was den Umfang und die selbständige Bearbeitung betrifft, liegt hier der Schlüssel zu einem Verständnis der Arbeitsmethoden des Architekten und Städtebauers, da hier schon alle Aufgaben, denen ein Architekt während einer mehrjährigen Praxis sich ausgesetzt sieht, auftauchen, wie der Hausbau und die Findung und Durcharbeitung von Typen, die Standardisierung (Normalisierung) der Bauteile, die Wahl der Abwasserbeseitigung, die Wahl der Baumaterialien bei den verschiedenen Gebäudetypen, u. a. m. – Mit all diesen Tätigkeitsbereichen war Hannes Meyer während seiner mehrjährigen Siedlungspraxis konfrontiert, und er bearbeitete sie bis zum kleinsten Detail. Da er seine praktische Arbeit ständig nebenher publizistisch begleitete, ist es uns möglich, in diesen Prozeß der Entstehung, Durcharbeitung und Vollendung Einblick zu nehmen.

Die andere Seite ist die der sozialen Organisation. Als erste Vollgenossenschaft geplant, als solche aber nie – aus gesellschaftlichen Gründen, die hier nicht weiter Gegenstand sein sollen – voll funktionsfähig, birgt der Organisationskomplex der «Siedelungsgenossenschaft Freidorf» eine Fülle von Funktionsmerkmalen, die es bei der Erklärung und Einschätzung der baulich-räumlichen Bewältigung der Aufgabe seitens des Architekten zu berücksichtigen gilt. Vor diesem baulichen Programm stand nämlich ein erzieherischer, das ist ein rein pädagogischer Zweck, mit dem das Raumprogramm in Einklang gebracht werden sollte: im Jahre der Entstehung und Gründung des Freidorfs – also 1919 – hieß das nichts anderes als «Revolution oder Sozialisation (des neuen Menschen)», jedenfalls in der Schweiz und innerhalb der genossenschaftlichen Organisationen. Für den Architekten und Städtebauer Hannes Meyer war diese Siedlung «Testfeld» für die Schaffung neuer Wohnformen, neuer Siedlungsformen und neuer Sozialisationsformen, Bereiche, die sein ganzes praktisches und theoretisches Schaffen durchziehen.

2. In der bisher zu Hannes Meyer erschienenen Literatur nimmt dieses Projekt gerade den Umfang der anderen Arbeiten ein. Die Vielfältigkeit dieser Aufgabe kann aber erst dann ermessen werden, wenn sie in ihrem vollen Umfang einmal dokumentiert wird. In den beiden Büchern, dem von Claude Schnaidt (Teufen/Schweiz 1965) und dem von Lena Meyer-Bergner (Dresden 1980), sind ausschließlich abgebildet die Zusammenschau der Typengrundrisse, ein Lageplan und zwei, drei Fotos aus der Siedlung selbst; alle aber in so kleinem Format, daß ihre Lesbarkeit nicht nur erschwert, sondern meines Erachtens überhaupt nicht möglich ist. Zudem ist nie auch nur annähernd zur Kenntnis genommen worden, daß es ein ausführliches Vorprojekt und eine ganze Reihe von Bauten gegeben hat, die einer besonderen Analyse und Betrachtung – zumindest aber Erwähnung – bedürfen, will man dem architektonischen Schaffen Meyers auch nur annähernd gerecht werden.

3. Hannes Meyer bewohnte mit seiner Familie ein Haus in dieser Siedlung von Ende 1921 bis Anfang 1926, also 4½ Jahre lang. Während dieser Zeit besorgte er u. a. die Aufgabe des Vorstehers der Baukommission, d. h. er überprüfte «vor Ort» die Funktionsfähigkeit nicht nur der ausgeführten Bauten, sondern hatte somit auch tiefen Einblick in die Lebensstruktur der Genossenschaft. Dieses Leben innerhalb der Siedlung und ihrem sozialen Gefüge ist als Lebenserfahrung und biografische «Reife»-Zeit für Hannes Meyer von großer Bedeutung schon deshalb, weil es gerade die hier gemachten Erfahrungen sind, die ihn von dieser Art der genossenschaftlichen Gemeinschaft Abstand gewinnen lassen: Die Aufgaben und Tätigkeitsbereiche, die dem Bau der Siedlung folgen, aber in direktem Zusammenhang mit seinem genossenschaftlichen Engagement stehen, sind es, die ihn von dieser «reformi-

*Abb. 1
Siedlung Freidorf.
Luftbild der Siedlung um
1925.*

stischen Deutung der sozialen Zustände schrittweise» (HM) zurücktreten lassen. Die gesellschaftlichen Zustände sind es zunehmend, die der Architekt in seine Überlegungen miteinbezieht, einbeziehen muß, will er dem hohen Komplexitätsgrad, den Architektur und Städtebau im Zeitalter der zunehmenden Technisierung erlangen, gerecht werden. Und noch in allen späteren Schriften Meyers finden sich oft Andeutungen irgendwelcher Problembereiche aus der Freidorf-Zeit wieder. Immer wieder verweist er selbst auf die hier gemachten Erfahrungen, immer wieder setzt er sich aber auch selbstkritisch mit dieser Zeit auseinander. Und auch sein hier erstmals angewandtes Organisations- und Entwurfsprinzip der «kleinen Kreise», die es räumlich zu schaffen und zu verbinden gilt, findet sich wieder in jeder späteren Bauaufgabe, der er sich stellt. Auch deshalb sei die Ausführlichkeit der Darstellung in dieser Arbeit erlaubt.

Freidorf 2
Pic-Pic in Genf

In direktem Anschluß an seine Rückkehr aus Deutschland, also 1918, hat Meyer an dem ersten größeren Wettbewerb in der Schweiz teilgenommen: an dem für die «Gartenstadt Aire» bei Genf. Auslober war die Maschinenfabrik Piccard, Pictet + Cie. AG, die erhebliche Kriegsgewinne verzeichnete und diese nun entweder massiv zu versteuern oder aber im sozialen Bereich anzulegen hatte. Das Bauprogramm des Wettbewerbs sah die Errichtung von Wohnungen für rund 500 Familien der Arbeiterschaft der auslobenden Firma vor sowie als Vorleistung für die öffentliche Infrastruktur Heime, Gastbetriebe, Läden und Anlagen für Kultur, Sport und Erholung. Die Wohnbauten waren als Reihen-Einfamilienhäuser mit drei Zimmern, Küche und Garten mit guter Verbindung zu ergänzendem Pachtland anzulegen und zu planen. Das Gelände, zwei Kilometer westlich der Stadtmitte von Genf gelegen, umfaßte das Areal zweier ehemaliger herrschaftlicher Landsitze, war gebettet zwischen Baumgruppen und Alleen und war zudem umgeben von alten Villen.

In seinem unveröffentlichten Werkverzeichnis zum Werk Hans Schmidts, der sich ebenfalls an diesem Wettbewerb beteiligte, schreibt Peter Degen: «Auslober und Preisgericht legten ausdrücklichen Wert auf eine zusammenhängende Gestaltung der Siedlung im Sinne einer ‹einheitlichen Schöpfung›. Die Parzellierung war trotzdem voll auszuweisen, die Veräußerung einzelner Häuser also offen zu halten.»[1]

Da die auslobende Firma sich aber in den Friedensjahren wirtschaftlich weniger gut zu behaupten vermochte als in den Jahren des Krieges – sie meldete Konkurs an –, kam dieser Wettbewerb nicht zur Ausführung. Er scheint aber – zumindest für einige junge Schweizer Architekten – eine Art Vorstellung und Bewährungsprobe gewesen zu sein. Hans Bernoulli – in jenen Jahren schon bekannter und betagter Architekt – saß in der Jury dieses Wettbewerbs. Andere, mit Siedlungsfragen innerhalb des VSK beschäftigte Personen mögen auf Hannes Meyer und seinen Entwurf aufmerksam geworden sein. – Dieser Wettbewerbsbeitrag Meyers ist verschollen, wurde aber, nach eigenem Bekunden, in die engere Wahl genommen.

Hans Bernoulli und Hannes Meyer waren es dann auch, die im April 1919 von der «Gesellschaft für Ansiedelung auf dem Lande» aufgefordert wurden, je einen Bebauungsplan für die Siedlung «Freidorf» in Muttenz bei Basel anzufertigen. Peter Degen schreibt dazu noch – was die personellen Verbindungen betrifft –, daß «Hans Schmidt in der Folge von Hans Bernoulli ebenso wie von Hannes Meyer zur Mitarbeit am eingeladenen Wettbewerb für das Freidorf eingeladen worden ist».[2] Hans Schmidt entschied sich für ersteren.

Noch in diesem April, also vor der eigentlichen Gründung der Siedlungsgenossenschaft, kündigte die «Schweizerische Gesellschaft für Ansiedelung auf dem Lande» im Gewerbemuseum Basel eine Ausstellung moderner Siedlungsprojekte an: die Wettbewerbsergebnisse der Firma Pic-Pic in Genf, Pläne für eine Angestellten- und Arbeitersiedlung auf dem Dreispitz/Basel und eben: «Projekte für eine Siedelung von 150–200 Wohnungen ... die auf Initiative der Schweizerischen Gesellschaft für Ansiedelung auf dem Lande in nächster Zeit in der Nähe Basels errichtet werden soll.»[3] Welcher der beiden Entwürfe, der Bernoullis oder der Meyers (oder gar beide), in der Ausstellung gezeigt wurde, läßt sich nicht mit Gewißheit sagen; sicher ist aber, daß die Entscheidung für Meyer am 18. Mai fiel, dem Datum der dritten und letzten Besprechung der beteiligten Genossenschafter vor der Gründungssitzung der «Siedelungsgenossenschaft Freidorf» am 20. Mai.

1 *Degen*, Peter
Hans Schmidt, Werkverzeichnis
unveröffentl. Manuskript, Basel
2 ebd.
3 Flugschrift der «Schweizerischen Gesellschaft für Ansiedelung auf dem Lande», Basel 1919
Wirtschaftsarchiv Basel
Band B. *Verb.*, Heft 3

Freidorf 3
Genossenschaften und Bodenreformer

Unerläßlich erscheint es an dieser Stelle, mit wenigen Worten die Entwicklung der Gesellschaften aufzuzeigen, die sich an der sozialen Wohnungsfürsorge der Zeit, während der Meyer in Basel für diese arbeitete und die er in seinem Lebenslauf erwähnt, beteiligten. Zudem ist es wieder (besser: leider immer noch) an der Zeit, daran zu erinnern, auf welche Ziele und Postulate sich diese Gründungen damals stützten: Waren es doch diese vielen gemeinnützigen Gesellschaften, die eine seit 1900 anwachsende Diskussion über Städtebau und dessen Grundsätze und Probleme begannen und trugen, bis in die zwanziger Jahre, die Zeit also, in die die großen städtebaulichen Leistungen dieses Jahrhunderts fallen: die Großsiedlungen in Wien, Frankfurt und Berlin und all jene zahlreichen Versuche, billigen Wohnraum für Arbeiter und Angestellte zu schaffen. Für die Beschäftigung mit Hannes Meyer sind jene Jahre und die Konfrontation mit diesen Fragestellungen von grundlegender Bedeutung schon deshalb, weil er es u. a. war, der dann im Jahre 1928 auf der Gründungssitzung des CIAM in La Sarraz den Begriff «Städtebau» folgenreich definierte: «Der Städtebau ist die Organisation sämtlicher Funktionen des kollektiven Lebens in den Orten und zwischen den Orten.»[4]

Nichts anderes war es aber, was er in den Jahren 1919–23 für den VSK, die Siedlungsgenossenschaft Freidorf und die anderen von ihm genannten Gesellschaften tat. Die Grundlage, auf die all die städtebaulichen Unternehmungen dieser Jahre sich stützten, war die Forderung nach Aufhebung des Privatbesitzes an Grund und Boden; und – weitergehend – die Kritik und Anfechtung der kapitalistischen Interpretation und Handhabung des Begriffs des Privateigentums überhaupt. Die Frage nach den Besitzverhältnissen und dem Eigentumsbegriff der modernen Gesellschaft waren es schließlich, die Hannes Meyer immer wieder und beharrlich stellte: noch bis in seine späten Schriften über Städtebau, in denen diese noch jeden Ausgangspunkt seiner Überlegungen bildeten.

In einem Lebenslauf schreibt er für die Jahre 1909–1912: «berlin. (...) trat in starke persönliche beziehungen zu adolf damaschke (bund deutscher bodenreformer), zu johann friedrich schaer (handelshochschule und freilandbewegung), zu rudolf steiner (damals noch theosoph).»[5] Johann Friedrich Schaer war der Vater von Dr. Oscar Schaer-Haller, Nationalrat in Basel, seinerseits der Vormund von Hannes Meyer und seinen Geschwistern Rita, Max und Peter, nachdem deren Vater gestorben war. Von J. F. Schaer erschien 1890 in sechster Auflage «Frei-Land», sein «Propagandaschriftchen für die Ausbreitung der Idee der Bodenbesitzreform» (Vorwort)[6], als Sonder-Ausgabe für die Schweizerische Gesellschaft für Bodenbesitzreform, mit Grundsätzen, Postulaten und den Zentralstatuten. Diese Gesellschaft, die ihren Namen «Frei-Land» der gleichnamigen Wochenschrift des deutschen Bundes für Bodenbesitzreform entlieh, wurde am 23. Juni 1889 in Baden/Schweiz gegründet: «§ 1. (...).
Die Gesellschaft erkennt in der Überführung von Grund und Boden aus dem Privatbesitz in den Besitz der Volksgemeinschaft (Gemeinde und Staat) die wirksamste soziale Reform und wird für dieselbe nach Kräften einstehen.»[7] In den mitgelieferten «Begründungen» für die aufgestellten Standpunkte der sozialen Frage der Bodenbesitzreform finden sich all die ökonomischen Thesen und Leitbilder wieder, die seither in die Diskussion über sinnvollen und praktikablen Städtebau Eingang gefunden haben. Nach der Feststellung, daß «die heutige soziale Frage im Gegensatz zu früheren Zeiten nicht mehr eine Frage des Mangels, sondern eine solche des Überflusses (ist)», und «die Ursache der sozialen Mißstände nicht in der Art und Weise der Produktion, sondern in der Verteilung der Güter (liegt)»[8], wird auf den kapitalistischen Zins und die Grundrente und deren Einfluß auch auf das Wohnen der «Bewohner der Städte und (...) Fabrikarbeiter» eingegangen: «Ungesunde Mietskasernen, Wohnungsnot, hohe Mietzinse, Baustellenwucher in den Städten haben ihre Ursache in der hohen Rente von städtischem Baugrund; so lange, als dieselbe in die Privattasche fließt, ist sie eine Besteuerung des Städtebewohners zugunsten weniger Privatpersonen, trotzdem sie (...) ein Produkt ist der wachsenden Bevölkerung, der verbesserten Verkehrseinrichtung, der steigenden Kultur überhaupt.»[9]

In einer «Eingabe an den hohen Regierungsrath des Kantons Basel-Stadt» bezeichneten Schrift heißt es – Juni 1891 – noch deutlicher: «Das Ziel, welches wir anstreben und als ein für die Gesamtinteressen

4 Protokoll
Congrès de La Sarraz
25.–29. Juni 1928,
Seite 2b
Ciam-Archiv, 1-3-11D
institut gta, ETH Zürich
5 Hannes Meyer
Curriculum vitae
15. 2. 1927
in: ders.
Bauen und Gesellschaft
Dresden 1980, S. 10
6 Schaer, J. Fr.
Frei-Land
Grundsätze und Postulate...
Basel 1890, S. 3
7 ebd., S. 21
8 ebd., S. 11
9 ebd., S. 13

35

Neben den Statuten legte die Genossenschaft auch ihre Leitsätze und Erziehungsprinzipien fest, in denen es unter Punkt 2 heißt: «Außer durch die ökonomischen Anstalten und Einrichtungen der Genossenschaft sucht sie ihre Zwecke auch auf ideellem Wege zu erreichen (...)»[24].

Unter Punkt 3 werden dann die Prinzipien und die Grundsätze für «unser Dorf» herausgestellt. Die Punkte 3g) und h) bilden dabei das theoretische Gerüst, auf dem der Architekt seine Dorf- bzw. Siedlungsanlage errichten mußte:

«g) Der organischen Grundauffassung gemäß verankert Pestalozzi sein soziales Erziehungswerk in der Familie, als der natürlichen Zelle aller gesellschaftlichen Entwicklung. Sie ist ihm die zugleich engste und innigste Gemeinschaft, in der sich das sittlich-gesellige und gemeinwirtschaftliche Verhältnis von Mann und Frau, von Vater und Mutter, von Eltern und Kindern, von Geschwistern zu Geschwistern ordnet. Als räumlicher Mittelpunkt dieser natürlich-elementaren Gemeinschaft erscheint demgemäß Haus und Wohnstube, worin der Familiengeist wehet und waltet. Alle Glaubens- und Liebeskräfte wurzeln sich fest in diesem ‹heiligen Kreis›, in ihm liegt das Fundament aller Herzensbildung als der Grundlage jeder echten Volkskultur.

Von diesem ersten und innersten Zentrum dehnt sich der Kreis aus, umfaßt die nächsten Hausgenossen, die Nachbarschaft und schließlich die Gemeinde, deren Organisation, Bau und Leben das Pestalozzische Erziehungswerk familienhaft zu beseelen sucht.

h) In der Gemeinde, und zwar in der kleinen übersichtlichen Gemeinde, erblickt Pestalozzi neben der Nachbarschaft den der Familie am nächsten stehenden weiteren Kreis menschlicher Gemeinschaftsformen, in dem noch alltägliche Nähe und unmittelbare Beziehungen der Menschen untereinander bestehen und erhalten werden können.

Alle größeren Kreise, die sich bilden, umschließen konzentrisch die drei Grundkreise von Haus und Familie, von Nachbarschaft und Gemeinde, bewegen sich aber nicht mehr in dem Verband der unmittelbaren nahen Beziehung, in dem Sinne des ‹kleinen Kreises›, in dem allein der Mensch sich wahrhaft bilden kann.»[25]

Die Ernsthaftigkeit, mit der der knapp 30jährige Hannes Meyer an die Arbeit ging, läßt vermuten, daß er mit den Schriften Pestalozzis wie mit denen, die vom VSK ihren Mitgliedern bei jeder Gelegenheit anempfohlen wurden, gut vertraut war. Noch 1938, anläßlich eines Vortrages in Mexiko, sagte er: «...ich versuchte, mit zwei Pionieren des Genossenschaftswesens, Prof. J. F. Schaer und Dr. B. Jaeggi, auf integral kooperativer Grundlage eine Mustersiedlung zu organisieren: die Siedlung Freidorf bei Basel (...) auf der Grundlage der Pädagogik des großen Schweizer Genossenschafters Heinrich Pestalozzi. (...) Ein straffes Zellensystem von 150 Einfamilienhäusern, in Freundschaftsgruppen geordnet, mit einheitlicher Gartenanlage und mit einem zentralen Genossenschaftshaus mit allen Gemeinschaftselementen für das Siedlungsleben.»[26]

Hier spricht – 1938 – der bedingungslose Systematiker, zu dem Meyer sich zunehmend entwickelte und zu dessen Herausbildung ihm diese Siedlung das Lehr- und Meisterstück zugleich war: Organisieren, Zellensystem, geordnet, Gemeinschaftselemente. – Und hier ist der Architekt beim Wort zu nehmen (wie es zunehmend wichtig für uns wird, sein Wort als Ausdrucksmittel seiner Ideen und seines Wollens ins Feld zu führen): Wenn wir die zitierten Textpassagen vergleichen mit den Zeichnungen Meyers zum ersten Freidorf-Entwurf bis hin zu den Änderungen, wird es uns möglich, in das Denksystem des Architekten und Städtebauers gleich bei seinem ersten eigenständigen Projekt Einblick zu nehmen.

Abb. 2
Siedlung Freidorf.
Blick in die Gärten hinter dem Genossenschaftshaus, um 1935.

2

24 Die Siedelungsgenossenschaft Freidorf
Ihre Leitsätze und Erziehungsprinzipien
in: Jahrbuch für Bodenreform
Band 19, H. 3, 1923, S. 126
25 ebd., S. 127
26 Hannes Meyer (1938) Erfahrungen im Städtebau
in: ders.
Bauen und Gesellschaft
Dresden 1980, S. 217

Freidorf 5
Krumme Straße / straffes Zellensystem

Wie schon erwähnt, wurden Hans Bernoulli und Hannes Meyer zugleich aufgefordert, einen Vorschlag für die Bebauung auf dem «Schänzli» – so der Name des Baugeländes in Muttenz bei Basel – auszuarbeiten. Ein direkter Vergleich der beiden Entwürfe ist nicht möglich, da der Entwurf Bernoullis nicht mehr vorhanden ist.

Im Rückblick schreibt Paul Artaria, ein mit Hannes Meyer befreundeter Basler Architekt, über den Freidorf-Plan: «Die Hausfronten liegen nach Nordwesten und Südosten; ein Vorprojekt von Hans Bernoulli hatte leicht abgedrehte Hauszeilen mit besserer Sonnenlage vorgesehen, doch wurde der nun ausgeführte straffere Entwurf Hannes Meyers der aufgelockerteren Lösung Bernoullis vorgezogen.»[27]

Der erste Entwurf Meyers zeigt ebenfalls diese «leicht abgedrehten Hauszeilen» (Abb. 4). Dieser, im Laufe der Recherchen zu dieser Arbeit erst 1985 auf dem Dachboden des Genossenschaftshauses aufgefundene Entwurf ist in vielerlei Hinsicht für die architektonische und städtebauliche Entwicklung Meyers von Bedeutung. Meyer hatte im Jahre 1916 in München bei Metzendorf an der Bearbeitung der 8. Bauperiode der Siedlung Margarethenhöhe in Essen mitgewirkt. Hier – und schon vorher auf seinen Reisen durch England – hatte er die ersten Erfahrungen und Eindrücke der bis dahin üblichen Anlage von Gartenstädten gesammelt.

Auch für das städtebauliche Konzept der für das Freidorf verlangten Anlage als «Dorf» ist dieser erste Entwurf Meyers wichtig: War es doch bei solchen Gartenstädten üblich und Programm, bei den Straßendurchblicken mittels in Blickrichtung geschobener Häuser (die krumme Straße!) oder ganzer Hauszeilen den Eindruck vorzutäuschen, als handle es sich um eine gewachsene Dorf-Struktur und nicht um eine Reißbrettplanung. 1938, rückblickend, sagte Meyer dazu in einem Aufsatz folgendes: «Für die Krupp'schen Beamten mußte ich dessen Siedlungen im romantischen Stil hessischer Dörfer entwerfen, in denen das schiefe Dach, die krumme Straße, die bauchigen Erker das Mitglied der Krupp'schen Beamtenkasinos darüber hinwegtäuschen sollte, daß er in etwas romantischer Art an das Haus Krupp von Bohlen und Halbach gekettet war.»[28]

Die reichliche Literatur seit der Mitte des 19. Jahrhunderts über sinnvollen Städtebau mit den neuen Prämissen der Industrialisierung und ihrer Folgen: von Camillo Sitte bis hin zu A. E. Brinckmann mit seiner «Deutschen Stadtbaukunst» ist voll von der Behandlung gerade dieses Aspektes. (Wir kommen darauf zurück.) Im Plan-Nachlaß Meyers befinden sich drei Pläne (Projekte?), die u. U. auf geplante Wettbewerbsbearbeitungen zurückzuführen sind: Es handelt sich hierbei um die Siedlungen Köln-Bickendorf, Friedrichshafen-Zeppelinfeld und Duisburg-Wedau, alles Siedlungen, für die in den Jahren 1912/13 Wettbewerbe ausgelobt waren. Was den Wettbewerb Köln-Bickendorf betrifft, so ist durch die schon zufällige Ähnlichkeit mit dem Gelände – nämlich ein Dreieck wie beim Freidorf – die zeitgemäße Behandlung einer solchen Bauaufgabe einen Vergleich wert (Abb. 3). Keiner der Preisträger bedient sich einer dann bei Meyer (allerdings erst im ausgeführten Entwurf) auszumachenden Strenge bei der Straßenführung und Aufstellung der Häuser und Hausreihen. Durchwegs alle schließen das Siedlungsgefüge nach außen ab durch die Straßenrandbebauung und folgen somit dem alten städtebaulichen Prinzip, wonach der Straßenrand, die Baufluchten, immer von Hauswänden bzw. den Fassaden gebildet wurde. Das Querstellen von Hauszeilen, also die Rücksichtnahme auf Licht-, Luft- und Sonnenverhältnisse, wurde erst langsam in den nächsten Jahren zur Zentralforderung des siedlungstechnischen ABC.

Dieser Entwurf Meyers kann als ein Schritt gewertet und gesehen werden, der vom Siedlungsbau um 1900 zum Städtebau der 20er Jahre (Siedlungen) führt. Zum einen ist er der alten Gartenstadt-Idee verpflichtet, zum anderen verläßt er aber einige der dort postulierten Grundsätze. Es ist hier schon ein Suchen nach Formen, die der «neuen Zeit» gerecht werden könnten, deutlich zu spüren. (Bis zur endlichen Planfestlegung für die Dorfmitte vergehen immerhin drei Jahre, und die Bearbeitung der Pläne durchläuft dabei mehrere Phasen.)

Für dieses Suchen und die Unsicherheit, ob diese Suche den gewollten Erfolg gezeigt hat, steht bei Meyer: «Verdutzt und ratlos steht der Fremde mitunter beim erstmaligen Besuch im Freidorf: Er erwartet eine romantisch-idyllische Dorfanlage, und er findet ein Gebilde, halb Kloster und Anstalt, halb Gartenstadt und Juranest.»[29] Er selbst hat also schon ge-

27 Artaria, Paul
Die Entwicklung des Wohnungsbaus von 1908 bis 1930
in: Das Werk
45. 1958, Heft 9, S. 302
28 wie Anm. 26
29 Hannes Meyer
Der Baugedanke
in: Siedelungsgenossenschaft Freidorf
Basel 1921, S. 57

spürt, daß es nicht einfach um die Wohnung als Behausung, um eine Siedlung im alten Gartenstadt-Sinne ging: Es sollte ein allen Forderungen und Ansprüchen genügendes und bewohnbares Abbild der «Vollgenossenschaft» werden: «(...) so ist die Bauanlage des Freidorfes nur eine Offenbarung seines inneren Geistes und eine Verkörperung seiner genossenschaftlichen Tat: die vollgenossenschaftliche Lebensgemeinschaft von 150 Familien im bienenwabenähnlichen Zellenbau einer Siedelung.»[30] Deutlicher heißt es in einem Manuskript aus den 30er Jahren: «Entstanden aus der Initiative von ... (Jaeggi, Schaer, Mundig) und des organisierenden Urbanisten, dem die Umsetzung genossenschaftlicher Ideen in die bauliche Wirklichkeit oblag: der Gemeinschaftsgruppen Pestalozzis in die Wohnzellengruppen der Siedlung, der straffen genossenschaftlichen Organisation in die proportionierte Strenge der gesamten Bauanlage, die einem Einheitsmodul unterworfen ist.»[31] Sein Bekenntnis schließt er mit den Worten: «(...) Ein Ringen um Wahrheit. Denn die Stützen der Gemeinschaft sind die Säulen des Bauwerkes: Einfachheit, Gleichheit, Wahrhaftigkeit.»[32]

Zu diesem ersten großen Projekt existieren drei zu unterschiedlichen Zeitpunkten geschriebene Texte Meyers, von denen erst der eine schon erwähnte Text seither wieder veröffentlicht wurde; allerdings auch dieser nur in einer gekürzten Fassung (sowohl bei C. Schnaidt als auch bei Lena Meyer-Bergner). Der erste Text, betitelt: «Wie der Dorfplan Gestalt annahm», erschien in der Zeitschrift «Samenkörner» schon im November 1919, also im direkten Anschluß an den ersten Spatenstich. Diese Zeitschrift erschien monatlich im Verlag des VSK. Von Oktober 1919 an erschien hier eine Artikel-Folge über Entstehen und Werden des Freidorfes, illustriert jeweils mit Baustellen-Fotos und Plänen. In der Nr. 12, 1919 erläuterte Meyer die «Grundlagen des Planes», und in der Nr. 4, 1920 beschrieb er den «baulichen Organismus». Der zweite Text ist der schon erwähnte von 1921. Dieser fand Eingang sowohl bei C. Schnaidt als auch bei Lena Meyer-Bergner, aber jeweils gekürzt innerhalb der Textabschnitte «Bekenntnis», «Der Garten» und «Der Denkstein»; zudem fehlen in beiden Publikationen folgende vier Abschnitte völlig: «Die Siedler», «Die Elektrizität», «Das Wasser» und «Der Heimatschutz». Der dritte Text findet sich in der schweizerischen Zeitschrift «Das Werk», und zwar in der Juli-Nummer des Jahres 1925. Meines Erachtens ist dieser Text der interessanteste von allen: geschrieben nämlich zu einem Zeitpunkt, zu dem Meyer sich aus der «Enge» der Genossenschaft und derjenigen Basels zu lösen begann; zu einem Zeitpunkt, zu dem er einen halbjährigen Aufenthalt in Belgien hinter sich hatte, während dem er sich selbst neue Arbeitsgebiete erschloß. Er ist als Dreh- und Angelpunkt seines Schaffens anzusehen, da er einerseits über ein hinter ihm liegendes Arbeitsfeld (das Freidorf war – einschließlich des Genossenschaftshauses – 1923 fertiggestellt, und man ging dort zum Alltag über) berichtet, dies aber andererseits schon

in einer sprachlich neuen Form und eigenen Ausdrucksweise tut. Aber auch die Inhalte sind einer weltoffeneren und internationaleren Terminologie näher. Zum Vergleich mit dem schon zitierten Anfang seines «Bekenntnisses» seien hier vorerst nur die ersten Sätze dieses Textes zitiert: «Seit 1920 bietet im Osten von Basel die Siedelung Freidorf dem Flieger wie dem Volksfreund ein gleicherweise rosig schimmerndes Peilziel. Dem Erdkundigen ein neuer Ort auf der Siegfriedkarte, dem Bourgeois rotes Nest, dem Sowjetstern nicht rot genug, dem Aestheten Kaserne, dem Gläubigen Stätte der Religionslosigkeit, dem Eigenbrödler Zwangserziehungsanstalt, dem Privathändler Totschlagversuch an seiner Wirtschaftsform, und dem Genossenschafter die erste schweizerische Vollgenossenschaft und eine cooperative Rarität Europas: Das ist die Siedelungsgenossenschaft Freidorf.»[33] Abgesehen von einem erfreulich selbstironischen und frischen Ton und von unübersehbarer – ja: Fröhlichkeit –, in der dieser ganze Text geschrieben ist, hier vorerst soviel: Im Unterschied zum «Fremden» von 1923, der verdutzt und ratlos im Freidorf «steht», ist es 1925 der «Flieger», dem das Freidorf nunmehr «Peilziel» ist. Bezog sich im ersten Text das «Gebilde, halb Kloster und Anstalt, halb Gartenstadt und Juranest», noch auf den «Baugedanken» und somit auf die baulich-räumlich umgesetzte sozialgenossenschaftliche Betrachtung des «Dorfes» von 1919, so sind es 1925 mehrere, der Architektur und der städtebaulichen Anlage nicht gleich und für jedermann ablesbare (aber ihnen doch immanente) Aspekte, die ein Städtebauer und -theoretiker von Meyers Format in seine Betrachtung miteinbezieht: Es sind diejenigen Aspekte, die die Architektur vom jeweiligen Standpunkt/-ort des Betrachters immer anders bewertet. So werden angeführt der Bourgeois, der Ästhet, der Gläubige, der Eigenbrödler, der Privathändler und zuletzt der Genossenschafter, dem somit auch das letzte Wort zugebilligt wird. Hier wird deutlich, daß Meyer erkennt, daß es andere als formale Gesichtspunkte sind, die über den Wert und Gehalt und über die gesellschaftliche Funktion von Architektur Aussagen machen.

Abb. 3
Siedlung Köln-Bickensdorf. Plan aus dem Nachlaß von Hannes Meyer.

Abb. 4
Siedlung Freidorf. Planfassung Mai 1919, Lageplan. (StaBL)

30 ebd., S. 58
31 Hannes Meyer
La colonia Cooperativa de Freidorf, Basilea Suiza
in: Sondernummer Hannes Meyer der mex. Zeitschrift Arquitectura y Decoracion, 1938
32 wie Anm. 29
33 Hannes Meyer
Die Siedelung Freidorf
in: Das Werk
12. 1925, Heft 7, S. 40

3

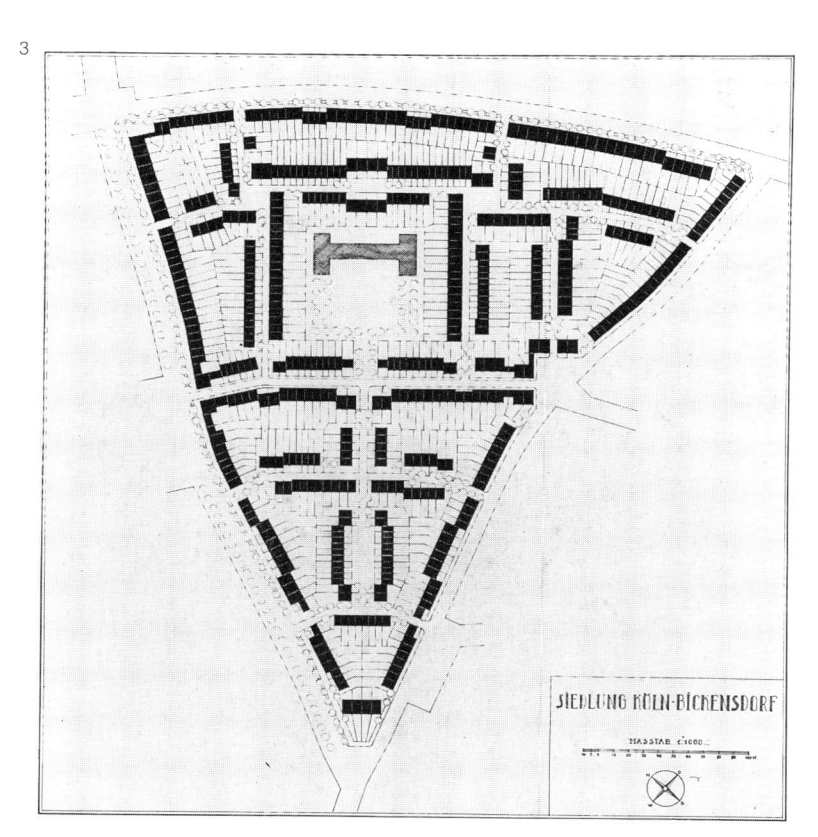

SIEDLUNG KÖLN-BICKENDORF
MASSTAB 1:1000

4

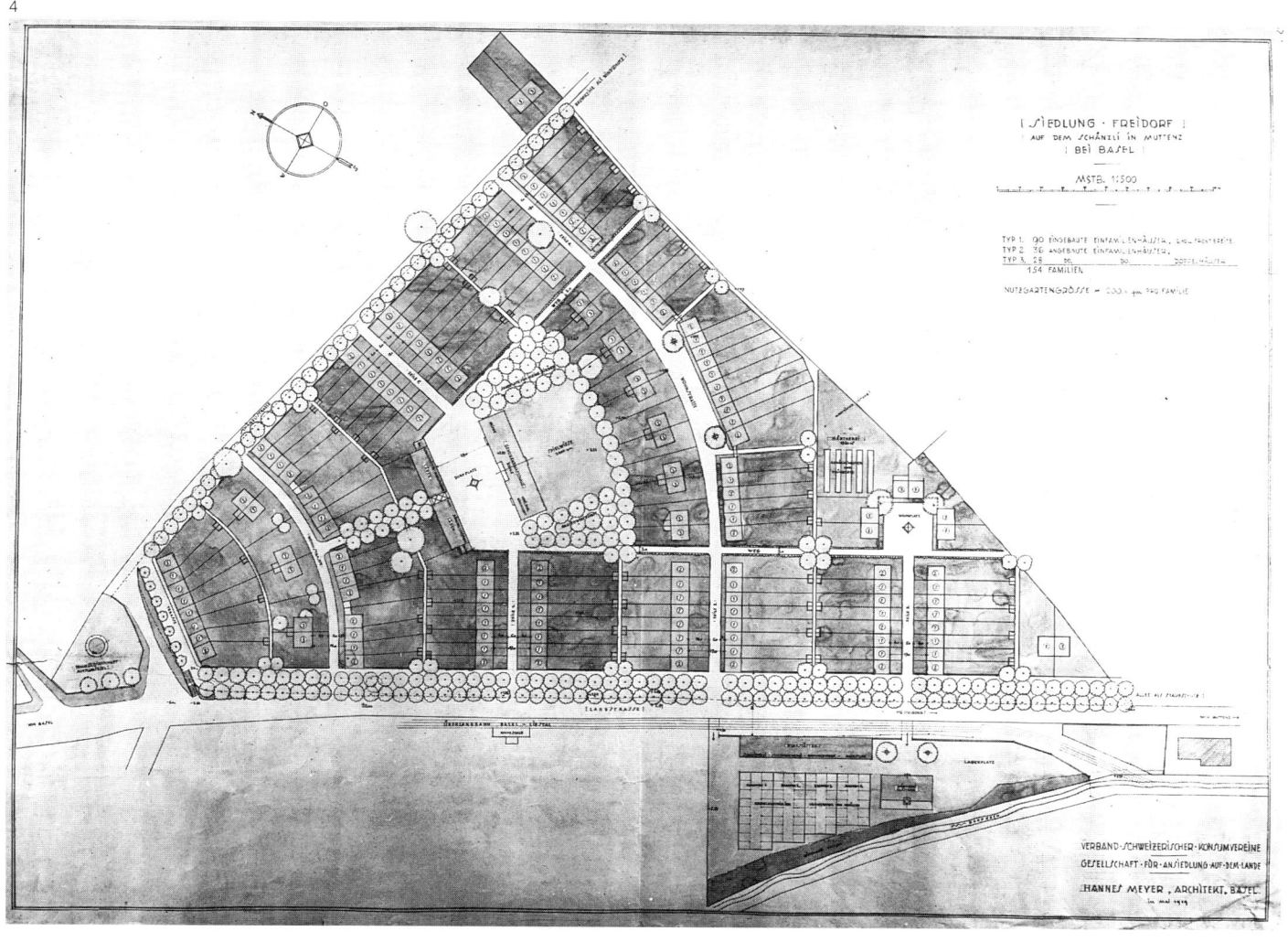

SIEDLUNG · FREIDORF
AUF DEM SCHÄNZLI IN MUTTENZ
BEI BASEL

MSTB. 1:500

TYP 1: 90 EINGEBAUTE EINFAMILIEN-HÄUSER, 6.50 FRONTBREITE
TYP 2: 36 ANGEBAUTE EINFAMILIENHÄUSER
TYP 3: 28   30.   30.   DOPPELHÄUSER
        154 FAMILIEN

NUTZGARTENGRÖSSE = 200 m² PRO FAMILIE

VERBAND · SCHWEIZERISCHER · KONSUMVEREINE
GESELLSCHAFT · FÜR · ANSIEDLUNG · AUF · DEM · LANDE

HANNES MEYER, ARCHITEKT, BASEL

Freidorf 6
«Scharfrichter der Nachkriegszeit»

Wie wir gesehen haben, lag dem Bauprogramm das «Erziehungsprogramm» im Sinne der Pädagogik Pestalozzis zugrunde, im Kern die «Familie, als der natürlichen Zelle aller gesellschaftlichen Entwicklung. (...) In der Gemeinde, und zwar in der kleinen übersichtlichen Gemeinde, erblickt Pestalozzi neben der Nachbarschaft den der Familie am nächsten stehenden weiteren Kreis menschlicher Gemeinschaftsformen, (...). Alle größeren Kreise, die sich bilden, umschließen konzentrisch die drei Grundkreise von *Haus* und *Familie,* von *Nachbarschaft* und *Gemeinde,* bewegen sich aber nicht mehr in dem Verband der unmittelbaren Beziehung, in dem Sinne des «kleinen Kreises», (...)».[34] (Hervorhebungen im Original) (Wir werden noch sehen, wie sich in der Entwurfsarbeit Meyers das «System der kleinen Kreise» wiederholen wird: beim Entwurf der Petersschule (mit H. Wittwer) in Basel, der ADGB-Bundesschule in Bernau (mit H. Wittwer und der Bauabteilung des Bauhauses), bei seinem Kinderheim in Mümliswil und bedingt auch in den Laubenganghäusern in Dessau-Törten.) Der «kleine Kreis» also war Familie/Wohnstube/Haus, und es war die erste Entscheidung: Einfamilienhaus oder Reihenhaus. 1921 veröffentlichte der Schweizerische Werkbund im «Gemeinnützigen Wohnungsbau», der Zeitschrift des Verbandes zur Förderung des gemeinnützigen Wohnungsbaues (also dem Organ des Dachverbandes der schon beschriebenen gemeinnützigen Gesellschaften), «Kritische Betrachtungen über die Gärten der Baugenossenschaften» und benannte hier die Absichten der Genossenschaften überhaupt: «Das Ideal, das sie zu verwirklichen trachteten, war das Einfamilienhaus mit Garten. Die mit der Lösung des Problems betrauten Fachleute kamen mit Rücksicht auf die Baukosten übereinstimmend auf das Reihenhaus, dem ein Pflanzstreifen vorgelagert wurde; es ist festzustellen, daß bei uns erst ein weitverbreiteter Widerwillen gegen das Aneinanderbauen der Häuser zu überwinden war.»[35] Am 11. Mai 1919 – bei der ersten Erläuterung seines Planes, die im 1. Jahresbericht der Siedlungsgenossenschaft (per 31. Dez. 1919) wiedergegeben ist – sagte Hannes Meyer: «Die Häuser müssen zum Teil in Reihen gebaut werden, weil die Herstellung von freistehenden Häusern zu viel kostet und unwirtschaftlich ist.»[36] In beiden Feststellungen klingt noch nach, was in den Jahrzehnten vorher die Diskussionen mitbestimmt hatte: die Angst vor der Gleichheit, vor der Monotonie und damit vor der gesellschaftlichen «Gleichmacherei», spricht: die Angst vor der sozialen Revolution; – deutlicher: das Entsetzen des Kleinbürgers vor dem vermeintlichen Raub seiner Individualität. Als zeitgenössisches Beispiel sei kurz aus den «Prinzipien des Genossenschaftswesens» von Prof. Dr. Totemianz, einem Ehrenmitglied des Internationalen Genossenschaftsbundes, abgedruckt in den Basler Nachrichten vom 2. 10. 1919, zitiert: Die Genossenschafter verwerfen die Revolution, streben aber nichtsdestoweniger viel radikalere Reformen an als die wütendsten Revolutionäre; die heftigste und vollständigste Revolution kann keine solchen Resultate erzielen wie die Genossenschaftsbewegung. (...)

Die wahren Änderungen, die eine Revolutionierung des Lebens herbeiführen, gehen von den Genossenschaften aus, aber sie geschehen friedlich, ohne Barrikaden und ohne einen einzigen Gewehrschuß, indem die Menschen an neue Methoden und neue ökonomische Formen gewöhnt werden. (...) Unter dem Einfluß der genossenschaftlichen Organisation wird der Mensch langsam, aber sicher, gehoben; es bildet sich eine neue Menschheit, (...).»[37]

Hier ist sie also wieder: die Erziehung (mittels «Hebung»), – und Erziehung ist noch alles Streben auch bei Hannes Meyer. Man bedenke auch, daß das gesamte Schweizervolk seit der Helvetisierung auf eid*genössischer* Basis organisiert ist; oder, um mit Meyer zu sprechen: «(...) wie ich denn die genossenschaftliche struktur der schweiz als einer eidgenossenschaft für die grundlage unseres staatswesens ansehe.»[38]

Hausbesitz und die Gestaltung des Häuschens nach des Genossenschafters «langbehüteten Wünschen» waren also zugleich zu befriedigen. Die erste Diskussion mit den Siedlern – nach Vorlage des ersten Bebauungsplanes durch den Architekten – schilderte Hannes Meyer dann auch wie folgt: «Welch eine Gedankenfülle, welch ein Wust langbehüteter Wünsche kam da ans Tageslicht: Deutsche Erker und französische Mansarden, italienische Loggien und Balkone und englische W.C. (...) Die Romantik kam und redete der krummen Straße das

Abb. 5
Siedlung Freidorf.
Die Sackgasse zum «stillen Platz» im Süd-Ost-Zipfel des «Dorf»-Geländes, um 1925.

Abb. 6
Siedlung Freidorf.
Die endgültige Planfassung, 1919, Lageplan.

34 wie Anm. 24, S. 127
35 o. Verf.
in: Gemeinnütziger Wohnungsbau
1. 1921, No. 9, S. 141
36 Freidorf
2. Jahresbericht und Rechnung per 31. 12. 1920
Basel 1921, S. 10
37 Totemianz
Prinzipien des Genossenschaftswesens
in: Basler Nachrichten
Nr. 419, 2. Oktober 1921
38 wie Anm. 5, S. 12

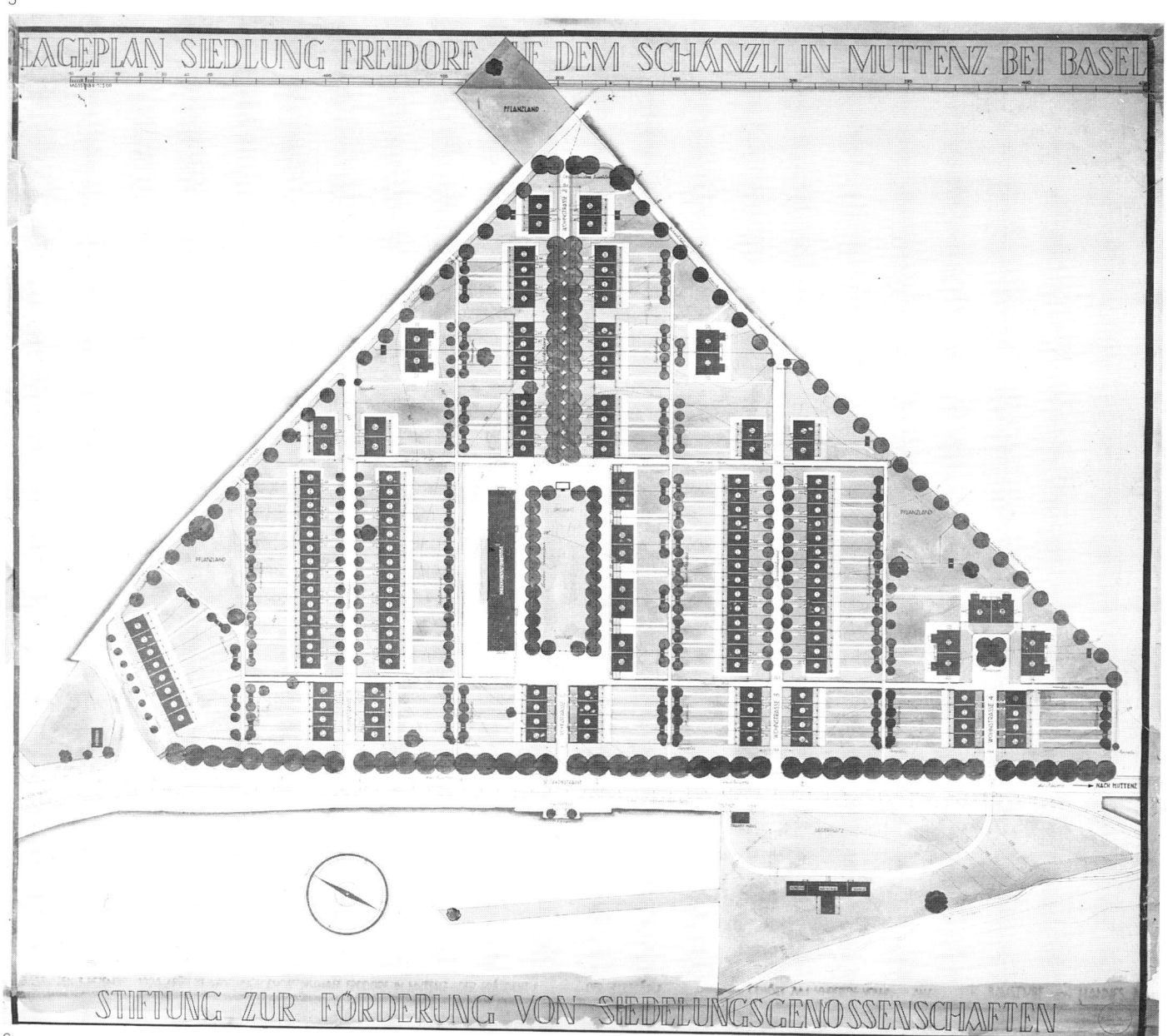

5

6

LAGEPLAN SIEDLUNG FREIDORF AUF DEM SCHÄNZLI IN MUTTENZ BEI BASEL

STIFTUNG ZUR FÖRDERUNG VON SIEDELUNGSGENOSSENSCHAFTEN

Die folgenden Abbildungen verdeutlichen gegenüber dem einzig bisher veröffentlichten Gesamtübersichtsplan der Haustypen (Abb. 9) Meyers Absicht. Auf diesen «Normblättern» sind alle Haustypen, aber auch alle baulichen Variationen der Häuser und Haustypen, die jeweils eine «Sippe» oder einen «Helferkreis» bilden, abgebildet. Ich biete hier eine mögliche Lesart der «Kreise» an:

Vierzehner-Block, Typ I, Blatt 3: Dieser, vier mal in der Siedlung angewendet, bildet immer einen «Kreis» für sich. Da die Blöcke sich aber jeweils zu zweien gegenüberstehen und somit zum 28er-Block (und zu einem zu großen Kreis) werden könnten, werden vor diesen Block jeweils tiefere Vorgärten angelegt als bei den anderen Blöcken: Dieser Vorgarten – gegenüber dem sonst angewendeten Pflanzstreifen – trennt somit räumlich einen Kreis von dem ihm gegenüberliegenden; der Verbindungsweg – parallel zur St.-Jakobs-Straße – trennt ihn vom seitlich liegenden nächsten «Kreis».

Achter-Block, Typ I, Blatt 4: Dieser Block, am West Ende des Geländezwickels gelegen, nimmt eine Sonderstellung unter den «Kreisen» ein: Seine Erschließung erfolgt von der außen herumführenden Straße (Schanzweg) her, nach hinten sind sehr tiefe Gärten angelegt.

Vierer-Block, Typ I, Blatt 5: Je zwei dieser Blöcke bilden – jeweils quer zur St. Jakobs-Straße – wiederum einen «Kreis». Gegenüber den an sie anstoßenden 14er-Blöcken haben sie allerdings nur den obligatorischen Pflanzstreifen vor dem Eingang liegen: Sie rücken so räumlich zueinander; der schon erwähnte Verbindungsweg wiederum trennt sie vom 14er-Block (siehe dort).

Abb. 9
Siedlung Freidorf. Haustypen-Zusammenstellung, September 1919.

Abb. 10–16
Siedlung Freidorf. Die (insgesamt sieben) «Normenblätter» mit den verschiedenen Haustypen der Siedlung. (StaBL)

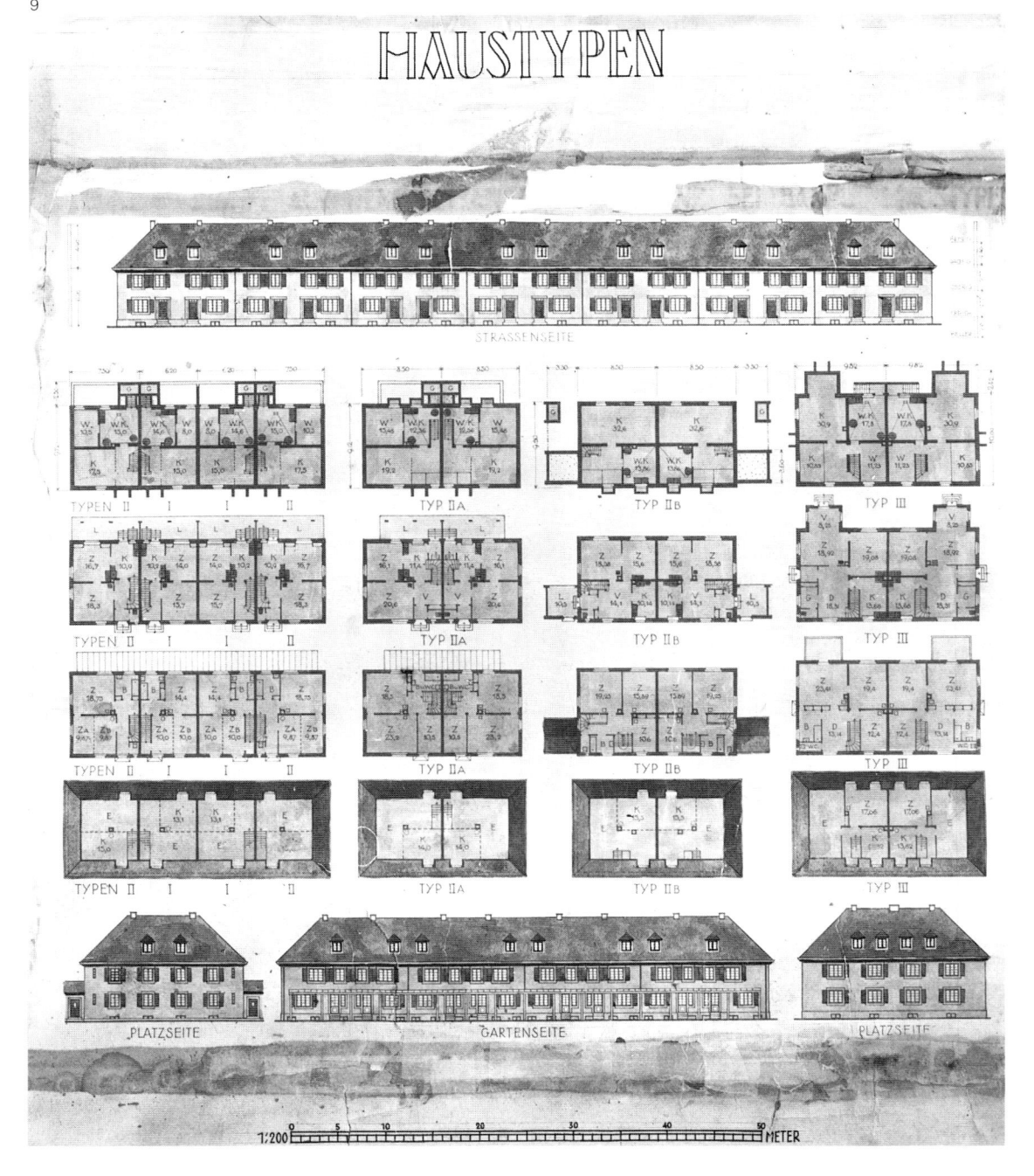

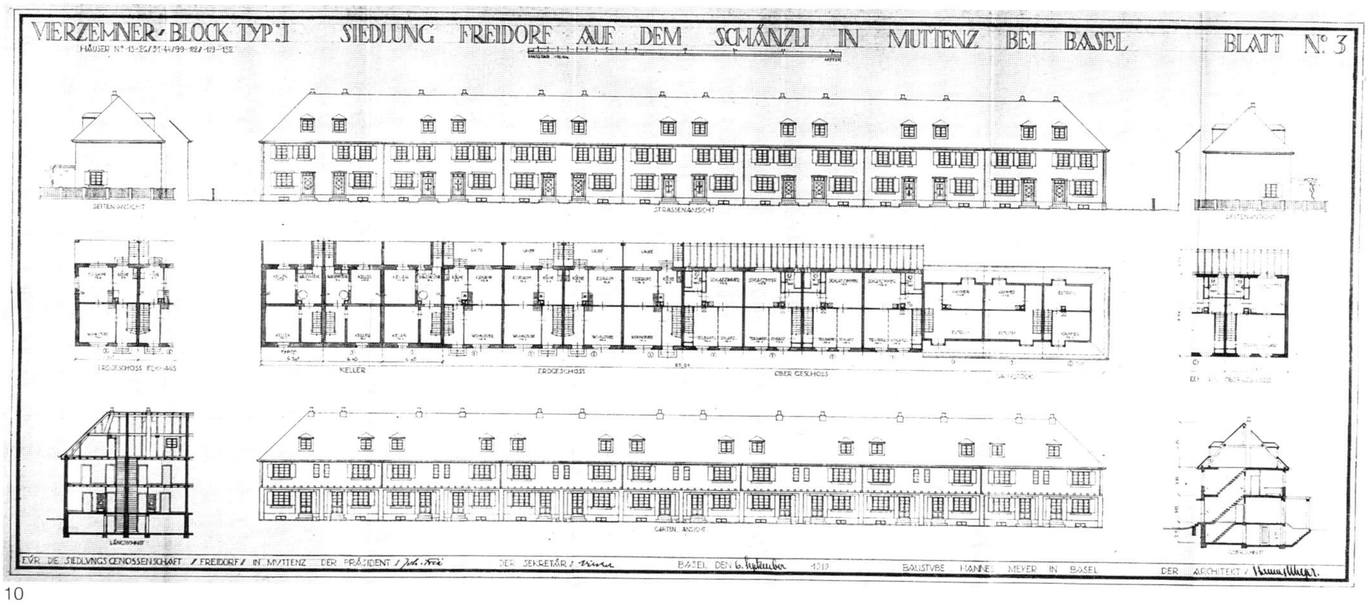
VIERZEHNER-BLOCK TYP: I
SIEDLUNG FREIDORF AUF DEM SCHÄNZLI IN MUTTENZ BEI BASEL
BLATT No 3
STRASSENANSICHT
KELLER
ERDGESCHOSS
OBERGESCHOSS
GARTENANSICHT
LÄNGSSCHNITT
FVR DIE SIEDLVNGSGENOSSENSCHAFT / FREIDORF / IN MVTTENZ DER PRÄSIDENT /
DER SEKRETÄR /
BASEL DEN 6. September 1919
BAUSTVBE HANNES MEYER IN BASEL
DER ARCHITEKT /

10

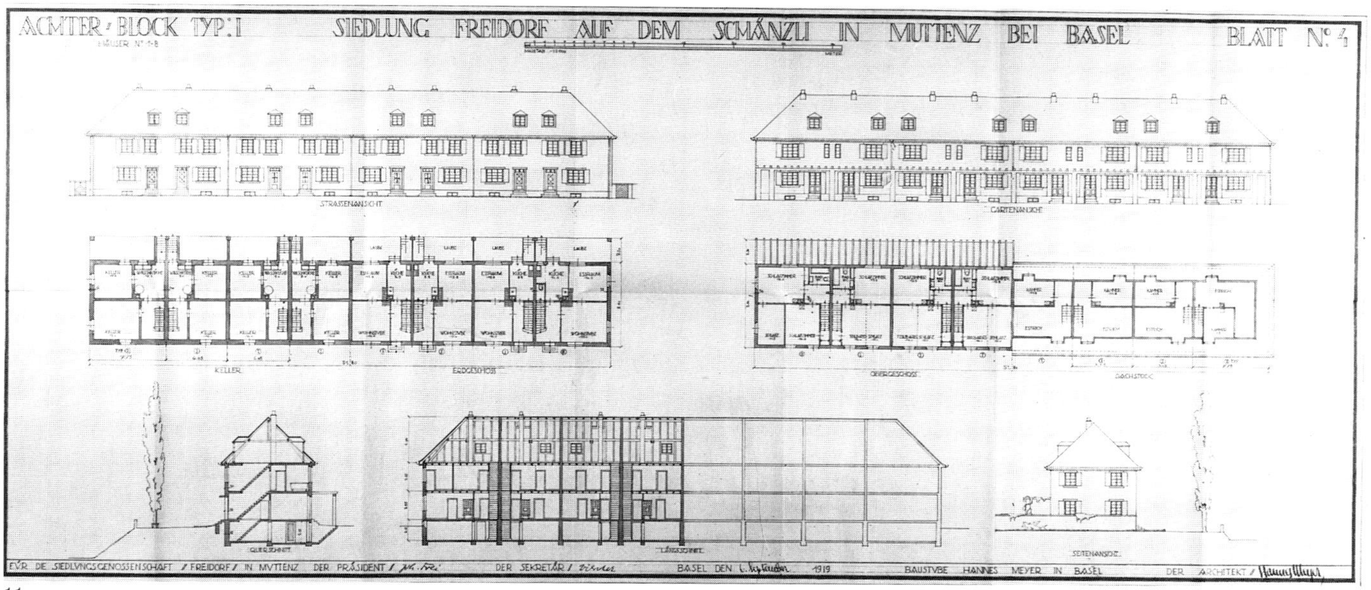
ACHTER-BLOCK TYP: I
SIEDLUNG FREIDORF AUF DEM SCHÄNZLI IN MUTTENZ BEI BASEL
BLATT No 4
STRASSENANSICHT
GARTENANSICHT
KELLER
ERDGESCHOSS
OBERGESCHOSS
DACHSTOCK
QUERSCHNITT
LÄNGSSCHNITT
SEITENANSICHT
FVR DIE SIEDLVNGSGENOSSENSCHAFT / FREIDORF / IN MVTTENZ DER PRÄSIDENT /
DER SEKRETÄR /
BASEL DEN 6. September 1919
BAUSTVBE HANNES MEYER IN BASEL
DER ARCHITEKT /

11

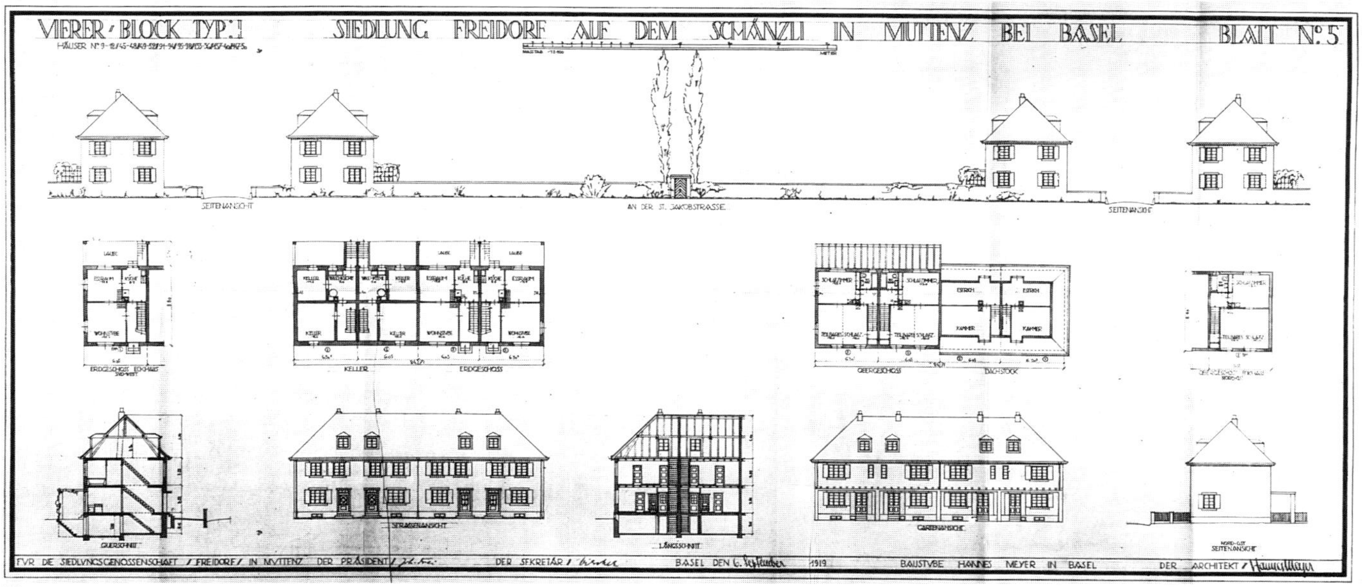
VIERER-BLOCK TYP: I
SIEDLUNG FREIDORF AUF DEM SCHÄNZLI IN MUTTENZ BEI BASEL
BLATT No 5
SEITENANSICHT
AN DER ST. JAKOBSTRASSE
KELLER
ERDGESCHOSS
OBERGESCHOSS
DACHSTOCK
QUERSCHNITT
STRASSENANSICHT
LÄNGSSCHNITT
GARTENANSICHT
FVR DIE SIEDLVNGSGENOSSENSCHAFT / FREIDORF / IN MVTTENZ DER PRÄSIDENT /
DER SEKRETÄR /
BASEL DEN 6. September 1919
BAUSTVBE HANNES MEYER IN BASEL
DER ARCHITEKT /

12

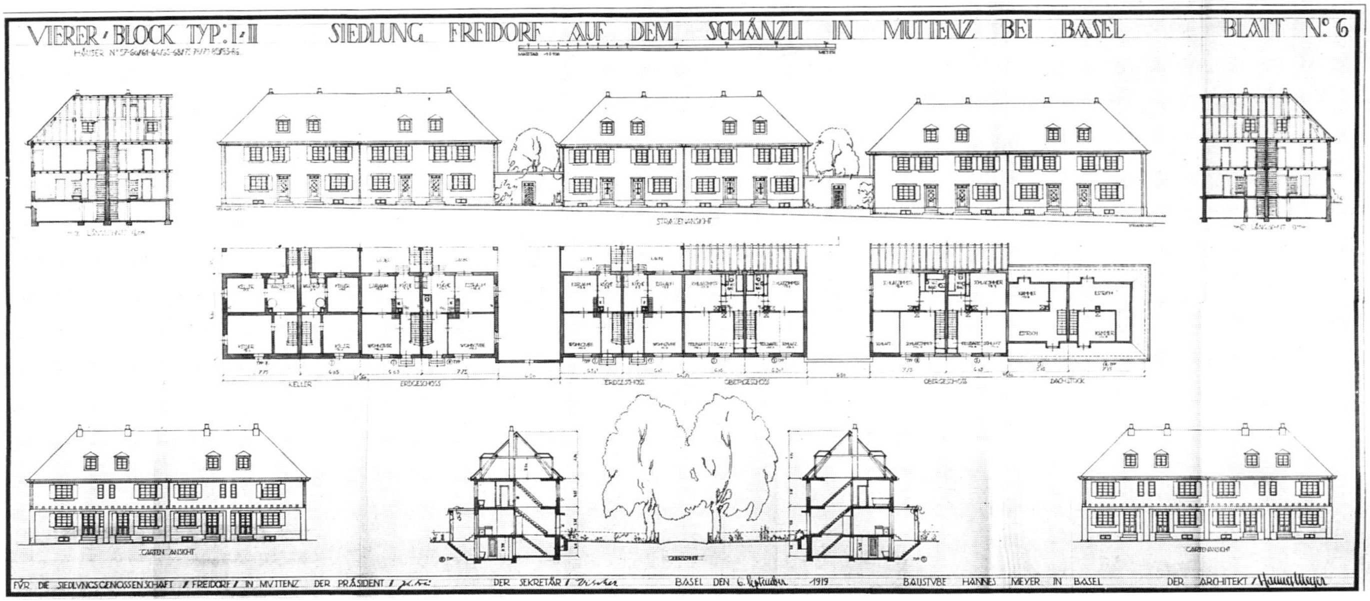

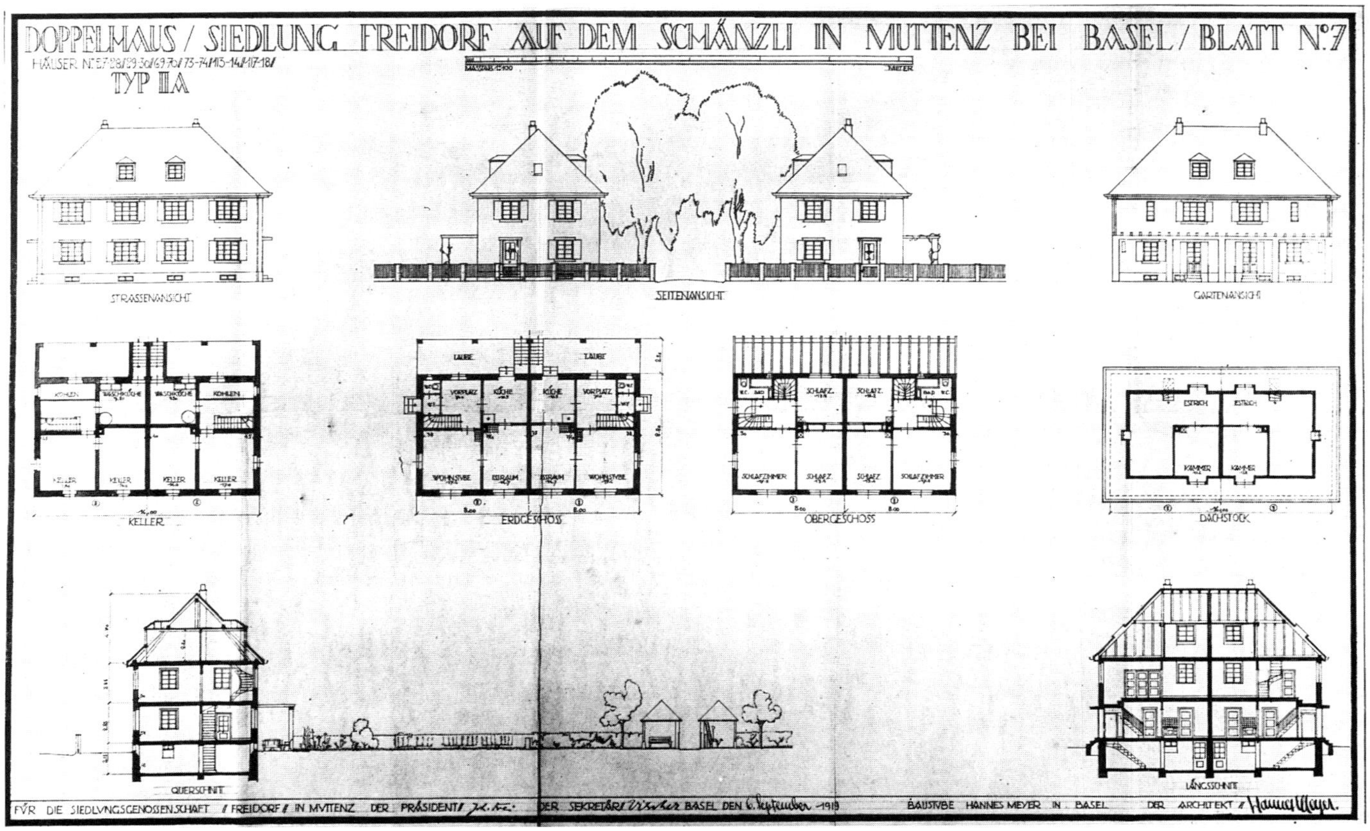

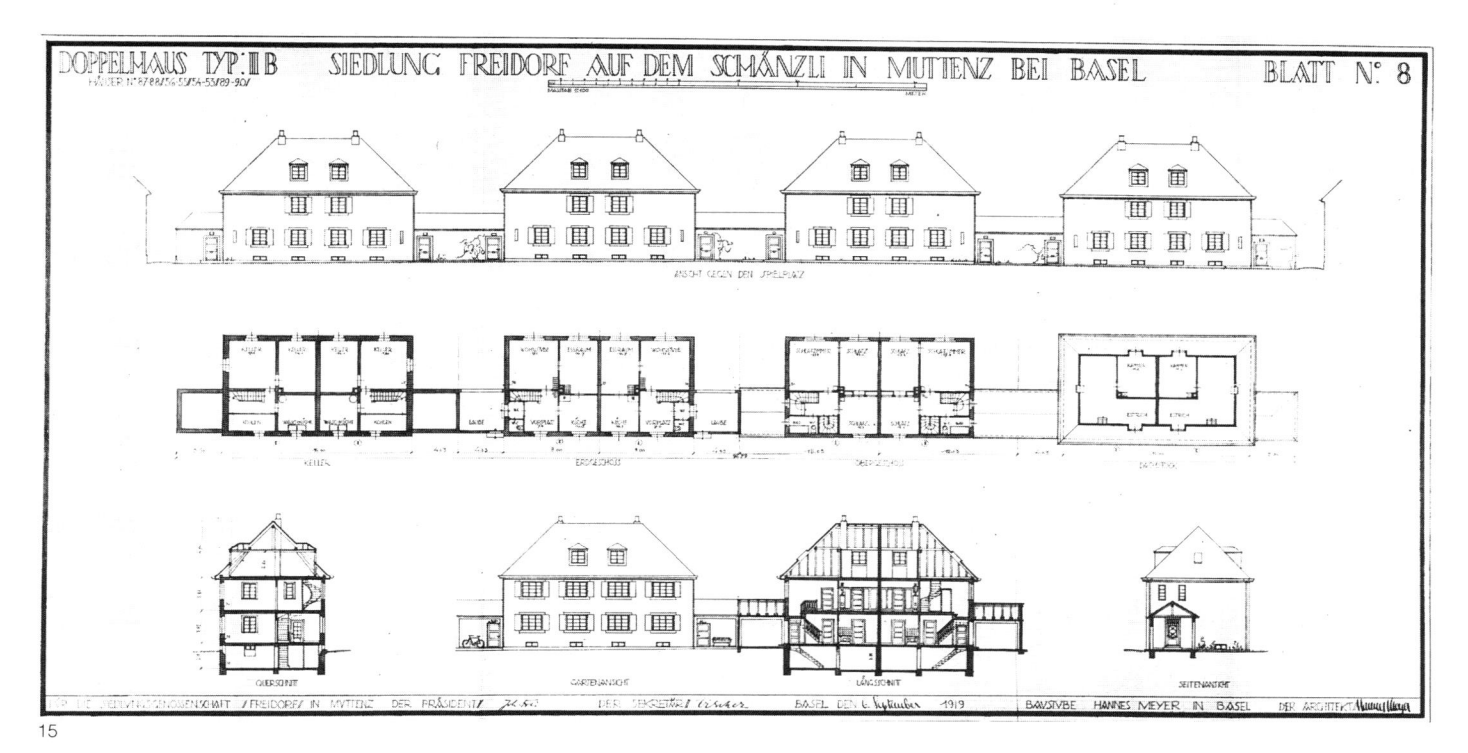

DOPPELHAUS TYP: IIB — SIEDLUNG FREIDORF AUF DEM SCHÄNZLI IN MUTTENZ BEI BASEL — BLATT N° 8

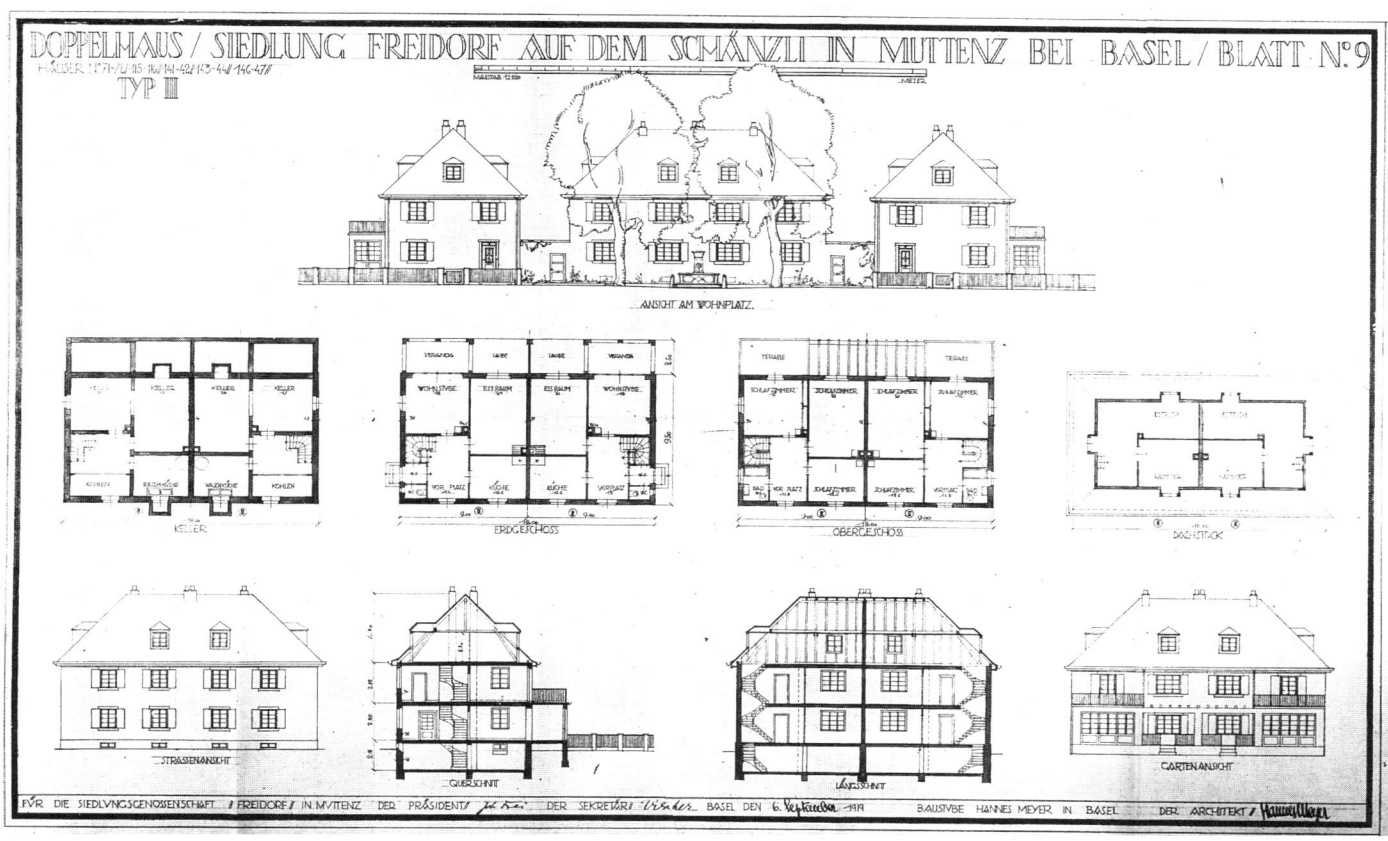

DOPPELHAUS / SIEDLUNG FREIDORF AUF DEM SCHÄNZLI IN MUTTENZ BEI BASEL / BLATT N° 9
TYP III

Vierer-Block, Typ I + II, Blatt 6: In der Nord-Ost-Spitze des Geländedreiecks gelegen, wird, da es sich jeweils um 3 × 3 sich gegenüberliegende Blöcke handelt, wieder mit dem tieferen Vorgarten gearbeitet: So entstehen zwei «Kreise» mit je 12 Häusern. Da diese Vierer-Blöcke aber noch keinen «Helferkreis» für sich bilden (können) – sie stehen nämlich um eine Hausbreite seitlich voneinander getrennt –, wird hier eine Mauer mit einer Gartenpforte als Verbindung zwischen diesen Blöcken eingesetzt. Mit diesem optischen «Trick» wird aus den jeweils 3 Blöcken eine Bauzeile gebildet (diese dann wiederum ist «Sippe»).

Doppelhaus, Typ II A, Blatt 7: Das Doppelhaus nimmt eine Sonderstellung im Gesamtgefüge der Siedlung ein: Seine Lage dient – als kleinste Baueinheit – der Besetzung der – durch die Geländeform (als Dreieck) bedingt – übriggebliebenen Grundstücksflächen. Jeweils an den beiden Enden der «Zeilenhöfe» gelegen, die aus den 14er-Blöcken gebildet werden, rücken sie gegenüber diesen näher zusammen: Das Straßenbild («perspektivische Fernwirkung offener Straßen...» HM) wird so in Blickrichtung optisch beendet durch das Einrücken der Häuser zur Straße hin. Es ist wieder der nur vorgelagerte Pflanzstreifen, der diese Anordnung ermöglicht. Ebenso wird verfahren am Geländezwickel im Nord-Osten, am Ende der vorbeschriebenen «Bauzeilen» in Verlängerung des großen Platzes.

Doppelhaus, Typ II B, Blatt 8: Dieser Haustyp bildet das Grundmodul für die dem Genossenschaftshaus gegenüberliegende Bauzeile, bzw. Platzwand. Aus dem «optischen Trick» mit der Mauer (Blatt 6) wird hier ein «räumlicher Trick»: Die Mauer erhält ein Dach, die dahinter liegende Fläche wird so zur Laube und dient gleichzeitig als Hauseingang, der hier (wie nur noch beim Haustyp III) seitlich liegt. So ist es dem Architekten möglich, die den Platz einfassenden Wände rein rhythmisch mit Hilfe des Fenstermoduls zu gestalten: Nur noch das Wechselspiel zwischen Wandfläche und Fensteröffnung bestimmt den optischen Eindruck. Die den Eingang aufnehmende Mauer zwischen den Häusern springt nämlich hier – im Gegensatz zur «optischen Trick-Mauer» – um die gleiche Tiefe zurück, wie jene vorspringt.

Doppelhaus, Typ III, Blatt 9: Das Haus für die «Honoratioren». Fünf mal wird dieser Haustyp angewendet: Je zwei stehen vereinzelt hinter den Zeilen der Nord-Ost-Spitze des Geländes. Die Eingänge liegen seitlich, der Verbindungsweg zu diesen Häusern ist nur jeweils diesen zwei Häusern zugeordnet, so daß sie separiert von jedem «Kreis» liegen. Die *Dreier*-Gruppe dieses Typs bildet den «Wohnplatz»: Vom nächsten «Kreis» trennt sie der Fahrweg, und – wie bei allen fünf Häusern –: sie liegen von der Straßenkante um die Tiefe der Vorgärten zurück, die hier aber nicht zum Eingang hin durchschritten werden müssen. Sie halten nur den «honorigen» Abstand. Selbst die Veranden und Terrassen dieses Haustyps sind jeweils durch die gebaute Laube voneinander getrennt. Die «bauliche Variation über ein genossenschaftliches Thema» (HM) hat hier ihre Grenzen, gerinnt ausschließlich zur baulichen Variation eines überkommenen bürgerlichen Themas: nämlich dem der («nicht-Kreisbildenden») Villa.

Freidorf 8
Alles normal(isiert)

Die Geländeform des Dreiecks war also vorgegeben. In dieses hinein setzte Meyer seine «Kreise», wie oben beschrieben. Jetzt galt es, diese Nachbarschaften und Sippen miteinander zu verbinden, das «Gesamtwohnhaus» zu schaffen: «(...) so ist im Gesamtwohnhause dieser 150 Familien Gartenraum und Straßenraum verbunden, durch die Korridore der Verbindungswege. Sie sind Arterie und Vene, sie sind blut- und geistbildend zugleich: zum Konsumladen mit dem Korb am Arm, zur Schule mit dem Buch in der Hand, zur Kneipe und zum Vortragssaal mit aufklärendem Willen, führen diese Adern den inneren Verkehr der Siedler dem Genossenschaftshause, dem Herzen der Kolonie zu.»[49]

In der Gegenüberstellung der bis September entstandenen Fassungen kann man die sich ändernde Wegeführung der Venen erkennen; ebenso das erreichte «straffe Zellensystem», das ihr zugrunde liegt. Die Terminologie «blut- und geistbildend» weist zudem auf eine biologistische Auffassung von Architektur und Städtebau Meyers, wie sie noch später, vor allem in seinen Texten «bauen» und «bauhaus und gesellschaft», durchscheint; z. B.: «bauen ist ein biologischer vorgang. (...) elementar gestaltet wird das neue wohnhaus (d. i. auch das «Gesamtwohnhause»; M. K.) nicht nur eine wohnmaschine, sondern ein biologischer apparat für seelische und körperliche bedürfnisse.»[50] Oder: die neue baulehre (am bauhaus; M. K.), (...) ihre gestaltungsmittel sind – bewußt angewendet – die ergebnisse der biologischen forschung.»[51]

Der Vergleich zeigt aber auch die Zielsetzung Meyers hin zur Möglichkeit der «modularen» Durchbildung des «Gesamtwohnhauses»: Die letzte – ausgeführte – Fassung macht deutlich, wie die raumbildende Wegeführung dem gleichen Proportionsschema unterworfen wird wie die gesamte Siedlung. Meyer selbst unterschlägt nicht die Herkunft dieses Versuchs der Bewältigung der Aufgabe mittels klassischer Vorbilder: In einem seiner aufschlußreichsten Texte, «Wie ich arbeite», datiert auf den 14. 10. 1933, berichtet er von seiner Englandreise 1913 und der Entdeckung der Raumtheorien Palladios beim Studium «englischer klassischer Stadtbaukunst»: «durch dieses studium geriet ich an ort und stelle durch die werke englischer palladio-schüler, eines ralph allen, eines s. wren, mit den raumtheorien palladios in berührung. mit 27 jahren, inmitten einer ausgedehnten siedlungspraxis im dienste eines deutschen großunternehmens der schwerindustrie, habe ich in dienstfreien stunden sämtliche grundrisse palladios auf dreißig normenblättern im formate 420/594 in einheitlichem maßstab dargestellt. durch diese auseinandersetzung mit palladio wurde ich angeregt, meine erste städtebauliche arbeit, die siedlung freidorf-basel des schweizerischen zentrosojus (VSK), 1919–1921 erbaut, im einheitlichen modul einer architektonischen ordnung durchzuführen. sämtliche außenräume (plätze, straßen, gärten) und alle öffentlichen innenräume (schule, restaurant, magazin, versammlungssäle) wurden durch dieses system eines einheitsmoduls einer künstlerischen ordnung unterworfen, die von den siedlern als proportionale raumharmonien erlebt werden sollten.»[52]

An dieser Stelle ist es erforderlich, erstmals auf einen anderen Zusammenhang zu verweisen, bei dem sich, ist von Hannes Meyer die Rede, immer wieder ein Mißverständnis hartnäckig durchsetzt und bis heute gehalten hat. Meyer wird nämlich immer wieder vorgeworfen, er habe mit Kunst, Komposition, Proportion und Harmonie in der Architektur nichts im Sinn. Das Gegenteil ist der Fall. Zitiert wird immer wieder eine bestimmte Stelle aus seinem zur Bauhaus-Zeit entstandenen Text-Manifest «bauen» von 1928, in dem es heißt: «alle dinge dieser welt sind ein produkt der formel: (funktion mal ökonomie) / alle diese dinge sind daher keine kunstwerke: / alle kunst ist komposition und mithin zweckwidrig. / alles leben ist funktion und daher unkünstlerisch. / die idee der ‹komposition eines seehafens› scheint zwerchfellerschütternd!»[53] (Man lese: *zweck*widrig, und nicht: überflüssig). Was die Kunst betrifft, gebe ich Meyer Recht, – was das Leben betrifft, mitnichten.

Meyer habe die Kunst aus dem Bauhaus verdrängt, sich einem radikalen Funktionalismus ohne ästhetische Ansprüche verschrieben und habe die hehre Baukunst nicht nur verleugnet, sondern gleichsam ihre Autonomie verraten, – so die lautenden Vorwürfe. Aber: Meyer ist nur an einem *anderen* Kunstbegriff gelegen, einem, den man nicht bei jedem Garagenentwurf als originäre Erfindung in die Welt posaunen, sondern den man sich selbstverständ-

49 Hannes Meyer
Der bauliche Organismus (Freidorf)
in: Samenkörner
1920, Nr. 4, S. 55
50 Hannes Meyer
bauen
in: bauhaus
1928, Nr. 4, S. 12f.
51 Hannes Meyer
bauhaus und gesellschaft
in: bauhaus
1929, Nr. 3, S. 2
52 Hannes Meyer
Wie ich arbeite
(14. 10. 1933)
in: wie Anm. 5, S. 103
53 wie Anm. 50

lich als Handwerkszeug des Architekten zulegen muß: «kunst?! – alle kunst ist ordnung. / ordnung der auseinandersetzung mit diesseits und jenseits, / ordnung der sinneseindrücke des menschenauges, / und je nachdem subjektiv, persönlich gebunden, / und je nachdem objektiv, gesellschaftsbedingt. / kunst ist kein schönheitsmittel, / kunst ist keine affektleistung, / kunst ist nur ordnung. / klassisch: / im modul der logischen raumlehre des euklid, / gotisch: / im spitzen winkelmaß als raster der leidenschaft, / renaissance: / im goldenen schnitt als regel des ausgleichs. / kunst war immer nur ordnung. / wir heutigen ersehen durch kunst ausschließlich / die erkenntnisse einer neuen objektiven ordnung; / bestimmt für alle; / manifest und mittler einer kollektiven gesellschaft. / so wird / künstler kein beruf, / sondern die berufung zum ordner. / so wird auch / bauhauskunst ein versuchsmittel objektiver ordnung.»[54] – So eine Stelle aus seinem 2. Bauhaus-Text-Manifest «bauhaus und gesellschaft.» Auf den Text kommen wir im Bauhaus-Kapitel noch ausführlich zurück. Und auch noch 1938 heißt es bei ihm: *«Der Architekt ist ein Künstler, denn alle Kunst ist Ordnung.»* (Hervorhebungen HM) Hier vorerst soviel (im Zusammenhang mit der Durchbildung der Siedlung Freidorf mittels des Systems eines Einheitsmoduls): Wenn Meyer in Kunst nur Ordnung sieht und von der «berufung zum ordner» spricht, bezieht er sich auf eine lange Tradition seitens baukünstlerischer Theorien. In seinem nach wie vor lesenswerten Buch «Theory and Design in the First Machine Age» von 1960 (deutsch: Die Revolution der Architektur, Rowohlt 1964), beschreibt Rayner Banham ausführlich die Situation von 1900 bis 1917, die Gründung und Entwicklung von Theorie und Praxis der «Stijl»-Gruppe betreffend, und betont dabei insbesonders die Bedeutung von Hendrikus Peter Berlage (1856–1934) und dessen Lehrer Jan Hessel de Groot für die Ausarbeitung einer Theorie von Proportionssystemen, ausgehend von der Rolle von Mauern und Mauerflächen. Banham zeigt auf, daß de Groot, und darauf aufbauend auch Berlage, ihre Proportionstheorien von mathematischen Gesetzen abzuleiten suchten, um so eine Art objektiven Sicherheitsriegel gegen bloß vorübergehende Modestile zu haben. Berlage 1908: «Die Zeit verändert die Stilauffassungen (...) aber was sich auf geometrische und echte wissenschaftliche Grundlagen stützt, das wird stets unabänderlich bleiben. (...) Ich bin nämlich zu der Überzeugung gekommen, daß die Geometrie, also die mathematische Wissenschaft, für die Bildung künstlerischer Formen nicht nur von großem Nutzen, sondern sogar von absoluter Notwendigkeit ist.» (zitiert nach Banham, S. 118) Berlage – und das ist in unserem Zusammenhang interessant – ruft im Folgenden die Autorität Griechenlands an, um die Gültigkeit seiner Thesen aufzuzeigen. Er zitiert James Fergusson (Architekt/Archäologe, 1808–1886) aus dessen «History of architecture in all countries I–V, 1893³): «Das von den Griechen beim Bau ihrer Tempel verwendete definitive Proportionssystem war die *Ursache für ihre selbst bei Ungebildeten erzielte Wirkung.*— (zitiert

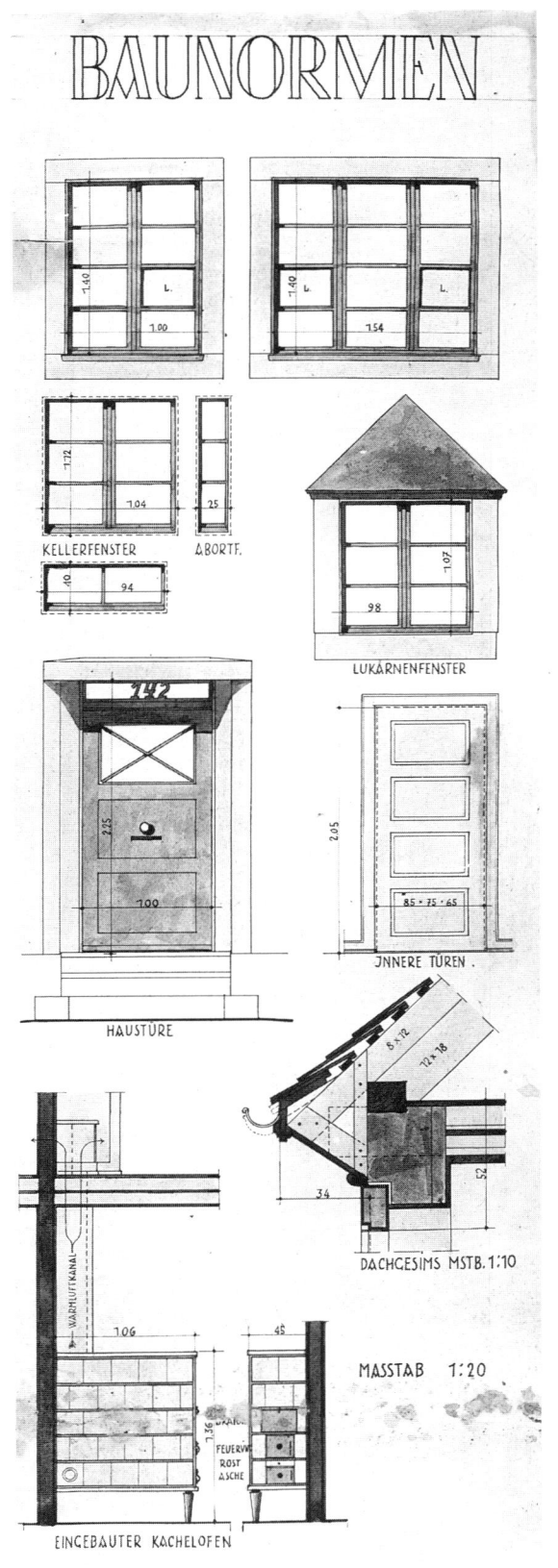

Abb. 17/18
Siedlung Freidorf. Auflistung eines Teils des «siedlungstechnischen ABC», die «Baunormen» und die Straßenprofile, September 1919.

[54] wie Anm. 51

nach Banham, S. 119) Wie sehr Meyer diesem Gedankengang und dieser Tradition der Bewältigung einer Bauaufgabe (künstlerisch) folgt, ja, wie sehr sich aufdrängt, daß Meyer wohlvertraut mit ihnen war, bezeugt ein Zitat aus seinem 1921 erstmals erschienenen Text zum Genossenschaftshaus der Siedlung: «Im Innern und Außern unterwirft es sich völlig dem Einheitsgesetze der Siedelung, und nur das verdoppelte Maß aller Dinge kennzeichnet den öffentlichen Bau. Der Mensch wirkt klein, betritt er den *Tempel der Gemeinschaft*. Auch dem *Laien* schwant angesichts des *Spieles von Mauerflächen und Fensterlöchern* das geheime Walten eines alles beherrschenden *Moduls*, und das aufrecht gestellte Verhältnis der Lichtquellen *weist deutlich zur südlichen Heimat der Baukunst*.»[55] (Hervorhebungen M. K.)

Schon hier, an diesem ersten Projekt Meyers, wird deutlich, welcher Arbeitsweise der Architekt (und Städtebauer) sich verpflichtete: Ihm waren Kontinuität und Tradition der einmal gefundenen vermeintlichen (und damit objektiven) Gesetze unabdingliche Voraussetzung des Berufes und gehörten nicht in das Reich der «Kunst» als Stilmittel. Es war ihm nicht daran gelegen, einen Stil zu finden, sondern bewährte (Kunst-)Mittel der Baukunst so anzuwenden, daß auch der Laie in den Genuß der «proportionalen raumharmonie» gelangt, diese «erlebt»: sozusagen als unbewußte Teilhabe auch eines Kunstwollens, das aber nicht als Wollen, sondern als Müssen auftaucht. Meyer wendet sich damit gegen die Propagierung (von oben, von der Warte des allein kunstsachverständigen Architekten) der Selbstverständlichkeiten eines sein Handwerk natürlich beherrschen müssenden Baukünstlers. Schon hier scheint auf der Folie von Meyers Weltbild ein Begriff seiner Tätigkeit hindurch: daß nämlich sein Tun Dienst am Menschen sei, das vor allem auch den späteren Benützer seiner Werke in die Betrachtung und Bewertung miteinzubeziehen hat.

Deshalb auch der Hinweis auf den Siedler, das Mitglied der Gemeinschaft, der Vollgenossenschaft, deren innerer strenger Satzung die straffere Gliederung des Äußeren ja entspricht. Dieser Hinweis erklärt auch die Ratlosigkeit des Fremden, der im schon zitierten Bekenntnis verdutzt in der Siedlung steht: «Sein Formgefühl (...) wird verletzt durch die puritanische Sachlichkeit unserer Hausblöcke.»[56]

Diese «puritanische Sachlichkeit» ist aber Ergebnis doppelten Strebens: Zum einen wurde – mit Hilfe des Moduls – eine (äußerliche) räumliche Entsprechung der angestrebten sozialen (inneren) Harmonie gesucht (auch wenn diese als bloße «proportionale raumharmonie» auftaucht), zum anderen standen Norm-Bestrebungen – nicht nur aus Kostengründen, sondern auch als symbolische Entsprechung – auf des Architekten Arbeitsliste: «Zur Vermeidung städtischer Enge liegen die Hausblöcke mit 25 Meter Normalabstand einander gegenüber. (...) Inmitten der Gartenflächen verläuft der Normaldüngerweg und links- und rechtsseitig zu zweien geordnet, pagodenhaft aufgereiht, die Normalgartenhäuser, oder Normalkleintierställe, mit dem Nor-

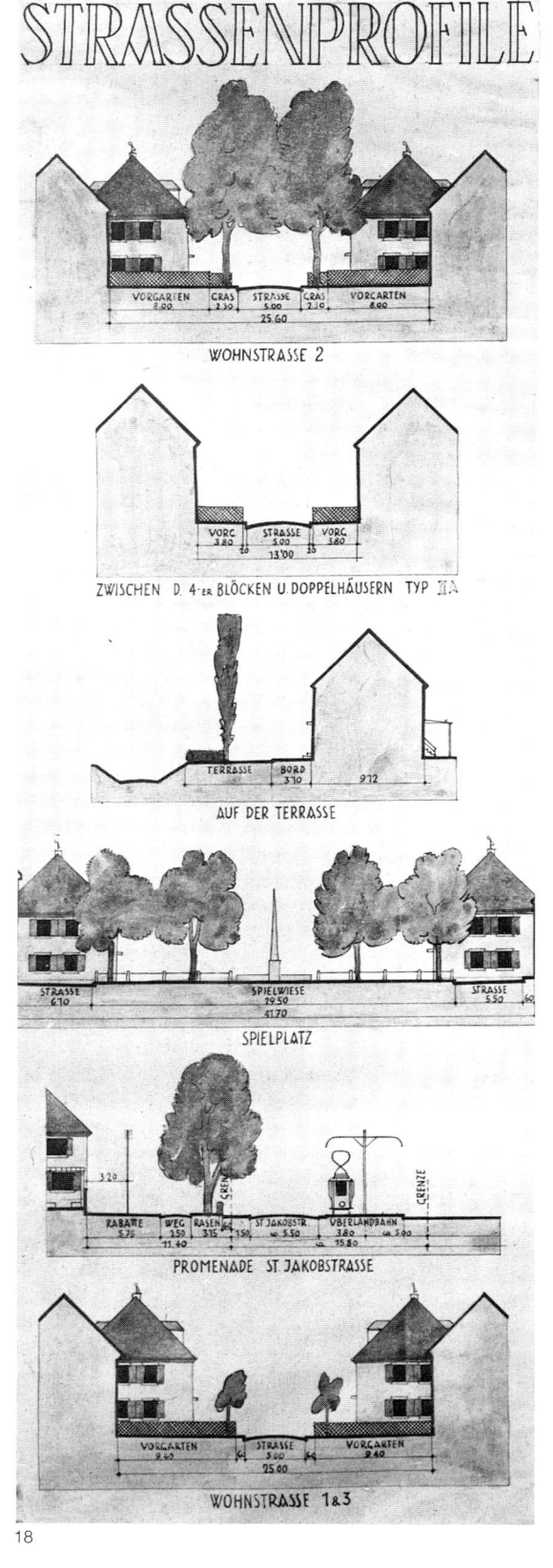

55 wie Anm. 29, S. 76
56 wie Anm. 29, S. 57

malziegeldach.»⁵⁷ Also alles normal(isiert), – was nichts anderes bezeugt als das Bestreben Meyers, die «langbehüteten Wünsche» der Siedler eben nicht auch noch bildlich obsiegen zu lassen. Die Einzelinteressen hatten sich dem «Gesamtwohnhause» mit Hilfe der (schweizerischen) «Normalzelle» zu fügen, – gleichwohl um der «einheitlichen Haltung» Ausdruck zu verleihen. Und wieder wollen wir den «Fremden» aus dem «Bekenntnis» herbeizitieren, der in dem «Gebilde, halb Kloster und Anstalt, halb Gartenstadt und Juranest» steht: «Sein Sinn, gewöhnt an die abwechslungsreiche Vielgestaltigkeit zeitgenössischer Stadtbilder, sucht die Mannigfaltigkeit und findet die Einheitlichkeit.»⁵⁸
Diese Einheitlichkeit und «Verbilligung (...) wurde durch eine weitgehende Typisierung des Bebauungsplanes, der Hausgrundrisse und der einzelnen Bauteile (Türen, Fenster, Läden, Installationen etc.) (...) gewährleistet, welche in der rationellen Durchführung dieser ganzen Bauaufgabe, in der serienweisen Herstellung, liegt.»⁵⁹ «Die Normung der Bauelemente ist im Freidorf restlos durchgeführt, und jeder Haustyp fügt sich aus der Einheit typisierter Bauteile. Bei Baubeginn fehlten schweizerische Normen für den Typenbau, und dieses siedelungstechnische ABC mußte von Grund aus neu gebildet werden. So entstanden die Freidorf-Normen (...). Diese Vereinheitlichung der Bauglieder erfolgte wohl mit der wirtschaftlichen Einsicht, zumeist aber entgegen dem Schönheitsempfinden der Genossenschafter. Die Freidorfnorm berührt hinsichtlich baulicher Vereinfachung die äußerste Geschmacksgrenze des individuellen Schweizers, und jeder weitergehende Verzicht auf ‹Architektur› wird als ‹Zuchthaus und Kaserne› die nahezu lückenlos geschlossene Front der Volksmeinung durchbrechen müssen.»⁶⁰
Sind gleichartige Bedürfnisse zu befriedigen, so kann das auch mit gleichen Mitteln geschehen, – es muß: eben weil die Gesellschaft so organisiert und strukturiert ist, daß eine Zersplitterung der produzierenden Kräfte nur zur Verteuerung führen und so die angestrebte Befriedigung des (hier: Wohn-)Bedürfnisses verhindern würde. Vordringliches Ziel war also die Entwicklung von Typengrundrissen und – als deren Voraussetzung – die Findung von Normen für das jeweils kleinste Bauteil. Der schon erwähnte «Schweizerische Verband zur Förderung des Gemeinnützigen Wohnungsbaues» machte sich diese Aufgabe zum Programm: «Im Subventionierungsbeschluß vom 26. April 1920 wies der Bundesrat unserem Verbande insbesondere folgende Aufgaben zu: (...) d) Studien und Ratserteilung über billige Bauweisen: (...) Bautypen und Konstruktionssysteme (...) e) Typisierung und Normalisierung der Bauelemente (...).»⁶¹ Hannes Meyer: «betätigte mich während 3 jahren im vorstand der ortsgruppe und im zentralvorstand des ‹schweizerischen gemeinnützigen wohnungsbaus›.»⁶² Dieser Verband hatte eine «Studienkommission für Normalisierung», in der Hannes Meyer mitarbeitete, und veranstaltete 1921 einen Wettbewerb zur Findung von Haustypen: An diesem nahm Hannes Meyer teil,

wobei sein Projekt «Lienhard und Gertrud» prämiert wurde.
Die hier wiedergegebenen Pläne zeigen, auf welche Erfahrungen sich Meyer 1921 stützen konnte. Aber auch schon in seiner Essener Zeit waren ihm gerade diese Aufgaben zugefallen: «beteiligte mich intensiv an den ersten arbeiten zur standardisierung und typisierung kruppscher siedlungen.»⁶³ Die genormte Zimmerlänge für das Obergeschoß im Freidorf ist abgeleitet aus der Länge zweier Betten, ein Regelmaß, das bei der ADGB-Bundesschule in Bernau ebenso wieder auftaucht wie bei dem 1937–39 in Mümliswil errichteten Kinderheim. Der Plan, ein typisches Blatt aus der Baustube Hannes Meyer: möglichst das komplette Bauprogramm enthaltend, weist es alle genormten Bauteile aus, teils als Baubeschrieb mit den Maßangaben, teils als gezeichnete Regeldetails und Grundrißvarianten mit den nötigen Maßketten, vom Maßstab 1:10 bis 1:200. «seit 1916 lasse ich alle unter meiner leitung entstehenden bauentwürfe entsprechend den vorschriften von DIN (deutsche industrienormen) (...) anfertigen. wenn immer möglich, benütze ich somit deren normalformate, die normenschrift, die normeneinteilung der zeichnung und die normendarstellung in strich und farbe. die standardisierte zeichnung gehört zum ABC des rüstzeugs eines jeden architekten. sie ist jedermann verständlich und rationell im verbrauch von papier, zeichenmaterial und arbeitskraft. sie erleichtert den archivdienst und die vergleichbarkeit der entwürfe untereinander. mein lieblingsbuch eines knappen standardisiert-zeichnerischen gedankenaustausches ist felix auerbachs: physik in grafischen darstellungen.»⁶⁴

57 wie Anm. 49, S. 55
58 wie Anm. 29, S. 57
59 wie Anm. 21
60 wie Anm. 29, S. 65
61 wie Anm. 35, S. 142 (= Geschäftsbericht des Vorstandes)
62 wie Anm. 5
63 wie Anm. 5
64 wie Anm. 52, S. 102

Freidorf 9
Die Planfassungen, Kommentare

*Abb. 19/20
Siedlung Freidorf.
Die ersten zwei Planfassungen (April?) 1919.
(Familienarchiv)*

Nachdem wir die Vorgeschichte uns betrachtet, das sozial-reformerische und -pädagogische Programm und die Arbeitsweise des Architekten uns vor Augen geführt haben, ist es notwendig, durch die verschiedenen Planfassungen uns vorzutasten zu den städtebaulichen Vorstellungen Meyers, wie sie sich ihm zeigten, nachdem er, aus Essen zurück, sich als knapp 30jähriger an die Bearbeitung des Freidorfes machte. Wie beschrieben, wurde der erste Plan von ihm im April des Jahres 1919 gefertigt.

Die Platzanlage und das Genossenschaftshaus werden im nächsten Kapitel ausführlicher behandelt, hier also zunächst die Gesamtdisposition.

Die hier gezeigten frühen Vogelperspektiven sind erst im Frühjahr 1988 von Frau Claudia Meyer, der ersten Tochter von Hannes Meyer, aufgefunden worden in ihrem Privatarchiv. Sie sind undatiert, können aber wohl als die ersten Pläne für die Siedlung gelten. Es sind vielleicht diejenigen, die direkt nach seinem ersten Geländebesuch entstanden und die Illustration darstellen zu der schon zitierten Textpassage: «Zu Hause am Reißbrett wurden die ersten Eindrücke geordnet, und hurtig begann auf dem Papier das Spiel gerader und krummer Linien, mit Kohle, Blei und Feder.»[65] Im gleichen Text heißt es zuvor: «Im Schwerpunkt des Dreiecks drei Meter Anhöhe mit wenig Humus und viel Gestein, baumlos, geradezu herausfordernd zur Anlage eines Dorfplatzes mit einer Rundsicht ins Umland.»[66]

Wir sprachen schon von den Vorbildern für die Anlage von Gartenstädten bei Meyer und von seiner Englandreise, während der er auch die Gartenstadt London-Hampstead besuchte, die von Barry Parker und Raymond Unwin geplant wurde. Rudolf Eberstadt schrieb über diese Gartenvorstadt: «Die Grundlinien des Bebauungsplanes erscheinen zu-

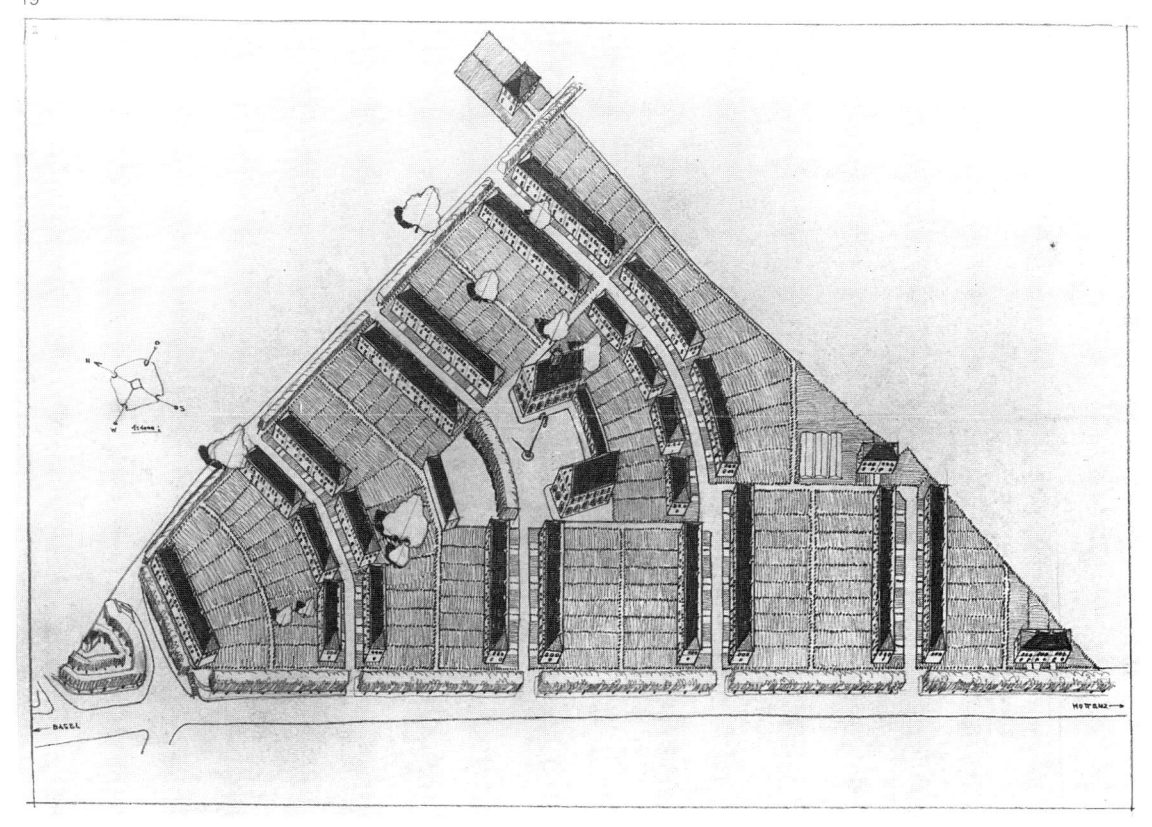

19

65 wie Anm. 39, S. 167
66 wie Anm. 39, S. 166

nächst bestimmt durch die Geländegestaltung; an der Stelle der höchsten Geländeerhebung sind die öffentlichen Gebäude angelegt, die beiden Kirchen (...); daneben die Bildungsanstalten, das ‹Institute› mit Versammlungs- und Bibliotheksräumen. Der Kirchplatz gewährt landschaftlich und städtebaulich vortreffliche Ausblicke, wobei Vorsorge getroffen ist, daß die Durchsichten nach den Hauptrichtungen nicht verbaut werden können. (...)
Die Gegnerschaft wider das alte Schema der geraden Straße hat bei uns eine Moderichtung der gekrümmten Straße hervorgebracht, die nicht minder ‹schematisch› zu werden droht als ihre Vorgängerin. Die Krümmung ist bei manchen Stadterweiterungen zum Selbstzweck und zur Schablone geworden, die die Aufgabe der Technik des Bebauungsplanes aus den Augen verloren hat.»[67]
Durch die Gegenüberstellung der Texte von Meyer und Eberstadt wird deutlich, wie intensiv Meyer in den nächsten Monaten, nämlich bis zur Begradigung seiner krummen Straßen im August/September, seine eigenen städtebaulichen Vorstellungen revidiert und korrigiert. Die krumme Straße ist hier noch vorherrschend, und gerade die Fernblicke werden durch in Blickrichtung geschobene Häuser verhindert. Auch sind an einer Stelle zwei Wohnstraßen, die später eine Kreuzung bilden, so gegeneinander versetzt, daß zwei Straßen jeweils vor einem Haus enden. Selbst die Hauszeilen sind hier im gleichen Maße gekrümmt wie die Straßen! –: Sie folgen dem Radius der krummen Straße (Süd-Ost-Seite). Genau diese Häuser werden schon im nächsten Plan geradegebogen. Auffallend ist noch die Busch-/Baumreihe der Platzanlage, die die Krümmung ebenfalls aufnimmt, um den Platz zu teilen und ihre Teile jeweils räumlich geschlossen wirken zu lassen.
Der nächste Plan birgt schon Neuerungen, die späterhin beibehalten werden: Da ist der Wohnplatz – «für die Honoratioren» – im Südzipfel des Dreieckes, und da sind die in die Straße geschobenen Endbauten einer jeden Zeile, für die Eberstadt im schon zitierten Text ebenfalls eine Erklärung findet und die er «unter Verwendung künstlerischer, bautechnisch vorteilhafter Wirkungen» subsummiert: «(...) so ist zunächst zu erwähnen die perspektivische Straßenanlage. Einzelne Straßen sind bei schnurgerader Richtung derart angelegt, daß die Straßenwände abschnittsweise gleich den Staffeln der Theaterkulissen, näher zusammenrücken, wodurch insbesondere bei leicht ansteigendem Gelände, eine treffliche Straßenperspektive erzielt wird.»[68] Die in den gleichen Plan eingezeichnete Perspektive des zentralen Platzes (Abb. 31) sagt auch etwas über die Dachausbildung der Wohnhäuser, die den theatralischen Effekt noch erhöhen hilft: Die Dachkonstruktion des Walmdaches arbeitet mit einem Aufschiebling, der den Dächern eine leicht pagodenhafte Wirkung verleiht. Sie nehmen in solcher Krümmung in der Perspektivwirkung sich selbst derart zurück wie Theatervorhänge in der Bewegung des Aufgezogen-werdens. In Eberstadts Text, und auch in denen seiner Zeitgenossen, ist immer wieder von der «Wirksamkeit» und den «Wirkungen» die Rede. Ist in diesen frühen Meyerschen Zeichnungen aber noch die «romantische Wirkung» vorherrschend, so ist es später die schon beschriebene: diejenige der «Einfachheit und Wahrhaftigkeit», erzielt durch die Verwendung des einheitlichen Moduls.
Was die Querstellung der Häuser zur Hauptstraße betrifft, so findet sich bei Eberstadt ebenfalls das Warum: «... erwähnenswert die reichliche Anwendung der alten Sackgasse in einer dem neuzeitlichen Städtebau entsprechenden Form (...) und überall mit ansprechender Wirkung. (Sie) erfüllen zwei wichtige Aufgaben: tiefe Grundstücke in einfachster Form aufzuschließen und den durchgehenden Verkehr von den Wohnlagen fernzuhalten.»[69]
Die Straßen im Freidorf sind ja allesamt als Sackgassen ausgebildet: Sie enden zwar jeweils am anderen Ende offen, die ganze Anlage aber «umgürtet klösterlich eine Gartenmauer» (HM); und zudem wird der Verkehr um die Siedlung herumgeführt, womit also beide Prämissen Eberstadts erfüllt sind.
Die folgenden Pläne sind datiert auf Mai 1919 und weisen erstmals das komplette Bauprogramm aus, wie es zu Beginn der Bauarbeiten noch vorgesehen war: In der Dorfmitte das Genossenschaftshaus mit Krippe, Versammlungssaal, Wirtschaft und Schule; gegenüber die Läden (mit Passage), enthaltend Lebensmittel, Manufaktur, Post, Bäcker und Coiffeur, dazu außen ein öffentliches WC und die Feuerspritze; am Süd-Westrand des Geländes das Werkhofgelände im Geländezwickel im Süden war vorgesehen eine Rotunde als Sommerwirtschaft: klassisch mit Kuppel; und schließlich war im Siedlungsgelände selbst – neben dem kleinen Wohnplatz – noch eine Gärtnerei mit Gewächshäusern und Frühbeeten geplant. Dieses Bauprogramm bezieht sich auf die geplante Ausrichtung des Freidorfes als selbständige Versorgungseinheit auf der Grundlage einer Konsum- und Produktionsgenossenschaft: die Selbsthilfe der Versorger wurde hier geplant, ihr wurden hier – im Plan – die notwendigen baulichen Voraussetzungen geschaffen. Hiermit wird auch noch einmal unterstrichen die Absicht der Gründer des Dorfes und die Übersetzung des Architekten: ein komplett eigenständiges Gebilde («halb Kloster und Anstalt, halb Gartenstadt und Juranest», HM) sollte das Freidorf werden.
Vorherrschend ist zwar noch die krumme Straße, es wird aber die Blickrichtung der Straßen nicht mehr theatralisch gesehen: die eingerückten Kopfbauten aus den ersten Studien sind verschwunden (sie tauchen verändert allerdings später wieder auf), und die enge Straßenführung wird mittels eingefügter Doppelhäuser aufgebrochen: Es entstehen so in den Straßen auch Einblicke in die Gärten. Die Vorgärten erfahren in diesem Planstadium noch eine unterschiedliche Ausbildung, was ihre Tiefe betrifft, sind gar bei einigen Häusern noch gar nicht anzutreffen. Die Anlage der Allee (als Staubschutz) an der St. Jakobs-Straße ist hier ebenso beibehalten wie die einlagige Baumreihe (als Windschutz) am nordwärts gelegenen Weg. Auffallend ist auch der

67 *Eberstadt*, Rudolf Die Gartenstadt London Hampstead in: Der Städtebau 6. 1909, Heft 8, S. 101
68 ebd.
69 ebd.

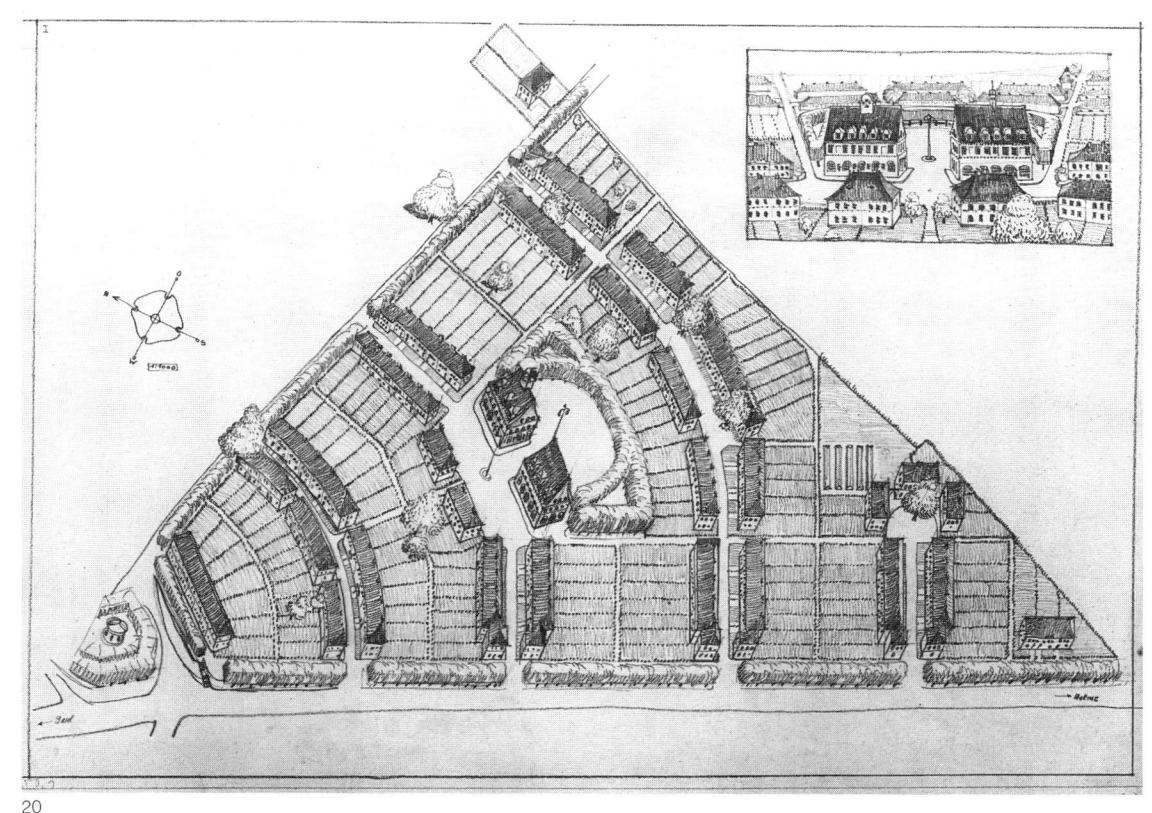

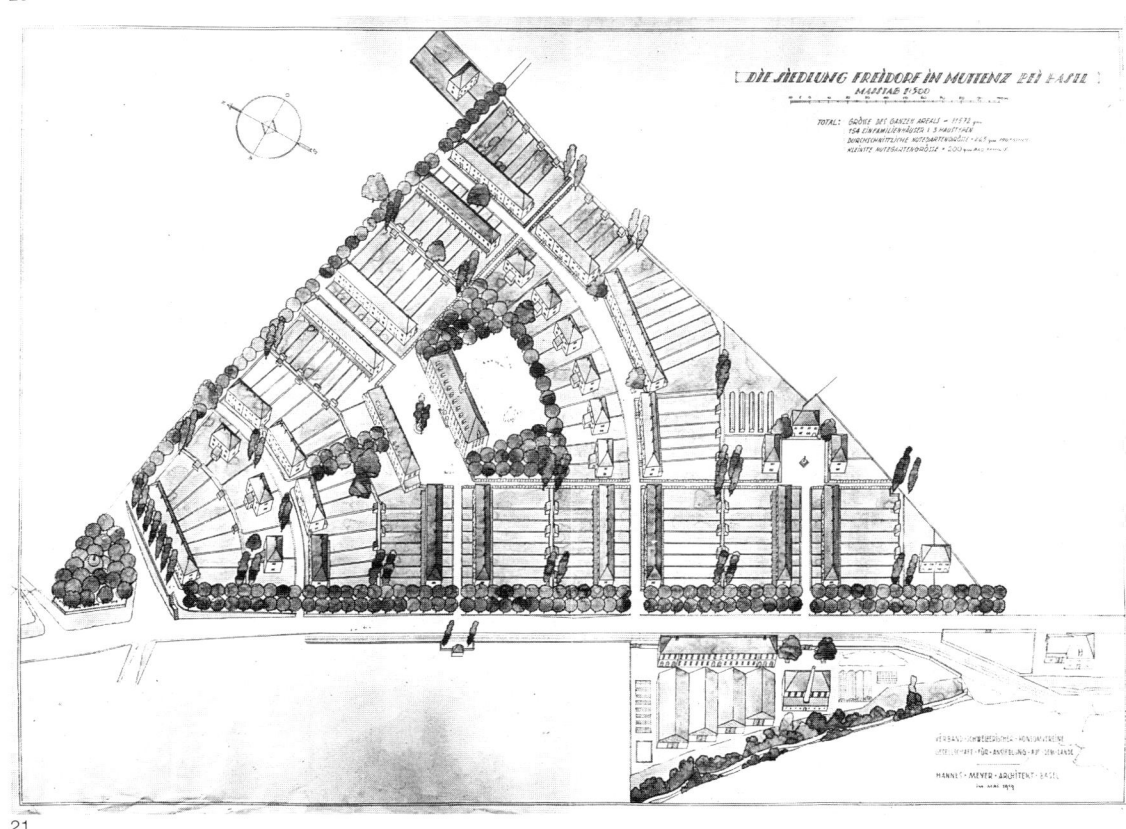

Abb. 21
Siedlung Freidorf.
Planfassung Mai 1919,
Vogelschau. (StaBL)

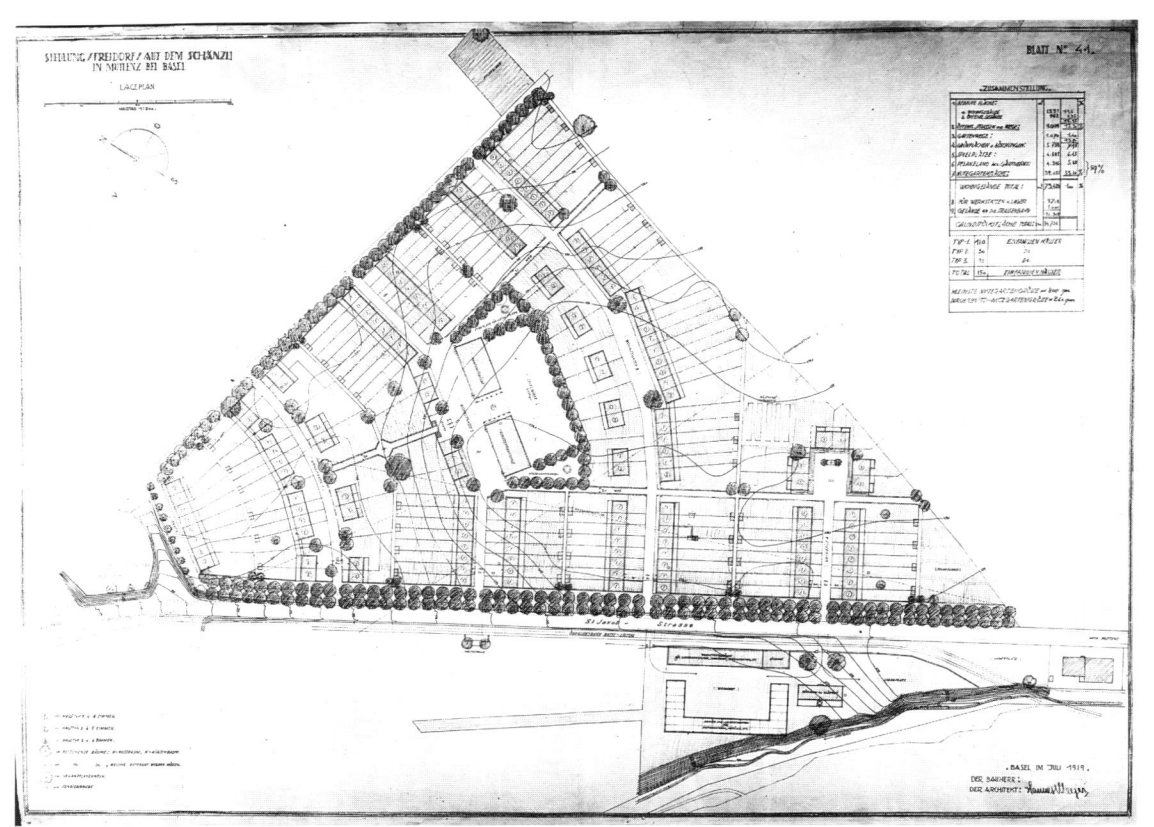

Abb. 22
Siedlung Freidorf.
Planfassung Juli 1919,
Lageplan. (StaBL)

Abb. 23
Siedlung Freidorf.
Planfassung September 1919, noch mit den «Tempeln» auf dem zentralen Platz, Vogelschau.

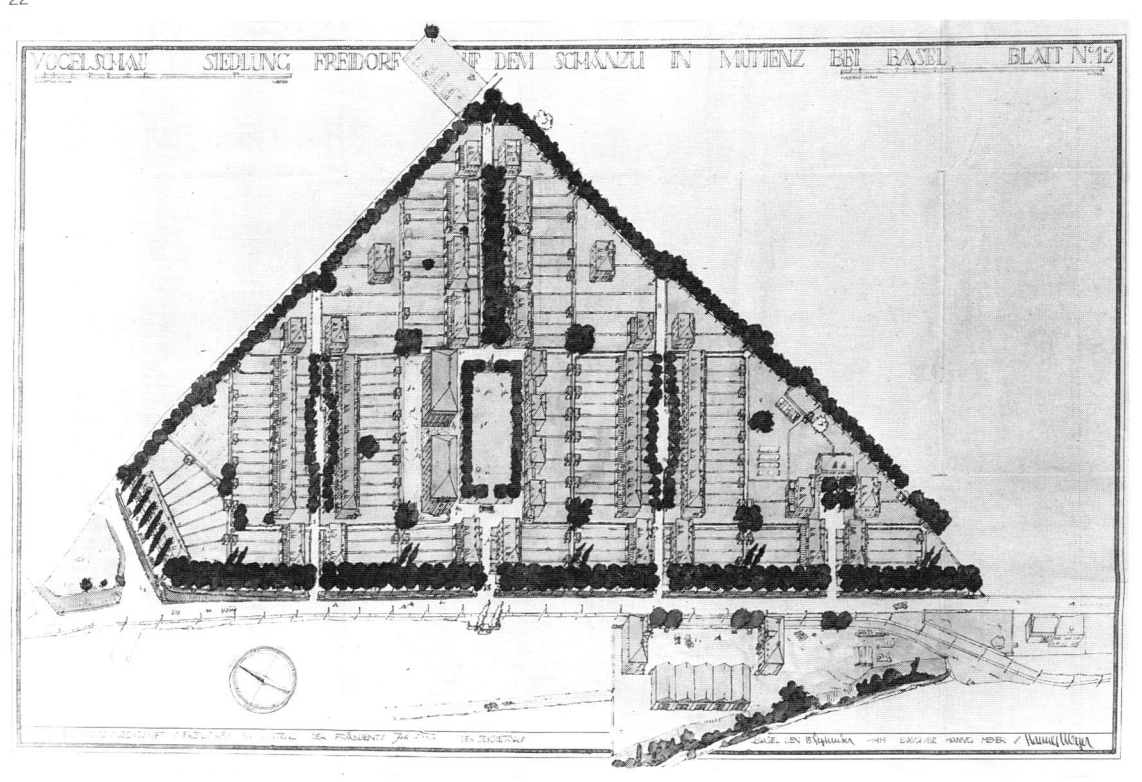

systematische Einsatz von Bäumen an Stellen, die der Orientierung wegen an diesen stehen: Alle Gartenwege, die ins Dorf führen, werden, das Klösterliche unterstreichend, durch zwei Pappeln flankierend markiert, ebenso wie die Kreuzungen von Dünger- und Gartenwegen. Nur an einer Stelle ist in dieser frühen Fassung – gegenüber den späteren, auch der ausgeführten – innerhalb der Siedlung eine Baumallee vorgesehen: Es ist diejenige, die den Weg begleitet, der ein Stück die Mittelachse der ganzen Anlage bildet. Nimmt man nämlich die Hausreihe und den Wohnplatz am Südzipfel weg, so ist die ganze Anlage ein symmetrisches Gebilde, was aber durch das in anderer Achslage gerichtete gleichschenklige Dreieck des Gesamtgrundstückes optisch verdeckt wird. Durch dieses stark verschobene rhombenartige Fastdreieck legte Meyer die Achse: vom Nord-West- zum Süd-Ost-Ende. Beginnend an der Rotunde des Gartenlokals, durch den ersten Achter-Block, längs der schon erwähnten Baumallee, durch die Erdgeschoßpassage der Läden, durch die Brunnenanlage auf dem Dorfplatz, in den Haupteingang des Genossenschaftshauses, quer über die Spielwiese und hinüber zur Mittelachse des abschließenden Zehner-Blockes, der hier noch einmal eine Art Vorplatz bildet durch sein Zurückspringen aus der Fluchtlinie der sonst an dieser Straße stehenden Reihenhäuser. Gegenüber dieser Achse verhalten sich alle Bauten symmetrisch: Aber erst diese Anordnung war einer besseren Besonnung der einzelnen Häuser dienlich. Ausgegangen ist Meyer wahrscheinlich von der Geländedeformation: Das Gelände steigt nämlich von der Rotunde ausgehend fast gleichmäßig links und rechts der Achse bis eben zum Dorfplatz an. (Diese Achse zeichnet Meyer übrigens schon ein in das erste Blatt, und zwar zeigt er sie mittels einer Vogelschau via Platz und über die Häuser. (Abb. 31)

Die nächste Fassung stammt vom Juli 1919 und weist einige Veränderungen auf – die bedeutendste wohl in der Dorfmitte (siehe nächstes Kapitel). An der westlichen Wohnstraße werden die Doppelhäuser (jetzt vier) auf die andere Straßenseite verlegt und nur noch zwei Vierer-Blöcke ihnen gegenübergestellt, die ihrerseits größere Vorgärten haben.

Gewichtigste Änderung ist die Neuaufteilung des Geländes in eine dem gleichschenkligen Dreieck folgende achsiale Ausrichtung und die systematisierte Anlage der Straßenzüge: schmale Stichstraßen von der St. Jakobs-Straße her, sich verbreiternd zu baumbestandenen Wohnstraßen bzw. zum Platz und zur Spielwiese, Gleichbehandlung der Straßenenden durch eingerückte Doppelhäuser bzw. Vierer-Blöcke und der Wegfall jeder Krümmung. Erst auf der Grundlage dieses systematisierten Planes konnte Meyer das Modul voll walten lassen, konnte er auch die Grundrisse und Haustypen durcharbeiten und typisieren und konnte die Strenge herausarbeiten, die diese Siedlung vielen gleichzeitig entstandenen gegenüber so herausragend erscheinen läßt.

In einem sympathisch-wohlwollenden Bericht über diese Siedlung schreiben Alexander Klein und Werner Hegemann: «Er (der Architekt, M. K.) behandelte seine Aufgabe mit Erfolg städtebaulich. Neben der städtebaulichen Strenge der Straßen sind auf der Gartenseite die Voraussetzungen für trauliches Familienleben gegeben. Allerdings ist zu bedauern, daß der Wunsch, eine möglichst lange Mittelachse senkrecht zur Verkehrsstraße zu legen (statt eine starke Querachse zu entwickeln, etwa mit stärkerem Baumschutz längs der Verkehrsstraße), zu einem ungünstigen Verhältnis der einzelnen Gebäude zur Sonne geführt hat.»[70] Hier wird genau das gefordert, was in den frühen Plänen des Architekten vorhanden war, aber auf Umwegen über Fachmännerkonferenzen verlorenging.

Die Autoren dieses Artikels sehen aber auch die Haltung des Architekten, die sich gegen die romantische Strömung wendet, wie sie zu jener Zeit grassierte – und sie bekunden anschließend ihre «besondere Hochachtung (...) vor dem künstlerischen Mute des Schöpfers der Siedlung Freidorf.»[71]

In welch kurzer Zeit aber Hannes Meyer eine romantische Haltung abzulegen in der Lage war, haben wir gesehen; – aber noch in den Vogelperspektiven – fein farbig koloriert und hübsch gestrichen – finden wir diesen Hang zur Romantik, der sich bei ihm lange hält, auch wenn er verbal-radikal sich gegen ihn wendet.

70 Klein, Alexander/Hegemann, Werner Siedlungs-Genossenschaft «Freidorf» bei Basel in: Wasmuths Monatshefte für Baukunst 10. 1926, Heft 1, S. 10
71 ebd.

Freidorf 10
Zwei Nutzgebäude

In Ergänzung und zur architektonischen Bewertung von Meyers Schaffen während der Freidorf-Zeit sollen kurz zwei Gebäude vorgestellt werden, die noch zum Komplex der Siedlung gehören. Neben einem provisorischen Baubüro, einem nach Fertigstellung der Siedlung wieder abgerissenen Holzbau, sind es das Kantinengebäude und das Transformatorenhaus der Strom liefernden Firma «Elektra-Birseck».

Das Kantinengebäude: Aus dem Baugesuch: «Zweck: In der Kantine soll während der Bauausführung der Siedelung Freidorf warmes Essen zu billigem Preise an die Arbeiter abgegeben werden; diese Einrichtung hat sich bei dieser abgelegenen Baustelle als wünschenswert und notwendig erwiesen. Nach Beendigung der Bauarbeiten soll das Gebäude der geplanten Werkhof-Anlage eingegliedert werden und als Lagerraum oder dergl. Verwendung finden.»[72]
Unsere Abbildung ist ein vergrößerter Ausschnitt aus einem Foto der Siedlung und zeigt uns die Lage von Kantinengebäude und Transformatorenhaus (Abb. 26). Das Kantinengebäude ist ein unterkellerter T-förmiger Bau auf einem Fundament- und Mauersockel. Als reiner Holzständerbau ausgeführt, bietet die Kantine Platz für ca. 200 Arbeiter. In dem kurzen, mittig eingeschobenen Bauteil befinden sich die Küche und die Vorratshaltung. Anlieferung der Lebensmittel und der Eingang fürs Küchenpersonal sind also getrennt vom Kantinen-Massenbetrieb. Hier zeigt sich eine funktionelle Einfachheit, die Meyer eigen bleibt: Das Gelenk beider ineinandergeschobener Bauteile bildet das Buffet, die Essensausgabe – die Zone, in der sich die beiden Funktionen, die unter einem Dach untergebracht sind, begegnen. Die räumliche Ausbildung eines jeweiligen Funktionsteiles. und das anschließende Zusammenstecken finden wir später in allen Projekten Meyers wieder. Hier wird dieses einfache und doch nicht simple Prinzip erstmals angewendet. Dazu kommt die Schlichtheit der Erscheinung als langes Blockhaus längs der Muttenzer Landstraße, wobei die horizontale Holzverschalung das Dukkende und Unauffällige noch unterstreicht. Und wieder haben wir die kompletten Angaben zu einem Gebäude auf einem Blatt (Abb. 25): Ansichten, Schnitte, Grundrisse und Details nebst Angaben zur Konstruktion, Maßstäbe: 1:10 bis 1:50. Ein ebenso faszinierendes Blatt wie das für

das Transformatorenhaus: Auch hier wieder die dichtgedrängte Information, das Ausnutzen jeder Ecke des Bogens, die Systematik des Ingenieurs, die Präzision der Zeichenmaschine und die Besessenheit des Architekten selbst bei der scheinbar unwichtigen Aufgabe: – Aber nein: Hannes Meyer schreibt an Werner Hegemann und Alexander Klein: «Das Transformatorenhaus gehört nicht dem Freidorf, sondern der Elektra Birseck. Mit Mühe und Not brachte ich deren Direktion dazu, mir mindestens die äußere Gestaltung desselben zu überlassen. Die Lage jenseits der Landstraße ward notwendig, weil diese Station das westliche Hinterland ebenfalls zu versorgen hat.»[73] Im «Baugedanken» von 1921 liest sich der Gestaltungswille so: «Südwärts der Muttenzer Landstraße, auf staubigem Geländezipfel, steht der Turm der Transformatorenstation. Ein klotziger Unterbau mit flächig verteilten Fenstern; darüber ein flacher Ziegelhut mit der knappen Krempe des Dachkännels; keine Gesimse, keine Profile. In bewußter Gegensätzlichkeit vertritt dieser Turm den Industriebau gegenüber den Wohnbauten jenseits der Landstraße, und in seinem verstärkten Rot des Anstrichs ist er ein Gradmesser aller Farbigkeit in der Siedelung. Als Ausgangspunkt aller elektrischen Drahtnerven verteilt dieses Gehirn des Siedelungskörpers die elektrische Energie von 220/380 Volt Spannung in Dreiphasenführung an die drei Versorgungsgruppen der Kolonie.»[74] Das Blatt ist datiert vom 26. 6. 1920, und auch hier scheint durch: das ausgewogene Auge des Architekten für Proportion und Maß, für Fläche und Öffnung, was sich in der unaufdringlichen Ruhe des Baukörpers zeigt.

72 Hannes Meyer Erläuterungsbericht zum Baugesuch vom 3.10.1920 Staatsarchiv des Kantons Basel-Land, Liestal
73 Hannes Meyer antwortet auf die Kritik seines Basler Freidorfes in: wie Anm. 70, Heft 5, S. 302f.
74 wie Anm. 29, S. 66f.

Abb. 24
Siedlung Freidorf.
Transformatorenhaus, Juni 1920. (StaBL)

Abb. 25
Siedlung Freidorf.
Kantinen-, später Schulgebäude, Oktober 1919. (StaBL)

Abb. 26
Siedlung Freidorf.
Foto des Kantinengebäudes und des Transformatorenhauses, ca. 1930.

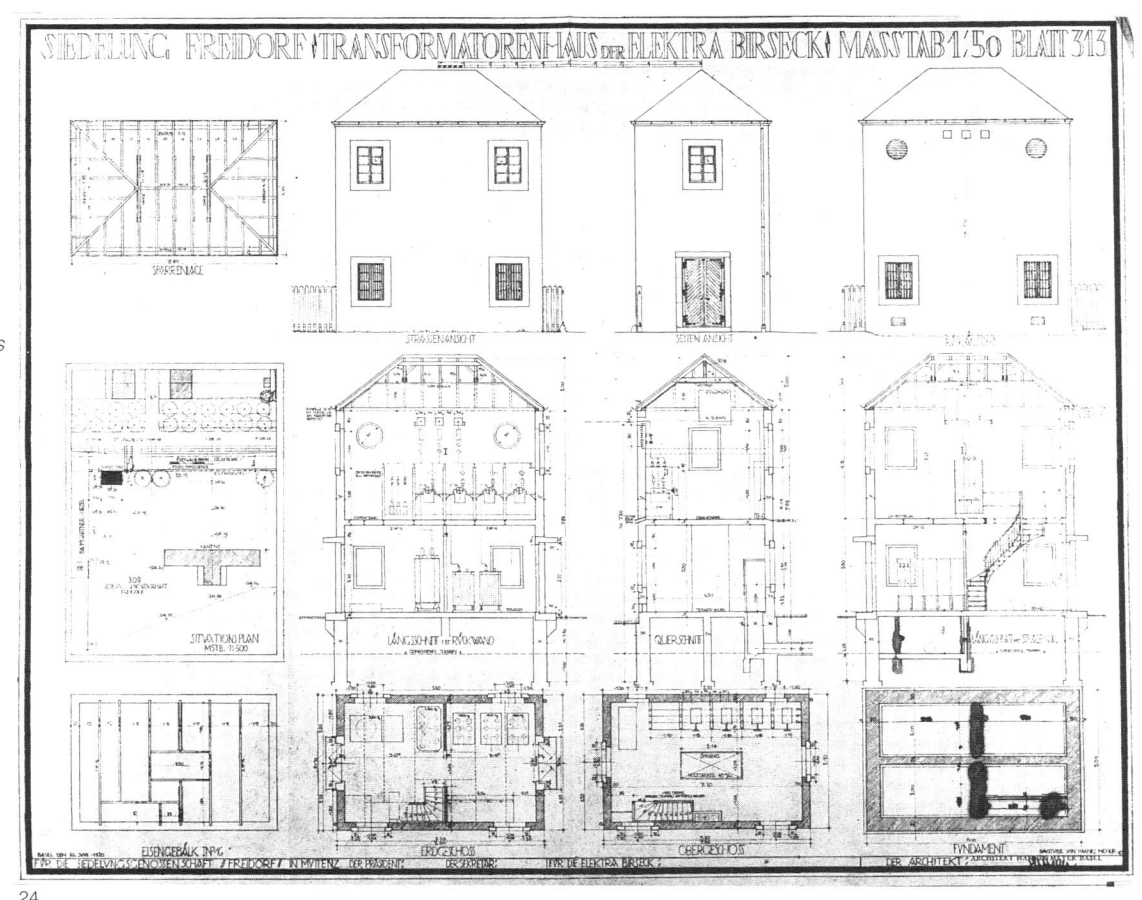

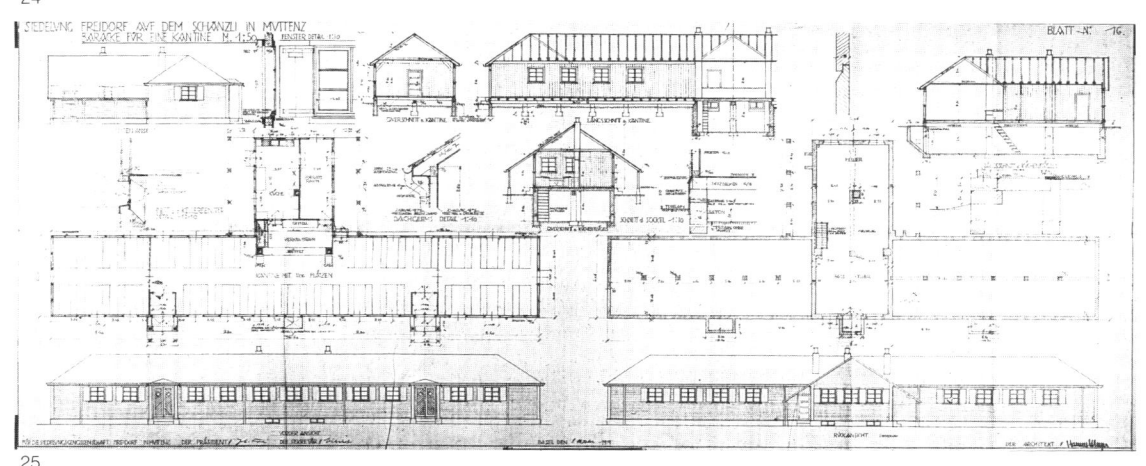

*Abb. 27
Siedlung Freidorf.
Der Achter-Block am Nord-West-Zipfel des Dorf-Geländes, Haustypen I + II, um 1925.*

*Abb. 28
Siedlung Freidorf.
Der zentrale Platz mit dem Brunnen und dem Obelisken, um 1925.*

*Abb. 29
Siedlung Freidorf.
Der «stille» Platz, um 1925.*

Freidorf 11
«Tempel der Gemeinschaft» und zentraler Platz

Abb. 30/31
Siedlung Freidorf.
Die ersten Platzfassungen,
(April?) 1919.
(Familienarchiv)

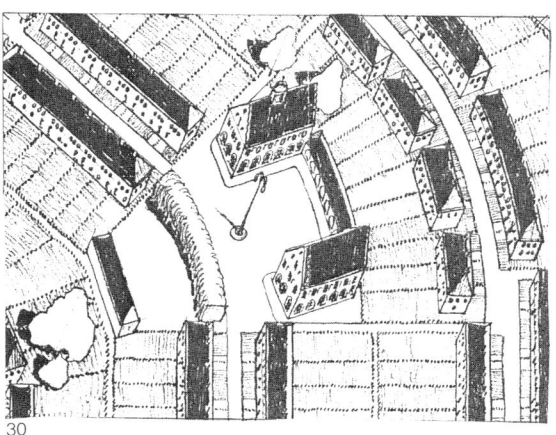

«Was Schule, Kirche, Kaufhaus und Schenke der Kleinstadt, das ersetzt dieses Gebäude dem Freidorf. Im Innern und Äußern unterwirft es sich willig dem Einheitsgesetze der Siedelung, und nur das verdoppelte Maß aller Dinge kennzeichnet den öffentlichen Bau. Der Mensch wirkt klein, betritt er den Tempel der Gemeinschaft.»[75]

Diese Sätze beziehen sich auf das 1924 fertiggestellte und eingeweihte Gebäude auf dem zentralen Dorfplatz der Siedlung. Wir werden anhand der Ausschnitte aus den Plänen sehen, wie sich die Planung dieser Anlage im Laufe von fast drei Jahren verändert, wie sich das Gebäude in seiner äußeren Gestalt gewandelt und wie es sich dem Einheitsmodul angepaßt hat. Wir werden aber auch sehen, daß gerade dieses Gebäude die ersten Anzeichen einer neuen Haltung gegenüber der Architektur und ihren funktionalen und konstruktiven Möglichkeiten birgt. Das wiederum hat mit dem Bauprogramm und seiner Umsetzung zu tun: ging es doch darum, mehrere Funktionen unter einem Dach zu organisieren: Schule, Kirche, Kaufhaus und Schenke eben. 1919 sieht Hannes Meyer in dieser Organisation noch kein Problem, was sich aber im Februar 1926 ändert: In einem Antwortschreiben an die Redaktion der «Wasmuths Monatshefte für Baukunst» auf den schon zitierten Artikel, in dem A. Klein und W. Hegemann die zu niedrigen Fenster im OG des Genossenschaftshauses leicht rügen, schreibt Hannes Meyer: «Immerhin fällt an Ort und Stelle infolge der einheitlichen Ausstattung der von Ihnen mit Recht gerügte Fehler weniger auf. Man sollte eben so verschiedenartige Betriebe nicht unter einem Dach vereinigen, ohne daß man jeden Teil funktionell äußerlich kennzeichnet.»[76] Krasser noch kommt eine Revision vom Frühjahr 1927 daher: An Walter Gropius heißt es – leicht geflunkert –: «äußerlich ist versucht, jurassische bauweise zu typisieren; konstruktive architekturauffassung wurde vom bauherrn abgelehnt.»[77] Er tut hier ganz so, als sei er seinerzeit gar nicht abgeneigt gewesen, «konstruktive architekturauffassung» anzuwenden – was man allerdings anzweifeln darf. Aber immerhin zeigt Meyer – das sei hier vorweggenommen – 1927, anläßlich einer Bauhaus-Ausstellung in der Sowjetunion, zwei Fotos aus dem Innern des Genossenschaftshauses: die Turnhalle und die Kegelbahn. Dieser Umstand verweist allemal darauf, daß ihm diese Architektur auch jetzt noch geeignet scheint, seine gegenwärtige Haltung zu dokumentieren. Doch hier vorerst die Entwicklung hin zu dieser letzten Fassung.

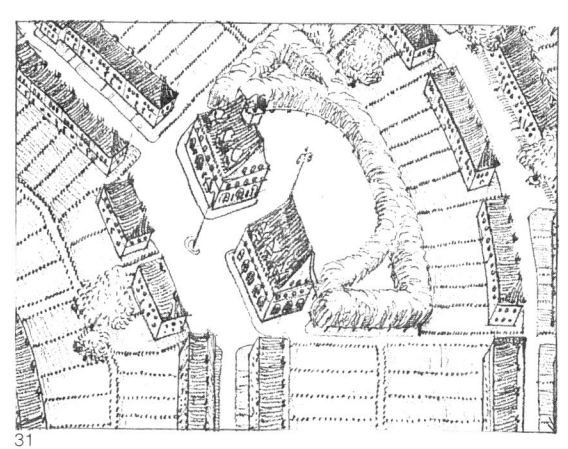

Die Abbildungen mit den Ausschnitten der Platzanlage sind den Gesamtplänen entnommen. Innerhalb der gebogenen Straßenzüge bilden die angelegten Plätze den Dorfmittelpunkt: noch in ganz heimattümelnder Weise und mittels einer derart verblüffend traditionellen Architektur, daß man sich wohl wundern darf, wie der Wechsel zu den folgenden Projekten vor sich gegangen sein mag. Trottoir-gefaßt der Baugrund, sieht man sich Bogenfenstern in Renaissance-Manier gegenüber. Darüber ein Kranzgesims, welches die beiden Stockwerke teilt: kleinsprossig-putzige Fensterscheiben, Rathaus-Gauben und Dachreiter nach Gutdünken. Das eine Mal

[75] wie Anm. 29, S. 76
[76] wie Anm. 73
[77] wie Anm. 5, S. 11/12

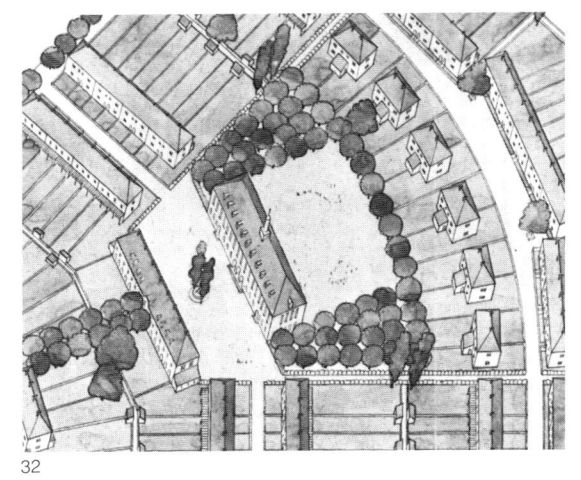

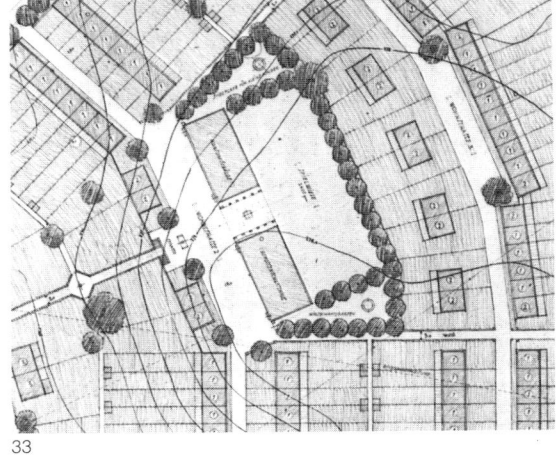

Abb. 32
Siedlung Freidorf.
Platzfassung Mai 1919,
Vogelschau. (StaBL)

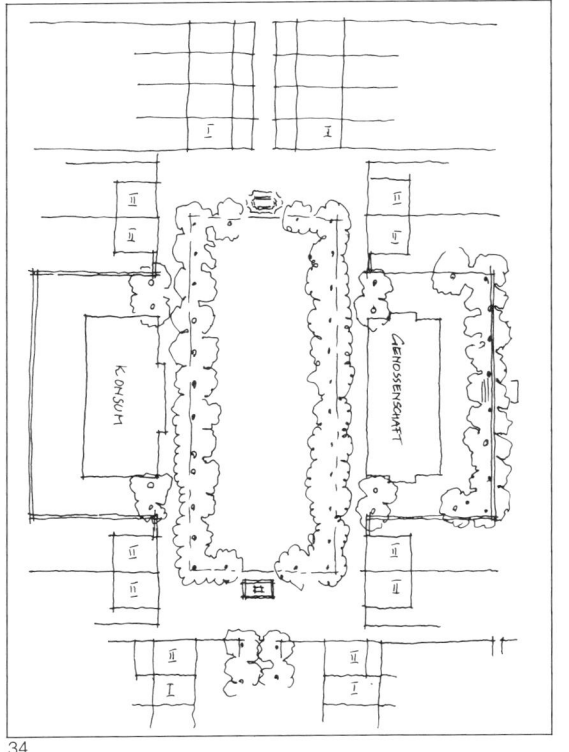

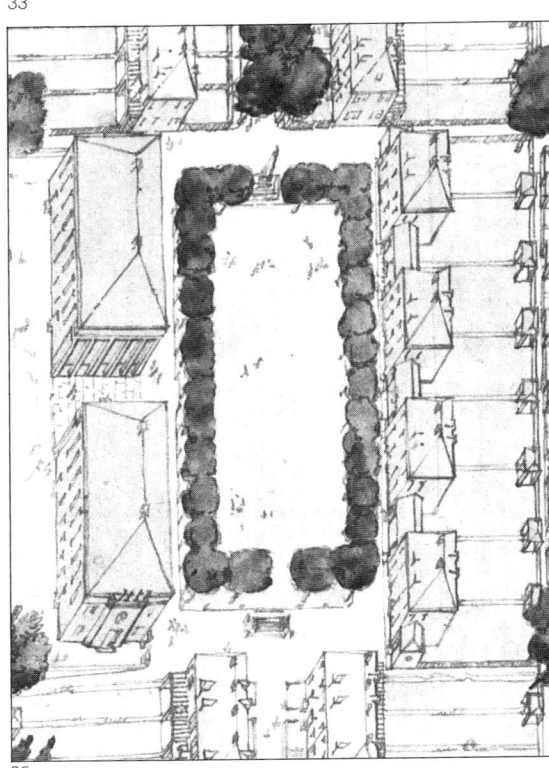

Abb. 33
Siedlung Freidorf.
Platzfassung Juli 1919,
Lageplan. (StaBL)

Abb. 34
Siedlung Freidorf.
Platzfassung Sommer 1919.
(Familienarchiv)

Abb. 35
Siedlung Freidorf.
Platzfassung September
1919, Vogelschau.

Abb. 36
Heinrich Tessenow:
Bildungsanstalt für rhythmische Gymnastik in der Siedlung Hellerau/Dresden,
1911/12.

wird der Platz geschlossen mit Hilfe von Baumreihen und zwei Wohnhäusern – dazwischen die zentralen Gebäude –, ein andermal mit Hilfe von Baumreihe und einer eingeschossigen Kolonnaden-Front. Wie nirgends sonst zeigen sich hier die Meyerschen Krupp-Jahre, vernimmt man auf diesen Zeichnungen den Geist, der auch den Zeichnungen Meyers zur Margarethenhöhe eigen ist. Mit den städtischen Bogenlampen wird noch einmal unterstrichen, daß die Gemeinschaft nur waltet, wo auch gemeinschaftlich versorgt, verwaltet und gehandelt wird. Wie man den genannten Zeichnungen aber sowieso etwas für Meyer eigentümlich Fremdes ansieht, so radikal anders präsentiert sich die Platzanlage der Mai-Fassung.

Im Mai zunächst die Teilung der Dorfmitte in Dorfplatz und Spielwiese, wobei die durch das Dreieck bedingten kleinen Haine gleichsam die Wiese fassen. Der Dorfplatz, nunmehr zwischen einem Genossenschaftshaus und einem Gebäude mit Läden für Lebensmittel, Manufaktur, Post, Bäcker, Coiffeur etc., erhält auf seiner Mitte einen Brunnen. Auf der Isometrie (Abb. 32) erkennen wir die beiden zweigeschossigen Gebäude, wobei das Genossenschaftshaus genau die Gestalt hat, wie es auch später ausgeführt wird, und dessen Vorbild das Gemeindehaus der Gartenstadt Letchworth ist, welches dort ebenfalls längs zur großen Dorfwiese steht: ebenfalls mit Dachreiter und «aufrecht gestellten Verhältnissen der Lichtquellen» (HM) Ein Ausschnitt aus dem Plan vom Juli: Hier sind es jetzt ebenfalls zwei Gebäudekörper: einmal das Genossenschaftshaus und ein andermal das Konsumgebäude. Leicht auseinandergerückt stehen sie sich hier mit den Giebelfronten gegenüber: Und es sind diesmal nicht allein die Proportionen der Lichtquellen, die auf «die südliche Heimat der Baukunst» verweisen, sondern es sind diese beiden Giebel – bzw. Tempel-Fronten: gebildet jeweils von einer Säulenreihe, welche über beide Stockwerke reicht und mit breitem Architrav das Walmdach trägt. Es dürfte angebracht sein, das Vorbild für diese Behandlung des «Themas Gemeinschaft» zu sehen in dem zentralen Gebäude der Siedlung Hellerau bei Dresden, entworfen von Heinrich Tessenow 1911/12. Inwieweit die Diskussionen innerhalb der Genossenschaft zu diesem Gebäudetyp geführt haben, läßt sich schwer nachvollziehen; – weit entfernt aber ist dieser «Tempel» von einer irgendwie gearteten «konstruktiven Architekturauffassung»: Hier waltet noch ganz der ideelle Gemeinschaftsgeist, der seinen Ausdruck sucht und finden soll in einer klassischen Haltung. Das Weihevolle, das diesem Entwurf anhaftet und das sich hier doppelt präsentiert – opferschalengleich der Brunnen dazwischen – verweist zudem – für diesen Zeitraum – auf eine starke Bereitschaft Meyers, die Traditionen des einmal gefundenen Ausdrucks der Architektur für eine Sache bedingt zu übernehmen. Dieser Entwurf illustriert gut eine weitere Passage aus dem «Baugedanken»: «Bald tönt vom Dache aus kupfernem Bauche das Glockenspiel zur Weihe, und im Herzen des Zellenbaues pulst das Leben der Gemeinschaft. Im Gemeindehaus sammelt sich die Hausgemeinde zur Unterweisung, zum Vortrag, zum Mahl und zum Kegelschub, und die Penaten ziehen ein ins Heiligtum der Genossenschaft: die Liebe, die Arbeit, die Freude.»[78]

1920, also noch gar nicht gebaut, ist ihm dieses Gebäude noch das Pulsgebende: «Es ist Herz und Hirn zugleich dieses neuartigen Sozialkörpers, Herz, insofern der Laden und die Wirtschaft, Hirn, insofern Schule und Versammlungssaal darin untergebracht sind.»[79] Im «Baugedanken» von 1921 wird die Hirnfunktion für die Siedlung dann abgelöst von dem auf der gegenüberliegenden Landstraßenseite stehenden Transformatorenhaus.

Mit der schon beschriebenen völlig anders ausgerichteten Siedlungsanlage, dem Geradebiegen der Straßenzüge, verschwindet dieser «Tempel der Gemeinschaft» aber noch nicht. Zwar gibt es im Sommer 1919, wohl in der ersten Skizze der neuen Straßenfassung, eine Platzanlage, bei der sich Genossenschafts- und Konsumhaus als zwei gesonderte Baukörper gegenüberstehen und so eine weitere Platzvariation darstellen (Abb. 34) – in der nächsten ausgearbeiteten Septemberfassung taucht der Tempel allerdings wieder auf. (Abb. 35) Dadurch aber, daß es zur Wiese hin keine Öffnung auf der Höhe des zwischen den Tempelfassaden sich befindenden Platzes gibt, wirken die Bauten städtebaulich recht fremd bis störend: eine Straffung und Angleichung an das sonst «überall waltende Modul» war als Schritt des Architekten jetzt notwendig geworden. Das Ergebnis dieses Suchens muß Ende 1919, Anfang 1920 gefunden worden sein, denn die endgültige Fassung taucht auf im 1. Jahresbericht der Siedlungsgenossenschaft, veröffentlicht im Sommer 1920.

Hier steht jetzt der langgestreckte, die Wiese parallel flankierende Bau gegenüber der Viererreihe von Doppelhäusern. Der Bau selbst konnte aber aus ökonomischen Gründen erst 1922 begonnen werden, wodurch eine abermalige Veränderung im Sinne einer Reduzierung des Bauprogrammes stattgefunden hat. Die Abbildung zeigt einen jetzt dreigeschossigen Bau auf dem halbierten Grundstück – der andere Teil bildet neben der großen Spielwiese einen separaten, von Pappeln gesäumten zweiten Platz: eine Lösung, die wohl auch nicht befriedigen konnte. Diese Zeichnung muß von Ende 1920 stammen, da sie abgebildet ist im zweiten Jahresbericht der Genossenschaft, erschienen im Jahre 1921.

1921 wurden dann die endgültigen Pläne für das Haus in Angriff genommen, «bis anno 1922 einbrechender Frühling auf das Rechteck eines Baugerüstes stieß. Binnen wenig Monaten türmte einer Sozialen Bauhütte Arbeiterschaft den Hochbau des Genossenschaftshauses (...) (Der Zentralbau:) Außen und innen bleibt er ein fügsam Bauwesen dem Einheitsgesetze der Siedlung, und nur das verdoppelte Maß aller Dinge kennzeichnet den öffentlichen Bau. Der Mensch wird klein, betritt er den Tempel der Gemeinschaft. In seiner Sicht schwant auch dem Laien das alles beherrschende Modul seines Spieles von Raum, Fläche, Öffnung und Profil. Im

[78] wie Anm. 29, S. 76f.
[79] wie Anm. 49

37

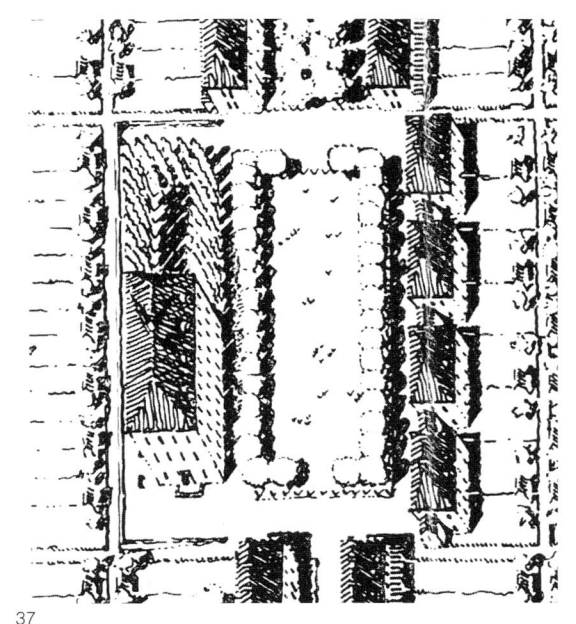

Innern ist Schönheitsgesetz die Folge von Grundformen des Raumes; sie geht von waagrecht zu senkrecht, von breit zu hoch, von eng zu weit, und ihr antwortet der Wandfarben-Dreiklang mit Weiß-Kobald-Zinnober. – Über alledem reitet himmelhochjauchzend des Glockenspiels Turm, und kündet aus kupfernem Bauche mit c-es-f-g-a-d die ereilte Stunde und den eiligen Tod.»[80]

In seinem Erläuterungsbericht zum Baugesuch vom April des Jahres 1922 schreibt der Architekt: «Das neue Gebäude soll durchaus im Einklang mit der Architektur der gesamten Siedlung erbaut werden. Es ist daher das ganze Gebäude als ein Teilstück des Gesamtbaues der Siedelung zu betrachten. Demgemäß wurde im Äußern dieselbe puritanische Einfachheit angestrebt, welche bereits für die Wohngebäude wegleitend war. Der Reiz dieses öffentlichen Gebäudes soll nicht in der malerischen Wirkung seiner Fassaden, sondern in seiner Situation und in seinen Größenverhältnissen gesucht werden. (...) Die Schwierigkeit der architektonischen Projektierung dieses Genossenschaftshauses besteht insbesondere in der Unterbringung der verschiedenartigen Betriebe in einem uniformen Gebäude.»[81]

Diese «Schwierigkeit», von Meyer also schon 1922 konstatiert, bezeugt eine gewisse Irritation, der sich der Architekt – den Bau der Siedlungshäuser seit zwei Jahren hinter sich – bei der Konzeptionierung und beim Bau des Hauses gegenübergestellt sah: Vielleicht wäre er zu diesem Zeitpunkt auch eher bereit gewesen, das, was erst später mit «konstruktiver architekturauffassung» bezeichnet wird, hier tatsächlich anzuwenden. Während der letzten zwei Jahre war er nämlich mit anderen Bauaufgaben in Basel beschäftigt: mit reinen Nutzbauten, bei denen es nicht so sehr auf das architektonische Outfit ankam, sondern auf die praktischste Bewältigung und Erfüllung der an die Bauten gestellten Aufgaben und Funktionen. Zudem hatte er zu diesem Zeitpunkt die ersten größeren Reisen in benachbarte europäische Länder hinter sich, bei deren Gelegenheit er die Neuerungen, die sich auf dem Gebiet der

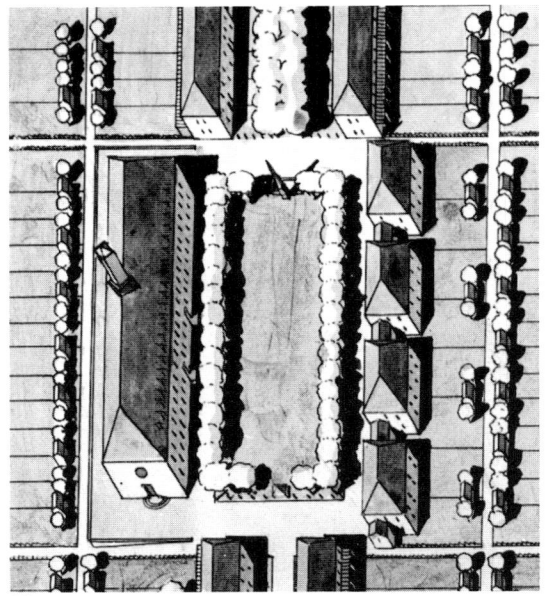

38

Architektur und des Städtebaues zeigten, zur Kenntnis nahm.

Das Auffallendste an dem bestehenden Gebäude ist die rhythmische Gliederung der weißen Fensterrahmungen und des weißen Gesimsbandes unter dem Walmdach innerhalb der roten Fassadenmauer. Das nicht unterbrochene Addieren der gleichen Fensteröffnungen, wie es die ganze Siedlung durchzieht, trägt tatsächlich einer Absicht des Architekten Rechnung: Gleichheit und Wahrhaftigkeit auszudrücken. Bei der Gegenüberstellung der beiden Platzfassaden wird diese einheitliche Gestaltung deutlich. (Abb. 39 und 40) In seinem Aufsatz in der Zeitschrift «Das Werk», 1925, unternimmt der Architekt am Schluß einen Spaziergang durch den «Zellenbau», (d.i. die ganze Siedlung) und kommt an den Platz: «Die Spielwiese: ein Rasenrechteck, grün und braun, Natur und Unart. Darauf eine Denksteinpyramide. Sonst alles Spiel: Kinderspiel, Linienspiel, Farbenspiel. Beidseitig eine Reihe Silberlinden in strammer Parade. Eine Steinpostenschranke ringsum. Ein quarzsplittriger Streifen Makadam ringsum. Zur Rechten zinnenhafte Doppelhäuser und Laubenzwischenbauten, mit Glyziniengerank. Zur Linken eine ‹Fabrik› mit 112 Fenstern, genau gleiche Fenster, puh! Sonst gutbürgerliches Freiluftspielzimmer, mit anständigen Allüren – gewissermaßen: die langen Steinbänke zur trägen Weile. Das Mal mit Wappen und Inschrift. Im Blickfeld der Brunnentrog mit ‹1921› und dem Buffetaufsatz eines wasserspeienden Obelisken. Dahinter grüne Gardinen einer Doppelallee von Gellerts Butterbirne. Im Straßenrahmen eine allerechteste Hans-Thoma-Schwarzwald-Landschaft. –»[82]

Der poetische und bisweilen ironische Ton ist hier und jetzt, gegenüber den vorher publizierten Texten, unüberhörbar. 1924 ist das Haus eingeweiht, und 1924 ist es, daß der Architekt sein Co-op-Abenteuer antritt. Die Zeit des Baues des Genossenschaftshauses ist gewissermaßen ein Moment des Neubeginns im architektonischen Schaffen Meyers, jedenfalls die «Ausdruckskultur» betreffend.

Abb. 37
Siedlung Freidorf. Platzfassung 1919/1920, Vogelschau. (Das «kurze» Haus)

Abb. 38
Siedlung Freidorf. Endgültige Platzfassung 1922/23, Lageplan. (StaBL)

Abb. 39
Siedlung Freidorf. Die dem Genossenschaftshaus gegenüberstehenden Häuser, Haustyp IIB, um 1925.

Abb. 40
Siedlung Freidorf. Genossenschaftshaus, Süd-Ost- bzw. Platz-Seite, um 1925.

Abb. 41
Siedlung Freidorf. Die Eingangshalle des Genossenschaftshauses mit der inneren Eingangstür, um 1925.

Abb. 42
Siedlung Freidorf. Die Eingangshalle des Genossenschaftshauses um 1925.

80 wie Anm. 33, S. 50
81 Hannes Meyer Erläuterungsbericht zum Baugesuch vom 7.4.1922 Staatsarchiv des Kantons Basel-Land, Liestal
82 wie Anm. 33, S. 51

39

40

41

42

Freidorf 12
Schlußbetrachtung

Mit der Einweihung des Genossenschaftshauses 1924 ist die Arbeit des Architekten als Planer beendet. In den noch folgenden zwei Jahren, die Meyer mit seiner Familie im Freidorf wohnt, widmet er sich anderen Aufgaben neben seiner Tätigkeit als Architekt. Eine der Aufgaben sah er in der Veränderung der «übernommenen Ausdruckskultur» (HM). Er selbst datiert den Beginn seines «neuen weltbildes» auf das Jahr 1922: »meine erlebnisse und beobachtungen in der siedlungspraxis und im genossenschaftsleben brachten in mir die überzeugung zur reife, daß an eine weiterführung der übernommenen *ausdruckskultur* nicht mehr zu denken sei, (...).»[83]

Neben der im Freidorf-Kapitel beschriebenen Arbeit umfaßte die benannte Siedlungspraxis: Vorsteher der Baukommission der Genossenschaft, Beschäftigung mit der Gartenwirtschaft und Bepflanzung der Siedlung (in langen Artikeln im «Genossenschaftlichen Volksblatt» versuchte er den Siedlern eine ihm gemäße Auswahl an Pflanzen und Büschen und deren Standort im Garten anzuempfehlen) und bedingte Teilhabe an genossenschaftlichen Veranstaltungen als Genossenschaftsmitglied, das Hannes Meyer von 1921–26 war. Außerdem: «betätigte mich vornehmlich auch an der regelung aller fragen des kooperativen gemeinschaftslebens und der binnenkultur einer solchen siedlung: konsequente elektrifizierung des einzelhaushaltes und der ganzen siedlung, großgartenkultur, selbstversorgung der ganzen siedlung durch gemeinsamen einkauf aller gegenstände des täglichen bedarfes, genossenschaftsschule, -laden und -wirtschaft.»[84]

Wir erwähnten schon einmal, daß zur selben Zeit ein Umbruch stattfand im Denken und Sehen von Meyer. Die Gründe dafür sind vielfältiger Art und nicht nur in Meyers persönlichen Bestrebungen zu sehen: Wie in anderen Ländern Europas, so spürte man nun auch in der Schweiz eine relative Stabilisierung der Verhältnisse auf wirtschaftlichem und sozialem Gebiet. Erfindungen und Entdeckungen in Wissenschaft und Technik und lautstarkes Daherkommen neuer Kunststile und -äußerungen seit dem Kriege verwischten vermeintlich bei Intellektuellen, Ingenieuren, Architekten und Künstlern nationale Grenzen und Binnengeist.

Bezieht sich das obige letzte Zitat Meyers noch auf die Binnenstruktur der Genossenschaft und deren «bienenwabenähnlichen Zellenbau» (HM) der Siedlung Freidorf, so birgt aber gerade der Aspekt «der regelung aller fragen des kooperativen gemeinschaftslebens» den Ausgangspunkt für Meyers weiteres Wirken. Als Genossenschaftler hatte man sich natürlich an der Propagierung der Genossenschaftsidee zu beteiligen: Man wollte mit dieser lautlosen Revolution ja doch die Welt verändern. Die zunehmende Internationalisierung auch der (Arbeiter- und) Genossenschaftsbewegung veranlaßte nun diese, 1924 eine Internationale Genossenschaftsausstellung in Gent/Belgien durchzuführen. Der Verband Schweizerischer Konsumvereine (VSK) beteiligte sich an dieser Ausstellung, und es gingen die Aktivitäten und Vorbereitungen des VSK aus vom Freidorf in Basel: Zur Einweihungsfeier des Genossenschaftshauses am 1. Juni 1924 heißt es im Programm u. a. (unter Punkt 8): «Aufführung eines Teiles des Théâtre Co-op für die Internationale Genossenschafts-Ausstellung in Gent, dargestellt von Mr. et Mme. Jean-Bard, professeur au Conservatoire de Genève, und Herrn Architekt Hannes Meyer, Freidorf».[85] Auf gleichem Prospekt: «Im Genossenschaftshause des Freidorfes wird anläßlich der Einweihungsfeier auch ein Teil der Ausstellungsgegenstände, die für die Internationale Ausstellung des Genossenschaftswesens und der sozialen Wohlfahrtspflege in Gent bestimmt sind, besichtigt werden können.»[86] Hier im Genossenschaftshaus des Freidorfes war also erstmals das zu sehen, mit dem sich Meyer der «neuen welt» zu nähern suchte: die Propagierung einer Gemeinschaftsidee mittels Ausstellung genossenschaftseigener Produkte (Co-op-Artikel) und ein sprachloses Bühnenstück «mit dem ziel: menschenseelen durch das schauspiel von körper, licht, farbe, geräusch und bewegung zu erschüttern.»[87] Mit beiden kehrte Meyer im Herbst 1924 noch einmal ins Freidorf zurück, nachdem die Ausstellung in Gent vorbei war. Drei öffentliche Aufführungen am 11. und 12. Oktober waren so ziemlich der letzte Akt von Hannes Meyer für die Genossenschaft in deren Zellenbau.

Bis Frühjahr 1925 war Meyer noch häufig in Belgien zur Vorbereitung einer Ausstellung und einer Publikation über «junge belgische Kunst». Den Sommer 1925 und Winter 1925/26 verbrachte er mit (theoretischen und praktischen) Studien zur modernen Ma-

83 wie Anm. 5, S. 13
84 wie Anm. 5, S. 11
85 Flugschrift (Prospekt) zur Einweihungsfeier des Genossenschaftshauses Sonntag, den 1. Juni 1924 Archiv der Coop Schweiz, Basel
86 ebd.
87 Hannes Meyer das propagandatheater co-op
in: bauhaus Nr. 3, 1927, S. 5

Abb. 43
Siedlung Freidorf.
Die Kegelbahn im Kellergeschoß des Genossenschaftshauses, um 1925.

Abb. 44
Siedlung Freidorf.
Der Eingang zur Halle an der Westseite des Genossenschaftshauses, um 1925.

lerei (mit dem Ergebnis der Sondernummer der Zeitschrift «ABC» über abstrakte Malerei). Im April 1926 zog er aus dem Freidorf aus, seine Familie übersiedelte nach Menton, und Meyer selbst bezog mit Hans Wittwer sein «Labor» im Luftgässlein in Basel, wo diese Arbeitsgemeinschaft in den folgenden Monaten an den Wettbewerben für die Petersschule (Basel) und den Völkerbund-Palast (Genf) arbeitete. Es sei festgehalten: 1919 Planung Freidorf, 1922 Genossenschaftshaus, 1924 Théâtre Co-op und Folgen, 1926 dann Petersschule und Völkerbund-Palast: Annäherungen an eine neue Ausdruckskultur. Was aber geschieht von 1924 bis 1926? – Im Zusammenhang mit dem Wettbewerb Völkerbund-Palast und den sich daraus entwickelnden Diskussionen in der internationalen Presse stößt Meyer zur europäischen Architekten-Avantgarde und auf ihren Propagandisten und Sekretär Sigfried Giedion. Diesem schreibt Meyer 1926 einen Brief, in dem es u. a. heißt: «Ich stehe ja dem Freidorf heute abweisend gegenüber; es war mein letzter Versuch, mit herkömmlichen Bau-Mitteln etwas zu erreichen. Leider sind gerade die Innenaufnahmen vom Genossenschaftshaus schlecht (Meyer sandte Giedion eine Nummer der Zeitschrift ‹Das Werk› mit dem Freidorf-Aufsatz). Wenn Sie dann einmal nach Basel kommen, kann ich Ihnen dort zeigen, wo das Eis beim Hannes Meyer aufbrach. Mir ist öfters, als hätte ich 35 Jahre lang geschlafen, und seit 2 Jahren ist das Leben reich und der Glaube an unsere Zeit sicher geworden. Ich wünsche mir nichts Schöneres, als diese eindeutige Folgerichtigkeit, die sich immer mehr meines Daseins bemächtigt. Dazu der Gedanke an alle Gleichstrebenden auf diesem Planeten; wir sind uns ja alle nah und wissen von einander.»[88] Da schimmert sie durch: «*Die neue Welt*», die in Gent/Belgien beginnt.

43

[88] Hannes Meyer an Sigfried Giedion Sommer 1926 Giedion-Archiv institut gta, ETH Zürich

44

Baustube

Baustube 1	Die «Brotarbeiten»	74
Baustube 2	Balsthal	76
Baustube 3	Minimalhausentwürfe	79
Baustube 4	Hallenkonstruktion	82
Baustube 5	Friedhof «Hörnli»	85

Baustube 1
Die «Brotarbeiten»

In die Reihe der Arbeiten, bei denen Meyer versucht, mit «herkömmlichen Mitteln» etwas zu erreichen, gehören auch die hier katalogartig vorgestellten Arbeiten – nennen wir sie «Brotarbeiten eines Architekten» – der «Baustube Hannes Meyer». Diese kleine Stempel- oder Schriftbezeichnung findet sich auf all seinen Plänen, die vor der Zusammenarbeit mit Hans Wittwer (ab 1926) entstanden sind. Hannes Meyer, Architekt in Basel; – den Schweizern, speziell den Basler Lesern hier zugeeignet (aus den Adreßbüchern Basels):

1915 und 1916: Hans Meyer, Architekt, Blauensteinerstraße 33

1917 und 1918: keine Angaben, Meyer in München und Essen

1919: Hans Meyer-Herkert, Architekt, Dornacher Straße 13; Büro Malzgasse 27

1920 und 1922: Hans Meyer-Herkert, Architekt, Gellertstraße 22, Büro Grenzacher Straße 32

1922 bis 1926: Hannes Meyer-Herkert, Architekt, Freidorf 142, Baustube Freidorf 142

1927 und 1928: Hans Meyer-Herkert, Architekt, Luftgässlein 3 (Dom)

Ausgangspunkt für die Recherchen zu diesen Arbeiten sind Angaben Meyers, die er in seinem Bewerbungsschreiben an Walter Gropius 1927 macht, Briefstellen und autobio- und bibliografische Notizen aus späteren Jahren. Es konnte aber nicht zu allen hier aufgeführten Projekten und Bauten entsprechend anschauliches Material sondiert werden, so daß es hier und da bei der Erwähnung bleiben muß. Die «Brotarbeiten» hier in zeitlicher Folge (genaue Datierung angegeben, wenn möglich):

Abb. 1/2
Möbel, die Hannes Meyer 1918/19 entworfen hat.
(Fotos: Martin Kieren 1988)

Abb. 3
Umbau, Fritz Meyer Camionage, Basel 1922. (StaBSt.)

Abb. 4
Umbau und Anbau der Möbelfabrik Hofstetter, Basel 1923. (StaBSt.)

Abb. 5
Das Basler Minimal-Einfamilienhaus, Wettbewerbsbeitrag 1921. Entwurf 1. (gta)

Bei der Beschreibung dieser Projekte und Bauten habe ich die Positionen 1 und 2, die Positionen 3–5 und die Positionen 6–9 zusammengefaßt.

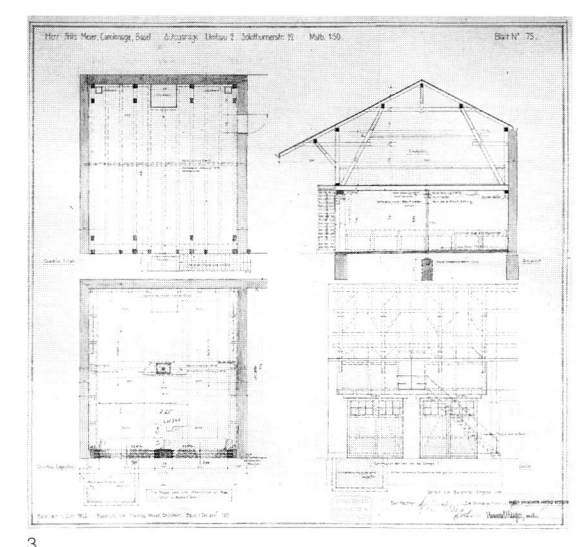

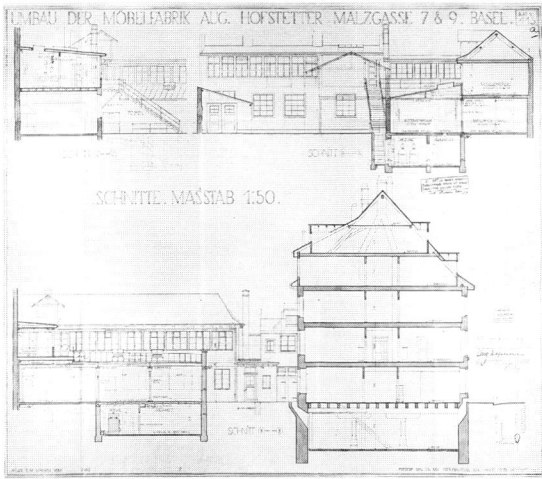

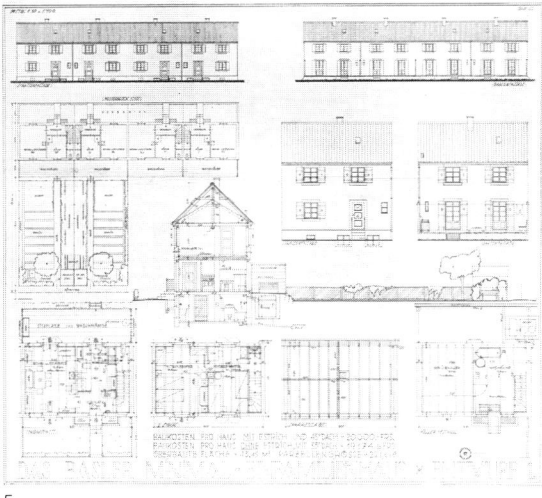

1/1920 (Herbst):
Wohnkolonie für die Papier- und Cellulosefabrik Balsthal. Nicht ausgeführt.

2/1921 (Frühjahr):
Wohnkolonie für die Papier- und Cellulosefabrik Balsthal. Ausführung des 1. Bauabschnittes: ein Achter-Block.

3/1921 (Sommer):
Das Basler Minimal-Einfamilienhaus. Wettbewerbsbeitrag unter dem Motto «Lienhard und Gertrud» zur Findung von Haustypen. Zur Ausführung empfohlen, aber nicht realisiert.

4/1922 (Sommer):
Basler Minimal-Einfamilienhäuser am Lehenmattweg. 6 Häuser. Nicht ausgeführt.

5/1922 (Juli):
Minimalhäuser an der Grenzacher Straße (Ecke Allmendstraße). Planung für die «Genossenschaftszimmerei Basel». Nicht ausgeführt.

6/1922 (März):
Lagerhalle Stromeyer auf dem Gelände «Dreispitz», Basel. 50 × 25 Meter. Ausgeführt. 1986 abgerissen.

7/1922 (Juni):
Autogarage Fritz Meyer, Solothurner Straße 12, Basel. Umbauten. Ausgeführt.

8/1922 (Juni):
Autohalle Fritz Meyer, Basel. Große Einstell- und Montagehalle, 100 × 25 Meter. Ausgeführt. (Keine Unterlagen)

9/1922 (April):
Genossenschaftshaus mit Dachhallen-Konstruktion in der Siedlung Freidorf.

10/1922 (Sommer):
«Bahnschleife Zug». Wettbewerb. Keine Unterlagen. Nicht ausgeführt.

11/1922 (Juli/Oktober):
Wettbewerbsbeitrag für den Basler Zentralfriedhof «Hörnli», Riehen bei Basel. Nicht prämiert. Nicht ausgeführt.

12/1923 (Januar/Februar):
Werkstatt Fritz Eisinger, Aeschenvorstadt 26–28, Basel. Umbauten. Ausgeführt.

13/1923 (Sommer):
Werkstatt Möbelfabrik Hofstetter, Malzgasse 9, Basel. Um- und Anbauten. Ausgeführt.

14/1924: Bebauungsplan für die Gemeinde Balsthal, Kanton Solothurn. Bebauungsplanverfahren 1926 auf der von Meyer erstellten Planung abgeschlossen.

Baustube 2
Balsthal

Im Oktober 1920 beginnt Hannes Meyer mit Bebauungsvorschlägen für ein Areal am Rande der Gemeinde Balsthal im Kanton Solothurn. Geplant sind mehrere Wohnblöcke für Beschäftigte der in der Nähe sich befindenden Papier- und Cellulosefabrik. Da sich unter den Plänen Wohnungen mit zwei und vier Zimmern befinden, kann angenommen werden, daß die Häuser sowohl für Arbeiter als auch für Angestellte der Firma vorgesehen waren.

Drei Lagepläne von Oktober bis Januar zeigen, mit welch verschiedenen Bebauungsmöglichkeiten von Reihenhäusern Meyer hier versucht hat, dem zu bebauenden Gelände, das ausschließlich aus zwei im rechten Winkel zueinander verlaufenden Straßen besteht, etwas abzugewinnen.

Die Haustypenvorschläge 1–3 sind Ergebnis des Versuchs, ähnlich wie schon beim Freidorf, eine bestimmte Wohnungstypenwahl vorab zu treffen, um diese anschließend miteinander zu kombinieren:

Vorschlag 1 (datiert November 1920): das klassische Reihenhaus (Typ D) mit 3 Zimmern, Eßküche und Kellerraum (ohne ausgebautes Dach) als eingebauter sowie als angebauter Haustyp.

Vorschlag 2 (undatiert, dito): das Sechsfamilienhaus (Typ C) als Zweispänner mit jeweils 4 Zimmern und Eßküche (im EG), 4 Zimmern, Eßküche und Mansarde (diese im DG) im OG und 2 Zimmern, Küche und Kammer im DG.

Das gleiche als Dreifamilienhaus (Typ B), aber als Einspänner und Doppelhaus mit den gleichen Wohnungen übereinander. Die Wohnungsgrundrisse weisen jeweils (bei den großen Wohnungen) gefangene Zimmer auf, beim Typ B allerdings auch zwei Wohnungseingänge: einer davon zu einem Schlafzimmer, welches wiederum zum Wohnzimmer hin erschlossen ist, was durchaus auf Untervermietung (z. B. an in der Schweiz übliche Saisonniers) schließen läßt.

Vorschlag 3 (datiert November 1920) ist eine Kombination eines eingebauten Einfamilienhauses (Typ A) mit 4 Zimmern, Küche und Mansarde mit einem als Einspänner geplanten Dreifamilienhaus (als Außentyp) mit wieder jeweils 4 Zimmern und Küche im EG, 4 Zimmern, Küche und Mansarde im OG und 2 Zimmern, Küche und Kammer im OG.

Da es sich bei diesen Plänen um sehr detaillierte Ausarbeitungen handelt, muß von einer kurz bevorstehenden Auftragserteilung und Ausführung ausgegangen worden sein. Architektonisch sind diese Häuser ganz im Stile des im Jura üblichen Ausdrucks gehalten. Der Wert für Hannes Meyer mag wohl eher darin gelegen haben, Typenpläne zu entwickeln, auf die er im Zweifelsfalle zurückgreifen konnte. Zum anderen kann kein Zweifel daran bestehen, daß Meyer sich mit dieser Art Kombinatorik von verschieden entwickelten Typen schulte: im Sinne einer – ihm bewußten – Forderung der Zeit, aller Arbeit eine rationalistische Methode zugrunde zu legen. Auch wenn dies scheinbar nicht zu «rationalistischen» Ergebnissen im Ausdruck führt.

Realisiert wurde dann im Frühjahr 1921 ein Achter-Block am heutigen Hofmattweg. (Abb. 10)

1930/31 wurde nach diesen Plänen ein weiterer Sechses-Block gebaut, für den Hannes Meyer nach seiner Rückkehr aus der UdSSR 1937 entsprechendes Architektenhonorar bekam.

Abb. 6
Wohnkolonie Balsthal, Vorschlag 1, Ansichten und Grundrisse, 1920. (gta)

Abb. 7
Wohnkolonie Balsthal, Vorschlag 2, Ansichten und Grundrisse, 1920. (gta)

Abb. 8
Wohnkolonie Balsthal, Vorschlag 3, Ansichten und Grundrisse, 1920. (gta)

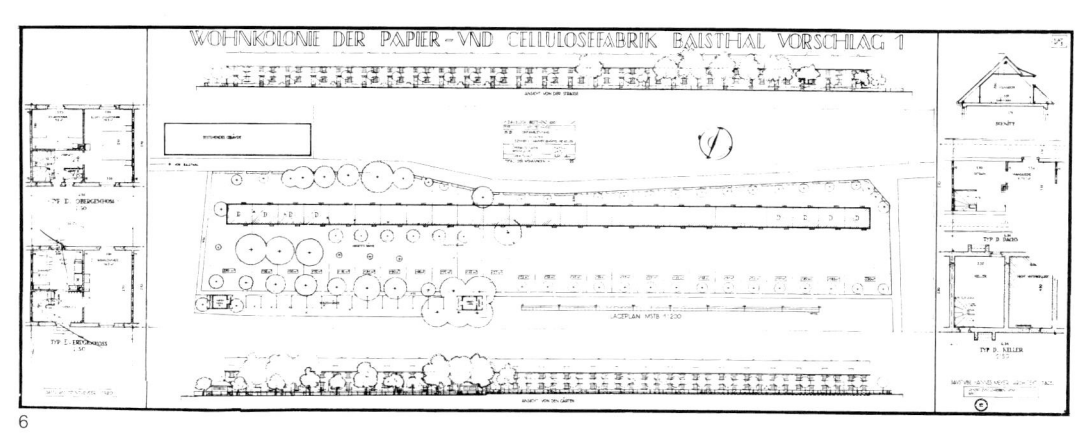

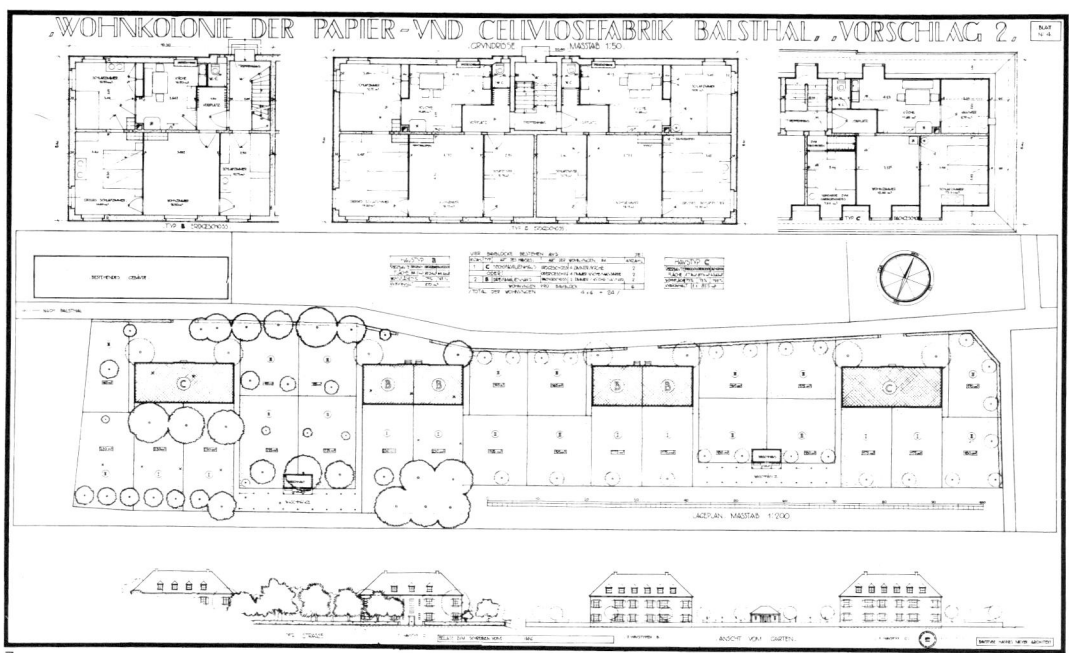

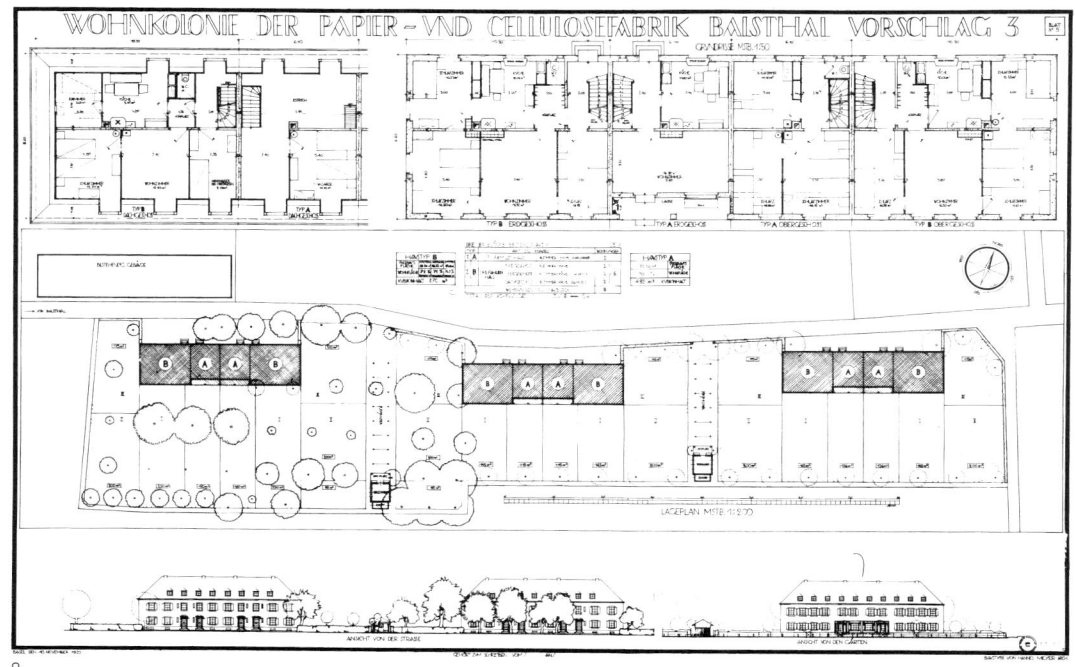

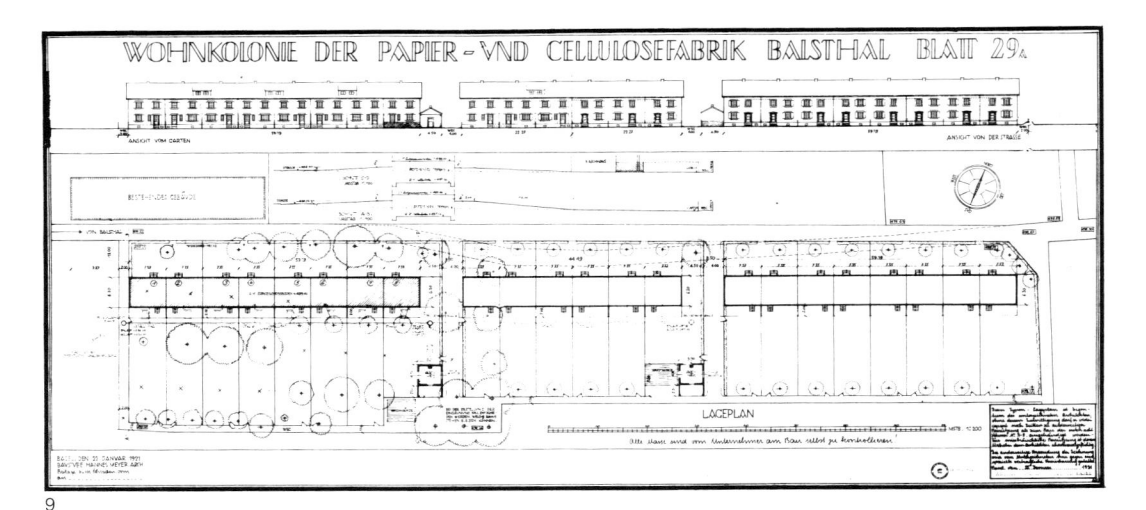

Abb. 9
Wohnkolonie Balsthal, der ausgeführte Achter-Block, Ansichten und Lageplan, 1921. (gta)

Abb. 10
Wohnkolonie Balsthal, Ansicht vom Garten, Zustand 1936.

Baustube 3
Minimalhausentwürfe

Abb. 11
Das Basler Minimal-Einfamilienhaus, Wettbewerbsbeitrag 1921. Entwurf 2.
(gta)

Hannes Meyer: «für den ‹gemeinnützigen wohnungsbau› basel und für die ‹gesellschaft für ansiedelung auf dem lande›, sowie für die soziale bauhütte der hiesigen zimmerleute entwarf ich wohnhausgruppen, minimalhäuser usw. und betätigte mich während drei jahren im vorstand der ortsgruppe und im zentralvorstand des ‹schweizerischen gemeinnützigen wohnungsbaues›.»[1] Diese Angaben stammen aus einem curriculum vitae, das er dem Bewerbungsschreiben für die Übernahme der Architekturabteilung am Bauhaus an Walter Gropius 1926 beilegte.

Die o. a. Tätigkeiten für verschiedene Gesellschaften erklären sich aus Folgendem: «Als sich in Basel im Herbst 1919 die Wohnungsnot auch in weiteren Kreisen immer deutlicher bemerkbar machte, entschlossen sich, alter Tradition gemäß, verschiedene Private, zusammenzutreten, um gemeinsam für eine Gesundung des Wohnungswesens in unserer Stadt einzutreten. (...) Dies wurde auch von führenden Leuten der im Frühjahr 1919 gegründeten ‹Gesellschaft zur Ansiedelung auf dem Lande› erkannt. So ging diese in den anfangs erwähnten Verein ‹Gemeinnütziger Wohnungsbau Basel› (G. W. B.) über.

11

[1] Hannes Meyer
Curriculum vitae
15. 2. 1927
in: ders.
Bauen und Gesellschaft
Dresden 1980, S. 12f.

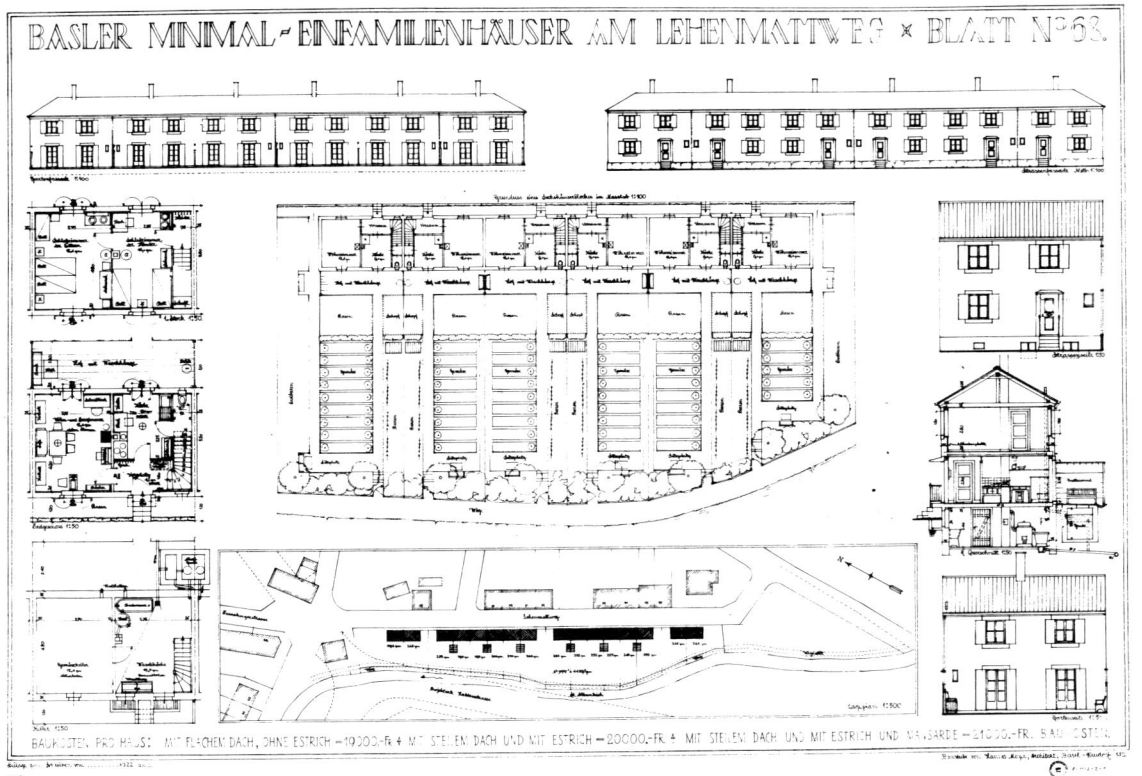

Abb. 12
Vorgesehene Bebauung am Lehenmattweg in Basel, mit Haustypen aus dem Wettbewerb für ein Basler Minimal-Einfamilienhaus von 1921. Planung 1922; nicht ausgeführt. (gta)

Abb. 13
Vorgesehene Bebauung an der Grenzacherstraße in Basel für die örtliche Genossenschaftszimmerei, 1922. Nicht ausgeführt. (gta)

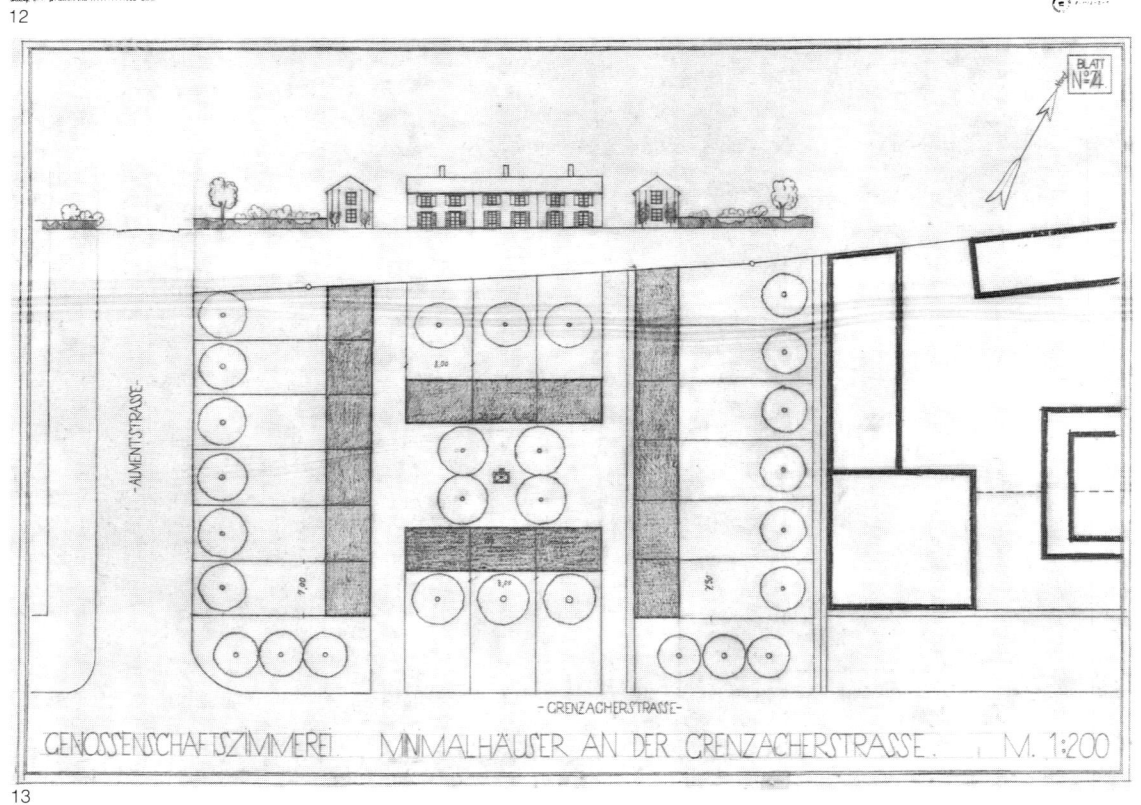

Dieser trat später als Sektion Basel dem ‹Schweizerischen Verbande zur Förderung des Gemeinnützigen Wohnungsbaues› bei.»[2]

Drei Forderungen an neu zu bauende Wohnungen wurden aufgestellt.

1. «Die Wohnung muß gesund sein, d. h. Luft, Sonne und Licht müssen in genügendem Maß in die Zimmer eindringen können.»
2. «Als zweite Hauptforderung hat der G. W. B. die Verselbständigung des Bewohners, die Schaffung von Eigenheimen aufgestellt. An Stelle der Furcht vor Wohnungswechsel muß das Gefühl des Geborgenseins, des ‹Zuhauseseins› treten; ...»
3. «Die Verbindung der Wohnungen mit Gartenland ist die dritte Forderung des G. W. B.»[3]

Und auch die Intentionen werden dargelegt: «Längst hatte sich auch bei uns, von England herkommend, die Gartenstadtbewegung deutlich fühlbar gemacht; ... Das Ausland hat auch gezeigt, wie durch die bloße Gruppierung der Häuser und durch die Planung der Straßen und Wege freundliche Quartiere und Gemeinden gebildet werden können. Somit durfte der G. W. B. nicht bei der Herstellung von neuen Einfamilienhaustypen stehen bleiben, sondern er mußte auch bei der Herstellung von neuen Straßen, bei der Ausarbeitung von Plänen für die Stadterweiterung den Gedanken des Einfamilienhauses mit Garten vertreten.»[4]

1921: »Um Mustertypen von Kleinhäusern zu erhalten, die möglichst den neuen Bedürfnissen und Forderungen entsprachen, hatte der G. W. B. eine Plankonkurrenz ausgeschrieben, für Dreizimmerwohnungen mit Garten, deren Erstellungskosten einen Mietzins erforderten, der von Leuten mit bescheidenem Einkommen aufgebracht werden kann. (...) Wenn auch keine Lösung als ganz befriedigend angesehen wurde, so sind doch die Projekte der Herren Prof. Hans Bernoulli, Hans Eckenstein und Hannes Meyer der Lösung sehr nahe gekommen, indem es ihnen gelungen ist, eine normale Dreizimmerwohnung mit Bad und Waschküche zu einem Minimalfamilienhaus zu gestalten. Dieses kann in Bezug auf Wirtschaftlichkeit, Dauerhaftigkeit und Wohnlichkeit, sowie in hygienischer und ästhetischer Hinsicht als Mustertyp dienen. (...)

Als besonders beachtenswert wurde von der Jury des Wettbewerbs noch die Lösung des Herrn Architekten Hannes Meyer angesehen. Leider war es dem G. W. B bis jetzt noch nicht möglich, diesen Typ auszuführen. Das Haus wird bei diesem Projekt nicht mit der Schmal-, sondern der Breitseite gegen die Straße gestellt. So ist wohl eine gute Durchsonnung möglich; dafür erhöhen sich aber die Straßenbeitragskosten. Auch wird sich vielleicht ein größerer Wärmeverlust bei diesem Typus bemerkbar machen.»[5] (Abb. 5) Im Protokoll der Wettbewerbsjury heißt es noch: «Als Hauptnachteil wird diesem Projekt, das zwar gewisse Vorzüge hat, vorgeworfen, daß es nicht das Minimalhaus ist, sondern daß es verhältnismäßig teuer zu stehen kommt, obwohl der Preis noch im Rahmen des Ausschreibens bleibt.»[6] Hier zeigt sich einmal mehr die Haltung Meyers, einen bestimmten Standard nicht noch zu unterschreiten, wenn das auch im Rahmen des Möglichen und Geforderten gelegen hätte. Selbst später beim Bau der ADGB-Bundesschule in Bernau bei Berlin rechtfertigt er die höhere Bausumme damit, daß sich die Kosten-Nutzen-Rechnung erst machen ließe, wenn das Gebäude nach Jahren des Gebrauchs seinen wahren Wert erweise.

Interessant in diesem Zusammenhang ist, daß Meyer zu seinen beiden eingereichten Variationen ein «Gegenbeispiel» mitliefert, das folgende Beschriftung aufweist: «Dieses *Gegenbeispiel* zeigt – dem Wunsche des soeben aus dem Mietshaus entsprungenen Publikums folgende –, daß sich ohne prinzipielle Änderung des Haustyps 1 der Abort und die Schlafzimmer von Vorplätzen aus direkt zugänglich machen lassen; ebenso kann die Kellertreppe direkten Ausgang nach dem Garten erhalten. – *Nachteile dieser Anordnung sind:* Teure Installation des Wassers und der Kanalisation (lange Leitungen); kleines Kinderschlafzimmer; schlechte Plazierung der Möbel in Küche und Schlafzimmer; Abortgeruch im Vorplatz; verrammelter oder doch umständlicher Zugang zur Estrichtreppe; mangelnde Verbindung zwischen Kleinhaus und Garten.»

1922 sollten dann am Lehenmattweg / St. Albanteich in Basel sechs dieser Häuser gebaut werden; sie waren ja zur Ausführung empfohlen. Dazu kam es dann nicht mehr. Der Plan zeigt eine Variante (mit wenigen Veränderungen) des Wettbewerbsentwurfes von 1921.

Aus dem gleichen Jahr stammen vier Pläne von Hannes Meyer, übertitelt «Minimal-Einfamilienhäuser für die Genossenschaftszimmerei Basel», und betreffen eine Bebauung an der Grenzacherstraße/Ecke Allmendweg an der Bierburg. Der vom 29. Juli 1922 datierte Plan für «Kunststeinarbeiten» läßt eigentlich auf eine Ausführung schließen (warum sollten sonst schon Details gezeichnet werden?), die Pläne in der Bauplanausgabe des Staatsarchives Basel stammen aber nicht aus der Baustube Hannes Meyer. Seit 1924 stehen zwar genau an dieser Stelle ähnliche – aber etwas größere – Häuser, doch kann angenommen werden, daß nach seinen Entwürfen – modifiziert – die Genossenschaftszimmerei, die diese Häuser erstellt hat, in einem eigenen Planungsbüro das Projekt zu Ende geführt hat.

2 *Christ,* Heinrich
Aus der Tätigkeit des Vereins «Gemeinnütziger Wohnungsbau Basel»
Basel 1924, S. 7
3 ebd., S. 8 f.
4 ebd., S. 11
5 ebd., S. 16
6 Protokoll über die Sitzung des Preisgerichtes für ein Minimal-Einfamilienhaus 19. 9. 1921, S. 3
im Archiv des Schweizerischen Verbandes für Wohnungswesen SVW, Zürich

Baustube 4
Hallenkonstruktionen

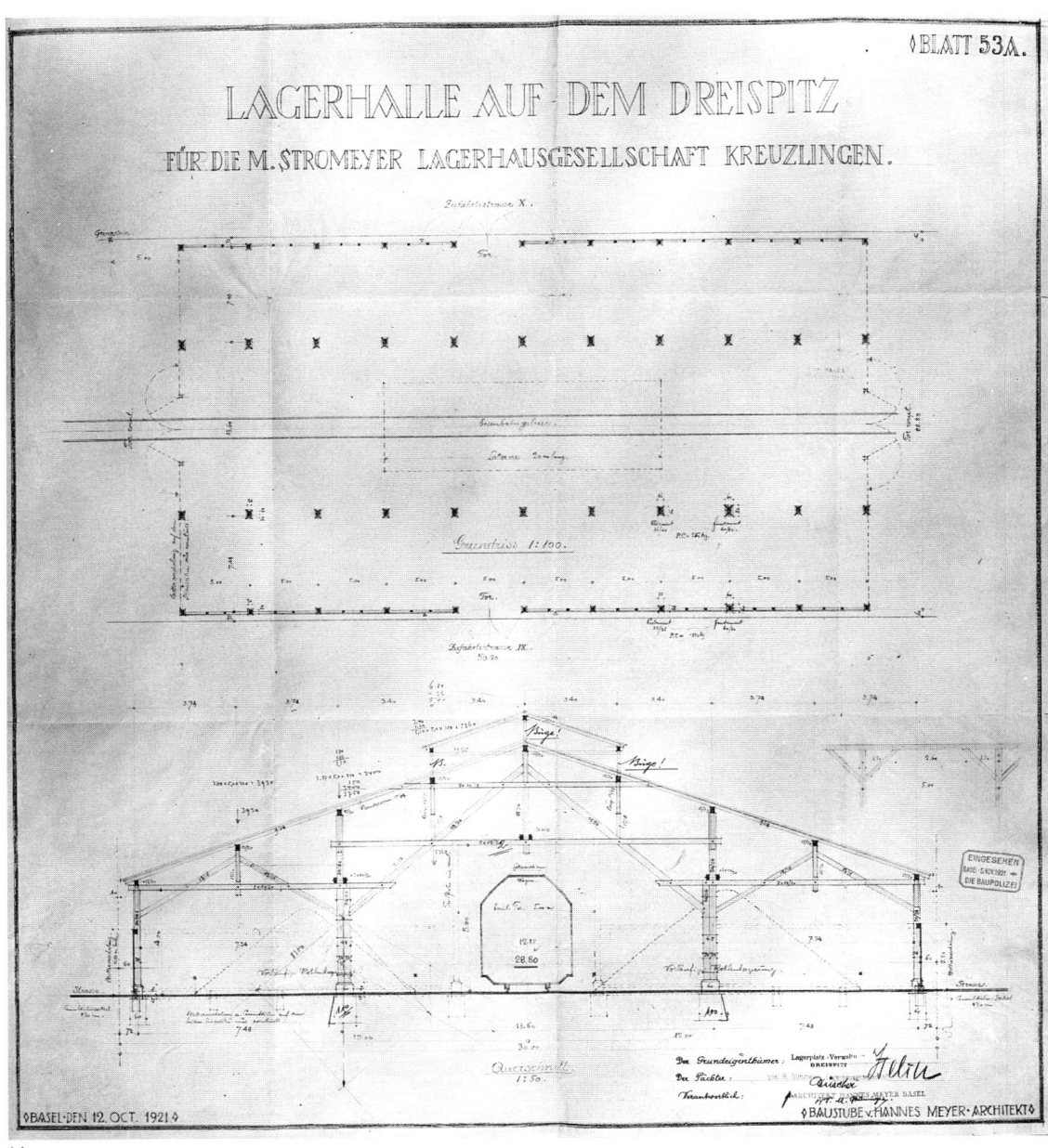

Abb. 14
Lagerhalle auf dem Dreispitz für die Stromeyer AG, Basel, 1921/22, Grundriß/Schnitt. (StaBSt.)

*Abb. 15
Lagerhalle auf dem Dreispitz für die Stromeyer AG, Basel, 1921/22, Fotos: Martin Kieren 1985.*

*Abb. 16
Siedlung Freidorf. Genossenschaftshaus, Längsschnitt mit der Turnhallen-Konstruktion im DG, 1923. (Ausschnitt)*

*Abb. 17
Siedlung Freidorf. Die Turnhalle im Dachgeschoß des Genossenschaftshauses, um 1925.*

Von Oktober 1921 bis Sommer 1922 beschäftigen Hannes Meyer drei Hallenkonstruktionen. Sie sind zwar architektonisch nicht aufregend, zeigen aber, daß Meyer keiner Aufgabe sich nicht gewachsen zeigen will.
Vom 12. Oktober 1921 ist datiert die Zeichnung Blatt 53A, die «Lagerhalle auf dem Dreispitz für die M. Stromeyer Lagerhausgesellschaft Kreuzlingen». (Abb. 14). Die Halle ist eine reine Holzständerkonstruktion und benötigt eine vorgegebene Höhe für die Durchfahrt eines Eisenbahnwaggons. Sie mißt 50 × 25 Meter und ist dreischiffig ausgelegt. Auf dem Dach – wohl zu Entlüftungszwecken – trägt sie eine 20 Meter lange Laterne. Auf einfache Weise werden hier die Zug- und Druckkräfte mittels Holzbalken bewältigt. Äußerlich schlicht, keine Architektur, nackter Zweckbau auf einem Industriegelände. Das Foto konnte ich ein Jahr vor dem Abriß machen, und es zeigt demnach den Zustand nach 60jährigem Gebrauch. (Abb. 15)
Im Juni 1922 plant Meyer für die Fa. «Fritz Meyer Camioñage» ebenfalls eine große Einstell- und Montagehalle, von der sich keine Pläne erhalten haben. Mit einem langjährigen Mitarbeiter dieser Firma führte ich 1986 ein längeres Gespräch. Dieser sagte, daß es sich bei dieser Konstruktion um einen Eisenfachwerkbau gehandelt habe, mit Ziegelausfachung und Verglasung im oberen Bereich der Halle. Meyer selbst gibt die Masse der Halle in einem späteren Lebens- und Werklauf mit 100 × 25 Metern an. Zur gleichen Zeit plant er für die gleiche Firma auf dem gleichen Grundstück, Solothurner Straße 12 in Basel, den Umbau einer Autogarage. An dem gleichen Objekt hat er schon im Juni 1919 vorgenommen: einen «Magazinumbau in eine Autoremise mit Benzinlager».
Zwischen diesen beiden Projekten, also Winter 1921/22, liegt die Planung für das Genossenschaftshaus in der Siedlung Freidorf, das wir auch nur deshalb hier noch einmal herbeizitieren, weil es in der ausgeführten Fassung eben von der vorherigen Planung für dieses Haus abweicht: vor allem, was das Dach und dessen Konstruktion betrifft. Der Schnitt aus einem bisher nicht bekannten Plan (Abb. 16) und das Foto (Abb. 17) machen dabei noch einmal deutlich, daß sich gerade hier das entwickelt, was Meyer Abstand gewinnen läßt von seinem Gebrauch «herkömmlicher Mittel» in der Architektur: Wir erwähnten ja auch bereits, daß dieses Foto, gemeinsam mit dem der Kegelbahn im Keller dieses Genossenschaftshauses, 1927 ausgestellt war in einer Ausstellung des Bauhauses in Moskau. Die klare Sachlichkeit, die in dieser Turnhalle zutage tritt, konnte eben nur erreicht werden mit der Kombination von Druck- und Zugkräften geeigneten Material, dem Eisen nämlich. Unter dieser Turnhalle und über diesem Keller befindet sich aber – verpackt in «palladianischer Ordnung» – noch der bauliche Ausdruck einer Gemeinschaft, die in diesem Tempel ihr Heiligstes sah.
Diese Hallen und dieses Genossenschaftshaus werden Meyer deutlich gemacht haben – er spricht ja auch davon in seiner Baubeschreibung und im schon zitierten Brief an Giedion –, daß es eben eine Notwendigkeit in der Architektur dafür gibt, jedem Bau- und Zweckteil einen ihm eigenen und angmessenen Ausdruck zu geben. Und sei es bei der Aufgabe der Planung eines Gottesackers.

15

16

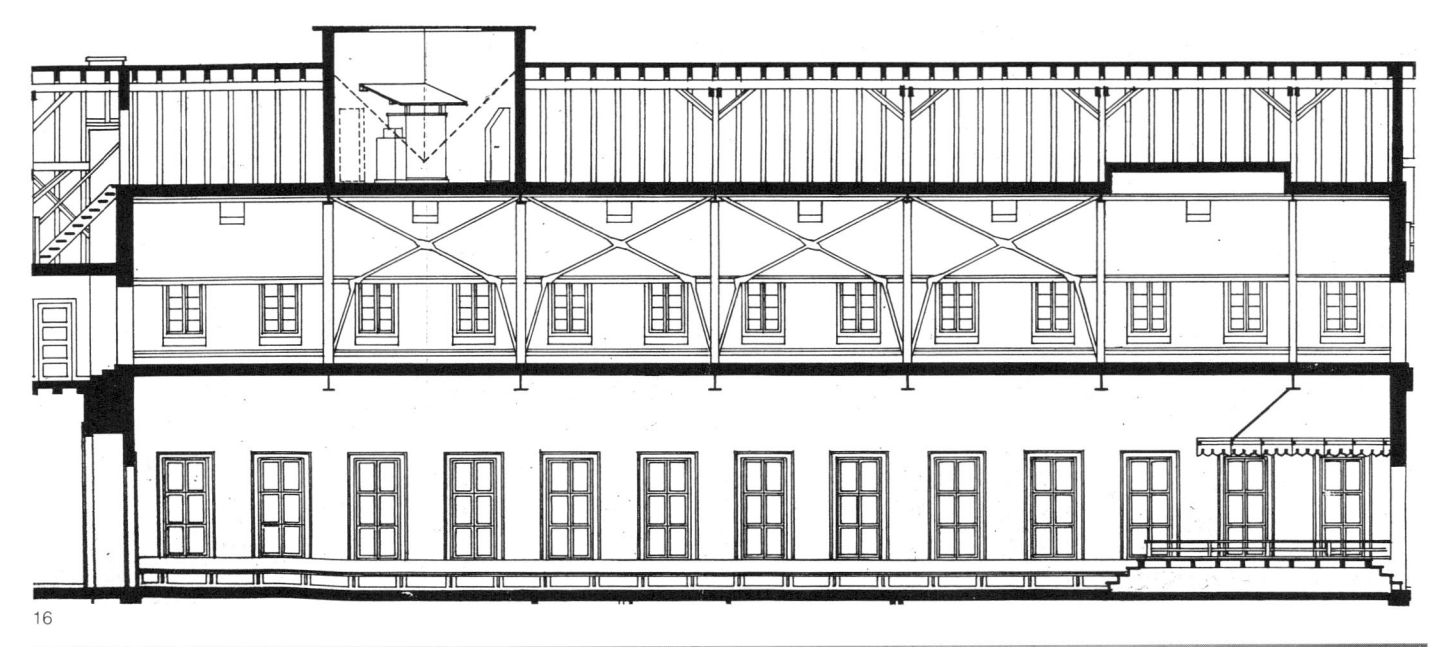

17

Baustube 5
Friedhof «Hörnli»

Im Juni 1922 schrieb das Baudepartement des Kantons Basel-Stadt einen Ideen-Wettbewerb für einen Zentralfriedhof am «Hörnli» in Riehen aus. Am Rande der Stadt gelegen, ist es eines der landschaftlich am schönsten gelegenen, ansteigenden Gebiete der Umgebung Basels. Die Entwürfe waren bis zum 30. November des Jahres einzureichen. Dieser Wettbewerb und der anschließende Jury- bzw. Ratsbeschluß, einigen Architekten aus dem ersten und zweiten Rang den Auftrag zu erteilen, einen definitiven Plan auszuarbeiten, hat innerhalb der Architekten- und Künstlerschaft Basels zu folgenschweren Diskussionen geführt. Folgenschwer deshalb, weil diese Diskussionen schließlich mündeten in der Gründung der «Gruppe ABC» um Hans Schmidt und Mart Stam, der Gruppe, die in den folgenden Jahren den Kern der modernen Bewegung in der Schweiz ausmachen sollte und die ihr eigenes Organ, die Zeitschrift «ABC, Beiträge zum Bauen» herausgab. Schließlich ist es die Gruppe Hans Schmidt, Mart Stam und Hannes Meyer, die 1928 den ersten Rapport der Sitzung über Stadtbau-Probleme auf der ersten *Ciam*-Zusammenkunft auf Schloß La Sarraz als Zusammenfassung der Diskussion erstellte. Doch dazu später.

Der Entscheid des Rates löste deshalb so heftige Diskussionen aus, weil es einmal mehr die traditionell arbeitenden Architekten waren, die den Sieg davontrugen. Die schon im Wettbewerbs-Ausschreibungstext nahegelegte Vorgabe, die Anlage achsial auszurichten und den Baulichkeiten einen angemessenen monumental-kolossalen Rahmen zu geben, konnte natürlich die jungen nach Neuerungen strebenden Architekten nicht befriedigen.

Meyers Beitrag ist leider verschollen, d. h. es existieren nur noch zwei Fotos, abgebildet in der Zeitschrift «Das Werk», Heft 8, 1923. (Abb. 21 und 22) Es wäre interessant zu sehen, wie er das geforderte Bauprogramm bewältigt hat mit Friedhofsgebäuden wie Kapelle, Leichenhaus, Dienstgebäuden für die Friedhofsverwaltung und die Gärtnerei nebst zwei Aufseherhäusern.

Aber das, was sich aus dem vorhandenen Material ablesen läßt, ist bei entsprechender Sicht und Bearbeitung interessant genug. Bei einem Blick auf die Gesamtanlage mag man im ersten Moment stutzen: Der Mittelteil des Ganzen wird gefaßt von einer langen Baum- oder Heckenreihe und sieht aus wie ein großes Hippodrom. Es verhält sich hier eigentlich nichts symmetrisch zueinander. Durch die in der Zeitschrift «Das Werk» darüber abgebildete Ansicht des ansteigenden Geländes mit dem krönenden Kolumbarium als Rundtempel ist man natürlich geneigt, auch nur diesen als Gebäude wahrzunehmen. Claude Schnaidt wiederholt diese Anordnung der Abbildungen und liefert einen Kommentar zu diesem Projekt: «Die vorgeschlagene Lösung trug dem zackigen Umriß, der bewegten Bodenformation des Geländes, der ungünstigen Lage des Zugangs sowie der vorgefaßten Auffassung des Friedhofs, wie sie im Programm festgelegt war, streng und konsequent Rechnung.»[7] Das tat sie eigentlich gar nicht, denn gefordert war unausgesprochen eine horrende Bodenbewegung zugunsten einer achsialen Planung, die dieses Gelände ja bei gegebenem Zustand nicht zuläßt. Diese Forderung, die die Kosten auch in unnötige Höhen schraubt, bildet dann auch einen der Hauptkritikpunkte für die jungen Schweizer Architekten.

Folgt man dieser Anordnung der Abbildungen aber nicht und wendet sich der Situation zu, die den Eingangsbereich zu der Gesamtanlage bildet, so ist man nicht wenig überrascht. (Abb. 22) Ich habe mir erlaubt, eine Rekonstruktion vorzunehmen, um besser den Kommentar von Hans Bernoulli zu diesem Projekt illustrieren zu können, als es das Foto zuläßt. (Abb. 18)

Das ist vielleicht der letzte große Reflex, den die fünf oder sechs Jahre zuvor betriebenen Palladio-Studien bei Meyer auslösen. Er gibt dem untersten Geländeniveau einen ebenso eigenwilligen und eigenen Ausdruck wie dem zweiten mit seinem Hippodrom und dem dritten, das von einem Hügel gebildete, mit seinem kalten und doch großartigen rationalen «Ding» auf der Spitze. Man mag bei dieser Eingangssituation sich ruhig an eine retrospektive Haltung erinnert fühlen, ja, es ist so gemeint. Doch lassen wir Hans Bernoulli, einen der Mentoren der «Jungen», dieses Projekt kommentieren: «Hannes Meyer, der durch das ‹Freidorf› uns bekannte Architekt, sucht im Gegensatz zu Schmidt die Lösung auf dem Weg schulmäßiger Bearbeitung. (...) Meyer stellt sich auf den Boden palladianischer Kunst. Das große, architektonische Motiv, der hochragende

7 *Schnaidt,* Claude
Hannes Meyer
Bauten, Projekte und Schriften
Teufen 1965, S. 16

Achteckbau, wird gefaßt durch allseitig symmetrisch gebildete Anbauten, begleitet durch zwei sich genau entsprechende Höfe. Weitläufig, konsequent, streng bis zur Leere; unerbittlich, ja unfreundlich – aber groß. Auch in den kleinsten unscheinbarsten Elementen nie den einmal gefaßten großen Gedanken verlassend. Immer und überall darauf bedacht, der Einheit zu dienen, der Alleinherrschaft des großen Motivs.

Der Aufbau des Columbariums zeigt deutlich, daß da mehr ist, weit mehr als ein leeres ‹um 1800›; es ist eine aufs Äußerste, Letzte hinaus gearbeitete Stilisierung des gegebenen Themas: Bedürfnis und Terrain. In diesem Punkt weit über palladianische Auffassung hinausgehend, zu einer Synthese aufsteigend von mittelalterlicher und antiker Kunst.

In dieser artistischen Auffassung unserer Zeit wohl fremder als die beiden erstgenannten Gattungen (Bernoulli beschäftigte sich vorher mit den Entwürfen von Paul Camenisch und Hans Schmidt, M. K); fremder und doch einer Gruppe am nächsten verwandt, die heute das Feld beherrscht: der retrospektiven Architektur. Retrospektiv nicht in dem Sinn eines reinen 1780, 1800, 1820 – aber doch einer Richtung, die die Elemente dieser Zeit als Faktoren einsetzt, mit ihnen rechnet, die ihr die letzten Gesetze entlehnt und diese Gegebenheiten nur leise umspielt in neuen mehr oder weniger glücklichen Variationen. Und warum behauptet gerade diese Richtung das Feld? Wie konnte sie, gerade sie, die Platteste, Naheliegendste am wenigsten Schöpferische, die Führung an sich reißen?

Ebendarum! Eben weil die Welt von heute eine zerrissene, zerspaltene Welt ist, weil die Form in ihr keine Rolle mehr spielt, weil die Achtung vor dem Gewordenen geächtet wird, weil das Reine und Neue absonderliche Formen annimmt, weil alles sich auflöst in Einzelstreben, Einzelwesen; weil ein gemeinsames Wollen, ein gemeinsames Ziel auch noch nicht für Gruppen, geschweige denn fürs Ganze gefunden ist. (...)

Dem Ausdruck ihrer geistigen Verwandtschaft dienen tapfer und unbekümmert ein Trupp Aufrichtiger und Unabhängiger, die nach den tiefsten Tiefen schürfen – ein jeder an dem Platz, an dem ihn sein Schicksal gestellt. Einer gegebenen Parole folgen die andern, denen auch bei innerster Beunruhigung die Würde, der Anstand, die Gemessenheit das Ideal darstellt. Unsere großen Architekturwettbewerbe sind der Kampfplatz der beiden Gruppen Individualismus und Konvention.»[8]

Soweit dieser längere Auszug aus einem Text Bernoullis, der mir die Situation am besten wiederzugeben scheint, die – nicht nur hier – in Basel 1923 herrschte. Was den zuletzt angesprochenen Kampfplatz betrifft: Den letzten wird der Wettbewerb um den Völkerbund-Palast in Genf 1926/27 bilden, und da werden dann die Fronten aufbrechen. Vor dem genannten letzten Kampfplatz aber steht dieser. Es tritt an die von Hans Schmidt gebildete Front einer neuen Architektengeneration, die nicht gewillt ist, sich dem Beschluß des Regierungsrates zu beugen. Nach der endgültig im März 1923 ergangenen Entscheidung dieses Rates, einen Entwurf den Architekten Bräuning, Leu, Klingelfuß, Suter und Burckhardt zu übertragen, hält Hans Schmidt vor der Sektion Basel der Gesellschaft der Maler, Bildhauer und Architekten (G.M.B.A.) einen Vortrag, in dem er die Initiative der Jungen vorstellt und erläutert. Er wirft ein Licht auf eine Bewegung, die sich ein Jahr später anschickt, eben die «Gruppe ABC» zu gründen. Einige Passagen aus diesem Vortrag mögen etwas von dem ideellen Geist vermitteln: «Die Idee, aus der heraus wir als eine Gruppe junger Architekten heute abend vor Ihre Gesellschaft zu treten wagen, hat uns, und nicht nur uns allein, schon lange beschäftigt. Denn sie bildet für uns eigentlich die Lebens- und Zukunftsfrage unserer heutigen Architektur, vielleicht unseres heutigen Menschendaseins überhaupt. (...) Die Aufgabe eines modernen Großstadtfriedhofes ist wie kaum eine zweite etwas, das vom Architekten seine höchste Menschlichkeit, seine im schönsten Wesen seines Berufes liegende Einstellung auf das Ganze verlangt. Wir können dieses Problem nicht nur mit einer schönen Form lösen, wie wir es leider bei so vielen unserer in Technik und Kunst auseinandergefallenen Aufgaben zu tun gewöhnt sind, wir müssen sie dort von Grund auf anpacken, wo sie vielleicht auch nicht einmal Kunst, wo sie erst nacktes Leben, reine Menschlichkeit ist. (...)

Dieser Gottesacker wird einst davon Zeugnis ablegen, ob unter uns auch in dieser zerspaltenen Zeit ein wahrhaftiger Gedanke, ein Glaube an eine bessere Welt lebendig war, oder ob wir uns mit dem üblichen Friedhofsgewande zufrieden gegeben haben, ob Architektur und Kunst für uns bloß offizielle Dekoration oder Ausdruck der besten Lebenskräfte unserer Zeit waren. (...) – aber das weiß jeder von uns, der wirklich ernsthaft über das Wesen der edelsten unserer Künste, der Architektur nachgedacht hat, daß nur aus diesem Geist die Größe eines solchen Kunstwerkes entstehen konnte, und wir Architekten, die wir ohne das Suchen nach neuer Wahrhaftigkeit den Glauben an unsere Kunst verlieren müßten, können uns eine andere Zukunft gar nicht mehr denken als die einer neuen überindividuellen Gemeinschaftlichkeit. (...)

Die praktische Durchführung unserer Ideen denken wir uns in der Schaffung einer Gottesackerbauhütte etwa nach dem Vorbild der alten Dombauhütten, jener namenlosen Gemeinschaften von Steinmetzen, Bildhauern und Malern aus den größten Perioden unserer Architektur. Diese Bauhütte hätte den Entwurf und die Leitung des ganzen Werkes genau so zu übernehmen, wie ihr Gegenbild, die Architekturfirma (...). Wir denken uns einen, dem Umfang der Arbeit entsprechenden Stamm von jungen Architekten, die durch ihre menschliche und künstlerische Einstellung zueinander und zum Ganzen befähigt wären, in engster Zusammenarbeit und vollkommenster Verschmelzung ihrer individuellen Begabungen ihre verantwortungsvolle Aufgabe zu übernehmen. (...)

8 *Bernoulli,* Hans
Zwischen den Schlachten
in: Das Werk
10. 1923, Heft 8, S. 191

*Abb. 18
Wettbewerbsbeitrag für den Basler Zentralfriedhof Hörnli, Riehen/Basel, 1922. Der Eingang zum Friedhof mit den Friedhofsbauten.
(Umzeichnung Martin Kieren)*

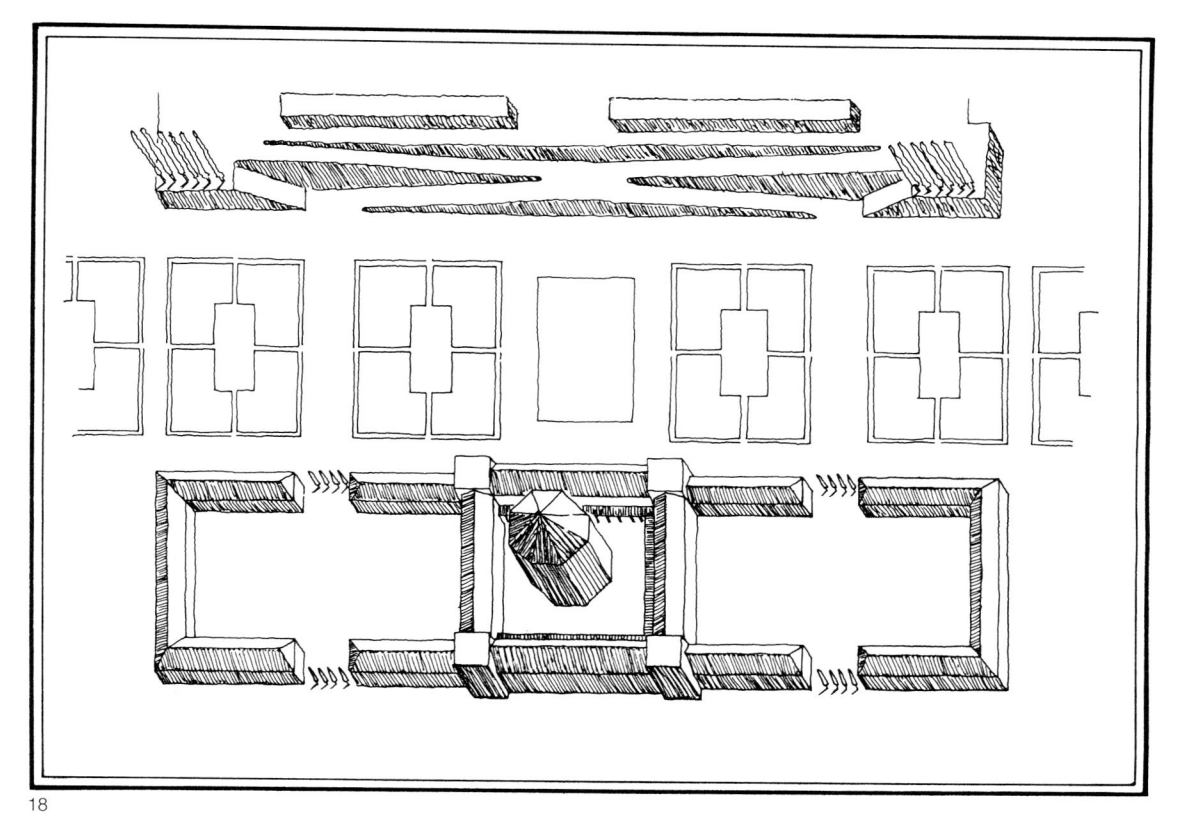

9 Vortrag Hans Schmidt am 16. 3. 1923, Archiv Hans Schmidt institut gta, ETH-Zürich
10 Hans Schmidt an Hannes Meyer Brief vom 11. April 1923, Archiv Hans Schmidt institut gta, ETH-Zürich

Schließlich weisen wir darauf hin, daß die konzentrierte Arbeitsleistung einer Gemeinschaft von ihr bestes in idealer Gesinnung gebender Kräfte derjenigen eines Architekturbureaus nicht nachzustehen braucht, (...).
Wir denken weiter an das seit einigen Jahren im Bau befindliche Rathaus zu Stockholm, dessen Architekt Ragnar Oestberg, wie kaum ein zweiter in unseren Tagen die Aufgabe erfaßt hat, sein Werk als Schöpfung seiner Zeit und seines Volkes entstehen zu lassen. Wie der lebendige Organismus dieses Bauwerkes aus der Atmosphäre der Stadt Stockholm, aus der Welt des schwedischen Volkes und seiner Künstler aufsteigt, das ist eine der ermutigendsten Beispiele moderner Architektur.»[9]
Der genannte Bau von Ragner Oestberg erfährt ironischerweise dann drei Jahre später in der Zeitschrift «ABC» eine Ablehnung: Aber wohl mehr das formale Ergebnis denn der soziale Impetus des Vorgehens. Der Vortrag selbst enthält aber viele Punkte, die sich einige Mitglieder dieser Gruppe ihr Leben lang als Programm auf ihre Fahne schreiben sollten, als da sind: Wahrhaftigkeit, Ehrlichkeit, Gemeinschaft, Verschmelzung individueller Begabungen und vor allem der etwas pathetisch gehaltene Ton des Vortrages. Von Hans Wittwer, dem späteren Partner von Hannes Meyer, hat sich ein Brief an Hans Schmidt erhalten, in dem er diesem seine Idee einer Bauhütte mitteilt.
Im März/April d. J. wird es reichlich Diskussionen gegeben haben, die dann darauf hinausliefen, daß eine Erklärung seitens der «Jungen» an den Regierungsrat verfaßt und öffentlich publiziert wurde: ebenfalls wieder im Sinne des Angebotes eines «Idealprojektes» der «Bauhütte», die allerdings nie zustande kam. Hannes Meyer muß stark in diese Diskussionen involviert gewesen sein, da Hans Schmidt ihm am 11. April schreibt: «Ich habe mich bemüht, den Aufruf noch etwas besser zu fassen; zu einer grundsätzlichen Umstellung im Sinne Ihrer Vorschläge konnte ich mich bei genauerer Überlegung doch nicht entschließen. (...) Sie erhalten von Aufruf und Eingabe je drei Abzüge; kleine Änderungen sind daran immer noch möglich und werden gerne zu Händen genommen.»[10]
Zuletzt: Diese Diskussionen brachten die meisten der genannten «Jungen» auch erstmals dazu, über städtebauliche Fragen, nicht nur ihre Stadt betreffend, nachzudenken, bzw. zu deren Bewältigung eigene Antworten zu entwickeln. Meyer tat das schon vorher, wie wir im Freidorf-Kapitel gesehen haben. 1922/23 bis 1924 ist er noch mit dem Bau des Genossenschaftshauses beschäftigt. Aber ein Bauarbeiterstreik im Jahre 1923 läßt ihm auch die Zeit, einen größeren Ausflug zu unternehmen: nach Gothenburg/Schweden.
Anläßlich des 300jährigen Bestehens dieser größten Seefahrtsstadt mit dem bedeutendsten Ausfuhrhafen in Schweden veranstaltete die Stadt vom 8. Mai bis zum 30. September 1923 eine große Jubiläums-Ausstellung. Anläßlich dieser Feierlichkeiten führte man hier auch eine große Städtebau-Ausstellung nebst einem Städtebau-Kongreß vom 27. Juli bis zum 12. August 1923 durch. An beiden Veranstaltungen war Hannes Meyer beteiligt bzw. vertreten. In der «Abteilung II: Internationale Wanderausstellung für die Verbreitung der Gartenstadtbewegung» zeigte er drei Pläne und acht Photos der Siedlung

Freidorf. Als weitere Schweizer waren beteiligt: Paul Artaria (der wiederum mit Hans Schmidt lange Zeit zusammenarbeitete) mit Hausplänen für die Siedlung Pic-pic in Genf und mit seinem Wettbewerbsbeitrag für die Bahnschleife in Zug, und als Dritter Arnold Hoechel aus Genf mit Plänen und Photos der «Gartenstadt Aire» bei Genf.

Von diesem Ausflug zurück, brachte Meyer das Genossenschaftshaus zu einem Abschluß und setzte sich an die Ausarbeitung seines ersten rein städtebaulichen Auftrages: an den für die Aufstellung eines «Allgemeinen Bebauungsplanes von Balsthal», wie auch der Schlußbericht Meyers vom Juli 1925 heißt: «Durch Vertrag vom 20. November 1924 wurde die Ausfertigung des ‹Allgem. Bebauungsplanes› Herrn Hannes Meyer, Architekt in Basel, Freidorf 142, als Städtebaufachmann übertragen. (...) Gemeinsam mit dem Projektverfasser wurden von der Bebauungsplankommission in acht Sitzungen während der Monate November 1924 – Mai 1925 die Richtlinien und alle Detailfragen des Bebauungsplanes beraten und abgeklärt. Der vorliegende ‹Allgem. Bebauungsplan› mit den dazugehörigen Beilagen enthält somit die einstimmigen Vorschläge der Bebauungsplankommission und des Projektverfassers, und es erklären sich diese beiden hinsichtlich des vorliegenden Resultates und der Schlußfolgerungen ihrer Zusammenarbeit ausdrücklich solidarisch.»[11]

Der 20seitige, großformatige Bericht behandelt alle die künftige Entwicklung Balsthals betreffenden städtebaulichen Fragen wie: Bauzonen (Industrie- und geschlossene Bauzonen), Verkehrsfragen (Eisenbahn, Automobil), das Wohnproblem (neue Wohngebiete, Erweiterung der alten), aufzuhebende und neue Straßen und Wege, öffentliche Baum- und Zierpflanzen, öffentliche Grünanlagen, öffentliche Gebäude wie Schule, Kirche, Friedhof, Spital, Schlachthaus, Badeanstalt, Markt, Sportanlagen, Müllverwertung, Gaswerk, Wasser, Elektrizität, Kanalisation bis hin zu Vorschlägen zur Durchführung des Bebauungsplanes für die Gemeinde.

Vor dieser Arbeit, die im Juli 1925 laut Bericht ihren Abschluß findet, unternimmt Hannes Meyer aber seinen Co-op-Ausflug nach Belgien: einen folgenreichen, wie wir sehen werden.

Abb. 19
Hans Schmidt: Wettbewerbsbeitrag für den Basler Zentralfriedhof Hörnli, Riehen Basel, 1922. Ansicht des Kapellenhauses.

Abb. 20
Architekten Suter und Burckhardt, Basel: Wettbewerbsbeitrag für den Zentralfriedhof Hörnli, Riehen/Basel, 1922. Kolumbarium.

Abb. 21
Wettbewerbsbeitrag für den Basler Zentralfriedhof Hörnli, Riehen/Basel, 1922. Urnenfriedhof mit Kolumbarium.

Abb. 22
Wettbewerbsbeitrag für den Basler Zentralfriedhof Hörnli, Riehen/Basel, 1922. Vogelschau der Gesamtdisposition.

Abb. 23
Wettbewerbsbeitrag für den Basler Zentralfriedhof Hörnli, Riehen/Basel, 1922. Das Kolumbarium als Rundtempel.

11 Erläuterungsbericht zum Allgemeinen Bebauungsplan von Balsthal, im Archiv der Stadtgemeinde Balsthal

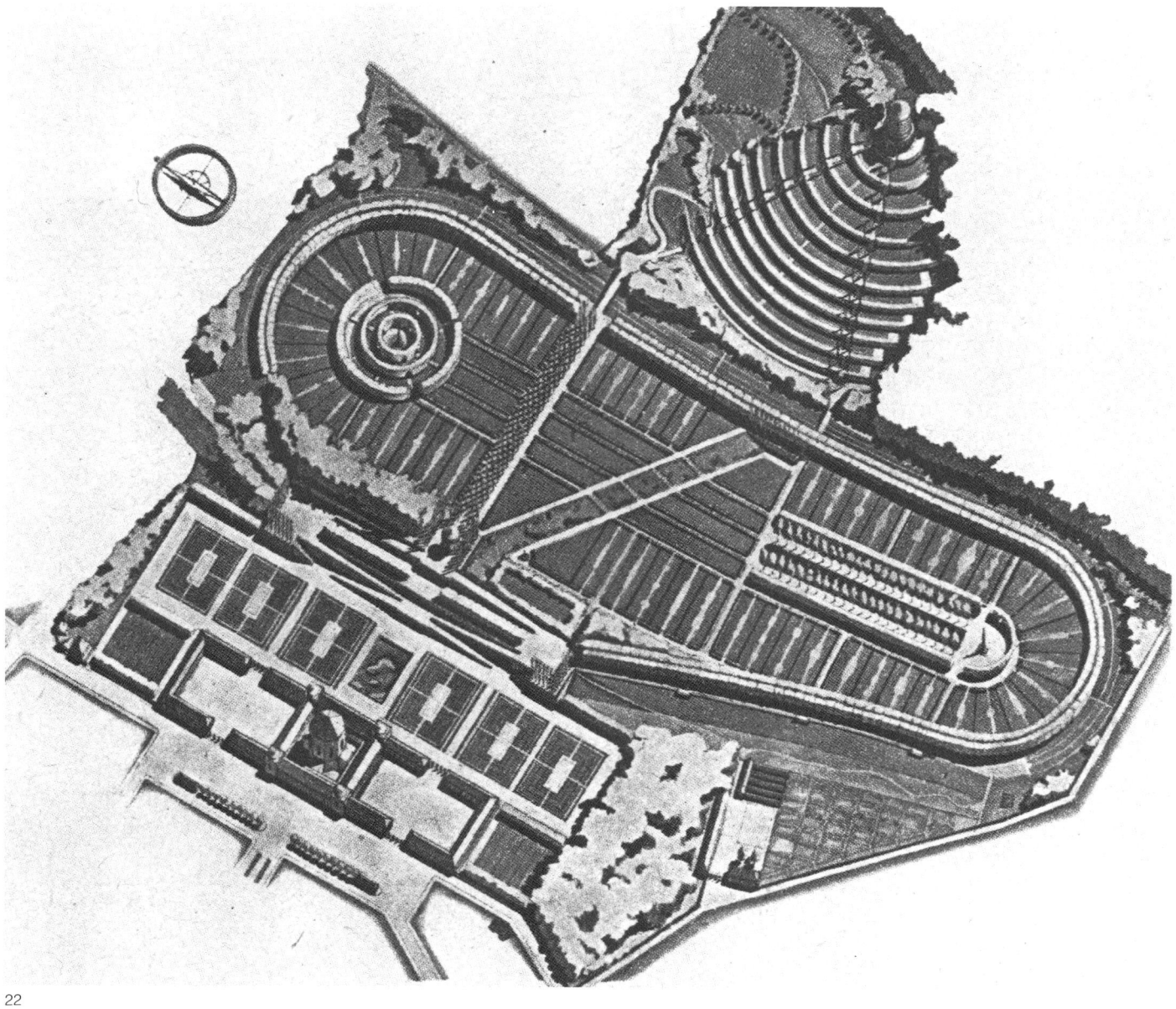

21

22

23

Co-op

Co-op 1	Ein Ausflug nach Gent, Belgien 1924	92
Co-op 2	«Le Théâtre Co-op» (Hannes Meyer et Jean Bard)	94
Co-op 3	Vitrine Co-op	99
Co-op 4	Exkurs/Belgische Kunst	104
Co-op 5	«Junge Kunst», Belgien und die Folgen: Lino und Foto Co-op	109

Co-op 1
Ein Ausflug nach Gent, Belgien 1924

*Abb. 1/2
Internationale Genossenschaftsausstellung (E.I.C.O.S.) in Gent, Belgien, 1924.
Der Raum/Stand des V.S.K., von Hannes Meyer eingerichtet mit der Bühne (Theater Co-op) und dem Glasschaukasten (Vitrine Co-op).*

«Mit der ‹Sabena› vier Flugstunden nordwestwärts unserer Nordwestgrenze, überrascht den Schweizer in Belgien unter heimatähnlichen Volksverhältnissen gleicherweise die Heftigkeit des Rassenkampfs und die Höhe des Nationalbeitrags an internationale Wirtschaft und an zeitgenössische Ausdruckskultur. Als Pufferstaat gepufft von großen Nachbarn, als Zwischenstaat mit Mischvolk untermischt, als Kolonialmacht ein Faktor der Weltwirtschaft, ward Belgien Brechpunkt stärkster völkischer und wirtschaftlicher Brandung. Es ward Mole gegen kulturelle und wirtschaftliche Überflut. Es ward Wallstatt des Weltkrieges. Es ward das stetsfort offene Brachfeld des Kulturkampfs von Welsch und Deutsch. Diese Gewalt der Auseinandersetzung zweier Rassen und der anhaltende fremde Einbruch in eigenes Wesen und in eigene Wirtschaft erzwingt Hochspannung aller Landeskräfte. (...) Reich sein ist alles. Belgien ist reich.»[1]

Mit diesen Sätzen beginnt Meyer seinen Aufsatz «Junge Kunst in Belgien», der 1925 im September-Heft der Zeitschrift «Das Werk» erscheint. Und schon hier, ein Jahr nach Verlassen der Enge der Schweiz spürt man das Aufbrechen in neue Gefilde, das «Aufwachen nach 35jährigem Schlaf» (HM): Es bricht auf das Gefühl und das Herz, die Sprache und der Ausdruck, das Hören und Sehen (bis zum Vergehen), und es brechen auf die sensiblen Nervenenden eines seine Sinneseindrücke verarbeitenden Menschen. Es brechen hier auf die Grenzen einer vormals sich in der Binnenstruktur der Genossenschaft bewegenden Persönlichkeit mit einem hohen Maß an Aufmerksamkeit für die Phänomene der Zeit. Hier redet ein über die Welt staunendes Wesen, quillt über und freut sich des Lebens. Es spricht ein Mensch, dem «der Glaube an unsere Zeit sicher geworden» ist. Ein Jahr belgisches Abenteuer machen aus Meyer eine andere Person, einen scharfen Beobachter und Formulierer des belgischen und Welt-Geistes.

Die Reihe Versuche, die Meyer in den folgenden zwei Jahren unternimmt: «théâtre-, vitrine-, foto- und lino-co-op», – diese Versuche zu beschreiben und zur Bewertung seines ganzen Schaffens heranzuziehen, unternimmt das folgende Kapitel. Meines Erachtens nach ist diese Zeit für Meyer von ungeheurer Bedeutung schon deshalb, weil die Kluft zwischen den Entwürfen für das Freidorf (1919) und für die Peterschule und den Völkerbund-Palast (1926/27) ansonsten eine Kluft in der Erklärung und Interpretation bleibt: Keine Untersuchung hat bisher diese Schaffens-Jahre auch nur annähernd zur Kenntnis genommen, geschweige denn zu erklären versucht. Doch liegt gerade hier ein Schlüssel zum Verständnis eines Werkes, das bislang zu sehr unter dem Blickwinkel der Politisierung betrachtet wurde – d.i. Politisierung von Person und Anschauung (Ideologie) Meyers und seiner Rezipienten; – und somit einer die künstlerische Perspektive verloren ging.

Vom 15. Juni bis zum 15. September 1924 veranstaltete der Internationale Verband des Genossenschaftswesens und der Sozialen Wohlfahrtspflege (E.I.C.O.S.) eine Ausstellung in der belgischen Stadt Gent.

«Aus nicht weniger denn 30 Ländern haben die wichtigsten Konsumentenorganisationen, dazu eine Reihe landwirtschaftlicher und gewerblicher Produzentenverbände, ihre Einrichtungen zur Schau gestellt, das Wesen ihrer Tätigkeit und das Tempo ihrer Entwicklung auf die mannigfachste Art und Weise veranschaulicht. (...) Hier sind es in der Hauptsache statistische Tabellen und Wandillustrationen, die einen Begriff vom Wachstum der Organisationen zu geben suchen, dort wieder bauen sich ganze Pyramiden von genossenschaftlichen Eigenprodukten auf, und an nicht wenigen Orten endlich wird den Besuchern die Entstehung genossenschaftlicher Erzeugnisse in praxi vor Augen geführt.»[2]

Hannes Meyer erhielt, vermittelt durch den Präsidenten Bernhard Jäggi, vom VSK den Auftrag «zur durchführung der abteilung ‹schweiz›». (HM) Er hatte bei Gelegenheit dieser Ausstellung die Möglichkeit einer Vielzahl von inszenatorischen Versuchen: Es galt, den Schweizer Stand/Raum zu inszenieren, die Ausstellung/Propagierung der Co-op-Produkte vorzunehmen, und es galt zuletzt, mit dem von ihm initiierten «Théâtre Co-op» eine «lebendige landesvertretung unter 30 ausstellenden ländern auszuüben.»[3]

Aber noch eine andere, wohl selbstgewählte Aufgabe erwartete ihn hier in Belgien. Als Mitglied und Mitarbeiter im Vorstand der «Basler Kunstkommission» und der «Sektion Basel der Gesellschaft der Maler, Bildhauer und Architekten» (G.M.B.A.), schlug Meyer dem Konservator der Basler Kunsthalle im Frühjahr d.J. vor, in der Kunsthalle eine Ausstellung belgischer Künstler zu veranstalten. Mit der Zusage seitens der Kunsthalle oblag es Meyer nun, während seines halbjährigen Aufenthaltes in Belgien die jeweiligen Sammlungen und Maler aufzusuchen, um das entsprechende Material zu sichten und auszuwählen. Wie wichtig dieser Aspekt seines Belgien-Aufenthaltes für sein weiteres Schaffen werden sollte, dazu später. Zunächst also Theater und Vitrine Co-op.

---

1 Hannes Meyer
Junge Kunst in Belgien
in: Das Werk
12. 1925, Heft 9, S. 257
2 Th.
Von der Internationalen Genossenschaftsausstellung in Gent
in: Genossenschaftliches Volksblatt
Basel, 29.8.1924
3 Hannes Meyer
das propagandatheater co-op
in: bauhaus
1927, Nr. 3, S. 5

2

Co-op 2
«Le Théâtre Co-op» (Hannes Meyer et Jean Bard)

Wie bei allen anderen Tätigkeiten Meyers, begleitete er diese mit und lieferte er nach: Publikationen. Zuerst in der Zeitschrift «Das Werk», Nr. 12, 1924 und dann in der Zeitschrift «bauhaus», Nr. 3, 1927. Zu den Aufführungen selbst gab es jeweils ein Programm: das erste zweisprachig (flämisch/französisch) zu den Vorstellungen in Gent; das zweite deutschsprachig zu den im Freidorf folgenden Aufführungen im Oktober 1924. Und wie bei allen anderen Tätigkeiten, verfolgte er auch mit dem «Théâtre Co-op» eine vornehmlich erzieherische Mission – mit dem Ziel: «menschenseelen durch das schauspiel von körper, licht, farbe, geräusch und bewegung zu erschüttern».[4] Um diesem Ziel gerecht zu werden, bedurfte es einer Vorarbeit rein inszenatorischer Art; – auf den Spielort bezogen: «so wurde schweizerischer stand der e.i.c.o.s. zuschauerraum, ein langer saal in rot. signalrot signalisierte überall wärme und hetzte zur propaganda. signalrote decke, signalrote sitzbänke, signalrote wandeinfassungen, und in der saalmitte ein übergroßer glasschaukasten: die vitrine co-op, signalrotes terrarium der co-op/standard/artikel genossenschaftlicher bedarfsdeckung. am saalende über rechteckausschnitt der bühne und musikdosenhaftem fonopavillon in signalroten lettern:
le théâtre co-op.»[5]

Meyer war die Farbe rot also Empfindungswert und Ausdrucksmittel wie schon im Freidorf: «Die Uniform des einfarbigen Hausanstrichs ist künstlerisch im innersten Wesen unserer Vollgenossenschaft begründet. (...) So ist auch die Farbe nur Ausdrucksmittel der Einigkeit (...). Eine Symphonie in rot: Blaßrot die Mauerflächen, rotgrau die Umrahmungen und die Gesimse (...) tiefrot das Ziegeldach (...). Reminiszenzen an Altbasel tauchen auf: Münster, Lohnhof, Waisenhaus, Kaserne; Weinrot, Rostrot, Braunrot, Ziegelrot. (...) jedem Besucher ein bleibender Eindruck, bald wohlig-warm, bald schreckhaft brutal (...).»[6] Im Gegensatz zu landläufigen Meinungen hat sich Meyer ständig mit der psychischen und physischen Wirkung der Farbe auseinandergesetzt: bei seinen Bauten, in seinen Texten und in theoretischen Studien.

Über die Inszenierung, über diesen Versuch der «bewußten abkehr von literarischer bühne» schreibt Meyer: «Diese wendet sich vornehmlich an das Gefühl, nicht an das Gehirn, an das Herz, nicht an den Bildungsgrad des Beschauers. Der Einfache wird ihr gerecht. Das Kind freut sich ihrer. Sie spricht wortlos das Esperanto der *Bewegung*. Sie trägt Keime wahrer *Volkstümlichkeit* in sich. – Reklame? *Propaganda*? Nein. *Volkserziehung*, genossenschaftliche und künstlerische.»[7] (Hervorhebungen M.K.)

An dieser Stelle ein Schachzug, eine Strategie Meyers: Wie oft danach, hat er an seinen Texten bei Gelegenheit einer erneuten Publikation kleine Veränderungen (den jeweiligen Tagesanforderungen und Notwendigkeiten angepaßt) vorgenommen. War der Aufsatz in der Zeitschrift «Das Werk» (1924) noch übertitelt mit «Das Theater Co-op», so stand über dem fast wortgleichen Artikel in der Zeitschrift «bauhaus» (1927): «das propaganda-theater co-op». Mag das auch zuvor mit Rücksicht auf die Schweizer Leserschaft geschehen sein, wo man noch jede «Propaganda» als bolschewistisch ansah, so gilt es doch zu berücksichtigen, daß Meyer selbst sich seit 1924 radikalisierte in seinen Anschauungen: Bei seinen erzieherischen Absichten allerdings ist er immer geblieben – auch wenn die Zielrichtung der Erziehung mitunter wechselte.

Aber natürlich war hier von Anfang an Propaganda im Spiel. Das Spiel selbst hatte nur diesen einen Zweck. Was aber propagierte das «propagandatheater co-op»? Zuerst die Genossenschaftsidee. Meyer war ja zu dieser Zeit noch tief verwurzelt in Tradition und (Lebens-)Gefüge der Genossenschaft – und er war überzeugt von den Vorteilen dieser «neuen welt»: von den Vorteilen der Lohnarbeit im Genossenschaftsbetrieb (gegenüber der Akkordarbeit im Privatbetrieb, siehe «Die Arbeit»); von der Vereinfachung der Lebenshaltung (gegenüber dem neumodischen Anzug-Gehabe, siehe «Die Kleidung»); von der Rückvergütung in der Konsumgenossenschaft (siehe «Der Traum») und von den Vorteilen der Ausschaltung des Zwischenhandels, d. i. die Vereinigung des Erzeugers von Waren mit seinen Käufern (siehe «Der Handel»). (Abb. 4) Dem abgebildeten Handzettel ist das genaue Programm dieses Gebärdenspiels zu entnehmen, wobei noch folgendes auffällt: Das Spiel zerfällt hier in sechs Szenen, gegenüber den späterhin (in der Zeitschrift

Abb. 3/4
Das Theater Co-op. Programmzettel der Aufführung in Basel, Freidorf, den 11. und 12. Oktober 1924.

4 ebd.
5 ebd.
6 Hannes Meyer
Der Baugedanke
in: Siedelungsgenossenschaft Freidorf
Basel 1921, S. 75f.
7 Hannes Meyer
Das Theater CO-OP
Programmblatt zur Aufführung im Freidorf 11. +
12. 10. 1924
8 Hannes Meyer
Die Bauhausbücher
8 Kurzrezensionen
in: Das Werk
13. 1926, Heft 7, S. 234
9 Hannes Meyer
Brief an Walter Gropius
vom 3. 1. 1927
Original im Getty Center
Santa Monica, Calif., USA
10 wie Anm. 3

DAS THEATER CO-OP

Unter der Leitung des Herrn B. Jäggi hat der Verband schweiz. Konsumvereine (V.S.K.) in Basel den Weitblick besessen, einem Vorschlage von Hannes Meyer folgend, erstmalig den Versuch zu wagen, sich in mimischer Form auf einer Ausstellung vertreten zu lassen. Statt des üblichen, mehr oder weniger gut aufgeputzten Wustes der Waren und Tabellen, Photos und Modelle, wurde ein schweizerischer Stand der Internationalen Ausstellung des Genossenschaftswesens und der sozialen Wohlfahrtspflege in Gent (15. Juni – 15. September 1924) eine Kleinbühne eingerichtet, auf welcher durch das Mittel der Pantomime einige wesentliche Kernfragen des Genossenschaftswesens zum Ausdruck gelangten. Dieses war die Geburtsstunde des Theater Co-op.

Wie sollte es werden? Was konnte es sein? Es musste sich schweren Bedingungen unterwerfen: Einfachheit der Handlung und des Bühnenbildes, der Lichtwirkung und der technischen Einrichtung. Wegfall des Wortes mit Rücksicht auf die zwiespältige belgische Bevölkerung und den internationalen Ausstellungsbesucher. Obenan jedoch stand die Nötigung, mit beschränkten Bühnenmitteln und sprachlos die Idee des Genossenschaftswesens zu umschreiben, deren Gehalt anzudeuten, deren Wohltat zu beweisen.

Aus der Mannigfaltigkeit schweizerischen Genossenschaftswesens wurden die vier Kernfragen der Arbeit, der Kleidung, der Familie und des Handels herausgegriffen und ins Panto-Mimische übersetzt. So entstanden als „Bilder ohne Worte" die vier Gebärdenspiele; Ausschnitte aus dem Leben, ohne Einleitung, ohne Steigerung zum Spielschluss, ohne Apotheose, — nur Zustandsschilderungen, ohne Anfang und ohne Ende.

Die Inszenierung durch Jean-Bard nützte das neue Möglichkeit des Zusammenspiels menschengrosser Puppen mit dem schauspielenden Menschen. Hier die weder von Gehirn noch Sitte bestimmte Bewegung, dort von Affekt und Intellekt erfüllte Geste. Hier die ungebrochene Wahrhaftigkeit des Ausdrucks, dort die geheimnisse Äusserung des Gefühls. Hier Wahrheit, dort Natürlichkeit. Hier Puppe, dort Mensch. Beider Bewegungen unerbittlich reguliert durch die Begleitmusik des Phonographen: Zeitgemässe Musizieren alter Volksweisen und neuster Schlager durch den Stahlstift in der rauhen Rille einer rotierenden Hartgummiplatte.

Noch ist es nicht die vorgeschaute Kleinbühne und unsere unreife Muse. Noch sind Puppen und Dekor – das Thema entsprechend – allzu naturalistisch. Noch fehlt die einfachste Konsequenz der neuen Form. Was verflicht, noch den Beschauer mitunter voller Fragen oder fallenden Vorhang unstarrt. Eine der Vergangenheit zugewandte Einstellung kann nicht darüber hinaus den ungewohnten Ausdruck unserer Bühne. Diese wendet sich vornehmlich an das Gefühl, nicht an das Gehirn, an das Herz, nicht an den Bildungsgrad des Beschauers. Der Einfache wird ihr gerecht. Das Kind freut sich ihrer. Sie trägt Keime wahrer Volkstümlichkeit in sich. – Reklame? Propaganda?? Nein, Volkserziehung, genossenschaftliche und künstlerische!

Wir drei Schweizerkünstler danken es dem V.S.K., dass uns in bewusster Abkehr vom literarischen Theater dieser Versuch einer zeitgemässen Volksbühne ermöglicht wurde.

1. Die Arbeit. Ein Gebärdenspiel.

„Gegensatz der Akkordarbeit im Privatbetrieb und der Lohnarbeit im Genossenschaftsbetrieb."

Ein Arbeitstag! – Im Dunkel der Hinterbühne eine Fabriklärm. Sie gähnt. Sie schafft Akkord. Akkord ist Mord. Es ist der Patron. Er ist gereizt. Er hetzt zur Arbeit. Er verschwindet. Sie frühstückt. Er fährt dazwischen. Er verschwindet. Sie nickt ein. Sie tritt aus. Er fährt auf. Er hetzt weiter. Sie schafft Akkord. Akkord ist Unlust. Akkord ist Hetze. Akkord ist Mord. – Dunkelheit!

In der Helle der Vorderbühne ein Arbeiter. Er liest. Er pfeift. – Ein Signal, er arbeitet. Im Gleich-Mass, im Gleich-Takt, ste-tig, freu-dig, re-gel-mäs-sig. Ein Signal, er hört auf. – Das Kind springt herbei. Es bringt Papa's Essen. Es tänzelt. Es singt. Es fällt um. Er küsst es. Der Vater jagt ihm nach. – Vom Singsang angezogen, vom Familiensinn getrieben, erscheint die Fabriklärm. Sie erblickt eine neue Welt. – Helligkeit!

Am Phonograph: J'en ai marre. – Gounod: Totentanz einer Marionette. – Das Brienzerbärli. – Bernermarsch. – Dalcroze: Le petit Noël.

2. Jean Co-op. Ein Leben.

Parade von 24 Bilderbögen des Berner Malers *Ernst Morgenthaler* in Küsnacht am Zürichsee, nebst einer Plauderei über Jean Co-op, den Genossenschafter par excellence.

3. Die Kleidung. Ein Gebärdenspiel.

„Zur Vereinfachung der Lebenshaltung: Enttäuscht vom neumodischen Anzug und überdrüssig der altmodischen Tracht findet ein Mann das Glück im Co-op-Kleid."

Konfektion! Ein Weib geht vorbei. Ein Mann hinterher. Das Weib ist Verkäuferin. Der Mann ist steif romantisch. Doch die Liebe entdeckt und das Lächerliche seines Aufzuges. Er tritt in den Laden und verlangt nach einem neuen Kleid. – Das Weib führt ihn vor ein Menschenpaar neuester Mode. Er ist entsetzt. Das Weib führt ihn vor ein Menschenpaar älterer Tracht. Er ist abermals gestürzt. Da öffnet sich die Tür. Aus der Co-op-Schachtel das Co-op-Kleid. Der Mann durchaus entzückt. Das Weib hilft ihm auf. Er kleidet sich an. Einfach! Kleidsam!! Schicklich!!! Beide tanzen. „Es ist erreicht!"

Am Phonograph: La Java. – L'Orient. – Dri vom Aläggi. – Die alten Schweizer. – La nuit de Chine.

Das Theater CO-OP
Hannes Meyer, Basel & Jean-Bard, Genf.

Öffentliche Aufführungen

am
Samstag, den 11. Oktober 1924, abends 8 Uhr
Sonntag, den 12. Oktober 1924, nachm. 4 Uhr
Sonntag, den 12. Oktober 1924, abends 8 Uhr

im

Genossenschaftshaus Freidorf

Schauspieler: Mr. Jean-Bard, Professor am Konservatorium zu Genf.
Mme Jean-Bard.
Puppenspieler: Hannes Meyer, Freidorf-Basel.

PROGRAMM

1. Die Arbeit, Gebärdenspiel.
2. Jean Co-op, Bilderparade.
3. Die Kleidung, Gebärdenspiel.

PAUSE.

4. Der Traum, Gebärdenspiel.
5. Das Freidorf, Bilderparade.
6. Der Handel, Gebärdenspiel.

EINTRITTSPREISE: Reservierte Plätze à Fr. 1.50; Unreservierte Plätze à Fr. 1.–; Kinder halbe Preise.

Billett-Vorverkauf im Laden und in der Wirtschaft Freidorf, sowie in folgenden Filialen des A.C.V. beider Basel: Steinenvorstadt, Klarastrasse, Freiburgstrasse, Rufacherstrasse, Grenzacherstrasse, Holderstrasse, Muttenz, Pratteln.

Letzte Tramverbindungen Linie 12 u. 14: Freidorf ab 22:17, 22:41, 22:59, 23:19, 23:59.

4. Der Traum. Ein Gebärdenspiel.

„Einer armseligen Familie erscheint im Traumgesicht die wahre Genossenschaft."

Elend! Eine Mutter und zwei Kinder schlafen. Eine Kaffeekanne schwankt im Raum. Herabkunft einer schwarzen Spinne. Entsetzen der Mutter. Sie ohrfeigt die Kinder. – Auftreten des Vaters. Die Spinne flieht. Stille und Erwartung. Aus einem Papier wickelt der Vater einen Brotlaib. Das Papier ist ein Co-op-Plakat. Der Vater heftet es an die Wand. Erregung der Familie. – Schlummer. Schlaf. Schnarchen. Stöhnen. Das Traumbild: Die Co-op-Packungen steigen herab: Würste, Waren, Wickelkind, gauckeln und entschwinden. Das Bild der Zukunft steigt auf, riesengross. Die Hand der Rückvergütung kommt herab, goldbeladen. Gierig greifen Mutter und Vater danach: Der Spuck zerfällt. Die Familie erwacht. Mit Vertrauen lebt sie der Zukunft.

Am Phonograph: Zopfenberger Mazurka. – Peer Gynt Suite: Anitra's Tanz, Tanz in den Hallen des Bergkönigs. – Gruss aus Nottuil.

5. Das Freidorf. Eine Siedelung.

Parade von 26 Bilderbögen des Basler Malers *Fritz Zbinden* in Paris, nebst einer Plauderei über das Leben im Zellenbau einer Vollgenossenschaft.

6. Der Handel. Ein Gebärdenspiel.

„Ausschaltung des Zwischenhandels; Vereinigung des Erzeugers und des Verbrauchers, des Bauern mit der Hausfrau."

Eine Schweizerlandschaft! Davor eine Verbottafel. Davor eine Sitzbank. Eine Hausfrau. Sie strickt. Sie wird romantisch. Der Mond geht auf. – Ein Bauer. Er schneuzt. Er spuckt. Ein Licht geht ihm auf. – Zwei Menschen und gegenseitiger Anziehung. Die Drahtseilbahn. Zwei Kinder. Liebessehnsuchtstränenstimmung... Plumps! Der Spekulant. Plumps! Der Migrosbrüder. Plumps! Die Krämersfrau. Plumps! Der Musterreisende. Schreckhafte Ernüchterung des Bauern und der Hausfrau. Er bietet ihm eine Rübe. Sie bietet ihm ein Fünffrankenstück. Nie erhielt er so viel. Nie zahlte sie so wenig. Die Viere tanzen. Die Beiden verjagen sie. Zwischenhandel! Die Viere tanzen. Die Beiden verjagen sie. Die Viere verduften in All. Die Beiden umsohlen sich. Der Engel Co-op: Bauer + Hausfrau = Ewige Treue!

Am Phonograph: Le ranz des vaches. – Echojodel. – Entlibucher Kuhreigen. – Yes, we have no bananas. – Credo du paysan.

«bauhaus») erwähnten vier. Die eingeschobenen «Paraden» waren denn auch zu sehr freidörflerisch-eidgenössische Einblendungen («Plaudereien; – über Jean Co-op, den Genossenschaftler par excellence; – über das Leben im Zellenbau (sic!) einer Vollgenossenschaft») (HM), um sie einem Bauhaus-Publikum als wirksame soziale, engagierte Propagandataten zu präsentieren: Meyer relativierte durch Auslassungen.

«Nein, Volkserziehung, genossenschaftliche und künstlerische!» (HM) Der Zweck war also klar: Erziehung des Menschen durch Aufzeigen des richtigen Lebens. Die Mittel waren künstlerischer Art. Wie wichtig ihm die Auseinandersetzung mit dem Theater blieb, läßt sich schon daran ersehen, daß es später am Bauhaus gerade über die Bühne Auseinandersetzungen mit deren Leiter Oskar Schlemmer gab. In einem Meyer-Kurzkommentar über das Bauhaus-Buch vier heißt es noch 1926: «Die Bühne am Bauhaus ... oder das Theater als optisch-dynamisches Phänomen. Der literarischen Führung entwunden und der hohlen Schöngeisterei der Worte. Kritische Äußerungen von Oscar Schlemmer und von L. Moholy-Nagy. Dazwischen der Entwurf zu einer U-Bühne von Farkas Molnár und die Partiturskizze zu einer mechanischen Exzentrik von L. Moholy-Nagy. Der Schwerpunkt bei Oscar Schlemmers ‹Triadischem Ballett›. Das Buch ist gut.»[8]

Die Zusammenarbeit zwischen Schlemmer und Meyer war anfangs von großer Sympathie getragen: die Nummer der «bauhaus»-Zeitschrift, in der Meyers «propagandatheater co-op» 1927 erschien, wurde redigiert von Oskar Schlemmer, und in seinem Bewerbungsschreiben an Walter Gropius spricht Meyer ausdrücklich von der «wertvollen und aufschlußreichen unterhaltung (u. a.) mit schlemmer»; und: «den anläßlich des einweihungsfestes (im Dezember 1926) ausgestellten Arbeiten stehe ich vom beschränkten abc-boden aus zumeist äußerst kritisch gegenüber; ausgenommen die sehr entwicklungsfähigen dinge wie stahlhaus, stahlmöbel, teile von schlemmers bühne (...).»[9] Unter Meyers Direktorat entstand dann am Bauhaus folgerichtig eine Gegenbühne zu der Schlemmers: eben auch eine – sich politisch verstehende und damit gegen Schlemmers sich wertfrei gebärdende gerichtete – Propaganda-Bühne: Diese trat auf mit politischen Sketchs und nicht «triadisch» – dreiheitlich-göttlich. «Teile von Schlemmers Bühne» mochten da noch angehen; – aber eben nur Teile, und diese noch als entwicklungsfähige Dinge. Diese Entwicklung schien Meyer in den Jahren der politischen Zuspitzung bei Schlemmer aber letzthin vermißt zu haben.

Dem Text des Programms sind aber noch andere Hinweise auf Meyers Entwicklung, die in den nächsten Jahren folgen sollte, zu entnehmen. Er problematisiert hier schon die empfundene Enge und Provinzialität der Schweiz: «vorschlag, es sei dieser anlaß zu verpassen, ‹schweiz› vor internationalem publikum durch kuh, chalet, schokolade, schießstand mit schwyzerin in landestracht bloßzustellen.»[10] Dieses Motiv taucht in den späteren Äußerun-

Abb. 5–7
Szenen aus dem Theater Co-op, 1924.

gen Meyers immer wieder auf, z. B.: «Berge sind Einrichtungen völkischer Abgeschlossenheit und Sinnbilder des Vorurteils. (...) An Werktagen bergen sie Brutstätten inzüchtiger Binnenkultur. (...) Drunten in der Ebene wird Weitblick zwangsläufig und obligatorisch.»[11] Mithin muß dieser belgische Ausflug als weiterer Fluchtversuch Meyers aus der Schweizer Enge gesehen werden.

Auch fallen in diesem Text die ersten Äußerungen Meyers zu einem Bekenntnis zur «neuen Welt». Wie in seinem gleichnamigen Text-Manifest von 1926 heißt es schon hier: «unsere spielmittel bejahen restlos unser zeitalter der radio, kino, fono, mecano, elektro, auto. daher wirkte theater co-op in spielbewegung automatisch, in musikgeräusch mechanisch, in bühnenvision kinematografisch.»[12] Und auch die Forderungen, die das neue Zeitalter an die Zeitgenossen stellte, waren in diesem Text aufgestellt in Form der Benennung dessen, was diese Bühne verwirklicht hatte: Kleinheit versprach Wirtschaftlichkeit, vereinfachte Bühnentechnik Mobilität, die Sprachlosigkeit verhieß Erweiterung des Aktionskreises (= Internationalität) und: die Einfachheit war volkstümlich und somit zielgerichtet nicht nur auf eine Elite der Theaterbesucher.

«reichtum der gegensätze: mensch contra puppe, sozial: co-op contra antico-op. hier die durch herz, hirn, sitte, affekt und intellekt diktierte bewegung des menschen. dort die gefühlsfreie, scham- und geistlose, ungebremste haltung und hingabe der puppe, *absolutes ‹spiel›*.» (Hervorhebung M. K.)[13]

Hiermit, mit dem Hinweis auf etwas, was losgelöst von der menschlichen Gefühlsduselei ein eigenständiges Leben führen konnte = «absolut», und mit dem Bekenntnis Meyers «zur synthese des absoluten propagandatheaters mit dem ziel: menschenseelen durch das schauspiel von körper, licht, farbe, geräusch und bewegung zu erschüttern»[14], lieferte Hannes Meyer das Stichwort zur Entschlüsselung seines in den folgenden Jahren entwickelten Architekturverständnisses und seines jeweiligen Ergebnisses: «als erdachtes menschenwerk steht es in berechtigtem gegensatz zur natur».[15]

Das «Théâtre co-op» barg für Meyer einen zusätzlichen Aspekt, der eng mit der künstlerischen Arbeit in anderen Ländern zusammenhängt: mit der Laboratoriumsarbeit. Der Begriff des Laboratoriums, der Versuchsstätte, taucht im Schaffen der Künstler und Architekten der Meyerschen Generation häufig auf, wenn von Bestrebungen die Rede ist, neue Formen, Gegenstände und Lebensweisen in das neue Weltbild zu integrieren. Und nachweislich geht diese Entwicklung – hin zu einem Laboratoriumsbegriff – aus von Arbeiten und vom Schaffen einer Reihe sowjetischer Künstler: denen der Gruppe LEF nämlich. (LEF = Levyj Front ISKUSSTV. Linke Front der Künste)

Es soll hier keiner Überinterpretation Vorschub geleistet werden: Aber es geht darum, eine Haltung aufzuzeigen in einer Zeit, die von der politischen Polarisierung geprägt war. Was die bürgerliche Revolution in Mitteleuropa fast eineinhalb Jahrhunderte zuvor geleistet oder zumindest versucht hatte, nämlich die Ablösung einer feudalistisch-absolutistischen Herrschaft, war gerade vor der Haustüre als Folge eines imperialistischen Krieges neu vorgefallen; – diesmal aber schon als Folge des Zusammenpralls einer mechanisierten und industrialisierten Welt mit einer weitgehend agrarischen, einer neuen mit einer alten. Die Maschine als Konstruktion, gerade ihren Einsatz zur Massenvernichtung von Menschen hinter sich, und als solche – am Ende einer Epoche der «neuen Welt» – von futuristischer Schar gefeiert, galt nun plötzlich der alten/neuen Welt – der UdSSR – als Inbegriff der Möglichkeit, der «neuen Welt» Herr zu werden, indem man sich ihrer bediente. Im Auf und Ab der Zylinder und in der Kreisbewegung des Schwungrades sah man die Kräfte gebündelt, als deren Teilkraft man sich sah und welche man sichtbar machen wollte. Die Maschine war das Utilitäre an sich, das man in den Dienst der Sache der Revolution zu stellen trachtete.

Die Gruppe LEF, 1917 gegründet als lose Vereinigung von Künstlern um Wladimir Majakovskij und Alexander Rodženko, zielte nach Majakovskij auf einen Tendenzrealismus, der sich der technischen Errungenschaften aller revolutionären, künstlerischen Schulen bemächtigte und seine Orientierung richtete auf Kunst, Technik und Produktion. Produktion aber war Arbeit. Das Ergebnis künstlerischer Arbeit war wiederum «produktivistische Kunst». Zur Handhabung des Begriffs des «Laboratoriums» und der in ihm stattfindenden Arbeit, einer «Erfindertätigkeit», bei Hannes Meyer kommen wir noch ausführli-

11 wie Anm. 1, S. 305
12 wie Anm. 3
13 wie Anm. 3
14 wie Anm. 3
15 Hannes Meyer ein völkerbundgebäude für genf, 1927 in: bauhaus 1927, Nr. 4, S. 6

Abb. 8
Pierre Flouquet: Bühnenbild, ca. 1923/25. Von Hannes Meyer in seinem Aufsatz über «Junge Kunst in Belgien» verwendete Abbildung zur Illustrierung zeitgenössischer Tendenzen der Bühnengestaltung.

cher bei der Beschreibung der Zusammenarbeit Meyers mit Hans Wittwer in deren gemeinsamem Büro, ihrem «Labor» im Luftgässlein in Basel zurück. Hier nur soviel:

Das Utilitäre der Maschine. In der jungen UdSSR arbeitete Alexander Vesnin – der gemeinhin als der «Erfinder» des russischen Konstruktivismus gilt – vor seinen ersten architektonisch-konstruktivistischen Entwürfen (1923 Palast der Arbeit, 1924 Gebäude der Leningradskaja Prawda) (S. 166/167) am Theater als Bühnenbildner, -bauer. Selim O. Chan-Magomedow zeigt in seinem Buch über A. Vesnin[16] die Stationen der Geburt des russischen Konstruktivismus anhand von grafischen Arbeiten und den Maquetten fürs Theater: «Der Konstruktivismus kam auf Grund von Laboratoriumsversuchen der Künstler und Arbeiten der Ingenieure zum Theater, auf Grund von nackten Konstruktionen. Aber eben am Theater manifestierte er sich erstmals in großen Formen, die als ästhetische Formen interpretiert wurden. In den konstruktivistischen Ausstattungen zu Beginn der zwanziger Jahre schufen die Künstler Bilder der Zukunftsstadt, der neuen Lebensweise, einer urbanistischen und mechanistischen Ästhetik. Auf der Bühne erhielten diese neuen Konstruktionen und die alltäglichen Gegenstände neue Eigenschaften und kehrten, dank der Ersatzwirkung, ästhetisiert ins gewöhnliche Leben zurück: in die Konstruktion und die Produktion, als Elemente einer neuen Kunstkultur, denn am Theater wurden diese wesentlich zweckbetonten Elemente als ‹Abbild› einer Epoche aufgefaßt, was die Erfinder selber manchmal gar nicht beabsichtigt hatten.»[17]

1923 spielte unter A. Tairow das Zimmertheater Moskau Chestertons Stück «Der Mann, der Donnerstag war»; Bühne: A. Vesnin. «Als unbedingt notwendige Dispositive zur Belebung der Bühne hatte man in die Maquette eine Kippvorrichtung wie die einer Lore, ein rollendes Trottoir, das für Verfolgungsszenen benutzt werden sollte, (...) ein System von Aufzügen, einen Drehkran, bewegliche Scheinwerfer und Bühnenbeleuchtung sowie eine Leuchtreklameanlage aufgenommen. (...) Diese ‹Maschinen›, diese konstruktivistischen Bühnendispositive, wurden eigentlich eingesetzt, weil man den Wunsch hatte, das Schauspiel aus dem Theatersaal zu nehmen, es auf die Straße zu versetzen und in ein Massenschauspiel zu verwandeln. Die konstruktivistischen Dispositive unterscheiden sich insofern radikal von den vorangegangenen Dekorationen, als sie vom Bühnenraum getrennt wurden, ihn verließen.» Und weiter: «Diese Arbeit ist von grundlegender Bedeutung und Ausdruck des ästhetischen Glaubensbekenntnisses des architektonischen Konstruktivismus. Sie zeigt, daß der frühe Konstruktivismus von einer durchbrochenen Konstruktion und sich bewegenden Mechanismen ausgeht und Raum und Dynamik verbindet.»[18]

Die «produktivistische» Kunst der LEF-Gruppe, die Idee des Konstruktivismus und der Begriff des Laboratoriums gehörten also eng zusammen. Ziel war, die Kunst ins Leben zu tragen. So in der UdSSR. In Westeuropa, wo es ähnliche bis gleichlautende Bestrebungen und Forderungen seitens einiger fortschrittlicher Künstler gab, gesellt sich zu dieser Arbeit aber noch etwas anderes. Bedingt durch eine andere Gesellschaftsformation, die längst auf andere Widersprüche gestoßen war, hatte sich hier in den Jahren schon vor dem Kriege eine Diskussion angebahnt, die im sog. «Funktionalismusstreit» endete. Für die Architektur bedeutete dies z.B.: Die Entwicklung von Typen wurde erst notwendig, nachdem sich innerhalb der kapitalistischen Gesellschaft auch jeweils typische Bedürfnisse herausgeschält hatten. Ein ernstzunehmender Funktionalismus hatte natürlich diese «typischen» und somit übertragbaren und vervielfaltigbaren Funktionen herauszuarbeiten und zu analysieren, um sie überhaupt als solche benennen und darüber hinaus auch nutzbar machen zu können. Es gab zudem immerhin eine Gewerkschaft, die Architekten in diesem Sinne Bauten und Siedlungen projektieren ließ. Es vermischten sich zu diesem Zeitpunkt in Europa also diese parallel laufenden Entwicklungen, sie durchdrangen sich sozusagen. Bei der Siedlung Freidorf haben wir gesehen, wie Meyer sich einem Funktionsbegriff, der sich für die Architektur anwenden ließ, annäherte. Seine nächsten Projekte, die er nach dem Freidorf in Angriff nahm, die Petersschule in Basel und das Völkerbundgebäude in Genf, wurden als *die* konstruktivistischen Entwürfe innerhalb der jeweiligen Wettbewerbe gefeiert; – wie aber kommt man zu solchen Entwürfen? Wohlgemerkt: nach dem Freidorf.

16 Chan-Magomedow, Selim O.
Alexander Vesnin und der Konstruktivismus
Stuttgart 1987
17 ebd., S. 104
18 ebd., S. 92 ff.

Bei diesen beiden Entwürfen hat Meyer in den Erläuterungstexten jeweils auf der Ableitung der Funktionen bestanden um deren Form als Notwendigkeit zu erklären. Und das ist mindestens so ernst zu nehmen wie die «konstruktive Erfindung» (Meyer zum Völkerbund). Es ergänzen und verbinden sich bei ihm: eine positivistische Haltung gegenüber dem Konstruktivismus und ein Funktionalismus, der sich dem sozialen Anliegen verpflichtet. Durch jahrelange Siedlungspraxis im Dienste des VSK war er geschult, nicht im luftleeren Raum, sondern im Sinne einer gesellschaftlichen Aufgabe zu arbeiten. Das «Théâtre co-op» war ihm somit erster Versuch, «absolutes spiel» mit gesellschaftlicher Realität zu konfrontieren, im Sinne einer notwendigen Umwandlung der Werte: «1922–1927 / das neue weltbild / meine erlebnisse und beobachtungen in der siedlungspraxis und im genossenschaftsleben brachten in mir die überzeugung zur reife, daß an eine weiterführung der übernommenen *Ausdrucks-Kultur* nicht mehr zu denken sei, wenn wir eine solche mit den übrigen erscheinungen der heutigen umwelt in harmonie stellen wollen. (...) ich empfand auch besonders stark den zwiespalt individualistisch orientierten tuns im zeichen eines absolut kollektivistischen zeitalters. zunächst ging ich ganz theoretisch an die nötige umwandlung; und zwar auf dem umweg über konstruktive malerei usw.:

a) studierte an der *Vitrine Co-op* die spannungen neuzeitlicher materialien und packungen, und das wesen standardisierter gegenstände (...)

d) die auseinandersetzung mit dem *Theater Co-op* brachte mir klärung über kinetische und dynamische vorgänge.»[19]

Für Hannes Meyer war dieser Theaterversuch wichtiger Wegstein auf dem Wege zu einer neuen Architekturauffassung: Und es war natürlich ein «Raum» und es war ein gesellschaftliches – wenn auch freies = absolutes – «Spiel» zu inszenieren, zu planen, zu bauen. Wie in seinen späteren konstruktivistisch-funktionalistischen Bauten nahm er hier eine von ihm an die Architektur gestellte Aufgabe ernst: sparsam bis karg in den Mitteln, aber effektvoll und wirtschaftlich; sozial im Anliegen, wie die Erziehung zur Gemeinschaft, zur Co-operation. «Am Theater trat das Phänomen der Ästhetisierung der zweckgebundenen Formen des Konstruktivismus in den Jahren 1922–24, in der Architektur einige Jahre später auf.»[20]

Abb. 9
Szene aus dem Theater Co-op, 1924.

19 Hannes Meyer
Curriculum vitae
15. 2. 1927
in: ders.
Bauen und Gesellschaft
Dresden 1980, S. 13
20 wie Anm. 16, S. 97

Co-op 3
Vitrine Co-op

*Abb. 10
Vitrine Co-op. Die erste Vitrine im Raum des V.S.K. auf der Internationalen Genossenschaftsausstellung
(E.I.C.O.S) Gent, Belgien 1924.*

«... ein übergroßer glasschaukasten: die vitrine co-op, signalrotes terrarium der co-op/standard/artikel genossenschaftlicher bedarfsdeckung.»[21] In dem inszenierten Ausstellungsraum, unter ausgeschnittenem Rechteck in den die Decke bekleidenden Stoffbahnen, stand, auf einem Sockel, die erste Vitrine. (Abb. 1/2) In dieser Vitrine waren ausgestellt die *Co-op*-Artikel und Produkte der schweizerischen Produktions- und Konsumgenossenschaften. Mit diesem Glasschaukasten verfolgte Meyer aber noch einen anderen Zweck als den der reinen Zurschaustellung dieser Artikel: «a) studierte an der *Vitrine-Co-op* die spannungen neuzeitlicher materialien und packungen, und das wesen standardisierter gegenstände.»[22] Er gestand den standardisierten Artikeln also ein «Wesen» zu, das, losgelöst von ihrer Aufgabe, Objekte reiner «Bedarfsdeckung» zu sein, ihnen als Typenprodukte eigen war. Er löste diese Artikel mittels dieser Vitrine also aus ihrer Funktion als Konsumgüter, aus dem Zusammenhang ihrer Repräsentation zwecks Verkauf und stapelte bzw. reihte sie, ihrem seriellen Charakter der Massenkonsumgüter entsprechend, zu: – sagen wir Warenornamenten. Diese Warenornamente, miteinander kombiniert und arrangiert, bildeten so einen optisch-haptischen Hinweis eben auf das serielle Produkt, auf die Serie als Prinzip. Die Serie (von Typen) ihrerseits war aber schon Bestandteil der «neuen Welt». Auf dem von ihm beschriebenen «umweg» zur «nötigen umwandlung» der «übernommenen *Ausdruckskultur*» kann diese Vitrine als weiterer Schritt gesehen werden: Es war ihm – wie das Theater «absolutes Spiel» – ein absolutes, freies Gebilde. Die Vitrine mit ihren Produkten war Surrogat aller im Konsumladen des Freidorfes stehenden Verkaufsvitrinen und zugleich eigenständiges Gebilde mit dem Hinweis nur auf sich selbst.

10

21 Hannes Meyer
Das Theater CO-OP
in: Das Werk
12. 1925, Heft 7, S. 329
22 wie Anm. 19

11

Warum aber an dieser Stelle der abermalige Hinweis auf das adjektivistische «absolut»? Dazu an dieser Stelle soviel: Wie schon erwähnt und später ausführlicher beschrieben, war Meyer während dieses Sommers 1924 damit beauftragt, eine Ausstellung über belgische Kunst in der Kunsthalle Basel zu organisieren. In einem Brief an den Kunsthallendirektor W. Barth, undatiert, wohl Juni 1924, listete Meyer diesem eine Reihe Maler und Bildhauer auf, die als Künstler für die Ausstellung in Frage kommen. Oben auf dem Blatt, groß geschrieben, drei Namen, die durch eine Klammer verbunden sind, um sie alle unter der Bezeichnung «junge ‹absolute› Malerei!» zu fassen: Jozef Peeters, Victor Servranckx, Pierre Flouquet. Zur gleichen Zeit also, wie er die Vitrine konstruiert und bestückt, ist er dabei, realistische Maler (u. a. Constantin Meunier und James Ensor) wie auch abstrakte (absolute) Künstler aufzusuchen, um deren Bilder auszuwählen für die im Frühjahr 1925 stattfindende Ausstellung. Meyer entdeckt so zu dieser Zeit das Abstrakte, Absolute im Bildschaffen der eigenen Künstlergeneration; – er bewegt sich dann im eigenen Schaffen darauf zu. Ende 1924, zur Aufführung des «Théâtre Co-op» im Freidorf, arrangierte Meyer im Genossenschaftshaus der Siedlung wieder eine Vitrine. Diese Vitrine ist wesentlich strenger in der Konzeption als die der Genter Ausstellung. (Abb. 10) Die Seiten-Schaufenster sind, wie in Gent schon der Glasdeckel, unterteilt, wodurch sechs Felder innerhalb der Vitrine entstehen. Diese sechs Felder sind wiederum Ausgangspunkt für das Arrangement der Waren. Es entstehen somit sechs Ornamentfelder, die ihrerseits wieder ein Gesamt-Warenornament bilden. Dieses ergibt, abstrahiert und grafisch konstruiert: ein erstes «Lino Co-op». «c) eine serie von Linos Co-op klärte mir die anschauung über heutige grafik.» (Abb. 36) Die Gegenüberstellung eines Ausschnittes (ein Feld aus dem Warenornament) des ersten Linos mit einem Lino von Victor Servranckx von 1921 (S. 140) zeigt meines Erachtens den starken Einfluß, den eine ganz bestimmte Generation von Künstlern auf Meyers Sehweise hatte. Meyer 1925: «Sezieren wir der Maler Art und Abart? In ‹Abstrakte›? V. Servranckx, J. Peeters, P. Flouquet, K. Maes.»[23]

Doch vorerst zurück zur Vitrine. Wie im «Théâtre Co-op», sind auch hier die später erbrachten sprachlichen Präzisierungen Meyers – wie in dem Text-Manifest «Die Neue Welt» – z.T. schon gebaut vorweggenommen. Aus diesem Text, 1926: «Der konstruktive Leitgedanke geht heute durch alle Domänen unserer Ausdruckskultur. Erklärlich aus dem Gesetz menschlicher Trägheit, daß er sich zunächst überall dort eindeutiger durchsetzt, wo Griechen

Abb. 11/12
Vitrine Co-op. Die zweite Vitrine im Genossenschaftshaus des Freidorfes 1924/25, zu sehen ist die strenge Ordnung der Standartikel.

[23] wie Anm. 1, S. 270

12

und Louis XIV Spuren nicht hinterließen: (...) Im neuen Schaufenster sind die Spannungen neuzeitlicher Materialien mit Hilfe der Beleuchtung psychologisch ausgewertet. Schaufenster-Organisation statt Schaufensterdekoration. Es appeliert an das so differenzierte Materialgefühl des modernen Menschen und zieht alle Register seiner Ausdruckskraft: FORTISSIMO = Tennisschuhe zu Havanna-Zigarren zu Fleckseife zu Nußschokolade! MEZZAFORTE = Glas (als Flasche) zu Holz (als Kiste) zu Pappe (als Packung) zu Weißblech (als Büchse)! PIANISSIMO = Seidenpyjame zu Batisthemd zu Valenciennes zu ‹L'Origan de Coty›!»[24] Also auch hier wieder: die Organisation, exakte Abzirkelung und Erkennung der Welt.

Es ist dies die neue Warenwelt. Eine Reihe von Fotos der Freidorfer Vitrine, fotografiert von Meyers Haus- und Hof-Fotografen Hoffmann/Basel, zeigt deutlich eine zusätzliche Absicht, die Meyer mit der Vitrine und den davon gefertigten Fotos verfolgte. Sie zeigen zumeist eine Sicht der gestapelten Waren auf der Ebene des Vitrinen-Bodens. Dadurch entsteht für den Beschauer der Eindruck, er befinde sich als Fußgänger sozusagen auf den Wegen/Straßen einer Warenstadt: Die Warentürme erscheinen wie Hochhäuser, wie überdimensionale Reklameschilder oder eben wie ein Warenlager, das man durchschreiten kann. In seiner Publikation «Die neue Welt» werden dazu auf Seite 216, übertitelt mit «Die Propaganda», drei Abbildungen zur Illustration herangezogen: 1. Die Vitrine Co-op. 1925; 2. Ein Zeitungsprospekt von M. Burchartz & J. Canis, 1926 und 3. ein Kinoplakat. Ist es einerseits die Propagierung der Co-op-Ware, die Meyer vornimmt, so verweist er andererseits auch auf seine Sichtweise der Welt als eine von Waren überflutete: die serielle Zurschaustellung von Standardprodukten aber verweist ihrerseits wieder auf die gleichen Bedürfnisse der Gesellschaftsmitglieder: «Die Vereinheitlichung unserer Bedürfnisse erweisen: Der Melonehut, der Bubikopf, der Tango, der Jazz, das Co-op-Produkt, das DIN-Format und Liebigs Fleischextrakt.»[25] Und: «Unsere heutigen Lebensansprüche sind strichoder schichtenweise von gleicher Art. Das sicherste Kennzeichen wahrer Gemeinschaft ist die Befriedigung gleicher Bedürfnisse mit gleichen Mitteln. Das Ergebnis solcher Kollektivforderung ist das Standardprodukt. (...) *Die Höhe unserer Standardisierung ist ein Index unserer Gemeinwirtschaft.*»[26]

Im Gegensatz zum Schaufenster der modernen Großstadt, wo die Schaufensterscheibe Schutz und Anpreisung der Ware zugleich zuläßt, mit ihrer nur einen Schauseite aber immer verweist auf den dahinter sitzenden Verkäufer (im Laden) – schafft Meyer mit seiner Vitrine, um die man herumgehen und sich somit die Ware «aneignen» kann, einen der

24 Hannes Meyer
Die neue Welt
in: Das Werk (Sonderheft)
13. 1926, Heft 7, S. 222
25 ebd., S. 221
26 ebd., S. 223

Abb. 13
Vitrine Co-op. Werbung des Verbandes Schweizerischer Konsumvereine (V.S.K.) für die Eigenpakkungen «CO-OP», (Meyers Pseudonym zwischen 1926 und 1930).

Abb. 14–16
Vitrine Co-op. Ausschnitte, Detailaufnahmen der zweiten Vitrine, 1924/25. (Gb.)

Warenwelt entsprechenden modernen Gral: Die Sendung des Heils geschieht hier mittels Co-op-Waren, mit denen zur Co-operation aufgerufen wird: unter sich gleichenden Gesellschaftsmitgliedern, die ihrerseits symbolisiert sich wiederfinden als uniformierte Waren in der Glas-Vitrine.

1925 schreibt Meyer nochmals über das Freidorf, wobei nicht nur der neue Ton auffällt: «Hier ist alles Co-op. Co-op heißt Cooperation. Cooperation heißt Genossenschaft. Co-op die Menschen und alle Nahrung und Satzung und Kleidung und Zeitung. Co-op alle Behausung und Schenke und Schule und Tanzsaal und Kaufladen. Co-op die Bücherstube, die Bücher darin, deren Inhalt, dessen Geist... und so ist diese Siedelung ein Stein und Raum gewordenes Prinzip, allseitig und allerorts unendlich angewendet, mathematische Formel, etwa $(Co\text{-}op)^3\infty$.»[27] Hier treten die Siedlung Freidorf und die Vitrine nochmals gemeinsam an, die Idee der Genossenschaft in die Welt zu tragen. Und natürlich ist in dem schweizerischen roten Saal gegenüber der Vitrine auch eine Informationswand über das Freidorf: Und auch die Bilder an den Wänden tauchen im Freidorfer Genossenschaftshaus wieder auf.

Dieses noch: Für Meyer ist dieser Schaukasten Propaganda-Mittel der Genossenschaftsidee, und er nimmt die Vitrine auch im nachhinein ernst, betrachtet sie selbst als Wegstein zu den späteren Arbeiten. In einem Manuskript zu biografischen Arbeiten erwähnt er noch am 15.4.1949 «Freie Arbeiten: Die Vitrine Co-op mit 36 Typenprodukten aus genossenschaftlichen Fabriken.»[28] Außerdem beweist die Art der Fotos und ihre Behandlung im Meyer-Archiv diese Rolle: Er montiert eine ganze Reihe dieser Fotos der Vitrine auf Karton, ganz so, wie er die Fotos der architektonischen Werke aufmontiert und seinem Archiv einverleibt. Es sind dies aber zudem ganz bewußt gestaltete Montagen (nicht bloß zum Zwecke der Archivierung): Einmal beschneidet er die Fotos am Vitrinenrand, dann benutzt er den weißen Rand des Kartons wieder zu Gleichgewichts-Studien. Nichts wird dem Zufall überlassen: Er gestaltet so selbst den DIN-Bogen (A3/A4) mittels einer Fotografie, die dasjenige Objekt wiedergibt, an dem er zuvor einen Gestaltungsversuch unternommen hat.

27 Hannes Meyer
Die Siedelungsgenossenschaft Freidorf
in: Das Werk
12. 1925, Heft 7, S. 42
28 Hannes Meyer
Bio-bibliografische Notizen 15.4.1949
Hannes Meyer-Nachlaß DAM/Ffm.

14

15

16

103

Co-op 4
Exkurs / Belgische Kunst

«Es ist richtig, daß ich in den Jahren 1922–1926 mich sehr stark mit den verschiedenen Strömungen der abstrakten Kunst auseinandersetzte, und die Frucht dieser Studien war jene Spezialnummer in ‹Das Werk›, ‹Die neue Welt›, in der ich einiges davon für den konservativen Schweizer Gebrauch darlegte in Wort und Bild. (...) Aber ich halte ‹Die neue Welt› nur im Rahmen jener Etappe und nur sehr bedingt für akzeptabel, und große Teile der Analyse sind falsch angepackt. Mit vielen der ursprünglichen Initianten abstrakter Kunst hatte ich persönlichen Kontakt, und all das war für mich eine große Hilfe, um mich aus der Sackgasse ‹Freidorf› zu befreien. Ich besuchte in jenen Jahren regelmäßig Mondrian, Rietveld, Baumeister, Vantongerloo, Lissitzky (damals im Tessin) und hatte eine recht ausgiebige Auseinandersetzung mit Meyer-Amden, den ich sehr schätzte. So kam ich auch in brieflichen Kontakt mit Meister Hölzel, Stuttgart. Bis zu meinem Eintritt ins Bauhaus kannte ich keinen einzigen Meister von dort, (...). Dann kam ich mit Tatlin, Gabo, Malewitsch zusammen und traf F. Léger, Kassak, Oud usw. – (...)

Ich will mit alledem nur sagen, daß mir die Abstrakten ein ‹Erlebnis› waren, und nicht nur ein ‹Propaganda-Unternehmen›. (...)»[29]

Zwanzig Jahre nach diesem Erlebnis, am 1.5.1949, schreibt Meyer diese Zeilen einem befreundeten Maler (Ernst Morgenthaler) und dessen Frau aus Mexiko. Er erwähnt in diesem Brief zwar die Publikation «Die Neue Welt» (1926), nicht aber die im gleichen Jahr von ihm redigierte Nummer der schweizerischen Zeitschrift «ABC, Beiträge zum Bauen», 2. Serie, Nummer 2; – und auch nicht die Sondernummer von «Das Werk», in der er einen langen Aufsatz über «Junge Kunst in Belgien» mit zahlreichen Illustrationen liefert. Dieser letztgenannte Aufsatz war Frucht seines halbjährigen Aufenthaltes in Belgien, dessen zweiter Ausgangspunkt – neben der Gestaltung des Standes des VSK mit «Vitrine- und Théâtre-Co-op» – eben die Organisation einer Ausstellung über belgische Kunst in der Kunsthalle Basel im Frühjahr 1925 ist. Vom 15. März bis 5. April 1925 werden hier, neben Bildern der belgischen Altmeister Constantin Meunier, George Minne und James Ensor, Bilder der jüngeren (Meyers) Generation gezeigt: Constant Permeke (geb. 1886), Gustaaf de Smet (geb. 1877), Frits van den Berghe (geb. 1881), Jules de Praetere (geb. 1879), Jozef Cantré (geb. 1890), Frans Masereel (geb. 1889) und Floris Jespers (geb. 1889).

«Um die Vorbereitung der Ausstellung hat sich Herr Architekt Hannes Meyer in Basel sehr verdient gemacht, dessen Kenntnis Belgiens und dessen persönliche Beziehungen zu den Künstlern wesentlich zum Gelingen beitrugen.»[30]

Mit einer ganzen Reihe von belgischen Künstlern nimmt Meyer in den nächsten Monaten, gerechnet von seinem Eintreffen in Belgien Anfang Juni 1924, Kontakt auf. Aus einigen wiedergefundenen Briefen Meyers an den damaligen Kunsthallenleiter W. Barth, aus seinem Aufsatz über «Junge Kunst in Belgien» und aus einem für die Basler Zeitung geschriebenen Artikel zur Eröffnung der Ausstellung lassen sich die für Meyers Denken und Sehen wichtigen Einflüsse herauslesen: Die Texte widerspiegeln unmittelbar den Geist, der sie gebar.

Zuvor wollen wir jedoch einen kleinen Einblick nehmen in die künstlerische Situation, in die Meyer 1924 gerät; – er schreibt:

«Die Vorkriegslage zeigte in Abendland-Untergang-Stimmung getaucht auch das belgische Flachland. Sie war beherrscht durch drei Trios: In der Dichtkunst: Rodenbach–Maeterlinck–Verhaeren. In der Malkunst: Meunier–Laermans–Ensor. In der Baukunst: Hankar–Horta–Van de Velde. Die Manometer jener künstlerischen Kraftleistungen sind heute unbrauchbar. Doch wie nahe stehen uns Heutigen die damaligen Wegbereiter: Verhaeren im Dynamischen, Ensor im Nihilistischen, Van de Velde im Ästhetischen. Kein Wunder, daß die andern Künstler jener Zeit ‹Um 1900› sich bemühten, mit rückwärtig gewandtem Blick das Gewesene in immer neu variierten Variationen zu variieren. Die Kunstgefühle des Bürgers waren gebunden durch die Werke einer großen Vergangenheit, und der Genter Altar war Akkumulator kunstgeschichtlicher Begriffe. Die fortschrittlichere Malerei paktierte mit dem Sozialismus, und die Arbeiterpresse vermittelte den Genossen das Werk eines Léon Frédéric, eines Eugène Laermans, eines Constantin Meunier.»[31] Der Erste Weltkrieg brachte einschneidende Veränderungen und Erfahrungen im Leben der Künstler, woraus – wie allerorten in den kriegsbeteiligten Ländern (eben

29 Hannes Meyer (Mexiko)
Brief an Ernst und Sasha Morgenthaler (Zürich) vom 1.5.1949
in: ders.
wie Anm. 19, S. 273f.
30 Ausstellung Belgischer Kunst
Katalog Kunsthalle Basel
15.3.–5.4.1925, S. 3
31 wie Anm. 1, S. 259

nicht derart in der Schweiz) – eine zunehmende Kritik an der Gesellschaft mit den überkommenen ökonomischen und sozialen Strukturen und am Heer erwächst. Die Zeichen der Zeit stehen auf Pazifismus, Internationalismus und Revolution. Westflandern ist zu großen Teilen verwüstet. Einige Künstler, die die Kriegsjahre im holländischen Exil verbrachten, kehren mit neuen Impulsen zurück in die Heimat. «Bei den belgischen Künstlern, die nicht ins Ausland gegangen waren, beginnt sich bereits 1917 etwas zu rühren. Sie haben im geschlossenen Kreis gearbeitet, haben sich dokumentiert und untereinander ihre Erfahrungen ausgetauscht, haben die Jahre der Isolierung benutzt, um aus den Ausstellungen, die sie kurz vor dem Kriege sahen, zu lernen. Deutsche Künstler hielten sich als Soldaten in Belgien auf und brachten den Geist des deutschen, entwickelten Expressionismus mit: das traf unter anderem zu für Grosz und Otto Dix.»[32]
«Zwischen 1914 und 1918 entwickeln sich neue Gedanken. Im Raum Antwerpen gärt es rund um die Figur des Dichters Paul van Ostaijen, der sich als Promotor neuer Kunstauffassungen entpuppt, und Jozef Peeters in Flandern, wie van Doesburg in den Niederlanden, verbreitet die Ideen und knüpft an der Spitze der international ausgerichteten Zeitschrift ‹Het Overzicht› die Kontakte mit den Bahnbrechern im Ausland.»[33]
«Der Gedanke von Dada gewinnt Raum. Es ist auffallend, wie der Begriff ‹Expressionismus› überall in dieser Periode, auch von Paul van Ostaijen, als ein umfassender Begriff angewendet wird, mit Deutung auf Expressionismus, Kubismus, Futurismus und eine bestimmte Form von Abstraktion im Gegensatz zum französischen Impressionismus. Aus den Schriften von Paul van Ostaijen, u. a. ‹Expressionisme in Vlaanderen›, ergibt sich, daß er und auch seine Freunde Paul Joostens, Felix de Boek, Prosper de Troyer, Floris und Oscar Jespers die Manifestationen der italienischen Futuristen, der französischen Fauves und Kubisten, der Russen Chagall und Archipenko kannten. Van Ostaijen lenkt die Aufmerksamkeit auch auf bestimmte Publikationen von Gleizes und Metzinger, darunter ‹Du Cubisme›, 1912 erschienen. Auch ‹Über das Geistige in der Kunst› von Kandinsky aus demselben Jahr wird besprochen, sowie Guillaume Apollinaires ‹Les peintres cubistes› von 1913 ist im Umlauf. Als van Ostaijen 1918 nach Berlin ausweicht, hält er seine Freunde über das dortige Kunstgeschehen auf dem laufenden. Dort begegnete er u. a. Campendonk, Stuckenberg, Arnold Topp und anderen. (...) Auch die Niederlande haben in der Formungsperiode der belgischen Avantgarde eine Rolle gespielt. Verschiedene belgische Künstler – und nicht nur die Expressionisten – hielten sich dort während des Krieges auf. Jules Schmalzigaug, der einzige authentische belgische Futurist, arbeitet in Delft und begegnet Georges Vantongerloo, der seinerseits Kontakt mit van Doesburg hat und am Manifest von ‹De Stijl› mitarbeiten wird.»[34]
«Die Geographie dieses Neulandes ist eindrücklich wie eine Mondlandschaft», schreibt Hannes Meyer: «Die alten Krater sind erloschen. Neue Ringe sind da. In deren Mitte meist eine Zeitschrift. In Brüssel: *Le Disque vert. Na Nervie. 7 Arts. Oesophage. La Cité. Correspondance.* In Antwerpen: *Sélection. De Driehoek. Bouwkunde,* und die verblichenen *Het Overzicht* und *Lumière.* Meist jede mit anderer Färbung: ‹aktivistisch› *Le Disque vert,* ›franco-belge› *La Nervie,* ‹modernistisch› *7 Arts,* ›international› *Sélection,* ‹dadaistisch› *Oesophage,* ‹abstrakt› *De Driehoek.* Am nachdrücklichsten in der Aufmachung *‹Correspondance›:* vierzehntägig eine gepfefferte Druckseite in Briefform als modernistische Pille.»[35]
«‹Abstrakt› De Driehoek» (HM) ist dabei eins unserer Stichworte, wenn wir uns an das «Théâtre» und die Vitrine Co-op erinnern: «In Belgien und anderswo wird über reine Darstellung, Gemeinschaftskunst, konstruktive Kunst gesprochen. Der Gebrauch des Terminus ‹abstrakt› kommt dabei nur sporadisch vor und ist dann noch in einer anderen als der heutigen Bedeutung zu verstehen. In ‹Über das Geistige in der Kunst› benutzt Kandinsky den Begriff ‹Absolute Malerei› und bestimmt ihn: ‹Je freier das Abstrakte der Form liegt, desto reiner und primitiver klingt es.› Er erörtert seine Theorien über das plastische und spirituelle Vermögen der Farbe und der geometrischen Form. Paul van Ostaijen nimmt den Terminus ‹absolut› u. a. im Zusammenhang mit dem deutschen Maler Stuckenberg wieder

17

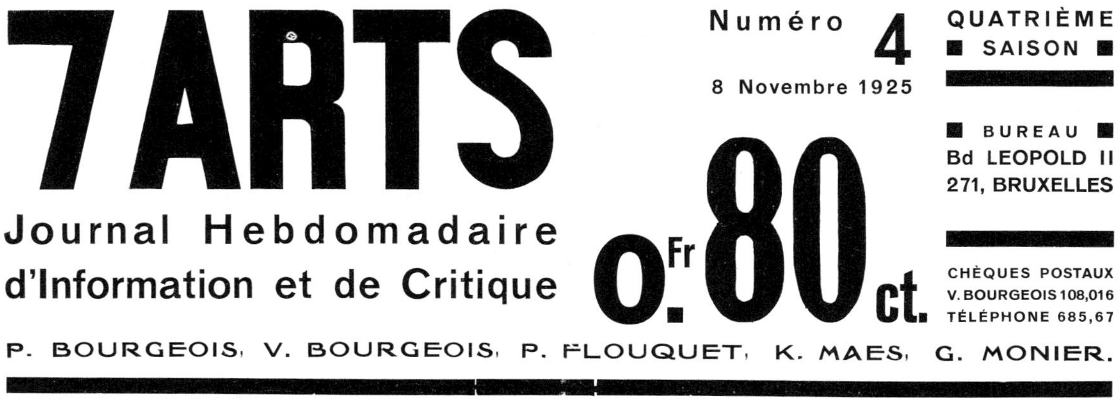
7 ARTS
Numéro 4
8 Novembre 1925
QUATRIÈME SAISON
BUREAU
Bd LEOPOLD II
271, BRUXELLES
Journal Hebdomadaire
d'Information et de Critique
0.Fr 80 ct.
CHÈQUES POSTAUX
V. BOURGEOIS 108,016
TÉLÉPHONE 685,67
P. BOURGEOIS, V. BOURGEOIS, P. FLOUQUET, K. MAES, G. MONIER.

Abb. 17
Kopf der Zeitschrift «7 Arts», Nr. 4, 1925 mit dem Artikel von Victor Bourgeois über das Freidorf.

32 *Mertens, Phil* Neue Tendenzen in Belgien um 1920 in: De Boeck/Joostens/Servranckx Ausstellungskatalog der Galerie Gmurzynska, Köln 1973
33 ebd.
34 ebd., S. 4f.
35 wie Anm. 1, S. 269f.

HUIB. HOSTE / HOTEL IN KNOCKE

18

JOZEF CANTRÉ / MÄNNERKOPF (1924)

19

*Abb. 18/19
Huibrecht Hoste, Hotel in Knocke und Jozef Cantré, Männerkopf.*

auf. Er war der Meinung, daß sich die Kunst zum abstrakten Lyrismus einer zukünftigen Gemeinschaftskunst, deren extreme Ausläufer Kandinsky und Mondrian waren, entwickeln müßte. Als Jozef Peeters in der Zeitschrift ‹Het Overzicht› die Absichten der neuen Richtung darlegte, sprach er über Gemeinschaftskunst und reine Darstellungen und legte den Nachdruck auf den konstruktiven Charakter, was er 1925 im Manifest der Zeitschrift ‹De Driehoek› wieder aufnehmen sollte. Auch die Brüsseler Zeitschrift ‹Sept Arts› gebrauchte den Terminus ‹plastique pure›. Denselben Geist zeigt der Titel eines unedierten Textes von René Magritte und Victor Servranckx: ‹L'art pure. Défense de l'esthétique» (1922).»[36]

Wir erinnern uns: Jozef Peeters, Victor Servranckx und Pierre Flouquet waren die Künstler, die Meyer in einem Exposé für die Ausstellung unter «junge absolute Malerei» subsumierte: Jozef Peeters hatte am 14.9.1918 mit Jos. Leonhard, Huib. Hoste, Edmond van Dooren und anderen in Antwerpen den «Kreis Moderne Kunst» gegründet und wurde 1922 Co-Direktor der Zeitschrift «Het Overzicht», die am 15. Juni 1921 von Michel Seuphor unter dem Pseudonym Fernand Berckelaers und von Geert Pijnenburg gegründet wurde. Als Redakteur ist Seuphor für den plastischen Teil verantwortlich, und es entstehen eine Reihe von intensiven Kontakten: In der «Sturm»-Galerie in Berlin zeigt Herwarth Walden Werke belgischer Künstler (u.a. Servranckx und Flouquet); die erste Nummer 1924 der gleichnamigen Zeitschrift bringt eine Übersicht über die Avantgarde-Bewegung in Flandern; Jozef Peeters lernt in Berlin bei Adolf Behne Moholy-Nagy und El Lisickij kennen; Arbeiten von Robert und Sonja Delaunay und von Fernand Léger tauchen in der Zeitschrift auf. «Die letzte Nummer von ‹Het Overzicht› erscheint im Februar 1925, nachdem sich Fernand Berckelaers definitiv in Paris niedergelassen hat. Von April 1925 bis Februar 1926 gibt Jozef Peeters die Zeitschrift ‹De Driehoek› heraus, in der er ungefähr dieselben Thesen verteidigt wie in ‹Het Overzicht›. Eins der großen Verdienste dieser Zeitschriften ist u.a., graphischen Illustrationen einen großen Platz eingeräumt zu haben und der Linolschnittkunst, die unter dem Einfluß der Holzschnittkunst in Flandern und Deutschland entstanden war, eine Chance zu geben.

In Brüssel erscheint gleichzeitig ‹Sept Arts›, gegründet von Pierre und Victor Bourgeois, P.L. Flouquet und Karel Maes, wie ‹Het Overzicht› als Kampfblatt gedacht, das seinen Fächer jedoch informativer entfaltet und eine elastischere, direktere Formel hat, wodurch es auch unmittelbarer auf die beinahe tägliche Aktualität abgestimmt ist. Es erscheint von 1922 bis 1928 und erscheint kurzfristig wieder 1948. Ätzende Kritiken sind an der Tagesordnung, es werden Texte von Flouquet und Servranckx darin gelesen, die u.a. 1925 die Haltung von ‹Sept Arts›, das vom Surrealismus Abstand nimmt, beleuchtet.»[37]

Gegen das oben Beschriebene muß man, wenn von der Schweiz die Rede ist, von ausgesprochener Blutleere sprechen, von Schlafmützigkeit oder auch vom Fehlen der Notwendigkeit, in abstrakte Bereiche der Kunst vorzudringen, sich mit den in Europa grassierenden Ismen künstlerisch auseinanderzusetzen. Meyer gerät also im Jahre 1924 in ein ausgesprochen starkes Strömungsfeld moderner Kunst in

36 wie Anm. 32
37 wie Anm. 32, S. 5

*Abb. 20/21
Paul Smeckens, Vororthaus in Antwerpen-Wilrijk und Oskar Jespers, Kopf mit Hand.*

einem – wie die Schweiz – ausgesprochen kleinen Land. Er schreibt zwar: «1921 reise durch deutschland / 1922 reisen in frankreich / 1923 reisen nach dänemark, skandinavien und längerer aufenthalt in finnland»[38], aber es mag ihm wohl erst dieser Aufenthalt in Belgien die Augen geöffnet haben für die woanders längst gestarteten Versuche zur Überwindung «der übernommenen *Ausdrucks-Kultur*»: 1926 nämlich tauchen in seinem Text «Die neue Welt», wie auch in der Sondernummer von «ABC» all die Namen wieder auf, die bisher fielen. Und die Sondernummer von «Das Werk» mit dem Aufsatz über belgische Kunst ist ebenfalls nichts anderes als eine Zusammenschau des in Belgien Gesehenen und Gehörten: Fast alle Abbildungen des Belgien-Heftes sind zuvor in der von Meyer geschätzten Zeitschrift «7 Arts» abgebildet: Und hier ist zuerst der Name Victor Bourgeois zu nennen, einer der Herausgeber dieser Zeitschrift (neben seinem Bruder Pierre, P. Flouquet, K. Maes und G. Monier), über den viele Kontakte beim «Unternehmen Belgien» vermittelt werden.

Victor Bourgeois und Hannes Meyer lernen sich anläßlich des Genossenschaftskongresses in Gent kennen. Meyer lädt Bourgeois zu einer Vorstellung seines «Théâtre Co-op» ein, was dieser wahrnimmt. Dann lädt Bourgeois seinerseits Meyer ein, ihn in Brüssel zu besuchen. Zwischen dem 15. und 28. September ist Meyer in Brüssel; für den Empfang und die freundliche Aufnahme bedankt dieser sich am 17.10. Im November schreibt Bourgeois in «7 Arts» einen Artikel über das «Théâtre-Co-op» und sein Kollege M. Casteels über das Freidorf (9.4.25/8.11.25). Victor Bourgeois äußert seine Bewunderung über das gelungene Genossenschaftshaus: Überhaupt stellt man eine geistige Übereinstimmung in allen Fragen der Bewertung der sozialen Bewegung und in denen von Architektur und Städtebau fest. Am 21.7.25 teilt Meyer Bourgeois mit, daß ihn J. Peeters nach Abbildungen zum Freidorf für die Zeitschrift «De Driehoek» bittet. Diese Zeitschrift bringt im Januar 1926 dann auch Abbildungen über das Freidorf und das «Théâtre-Co-op». Am 26.6.25 spricht Meyer Bourgeois gegenüber vom Plan, für die Zeitschrift «Das Werk» eine Sondernummer über belgische Kunst zusammenzustellen, und erbittet eine Reihe von Linos bzw. Klischees von Linos zu diesem Zweck. Dann folgen fünf Briefe Meyers, in denen er sich über die «Cité Moderne» von V. Bourgeois äußert, diese bewundert und von der er für die geplante Zeitschrift Abbildungen erbittet, die in «7 Arts» 1924 erschienen sind. Meyer spricht vom fortschrittlichsten Siedlungsprojekt der Nachkriegszeit in Belgien. Und bei dieser Gelegenheit zeigt Meyer, daß er ein regelmäßiger Leser von «7 Arts» ist. Im September und Oktober erscheinen dann im «Werk» die beiden Teile des Meyerschen Aufsatzes über belgische Kunst, über den Meyer anschließend Bourgeois mitteilt, daß dieser in der Architektenschaft der Schweiz eine lebhafte Diskussion ausgelöst habe.[39] Die «Cité Moderne» ist es dann auch, die als programmatische Bildüberschrift den Aufsatz «Junge Kunst in Belgien» eröffnet. Doch dazu später.

Die Ausstellungsvorbereitung von Meyers Seite bestand vor allem darin, die zu beteiligenden Künstler direkt aufzusuchen und mit ihnen darüber zu verhandeln, was diese für die Ausstellung auszuleihen bereit sind. Dem zuständigen Kunsthallenleiter berichtet er von persönlichen Begegnungen und Besuchen bei Mme. und M. Meunier, G. Minne, J. Ensor, F. van den Berghe, Constant Permeke u.a., wobei er

38 wie Anm. 19, S. 12
39 Informationen nach:
Watelet, Jaques G. und
Deville, Annick
La première rencontre de Hannes Meyer et de Victor Bourgeois
in: Bauhaus
Icsac Cahier 6/7
o. O. (Belgien) 1987,
S. 297–315

es nicht unterläßt, auch seine unmittelbaren Eindrücke und Bewertungen mitzuteilen: «G. Minne: (...) Ich will Ihnen natürlich nicht verhehlen, daß ich Minne schon mehr als ‹précurseur› (Vorläufer, M.K.) ansehe hinsichtlich moderner Kunst in Flandern, ich bin mir aber klar, daß er ein starker Typ ist und infolge seines mystisch-religiösen Einschlages ein Künstler, der von Gebildeten bei uns zu Hause estimiert wird.» (29.8.24) «de Smet: (...) Das ist schon ein zünftiger Kerl, als Maler und als Mensch eine prächtige Figur. Die Bilder stark farbig aufgebaut (wie etwa Kirchner), aber formal weiter durchgebildet als dieser.» (29.8.24) «F. van de Berghe: (...) Es ist eine zünftige Nummer; intellektueller als G. de Smet, aber sehr stark punkto Ausdruck und Farbe. (...) aber da er weniger malt und dafür die Bilder geistig stärker verarbeitet, wird er wohl auch (...) weniger Bilder uns geben können.» (29.8.24) «Am 24. August war ich in Laethem-St. Martin und habe dort die Ausstellung der flämischen Künstlergruppe Laethem mir angesehen; es war ein ähnlicher Eindruck wie das heutige ‹Worpswede›, also wirr und blöd.» (29.8.24)

«(Ensor): Nun ist aber noch ein fünftes Bild da, ein Stilleben mit einem blauen Krug, Größe etwa 30 × 45 cm, ganz wunderbar schön gemalt. Dieses Bild *müssen* wir haben. Es ist von einer ganz festen Malart, fast van Gogh'isch und wir haben unter den jetzigen auch gar keines aus dieser mittleren Periode.» (Anfang November) «(...) Minne finde ich heute müde, er ist mir zu religiös-ästhetisch und ist bereits ein kunstgeschichtlicher Begriff geworden. Er gefällt natürlich unseren ‹Dallbanesen›, er ist auch inzüchtig. – – Von Praetere als Maler halte ich nichts und wir müssen ihn aus Höflichkeit eben mitnehmen; (...) Für mich liegt der Wert dieser Ausstellung bei Ensor und vorab bei den fünf Jungen. Ich halte es für nützlich, daß unsere jungen Maler mit Permeke – v. d. Berghe – G. de Smet zusammentreffen. Es ist für unsere Selbstbewertung notwendig. Genau so notwendig hielte ich bei uns eine Schau der neuen Tschinggen Severini, Carrà, Chirico, Brancousi, de Fiori; sie würde qualitativ noch ein Gran besser als unsere Vlamen.» (16.1.25)

Einmal mehr ist hier bei Hannes Meyer der Hang zu einem «expressiven Kubismus» auszumachen, dem z. B. auch Otto Meyer-Amden zuzurechnen ist, und mit dem sich Meyer zur gleichen Zeit über dessen Wiedikoner Glasfenster auseinandersetzt. Dieser Kubismus geht eben nicht von der Gegenstandsaussage weg hin zum Rhythmus der plastischen Form, sondern wird eher einer expressiv gesteigerten Gegenstandsaussage zuliebe gesucht.

«In unserer belgischen Ausstellung sehen wir die derzeit stärkste Gruppe jung-vlämischer Künstler, die alle zum Kreis der von A. de Ridder und P. van Hecke herausgegebenen Revue ‹Sélection› mehr oder weniger starke Verbindung unterhält. (...) Unsere Ausstellung verzichtet bewußt auf die Vollständigkeit einer offiziellen Schau. Sie verzichtet auf die Extremisten von rechts und von links; von rechts auf die Van de Woestijne, Servaes, de Saedeleer; von links auf die ‹Absoluten› Joostens, Peeters, Flouquet, Servranckx, O. Jespers; sie verzichtet aber auch auf das Mittelgut der R. Wouters, Mambour, Caron und Tydgat. Sie verzichtet damit auf die Demonstration von vielerlei und verschiedenerlei Wahrheit. Sie verzichtet auf den guten Durchschnitt zu Gunsten des Typischen. Sie belegt in einseitiger Wahl den Kunstwillen einer jungvlämischen Künstlerschar, deren Charakter, deren Weltbild, deren Resultate.»[40]

Anfang 1925 reist Meyer dann nach Belgien, um die Schlußredaktion und -organisation der Ausstellung zu übernehmen. Leistet diese Ausstellung aber noch den Verzicht auf die «linken» Absoluten, so tauchen in einem Brief an Victor Bourgeois die Idee und der Plan auf, für 1926 eine Ausstellung «junger» Belgier in der Stadt Bern zu organisieren (22.12.25): Und hier sollten dann die «linken» Künstler stärker vertreten sein. Diese Ausstellung kommt dann aber doch nicht zustande.

Bleibt in Meyers an Gropius gerichtetem Bewerbungsschreiben noch offen, wann er selbst die ersten Linos schneidet – er faßt alle Tätigkeiten der Co-op-Phase zusammen unter: «1922–26: das neue weltbild» (um eine möglichst «lang»-jährige Qualifikation für die Tätigkeit am Bauhaus unter Beweis zu stellen) –, so wird das aber deutlich an einem authentischen, weil ohne weitere Absichten in «7 Arts» im Januar 1928 veröffentlichten Lebenslauf: «1925 eine Reihe von Linolschnitten». Zur gleichen Zeit also, zu der er die Sondernummer von «Das Werk» zusammenstellt, und eben nach seinem Belgien-Aufenthalt, beginnt Meyer mit eigenen Kunstversuchen, die gerade deshalb interessant erscheinen, weil ein Jahr darauf der Entwurf für die Petersschule in Angriff genommen wird: Und um diese Form herauszuarbeiten, sie zu finden, bedurfte es eben eines «umweges über konstruktive malerei usw.»[41]

Da in «Junge Kunst in Belgien» alle Bereiche der Architektur, Malerei, Grafik, Theater und Literatur behandelt sind, können wir durch eine verschränkte Betrachtung dieses Aufsatzes mit Meyers eigenen «freien» Arbeiten uns Einblick verschaffen in sein Sehen, Denken und Konstruieren: in seine «exakte Denkart» (HM), die hinführt zu seiner Architekturauffassung der nächsten Jahre. Aber auch hinführt zu einer Betrachtung des Verhältnisses von Architektur und Kunst, die noch heute Anlaß genug bietet, Meyer der Kunstfeindlichkeit zu bezichtigen, ohne den wahren Stellenwert der Kunst in Meyers Anschauungen zur Kenntnis zu nehmen, geschweige denn zu würdigen: Denn daß heute Architektur wieder zur reinen Kunst zu verkommen scheint – gerade das mag uns wiederum Anlaß sein, dieses Verhältnis hier genauer zu betrachten, als dessen Fazit am Ende der hier betrachteten Periode bei Meyer steht: «unter ‹Architektur› verstehe ich die kollektivistische oder unter ausschluß des persönlichen erfolgende deckung aller lebensbedürfnisse; deren realisierungen unterliegen dem gesetz des geringsten widerstandes und der ökonomie; deren ziel muß es sein, das optimum an funktion zu erreichen. basel, am 15. februar 1927.»[42]

40 Hannes Meyer Zur Eröffnung der Ausstellung Belgischer Kunst in Basel in: Basler Nachrichten vom 14./15.3.1925
41 wie Anm. 19, S. 13
42 wie Anm. 19, S. 14

Co-op 5
«Junge Kunst», Belgien und die Folgen: Lino und Foto Co-op

Abb. 22
Victor Bourgeois, Cité Moderne in Brüssel, 1922.

Seit dem Spätsommer 1922 hat Hannes Meyer nichts mehr geplant. Das letzte Projekt zu dieser Zeit war der Entwurf für den Friedhof «Hörnli» bei Basel. Seit Sommer 1924 war er zudem von der Stadtgemeinde Balsthal, Kanton Solothurn, beauftragt, einen Bebauungsplan zu erstellen und das Bebauungsplanverfahren der Gemeinde zu betreuen. Was aber beschäftigte den Architekten in Hannes Meyer in der Zwischenzeit bis zu dem uns hier interessierenden Zeitpunkt 1924/25? Diese Frage läßt sich allein aus seinen Schriften dieser Zeit beantworten. Der Aufsatz «Junge Kunst in Belgien» wird eröffnet mit einem Foto der Siedlung «La cité moderne» von Victor Bourgeois, «(...) eine Mietergenossenschaft und als Bauanlage das gemeinschaftliche Werk von Victor Bourgeois und Gartenarchitekt L. Van der Swaelmen. Ein typisches Produkt typisierter belgischer Wohnbauweise. Zwar der Lageplan macht stutzig und man ahnt die Schwierigkeiten vorhandener Straßen, Geländekurven, Siedlerwünsche. Aber die Hochbauten sind reines Wollen eines übernationalen Baumeisters. Grundform jedes Hauses ist der Würfel aus Beton. Verdeutlicht durch Flachdach, Abdeckplatten und Kraggesimse. Vorgartenfrei die Straße. Die Freiflächen mit koketter Schwarzweißzeichnung der Koniferengruppen. Und an der ‹Place des Coopérateurs› zwei kühne Sägeblöcke als Demonstrationsversuche neuartiger Hausplanung. Sie sichern richtige Besonnung der Wohnräume bei ungünstiger Straßenrichtung, sie sichern Anteil der Hausbewohner am Straßenleben straßauf und straßab. So ersteht hier in ‹La Cité Moderne› aus sorgsam bemessener Ordnung der Hauswürfel und Kaminwürfel, Mauerflächen und Fensterlöcher die geordnete Wohnstatt eines Volksteils und der reiche Beitrag des Belgiers V. Bourgeois an jene Baukunde, die keine Landesgrenze kennt.»[43]

Einem Architekten wie Meyer, geschult an Kruppschen Erkern und Steildächern, geübt im Entwurf «puritanischer Strenge» (HM zum Freidorf), verpflichtet einer Planung auf der Grundlage palladischer Ordnung (Friedhof «Hörnli») und auf der Suche nach einem Ausweg aus der «Sackgasse Freidorf» (HM), mußte zu diesem Zeitpunkt ein Licht aufgehen angesichts der hier vertretenen Architektur. Und in dieser kurzen Beschreibung liefert er auch schon die Stichworte zu den in den folgenden Jahren heraufbeschworenen Architektur-Elementen, die nur noch der bauwissenschaftlichen Durchdringung harren: die Grundform, das Flachdach, richtige Besonnung der Wohnräume, die sorgsam bemessene Ordnung der Hauswürfel und der übernationale Weltgeist. Es mag hier ruhig die Vermutung ausgesprochen werden, daß ihm diese Architektur zumindest ein gleichwertiges «Erlebnis» wie die «Abstrakten» der Kunst waren. Die ersten sie-

22

43 wie Anm. 1, S. 275

ben Seiten des Sonderheftes zeigen Architekturabbildungen: von V. Bourgeois noch eine Miethausgruppe an der «Rue du Cubisme» in Koekelberg-Brüssel und Miethäuser in Berchem-St. Agathe, von Huibrecht Hoste ein Kriegerdenkmal in Amersfoort, die Siedlung Selzaete in Westflandern und ein Hotel in Knokke, von Paul Smeckens ein Wohnhaus, von J. J. Eggericx und L. Van der Swaelmen die Gartenstadt «Le Logis» und von Alphons Francken die Miethausgruppe «Cyclops, Vulkan, Titan» in Antwerpen: «Das Massenmiethaus in Reinkultur züchtete mit größter Selbstzucht der junge Alphons Francken in Anvers. Ein Dreihäuserblock: ‹Cyclops, Vulkan, Titan›. Neun Geschosse, 48 Wohnungen, 1300 Türen, 110 cm Haupttreppenbreite und 20/20 cm Haupttreppensteigung. (Haha, Baupolizist!) Ein Bauwerk, würdig einer Werft. Zwar die Straßenseite zeigt noch, in Giebelform, die Einwirkung von Bauherr und Bewohner. Das Miethausinnere aber hat die Sachlichkeit einer Schiffskajüte. Die Hofseiten sind Geist vom Postdampfer und zeigen rein die Wohnmaschinerie und Aufzugsschacht und Brandgiebel und Küchenterrasse und Feuertreppe.»[44] Da ist sie: die vielgeschmähte, vielzitierte «Wohnmaschinerie», die noch in «bauen» bei Meyer 1928 am Bauhaus Eingang finden wird: «elementar gestaltet wird das neue wohnhaus nicht nur eine wohnmaschinerie, sondern ein biologischer apparat für seelische und körperliche bedürfnisse.»[45] Wie Meyer diese, zumeist einer kubischen Körper- und Raumauffassung verpflichtete Architektur in seinem eigenen Schaffen verarbeitet, dazu später im Kapitel über die Petersschule von 1926.

Auf einen Dualismus, den abgebildeten architektonischen wie auch bildkünstlerischen Werken anzusehen, möchte ich dennoch hier hinweisen. Es ist der zwischen expressivem Ausdruck und dem einer Ordnung, die dem exakten Denken entspringt und für deren Versöhnung es bei Hannes Meyer des Ausgleichs bedarf: der «Harmonie».

Meyer begeistert sich für beide Ausdrucksformen zugleich, ja, er empfindet für beide gleich starke Berechtigung, wobei er hier, in Belgien, das «Vlämische» für die Expressivität setzt und das «Wallonische» für das Exakte: «So zerfiele wohl nach Buchstabenart in ‹vlämisch› und «wallonisch» künstlicher Begriff von ‹belgischer Kunst›? Dem Einsichtigen unverkennbar ist ungleichwertiger Anteil der beiden Landesteile an künstlerischer Landesleistung. Bei emsigem Wirken in Charbonnagen und in Usinen hat der Wallone kaum Muße zur künstlerischen Äußerung. Es sei denn, man werte seine hochwertigen Fertigfabrikate, Ergebnisse exakten Denkens und wohldisziplinertester Organisation, als unbewußt-faustische Beiträge zur abstrakten Kunst. – Anders der Vlame. Er ist voller Eingebung, Daseinsfreude und Einbildungskraft. Besinnlich, sinnlich und versonnen (Oh! Konsultieren Sie Georges Eekhoud ‹Kermesses› und Pierre Hamp ‹Le Lin›!) Er liebt die biblisch-schöne Triebhaftigkeit der Lebensäußerung, fern der Fabriksirene und ungedrosselt vom Gesetzgeber. (...) Doch ist solcher Art Vivisektion Spitzfindigkeit und Unwürde dem Gegenwartsmenschen. Ist nicht beste Marke belgischer Kunst jenes Gut, das unbeschwert von ‹vlämisch› und ‹wallonisch›, unbeschadet von Folklore und Kunstgeschichte, jede Landesgrenze passiert als ein Erzeugnis jenes Esprit nouveau im jungen Europa? Das Jawort bezeugt Anvers und Brüssel als Hauptstätten einer übernationalen Kunstgesinnung.»[46]

Hier also ist die erst einmal konstatierte «übernationale Kunstgesinnung», die, bar jeder Landesgrenzen, noch allerorten bei den Künstlern auszumachen ist nach dem Ersten Weltkrieg und die wohl entspringt einem starken Bedürfnis nach friedlichem Zusammenleben der Völker nach menschenraubendem Krieg und verwüsteter Landschaft: Der politischen «Internationale» versuchte man – wenn auch nicht organisiert, sondern mehr verbalisiert – eine künstlerische Solidargemeinschaft an die Seite zu stellen, sich an ihr zu beteiligen, indem man sie erst einmal konstatierte. Mit den Wissenschaften (als heimatlose Errungenschaft für alle Menschen gleich bedeutsam und in aller Dienst) und der neuen Ausdruckskultur im Gepäck reiste eine ganze Künstler- und Architektengeneration kreuz und quer, überall wildernd, hergebend und suchend, agitierend und hörend durch Europa. Meyer 1924–26/27 mittendrin. Aber der «Vivisektion Spitzfindigkeit» entkommt auch er nicht immer: Anfang 1927: «Unser Völkerbundgebäude symbolisiert nichts. – Seine Größe liegt zwangsläufig in den Abmessungen und Gegebenheiten des Bauprogramms. (...) Dieses Gebäude sucht keinen künstlichen gartenkünstlerischen Anschluß an die Parklandschaft seiner Umgebung. Als erdachtes Menschenwerk steht es in berechtigtem Gegensatz zur Natur. Dieses Gebäude ist nicht schön und nicht häßlich. Es will als konstruktive Erfindung gewertet sein.»[47] (das wäre die übernationale, heimatlose, exakte Ordnung) Und schon 1929: «zu guter letzt ist alle gestaltung schicksalsbedingt / durch die landschaft: / dem seßhaften ist sie einzig und einmalig, / sein werk ist persönlich und lokalisiert. / fehlt flottantem volk dieser heimatkomplex, / ist das werk leichthin typisch und standard. / ein bewußtes erleben der landschaft / ist bauen als schicksalsbestimmung. / als gestalter erfüllen wir das geschick der landschaft.»[48] Und die ADGB Bundesschule von 1928–30: «Die schöne Waldlichtung ist gärtnerisch möglichst unangetastet gelassen. (...) Die einzigartige Waldlandschaft durchdringt überall das Bauwerk der Menschen, dessen Lebenselemente, Stadion, Schwimmbassin usw. sich ihr mühelos einfügen. Ja, beim Zickzackbau der Lehrerhäuser dehnt sich die Landschaft bis unter die Häuser, und der moderne Pfahlbauer steigt abwärts im Hausinnern in seinen überdeckten Gartenteil.[49] (das wäre dann die heimatliche, landschaftlich-expressive Form von Planen und Bauen) Die «übernationale Kunstgesinnung» wird noch manchem Zeitgenossen Meyers ein Schnippchen schlagen, gerade weil nationale Gesinnungen das Weltgeschehen bestimmen werden. Nach seinem fünfjährigen Aufenthalt in der UdSSR wird Meyer das Problem bewußt, wenn er aus einem Lande kommt,

Abb. 23–25
Das Ausgangsmaterial für die Arbeit Nr. 1 (Zeichnungen: Martin Kieren)

Abb. 26
Gestaltungsversuch/Arbeit Nr. 1: Lino Co-op, abgeleitet aus der Eingangshalle des Genossenschaftshauses im Freidorf, Basel, 1924/26. (C. M.)

44 wie Anm. 1, S. 275
45 Hannes Meyer
bauen
in: bauhaus
1928, Nr. 4, S. 12f.
46 wie Anm. 1, S. 258f.
47 wie Anm. 15
48 Hannes Meyer
bauhaus und gesellschaft
in: bauhaus
1929, Nr. 3, S. 2/3
49 Hannes Meyer
Die Bundesschule des ADGB
in Bernau bei Berlin
in: ders., wie Anm. 19, S. 65

23

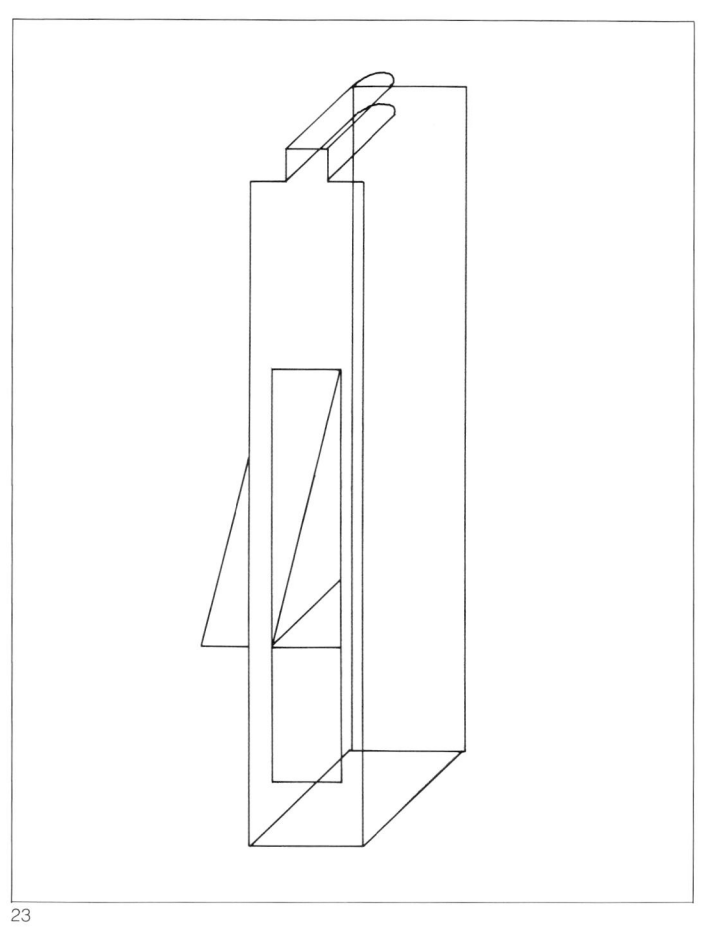

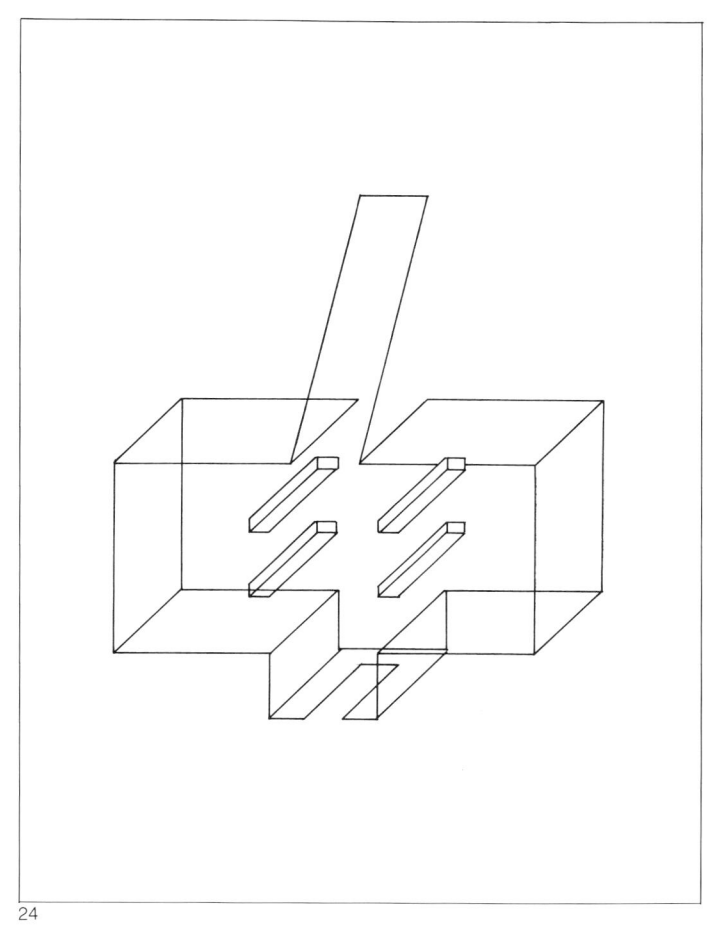

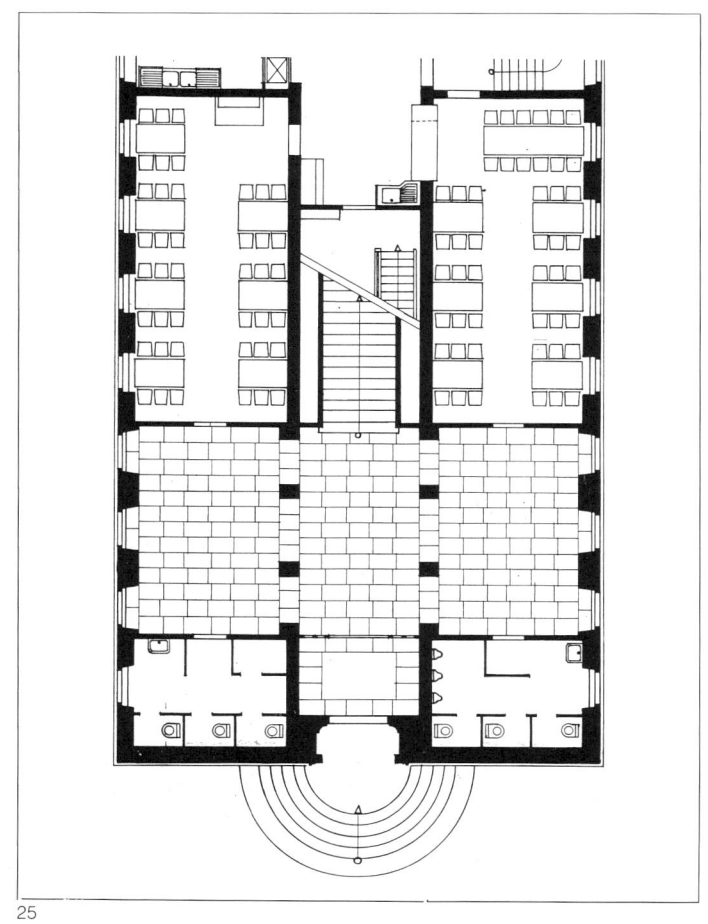

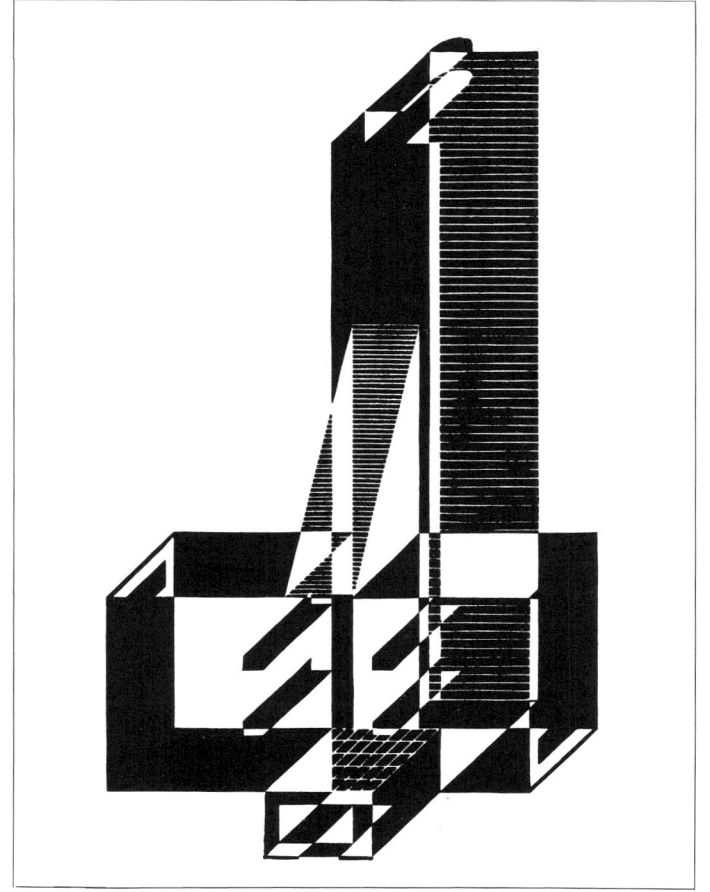

24

25

26

111

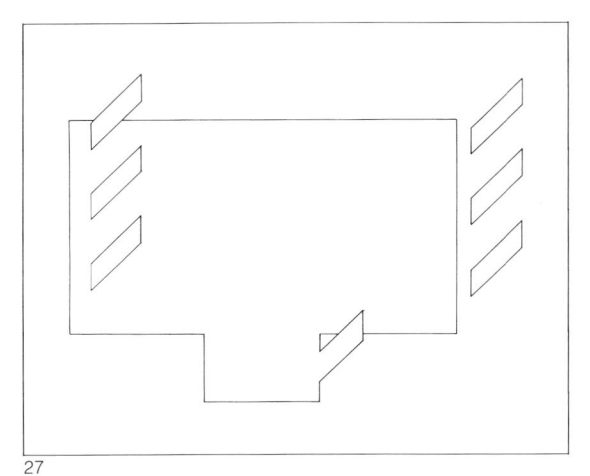

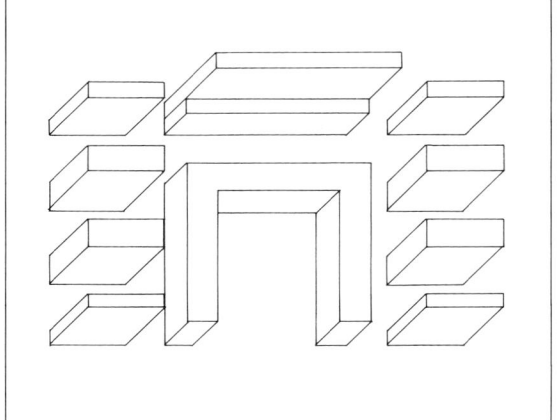

*Abb. 27/28/30
Das Ausgangsmaterial für die Arbeit Nr. 2 (Zeichnungen: Martin Kieren)*

*Abb. 29
Gestaltungsversuch/Arbeit Nr. 2: Lino Co-op, abgeleitet aus dem Laden im Genossenschaftshaus des Freidorfes, Basel, 1924/26. (C.M.)*

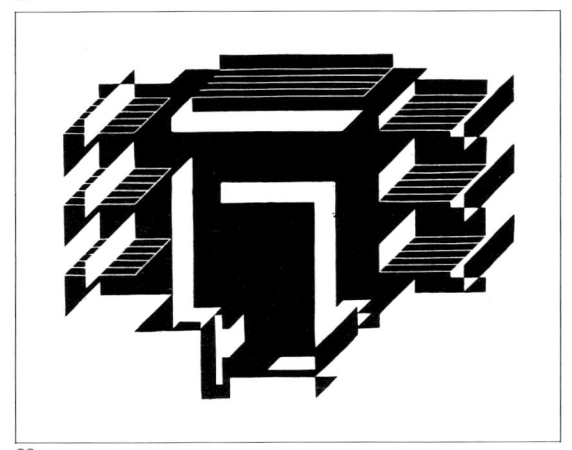

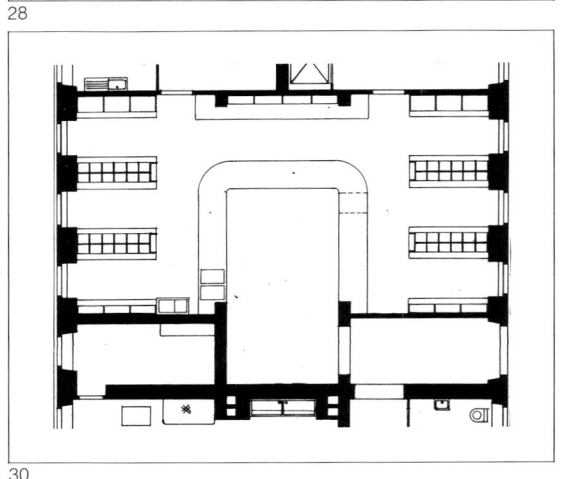

in dem sich gerade nationale und regionale Eigenarten zu behaupten haben gegen die stalinsche Doktrin vom Zentralstaat: Und gerade da ist die «konstruktive erfindung» aus Stahl und Glas unangebracht dann, wenn diese Baustoffe nicht im Ural zur Verfügung stehen. Meyer wird das später selber sehen und auch hellsichtig kommentieren. Und er wird 1938/39 ein Gebäude bauen (sein letztes!), das als Prototyp gelten kann auf dem Gebiete des regionalen Bauens: das Kinderheim in Mümliswil nämlich. In Meyers eigener Seele waltet dieser Zwiespalt, diese nach Versöhnung strebende Disharmonie; – oder eben doch ein Dualismus im Sinne einer Unvereinbarkeit der Gegensätze. Durch das ganze Werk Meyers zieht sich diese eigenartige Spur, in der sich die Gefühlsschwankungen einer ganzen Generation mittels «Vivisektion» wiederfinden lassen.

Doch zurück ins Jahr 1925: Hier begegnet Meyer dem belgischen Expressionismus ebenso wie der «exakten Denkart». Im «Epilog» des Aufsatzes zur «Jungen Kunst in Belgien» sucht er die Ursache solcher Widersprüche in der unterschiedlichen Landschaft der Schweiz (seiner Herkunft) und Belgiens (seines Ausflugziels): «Berge sind Einrichtungen völkischer Abgeschlossenheit und Sinnbilder des Vorurteils. Nur an Festtagen sind sie Schutzwall vaterländischer Unabhängigkeit und Hort der Freiheit. An Werktagen bergen sie Brutstätten inzüchtiger Binnenkultur. Drunten in der Ebene wird Weitblick zwangsläufig und obligatorisch. Dort herrscht allseitig einfallender Wind aus der Fremde, und man ertrotzt ihm mit Segel und Windmühle den eigenen Fisch und das eigene Brot.»[50]

Soweit die Architektur, das Bauen, die «übernationale Baugesinnung». In der belgischen expressiven Kunstszene, «allwo neben westlicher Leidenschaftlichkeit je und je nordische Mystik glühte»[51], macht er die vier fest: Frits van den Berghe, Gustaf de Smeet, Constant Permeke und Jozef Cantré. Ihnen gegenüber: «Die Antwerpener Maler Floris Jespers und Paul Joostens und der Bildhauer Oscar Jespers gehen einen Schritt weiter: Sie zerschlagen den Natureindruck und fügen dessen Teilstücke eigenwillig in freier Zusammenstellung zum Hafenbild und zum Frauenkörper.»[52] Im Nachlaß Meyers gibt es ein von ihm gemachtes Foto einer Plastik von Joostens: «P. Joostens ist vorab Psychologe und begabt mit jenem seltenen Spürsinn, der in jedem Ding dieser Welt Seele wittert, im Hafenweib und in der Sardinenbüchse. Mit unheimlichem Gefühl für die Stoffwerte zaubert er in komponierter Gegenüberstellung von Glas (als Scherbe), Blech (als Büchse), Stahl (als Klinge), Holz (als Streichholz) oder im Scherenausschnitt von Wellkarton, Seiden- und Hadernpapier Spannung und absolute Musik.»[53] Ein Ding: die entleibte und synthetisch neu verkörperte Seele als «absolute Musik», als «absolute Plastik»: «Die Jüngsten endlich, Victor Servranckx, Jozef Peeters, Marc Eemans, Karl Maes und Paul Flouquet, überlassen jegliche Wiedergabe des Natureindrucks der Reproduktionstechnik, dem Film und der Foto. Sie haben es satt, mit der Wiederholung

50 wie Anm. 1, S. 305
51 wie Anm. 1, S. 304
52 wie Anm. 1, S. 304
53 wie Anm. 1, Heft 10, S. 304

Abb. 31
Gestaltungsversuch/Arbeit Nr. 10: Lino Co-op (siehe Nr. 9), 1925/26 (C.M.)

Abb. 32
Gestaltungsversuch/Arbeit Nr. 9 (von 3): Lino Co-op, Variationen eines Themas, 1925/26. (C.M.)

Abb. 33
Gestaltungsversuch/Arbeit Nr. 8: Lino Co-op, 1925/26. (C.M.)

eines Frauenaktes dem ästhetischen Frieden zu dienen. Sie anerkennen als Malziel die

Form an sich,

und die gewollte Anordnung von Farbflecken und Formstücken im Bildrahmen, von Schwarz und von Weiß im Lino, ist nur maschinelles Mittel, Gefühl und Sinne des Betrachters zu erregen. Sie verzichten auf Heimatkunst. Sie sind Weltbürger.»[54]

Den Schluß des ersten Teiles des Meyerschen Aufsatzes bilden Linos eben dieser Maler: Servranckx, Leonard, Eemans und Maes, wobei sich im Nachlaß Meyers die Blätter von Maes und Leonard im Original-Schnitt fanden.

Nun greift Hannes Meyer selbst zum Messer und zum Linoleum. Wir erinnern uns, 1925 – Meyer schreibt: «Sezieren wir der Maler Art und Abart? In ‹Abstrakte›? V. Servranckx, J. Peeters, P. Flouquet, K. Maes.»[55] Ja, wir sezieren: Meyers Situation und seine Linos. Er sitzt in seinem Freidorfer Zellenbau, voll mit Eindrücken aus Belgien. Linos, Fotos und Geschriebenes im Gepäck und auf dem Schreibtisch und keine realen Bauaufgaben vor sich. Vom Architektenhonorar (Freidorf u.a.) und dem von Gent und der Basler Ausstellung wird sich leben lassen. Orientierungs- und Besinnungsphase. Der eine oder andere Tag führt ihn ins Genossenschaftshaus: in dieses von «nordischer Mystik» nicht ganz freie Heiligtum der Siedlung, in den «Tempel der Gemeinschaft». (S. 69) Meyer hat dieses Bild längst im Kopf, nachdem es lange genug auf seinem Zeichenbrett gelegen hat. Er fängt jetzt an zu rekonstruieren, zu dekonstruieren und wieder neu zu konstruieren: Zuerst «entseelt» er die Halle des «Tempels»: kein Licht, keine Gemeinschaft. Dann entkörpert er sie: keine Wand aus Stein, Holzbalken werden zu Strichen. Übrig bleibt: das nackte Zeichengerüst der Axonometrie mit rechteckigem Raum, allwo vier Säulen nichts mehr tragen. Übrig bleibt eine Rampe: ehemals Treppe ins erste Obergeschoß. Und von der Halle im ersten Obergeschoß bleiben die den Raum begrenzenden Kanten, das Treppenloch und der Bogen in der Tür zum Versammlungssaal. (Abb. 23) Jetzt wird das Strichgerüst übertragen auf Linoleum, und jetzt ist fertig ein erstes Lino Co-op, ein beinahe «absolutes» Ding. (Abb. 26) Ebenso verfährt Meyer mit dem Konsumladen des Genossenschaftshauses, in dem er wie andere Genossenschaftsmitglieder seinen täglichen Bedarf an Lebensmitteln deckt: In den Schwarz-weiß-Werten erkennt man noch den Grundriß, die Wandöffnungen, den Ladentisch und die Regale des Ladens. (Abb. 29) Und – wir sprachen darüber im Kapitel über die Vitrine Co-op –: Der Glasschaukasten von 1924/25 im Freidorfer Genossenschaftshaus erfährt diese Transformation hin zu einem Lino ebenfalls. (Abb. 36) Aber diese drei Linos sind noch zu sehr konstruiert, um die Eigengesetzlichkeit, die «Form an sich» an ihr selbst zu studieren. Meyer versucht sich denn auch folgerichtig an freieren Arbeiten. Da sind zum Beispiel die beiden Variationen eines

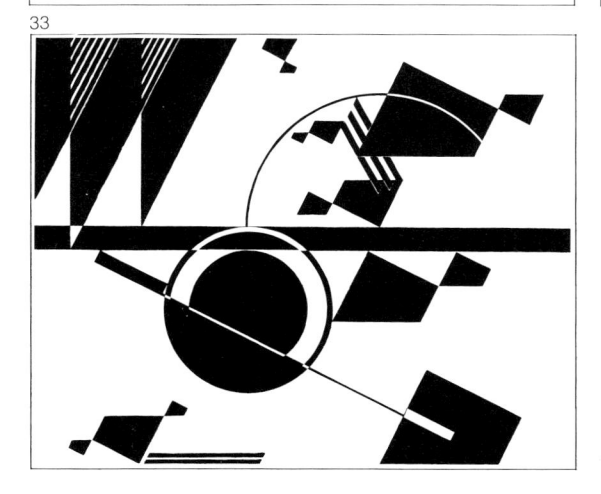

54 wie Anm. 1, Heft 10, S. 304
55 wie Anm. 1, S. 270

Form- und schwarz/weiß-Werte-Themas, die verdeutlichen können, wie sich ein zielgerichtetes Propagandaunternehmen vom Ziel löst und ein eigenständig Ding werden kann, wobei nicht mehr festzustellen ist, welche Variation denn nun Ausgangspunkt ist. Auf dem einen Lino ist alles Fläche, schwarz und weiß. Da sind Ornamente, Linien, und da sind die dem Gefühl nachgehenden Einschnitte des Messers in weichem Material. Die Hängeordnung ist von Meyer nicht überliefert, oben und unten, rechts und links haben wir unserem Gefühl zu überlassen. Doch kommt uns das entsprechende Pendant zu Hilfe: Co op, der Warenpackungen Gütezeichen und gleichzeitig Pseudonym des Konstrukteurs, des Linolschneiders (um das Wort «Künstler» hier zu meiden). Da stehen diese Buchstaben eigenwillig räumlich im Bild, trichterförmig ausgreifend wie gerufen und senkrecht aufgerichtet. Links (oben und unten) von ihnen ausgehend die imaginären Schallwellen des Senders (Radiowellen), der die Co-op-Idee in alle Welt posaunt. Wir sind ja auch noch im Zellenbau des Freidorfes, dem Ausgangspunkt des Propagandaunternehmens. Und Meyer dichtet weiter, schneidet, «klärte (sich) die anschauung über heutige grafik»[56] und suchte in der «serie von Linos Co-op» die Gesetzmäßigkeiten der «Form an sich» (HM) zu finden.

Dabei kam ihm Willy Baumeister zu Hilfe: «Wir sahen uns erstmals in Deiner Ausstellungskoje der Mustermesse Basel anno 1925 und zuletzt anno 1932 in Frankfurt auf meiner Durchreise. (...) ... wollte ich schon häufig Dir schreiben, wenn ich an gewisse Grenzen der Kunst-Theorie stieß, die Ihr Hölzel-Schüler dermalen abgetastet und erforscht hattet.»[57] Warum an dieser Stelle Baumeister? In seinen beiden im folgenden Jahr, also 1926 erscheinenden Publikationen: «Die neue Welt» und der Sondernummer von «ABC», steht Baumeister an zentraler Stelle. Die Nummer von «ABC» eröffnet – sozusagen programmatisch! – mit einem Mauerbild (1924) und einem Text Baumeisters: Die ersten Sätze dieser Nummer: «Die Künste haben das Imitative verlassen; sie sind in das Stadium der Realisation getreten. Nicht daß die Früheren keine realen Ziele und Resultate gehabt hätten, doch die Eigenkräfte der Künste zu lösen blieb dem Aktivismus und dem Erfindergeist unserer Generation vorbehalten. Die Maschinen und Kinos wurden vorgefunden; aber das Mechanische, Dynamische und Kinetische zu einer empfindsamen Sensation zu bringen, um das Auge und die Anschauung zu lenken, ist eine Tat, und diese ist erst im Anfangsstadium.»[58] (Abb. 35) Und gleich unter diesem Mauerbild findet sich eine Foto-Konstruktion (1926/I) von Co-op, d.i. Hannes Meyer. Zu den Fotos später. Auf den 32 Seiten von «Die neue Welt» ist zwar viel von Kunst die Rede – aber sie zeigen nicht ein Tafelbild der bildenden Kunst; stattdessen – unter der Sammelüberschrift «Das Bild» – ein weiteres Mauerbild von Baumeister, mit dem Hinweis auf «Raumgestaltung»: (Abb. 34) Der Text von «Die neue Welt» dort, wo von Kunst die Rede ist, verweist zudem auf Äußerungen

Abb. 34
Willy Baumeister: Mauerbild 1924, von Meyer veröffentlicht in der Zeitschrift «Das Werk», Juli 1926 (Die neue Welt) unter der Rubrik «Das Bild».

34

56 wie Anm. 19, S. 13
57 Hannes Meyer (Mexiko)
Brief an Willy Baumeister (Stuttgart) vom 30.3.1948
Hannes Meyer-Nachlaß DAM/Ffm.
58 *Baumeister,* Willy
in: ABC, Beiträge zum Bauen
2. Serie, Nr. 2, 1926, S. 1

Abb. 35
Titelblatt der Nummer 2, Serie 2, der Zeitschrift ABC, Redaktion: Hannes Meyer, 1926.

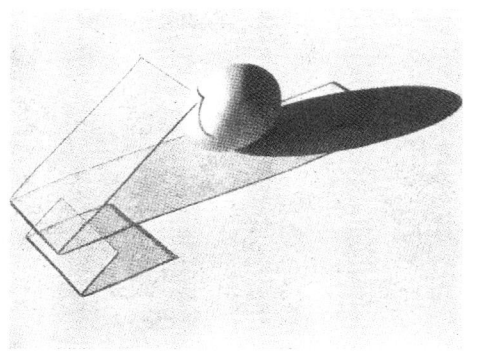

36

37

Abb. 36
Gestaltungsversuch/Arbeit Nr. 3: Lino Co-op, abgeleitet aus der zweiten Vitrine Co-op im Freidorf, 1924/26. (C.M.)

Abb. 37
Gestaltungsversuch/Arbeit Nr. 4: Lino Co-op als Propaganda für die Genossenschaftsidee (Co-op), 1924/26. (HAB)

Abb. 38
Laszlo Moholy-Nagy: Bildkonstruktion A[11], 1924. (aus: ABC, No. 2, Serie 2, S. 6)

Abb. 39
Gestaltungsversuch/Arbeit Nr. 7: Lino Co-op, 1925/26. (C.M.)

59 *Duessel, Konrad* Willy Baumeister, Katalog Galerie von Garvens Hannover 1922
60 Hannes Meyer Vortragsnotizen Wien 22.4.1929 / Basel 3.5.1929 Hannes Meyer-Nachlaß DAM/Ffm.

über Baumeister, die in einem Katalog der Galerie von Garvens, Hannover 1922 von Konrad Düssel gemacht werden: «Eine Malerei, die es unternimmt, das Bild aufzubauen ohne die Bausteine der Gegenständlichkeit, ohne deutlich kontrollierte Beziehungen zu empirischen Gegenstandsformen – abstrakte Malerei also – wird ihrem Wesen folgend, nach zwei Polen gravitieren: Sie wird, erlöst von gegenständlicher Gebundenheit, zum Ausdruck einer schrankenlos subjektiven Gefühlswelt. Oder sie sucht neue und eigene Bindung zu gewinnen aus den rein erfaßten und vollzogenen Wesensgesetzen der Form. (...) ...man sucht Klarheit, Ordnung und Geschlossenheit der Bildfläche, ruhige Harmonie und endgültige Gestalt. (...) ...man sucht vorzudringen in das Reich des Logos. (...) Und schon zeigt sich da und dort immer deutlicher die Sehnsucht und das Streben nach Klarheit, Harmonie und absoluter Bildgestaltung.
Willy Baumeister gehört zu den jungen radikal modern gerichteten Malern, die aus dem Stuttgarter Kreis um Adolf Hülzel hervorgegangen sind. (...) Man gab allen künstlerischen Instanzen, dem Experiment, dem Vergleich (...), der Erforschung neuer bildmäßiger Ausdruckszonen die weiteste Freiheit. (...) In diesem Kreis, in dem für Baumeister die Zusammenarbeit mit Oskar Schlemmer besonders wichtig war, wurden die Voraussetzungen geschaffen, unter denen sich der polare Umschlag in Baumeisters Entwicklung vollziehen konnte (...) Es war die zielbewußte Abkehr von einem schrankenlos romantischen Subjektivismus (...). Und dies wurde für Willy Baumeister nun das entscheidende Ziel. Er steht jetzt völlig jenseits der emotionalen Ausdruckszone des Expressionismus. Von dieser ebensoweit entfernt wie von einem streng programmgemäßen Kubismus. Der Raum-Mathematik der Kubisten aber innerlich wohl näher verwandt. Denn für Baumeister war zunächst vor allem eines wesentlich: Die geheime Mathematik der Bildform zu finden. Das ist: Innere Klarheit, Logik, Prägnanz, Funktionsausdruck aller Beziehungen innerhalb der Bildfläche, Gesetzmäßigkeit. Nur darf man sich dieses Bildmathematische nicht als etwas kühl Errechnetes, nur äußerlich Konstruktives denken. Es ist das Suchen und Festlegen einer Gesetzmäßigkeit, die nicht von außen an das Bild herangetragen wird, sondern erst innerhalb des Werkes ihre Dokumentierung findet und durch das Werk zugleich die Bestätigung ihrer selbst. Und weiter: Die Tafeln, die so geschaffen werden, sollen ein stabiler, fest in sich ruhender Organismus von gewissermaßen objektiver Geltung sein. (...) Das Bild soll *kein Zu-Fall,* sondern *End-fall* sein. Eine endgültige Gestaltung. Völlig in sich ruhend in eigener Harmonie. Völlig in sich abgeschlossen, wie eine Welt ganz und gar für sich. Daher die Ablehnung des Ausschnitts aus einem Gesamtbild der Wirklichkeit. Baumeisters Tafeln werden geformt mit dem Anspruch, selbst eine Totalität zu sein, die durch keinerlei Beziehungen über sich hinausweist. (...)
Der Dissoziation der Gegenwart wird von Baumeister ein Insichruhen (...), die Spannung und zentrierte Erfülltheit des Raumes entgegengesetzt.»[59]

In der oben beschriebenen Problematik stecken ohne Zweifel Teile von Meyers Architekturtheorie und -lehre und z.T. seiner Kunsttheorie. Hier hat er sich geschult. (Hier nur kurz die Stichworte zu meiner Behauptung: Meyers Vortragsmanuskript 22.4.1929 (über das Bauhaus): «ich wiederhole: *bauen* = nur harmonische gestaltung des daseins. / *baulehre* = harmonielehre (harmonik). / *baulehre* = erkenntnislehre vom dasein.»[60] Harmonie = Ausgleich war eines der häufigst verwendeten Worte bei Meyer. Sicher! Die Schaffung der «Freien Malklassen» am Bauhaus, weswegen er oft der «Kunstfeindlichkeit» bezichtigt wurde: Er wußte und wollte, daß die Kunst nur *bei* sich selbst, ohne Anhängsel der Architektur sein zu müssen, auch *zu* sich selbst finden würde: Sie sollte ihre Gesetze bei *sich* suchen. Und er hat recht getan. Mehr über Meyers Harmonie- bzw. Baulehre im Bauhaus-Kapitel.)
Noch war Meyer aber ganz der «Dissoziation der Gegenwart» ausgesetzt: In ihm regte sich sozusagen der Futurist – jedenfalls kann man sich dieses Eindruckes nicht erwehren, wenn man das Manifest «Die neue Welt» aufmerksam liest – mit Berücksichtigung des Tonfalles, der Grammatik und der Syntax liest, am besten mal laut. Doch wir wollen eine Textpassage Meyers aus «Die neue Welt» den Äußerungen des Herrn Düssel zur Seite stellen. 1926:

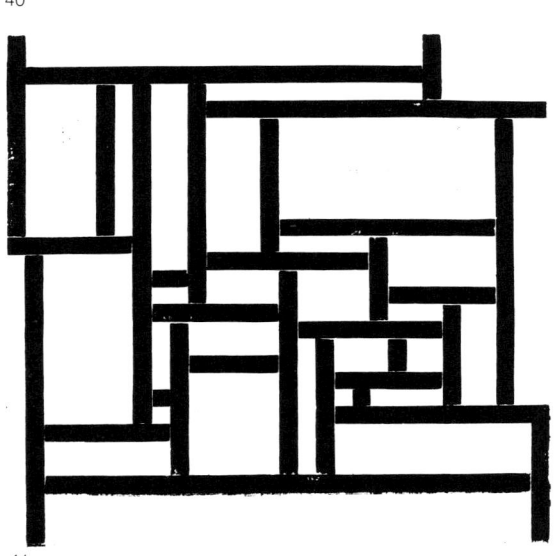

«Das Künstleratelier wird zum wissenschaftlichen Laboratorium und seine Werke sind Ergebnisse von Denkschärfe und Erfindungskraft. Das Kunstwerk von heute ist, wie jedes Zeitprodukt, den Lebensbedingungen unsrer Epoche unterworfen, und das Resultat unsrer spekulativen Auseinandersetzung mit aller Welt kann nur in exakter Form festgelegt werden. Das neue Kunstwerk ist eine Totalität, kein Ausschnitt, keine Impression. Das neue Kunstwerk ist mit primären Mitteln elementar gestaltet. (Das hier abgebildete Kinderbild El Lissitzkys «Von 2 Quadraten» ist immer noch zeichnerische Illusion eines räumlichen Ausschnitts, also nicht primär gestaltet; wogegen das Mauerbild von Willy Baumeister mit den ausschließlichen Mitteln eines Mauerbildes, den Farb-Flächen, primär gestaltet ist und eine Totalität, ein selbständiges Ganzes darstellt.) Das neue Kunstwerk ist ein kollektives Werk und für alles bestimmt, kein Sammelobjekt oder Privilegium Einzelner. Unsre grundsätzliche Gesinnungswandlung zur Neugestaltung unsrer Welt bedingt den Wechsel unsrer Ausdrucksmittel. Das Heute verdrängt das Gestern in Stoff, Form und Werkzeug: Statt dem Zufallsschlag der Axt – die Kettenfräsmaschine. Statt der schummrigen Linie der Zeichenkohle – den präzisen Strich mit der Reißschiene. Statt der Malstaffelei – die Zeichenmaschine. (Es folgen lauter «statts», – amüsant und treffsicher. M. K.) (...) Statt gefärbter Materie – die Materialfarbe selber. (Das ‹Malen ohne Pinsel› nötigt schon manuell zur Bildkonstruktion.)»[61] Somit versetzt uns Hannes Meyer direkt in sein Künstleratelier, in dem nicht der Pinsel geschwungen wird, sondern in dem – umfunktioniert zum «Laboratorium» – Reißschine und Zeichenmaschine exakt gehandhabt werden. Bevor er mit Hans Wittwer in einem Laboratorium neuer Art sich wieder der Architektur widmet, schneidet er noch in Linoleum, übt er sich noch in Gleichgewichtsstudien anderer Art. Pate stehen jetzt auch Piet Mondrian und Laszlo Moholy-Nagy. (Abb. 38 und 40) Wenn Meyer in einer Bio-Bibliografie 1949 für diese Zeit schreibt: «abstrakte Schwarz-weiß-Graphiken basiert auf den Standardformen der mechanisierten Welt»[62], so mag das für die Linos der Vitrine noch stimmen, die anderen Linos, die folgen, sind eher im Sinne der freien Gestaltung, in einer nur sich selbst bezeugenden Form und eines nur sich selbst meinenden Inhaltes zu verstehen. Die Bildkonstruktion A^{II}, 1924 von Moholy-Nagy (aus der Meyer-Nr. «ABC», S. 6) zeigt sich überschneidende Rhomben und einen Kreis, wobei die sich überschneidenden Flächen derart farbig angelegt sind, daß der Eindruck entsteht, die Flächen seien transparent wie aus Glas. Das Lino Nr. 7 von Hannes Meyer verfährt in ähnlicher Weise, nur daß hier alle Flächen als reine Scharz-weiß-Werte behandelt werden. Um einen optischen Grau-Effekt hervorzurufen, werden einige Flächen in Schraffur geschnitten. (Abb. 39) Das Lino Nr. 9, von dem vier Varianten existieren, zeigt eine verwandte Technik, wobei jedoch auffallen die zwei Rhomben, von denen nur in dünnem Strich die Kanten gezeigt werden, womit auf eine Glasscheibe verwiesen wird, von der man im freien Raum –

Abb. 40
Piet Mondrian: Ölbild 1925.
(aus: ABC, No. 2, Serie 2, S. 5)

Abb. 41
Gestaltungsversuch/Arbeit Nr. 13: Lino Co-op, 1925/26.
(C.M.)

61 wie Anm. 24, S. 223f.
62 wie Anm. 28

Abb. 42
Lino Co-op, 1925/26. (C.M.)

Abb. 43
Gestaltungsversuch/Arbeit Nr. 6: Lino Co-op, 1925/26. (C.M.)

Abb. 44
Gestaltungsversuch/Arbeit Nr. 12: Lino Co-op, 1925/26. (C.M.)

Abb. 45
Gestaltungsversuch/Arbeit Nr. 18: Fotostudie (Doppelbelichtung) zur Gewinnung von Grauwerten/Raumtiefen (Arbeiten 9 und 15), um 1926. (HAB)

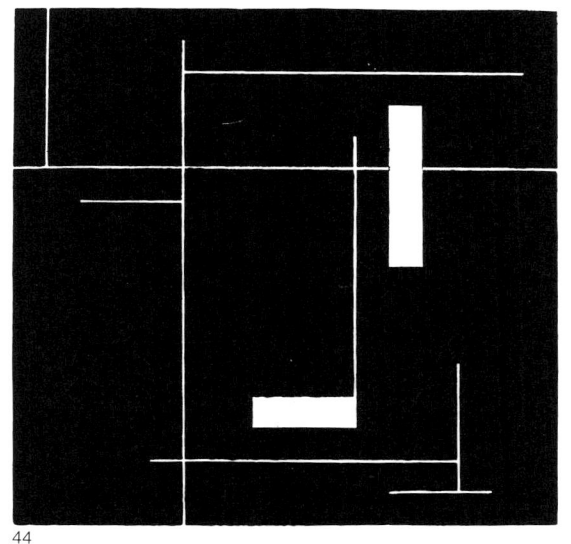

63 wie Anm. 19, S. 13
64 wie Anm. 19, S. 13
65 wie Anm. 28

idealiter, bei richtigem Licht – auch nur die Kanten mittels Lichtbrechung zu sehen bekommt. (Abb. 56) Diese Arbeit verweist somit schon auf die Fotokonstruktionen mit Eiern und Glasscheiben von Hannes Meyer. Andere Arbeiten zeigen nun den starken Einfluß, den Arbeiten der de-Stijl-Künstler, allen voran Piet Mondrian und Theo van Doesburg, auf Hannes Meyer gemacht haben müssen. Die Arbeit Nr. 11 zeigt auf weißem Papier in der Horizontalen schwarze und in der Vertikalen rote Klebestreifen und ist als unausgesprochene Gleichgewichtsstudie im Sinne der Stijl-Bewegung zu sehen. Ebenso andere Arbeiten, die alle in diesem Sinne zu verstehen sind. Wenn Hannes Meyer 1927 schreibt: «neuere *grafisch farbige konstruktionen* überzeugten mich von dem gesetz-mäßig exakten zusammenhang mechanisierter musik und mechanisierter malerei, also der akustischen werte und der luxwerte, beide gehören ins gebiet angewandter mathematik»,[63] so können die Arbeiten Nr. 14 und 15 dazugezählt werden: Sie nehmen sich aus wie Lochstreifen für ein mechanisiertes Musik-Produktionsinstrument und kommen Tonwerten nahe, aus denen solcherart mechanisierte Musik besteht. Bei der Arbeit Nr. 18 handelt es sich um die doppelt belichtete Glasplatte (als Fotonegativ) zweier dieser Arbeiten (eine Variation von Nr. 10 und der Nr. 15), als deren Ergebnis neue Grauwerte entstehen: Womit wir bei den fotografischen Arbeiten Meyers angelangt sind, die «Foto Co-op».

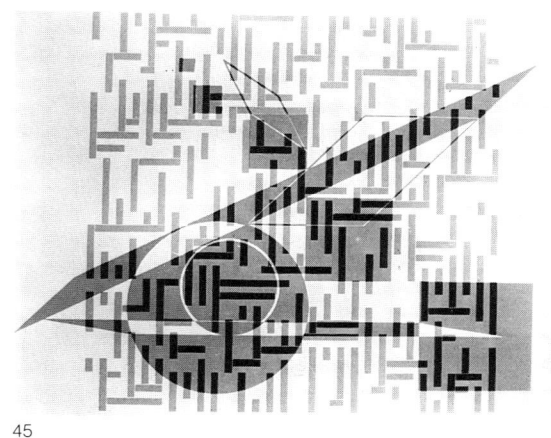

Was die fotografischen Arbeiten Meyers dieser Zeit betrifft, so finden wir in seinen eigenen bio-bibliografischen Notizen verschiedene Hinweise:

– «durch fotografische konstruktionen *(Fotos Co-op)* setzte ich mich mit der sichtbaren umwelt auseinander.»

– «neuere *grafisch-farbige konstruktionen* überzeugten mich von dem gesetzmäßig-exakten zusammenhang mechanisierter musik und mechanisierter malerei, also der akustischen werte und der luxwerte, beide gehören ins gebiet angewandter mathematik.»[64]

– «Die Co-op Fotos, constructive Studien plastischer Art in verschiedener Beleuchtung.»

– «Compositionen Co-op, Spannungsstudien auf mathematischer Basis ausgeführt mit neuen Materialien, wie Kunsthorn, Cellon, Buntmetalle, und dgl. –»[65]

Meyer bleibt also selbst ungenau bei der Bezeichnung seiner Studien in dieser «Denkart»: Einmal bezeichnen die Fotos eine Auseinandersetzung mit der «sichtbaren umwelt», ein anderes Mal werden mit ihnen die Aufnahmen bezeichnet, die er von «constructiven Studien plastischer Art» macht, wo-

119

bei von den «*grafisch-farbigen Konstuktionen*» und den «Compositionen Co-op» ebenfalls Fotos existieren. Wir wollen die Scheidung vorzunehmen versuchen aus dem uns vorliegenden Material, 1. dem aus dem Nachlaß und 2. dem von Meyer selbst publizierten. «Die Neue Welt» ist Meyer, wie anderen Zeitgenossen auch, eine wirklich neue Welt im Sinne der neuen Technik und Mechanisierung, wobei die in dieser Welt wirkenden Kräfte ihren Ausgang nehmen bei der vorhandenen oder erzeugten Energie. Nachträglich läßt sich anhand zweier in «Die neue Welt» publizierter Meyer-Fotos und einem im Nachlaß als Negativ gefundenen Foto dieses Interesse nachvollziehen: 1. Die Naturkraft Wasser, auf ein Wasserkraftwerk zufließend (Nachlaß); 2. die Kraftwerks-Generatoren im Kraftwerk Augst («Die neue Welt», S. 229) und 3. die Hochspannungsmasten des «Schlachtfeldes St. Jakob bei Basel anno 1926» (Bildunterschrift «Die Neue Welt», S. 219). (Abb. 47) Meyer möchte aber tiefer hinein, höher hinaus, das technisch-physikalische Phänomen greifen, besser abbilden: Und sein Interesse schlägt um in die Faszination für die die Stromleitung führenden Gitterkonstruktionen der Leitungsmasten. (Abb. 48) Auch kann ich mich des Eindruckes einer anderen (Gestaltungs-)Absicht Meyers nicht erwehren: Da es das eigentliche Anliegen mit diesen Fotos nicht mehr sein kann, eben nur Stromleitungsmasten abzubilden – der Erkennungswert funktioniert besser über ein Vorauswissen denn über das abgebildete Gerüst –, kann man annehmen, daß es sich hier ebenfalls – mit fotografischen Mitteln – um eine Gestaltung des späteren Fotopapiers mit Hilfe einer Gitter-*Struktur* handelt. Als Fotos sind diese also Ergebnis des Gefühls, des Gestaltungswillens, gepaart allerdings mit der Leidenschaft für die Ergebnisse «exakten Denkens», dem ja die Naturwissenschaft und die Physik verpflichtet sind. Meyer bekennt sich noch später zu dieser Faszination, wenn er 1945 von einem «Spaziergang als Städtebauer durch Italien» berichtet: »Als wir, die Erneuerer des europäischen Städtebaues und Vertreter der verschiedenen ‹Ismen› (der lustigsten) nach dem Kriege, anno 1919 nach Italien reisten, hatten wir nicht die geringste Absicht, die letzte Schandtat des offiziellen italienischen Akademismus (...) zu bewundern. (...) Ebensowenig interessierten uns die klassischen Schätze der Renaissance. (...) Wenn wir in jener vorfaschistischen Epoche nach Italien kamen, (...) galt unsere ganze Begeisterung den Werken der Industrialisierung: den elektrischen Werken in Oberitalien und dem Netz ihrer Kraftleitungen; den konstruktiven Elementen der elektrischen Eisenbahnen (...); den Dächern der neuen Textilfabriken in der Lombardei, konstruiert aus ... Eisenbeton; den Profilen der ersten asphaltierten Autostraßen und einem Meisterwerk der Industriearchitektur, der Autofabrik *Fiat* in Torino mit ihrer großartigen Versuchsautobahn auf der Dachterrasse.»[66]

Mit solcherart Gitterkonstruktionen haben sich zu dieser Zeit auch andere, sich fotografisch betätigende Künstler auseinandergesetzt, wobei Funk- und Eiffelturmbilder beliebte Motive darstellten. Diese Art der Auseinandersetzung mit der sichtbaren Umwelt dokumentieren auch noch ein paar andere Fotos im vorgenannten Sinne, die in mehreren Variationen eben diese Gitterkonstruktion von Leitungsmasten zeigen, und eine Reihe von Fotos von Baukränen, wobei Meyer eines von ihnen für die Mappe benutzt, die eine Reihe von Bauhäuslern Walter Gropius zum Abschied vom Bauhaus 1928 schenkt: Er montiert in das Foto eine Porträtaufnahme von sich selbst. (Abb. 52)

Auf einem anderen Foto (Meyer spricht immer von einer Foto – im Sinne der Abkürzung von einer Fotografie) erkennen wir eine der «compositionen co-op», also einer Spannungsstudie: Zu sehen sind Würfel aus unbestimmtem Material (Cellon, Kunststoff?), die in horizontal-vertikaler (mathematischer?) Anordnung und verschiedenfarbig (Luxwerte?) angeordnet sind. Zu verstehen vielleicht im Sinne der Gleichgewichts- und Harmonie-Studien der Grafiken/Linos co-op, wobei das Foto selbst nur noch dokumentarischen Wert einer verschollenen Arbeit besitzt. Gleich verfährt Meyer mit einer anderen Fotofolge, die den interessantesten Ausschnitt aus seiner Foto-Tätigkeit belegt. Es ist die Folge, aus der Meyer das eine schon erwähnte Foto in der Sondernummer von «ABC» unter einem Mauerbild von Willy Baumeister veröffentlicht.

Abb. 46
Foto Co-op (Die neue Welt): *Ein Kraftwerk / Die Kraft Wasser*, 1926.

Abb. 47
Foto Co-op (Die neue Welt): *Standardisierte Landschaft.* Veröffentlicht in der Zeitschrift «Das Werk», Juli 1926, S. 219 unter der Rubrik «Der Standard», mit der Untertitelung: «Die Landschaft. Schlachtfeld St. Jacob bei Basel anno 1926».

Abb. 48
Foto Co-op (Die neue Welt): *Gitter-Studie/Stromleitungs-Masten*, 1926.

66 Hannes Meyer Spaziergang als Städtebauer durch Italien (1945) in: ders., wie Anm. 19, S. 355

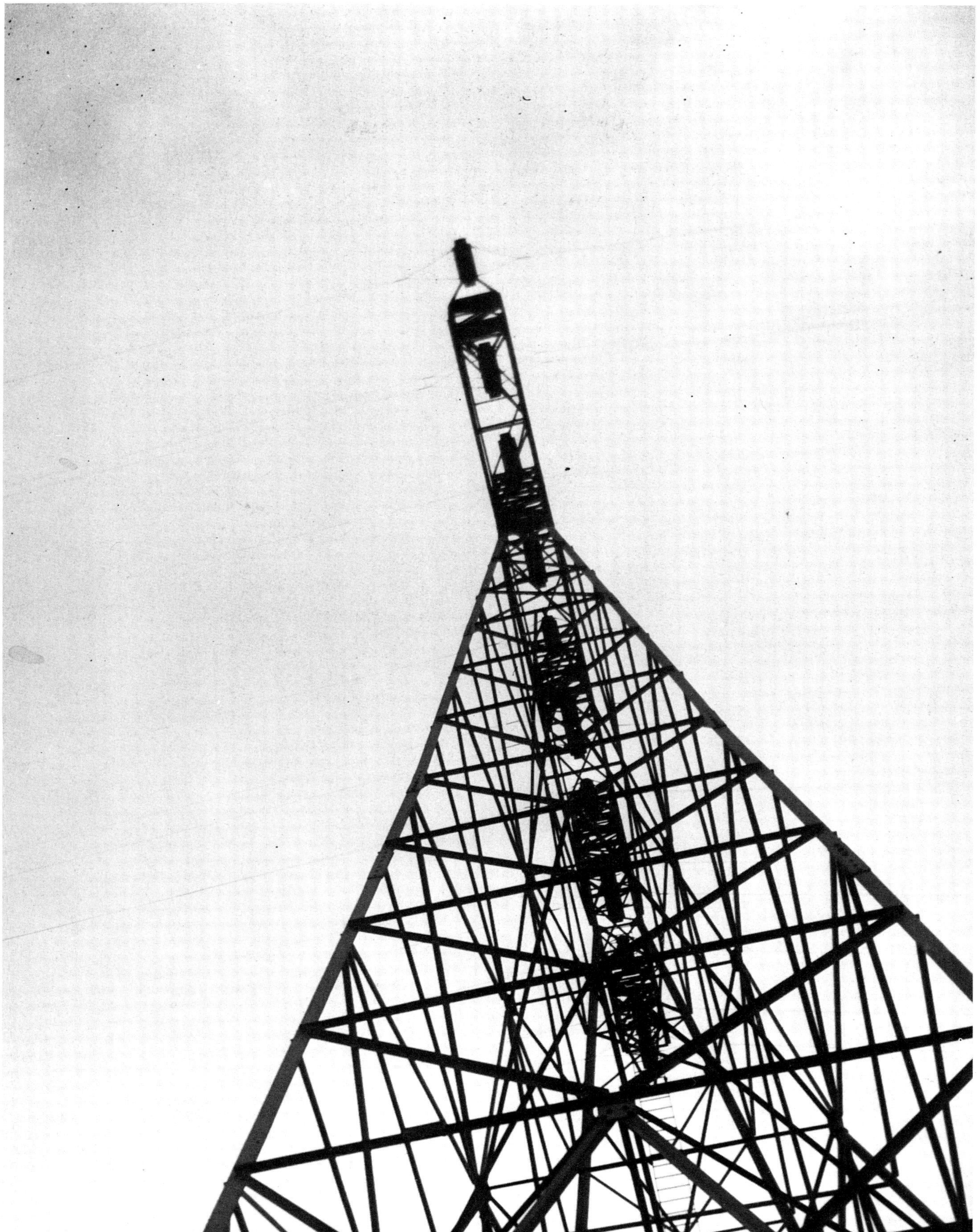

48

49

50

51

52

Abb. 49
Foto Co-op (Die neue Welt): Turbinenhalle des Kraftwerkes Augst bei Basel. Veröffentlicht in der Zeitschrift «Das Werk», Juli 1926, S. 229 mit der Untertitelung «Lichtwirkungen im Kraftwerk Augst», 1926.

Abb. 50
Foto Co-op: Masten-Studie, 1926.

Abb. 51
Foto Co-op (Die neue Welt): Gitter-Studie, 1926.

Abb. 52
Foto Co-op: Baukran-Studie mit einmontiertem Portrait für die Mappe «9 Jahre Bauhaus», die Walter Gropius bei seinem Weggang 1928 von Bauhäuslern geschenkt wurde. (BA)

Abb. 53
Foto Co-op: Konstruktion 1926/6.

Hier ist ein Arrangement aus Holzteilen, Glasscheiben verschiedener Größe und einer Flasche, alles in schrägfallendem Licht auf einer Tischplatte zu sehen: Licht, Schatten, Reflexe und bestehende und erzeugte Grau- und Schwarz-weiß-Werte sind die Gestaltungsmittel des bewußt gestalteten Ausschnittes aus der Welt des Materials. Ein Experiment. (Abb. 53)
Es folgt die Serie von fünf Co-op-Constructionen, 1926/1–1926/5. In all der durchforsteten Literatur habe ich nur einen einzigen Kurzkommentar zu Meyers fotografischer Produktion gefunden: in Jan Tschicholds «Die neue Typographie, Ein Handbuch für zeitgemäß Schaffende», Berlin 1928; S. 50. In diesem Buch versucht Tschichold auf den Seiten 30–52 einen Einblick zu geben in «Die neue Kunst», wobei er sich auf ähnliche zu dieser Zeit in anderen Publikationen gemachte Ausführungen berufen kann und auf denen er mit den gleichen Abbildungen argumentiert wie Meyer zuvor in «Die neue Welt» und der Sondernummer von «ABC»: die gleichen Clichés von Bildern von Piet Mondrian, Lajos Kassak, Walter Dexel und von Co-op. Baumeister wird in diesem Text immer wieder ob seiner vorbildlichen Arbeit gelobt: Und Tschichold setzt der Foto-Construktion von Co-op ebenfalls eine Zeichnung von Baumeister gegenüber! Nach der Malerei spricht Tschichold von der Fotografie: «Der in Paris lebende Amerikaner Man Ray war es, der uns das Photogramm, eine technisch und gestalterisch ganz neue Kunst, geschenkt hat.
Er versuchte, auf dem Gebiet der Photographie, dieser wirklich ‹heutigen› Technik, zu einer primären Gestaltung zu kommen, die, unabhängig von der Natur, ihre Gesetze aus sich selbst zeugen sollte. Seine Photogramme, ohne Apparat auf das bloße lichtempfindliche Papier gezaubert, sind ebenso naturfern wie auf ihre Art ‹wirklich› und eigengesetzlich. Sie sind die vollkommene Formpoesie des heutigen Menschen. Daß die Photographie noch andere Möglichkeiten für die gestaltende Kunst in sich birgt, zeigt die Konstruktion von Co-op. Auch die freie (nicht-zweck-gebundene) Photomontage, die Photozeichnung und die Photoplastik gehören zu den Techniken der neuen Gestaltung.
Letzte Vollendung erfährt das von Man Ray begonnene Werk im reinen Film, der die Anwendung der Grundsätze der neuen Gestaltung auf den Film darstellt. Hier haben Viking Eggeling, Hans Richter, Graf Beaumont, Fernand Léger, Picabia und Man Ray selbst wichtige Pionierarbeit geleistet.»[67]
In «Die neue Welt» zeigt Meyer auf Seite 220 vier Filmstreifen: «Naturalistisch, aus einem x-beliebigen Film» (ein Mann zerrt an einer Frau), «Symbolisch, Lotte Reiniger, Aus dem Tricktischfilm ‹Prinz Achmed›» und zwei Streifen «Raumzeitlich-Rhythmisch-Abstrakt, Aus der ‹Diagonalsymphonie› von Viking Eggeling.» Zudem bringt Jan Tschichold im bibliografischen Anhang seines Buches Empfehlungen: Unter den «ausgezeichneten Werken, die dem Studium des Lesers besonders empfohlen werden» (Tschichold), befinden sich die unter Redaktion von Hannes Meyer erschienenen Sonderhefte von «Das Werk» und von «ABC». Andererseits ist es Meyer, der in «ABC» nach den Äußerungen von Baumeister auf der ersten Seite einen Bericht von «Iwan Tschi-

[67] Tschichold, Jan
Die neue Typographie
Berlin 1928, S. 48ff.

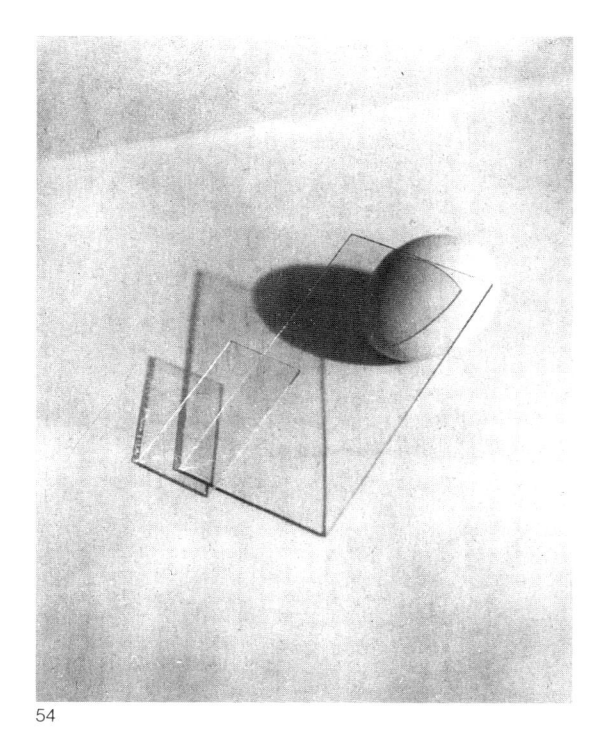

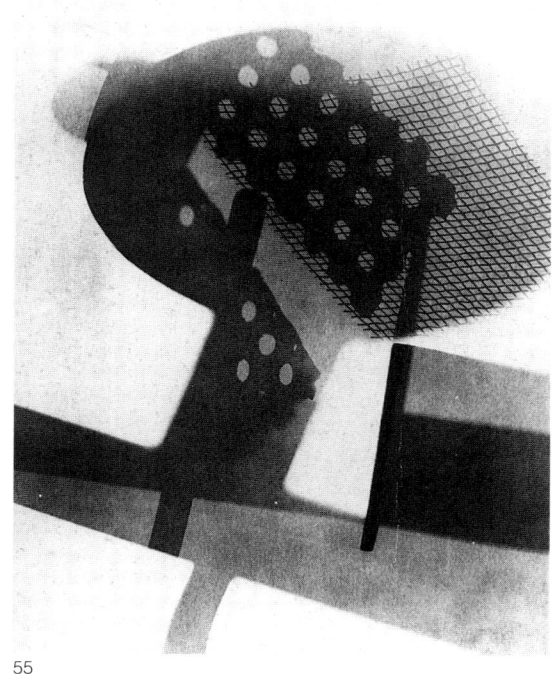

chold, Leipzig» aus den «Typografischen Mitteilungen» von Oktober 1925 bringt, in dem dieser seine grundsätzlichen Überlegungen dartut.

Die Begrifflichkeit, mit der man eigenes Schaffen und die Forderungen der neuen Gestaltung kommentieren wollte, war nach bisher Gesagtem nicht ganz klar: Für gleiche Ziele verwendet man «reine», «primäre», «absolute», «exakte» und «elementare» Gestaltung als Begriff. Meyers fünf Foto-Construktionen erfüllen diese Forderung wohl am sichtbarsten innerhalb seines «freien» Schaffens: Nur Glasscheibe und Ei werden «elementar» in Beziehung gesetzt. Das Ei als absolute Plastik und vollendete «Form an sich»: Wir denken an Constantin Brancusi (Meyer erwähnte ihn im Zusammenhang mit einer «notwendigen Schau der neuen Tschinggen» in einem Brief an W. Barth) und an dessen Ei-Plastik. Brancusi wiederum ist nachmals kurzfristig Mitstreiter der de-Stijl-Bewegung (den Erfindern des «Elementarismus»; – oder war das doch El Lisickij?) neben Georges Vantongerloo (und dann als dessen Ersatz-Mann), letzterer ein Künstler, dem wir bei Meyer schon begegnet sind als Vertreter der «absoluten Malerei» (siehe Meyer-Ausstellung über «belgische Kunst»). Zu Vantongerloo hat Meyer seinerseits wieder eine besondere Beziehung: In «ABC» und in «Die neue Welt» bringt er Texte und Werke von ihm. Vantongerloo: «Punkte (abstrakte Form) bilden eine Linie; Linien eine Fläche und Flächen ein Volumen. Schaffen Sie also mit diesen Mitteln eine Sache, deren Verhältnis ausgeglichen sein sollte: und Sie werden ein ästhetisches Werk geschaffen haben. Benutzen Sie diese Mittel mathematisch: und Sie werden eine wissenschaftliche Arbeit gemacht haben. Machen Sie ein Bildnis/eine Abbildung (image) mit diesen Mitteln: und Sie werden Philosophie gemacht haben. (...) Die Philosophie, die Wissenschaft und die Kunst streben die Vereinigung an mit den Mitteln der Entwicklung.»[68] Und Hannes Meyer (im Vorgriff auf das Jahr 1928): «die kunst ist als niederschlag der auseinandersetzung mit dem übersinnlichen ein element geistiger gestaltung. ich sehe nur gleichgerichtetes, nicht gegensätzliches zwischen K & G. die technik ist ein logisches hilfsmittel, die kunst ist ein seelisches hilfsmittel, beides sind mittel der menschwerdung: das ziel ist der *bewußte mensch*.»[69] Bei Vantongerloo also Künstler – Wissenschaftler – Philosoph. In Anlehnung daran können wir von Hannes Meyer sagen: Architekt – Techniker – Theoretiker (in seiner retrospektiven Bedeutung). Künstler? Architekt?: Meyer 1938 (geläutert): «Der Architekt ist ein Künstler, denn alle Kunst ist Ordnung, das heißt: in eine neue Ordnung übertragene Wirklichkeit.»[70]

Wie oder was ordnet, bzw. gestaltet Meyer hier in den Co-op-Construktionen? *Das Material:* ein Ei, Materie in symbolischer Urform und als Form eine unendliche Linie, die einen Körper bildet. *Das Material:* Glas, das man nicht sieht, weil es durchsichtig ist und nur dort sichtbar wird, wo es aufhört, nämlich übergeht in Nicht-Existenz: Erst die Lichtbrechung an der Glaskante macht das Material sichtbar, optisch wirklich; – erst das Licht schafft Grauwerte in

Abb. 54
Foto Co-op: Konstruktion 1926/2.

Abb. 55
Laszlo Moholy-Nagy: Fotostudie/Fotogramm, um 1925.

Abb. 56
Foto Co-op: Konstruktion 1926/4.

68 Vantongerloo, Georges
in: wie Anm. 24, S. 232
69 Hannes Meyer (alias co-op)
in: bauhaus
1928, Nr. 2/3, S. 27
70 ders.
Erziehung zum Architekten
Vortrag in Mexiko am
30. 9. 1939
in: wie Anm. 19, S. 205

56

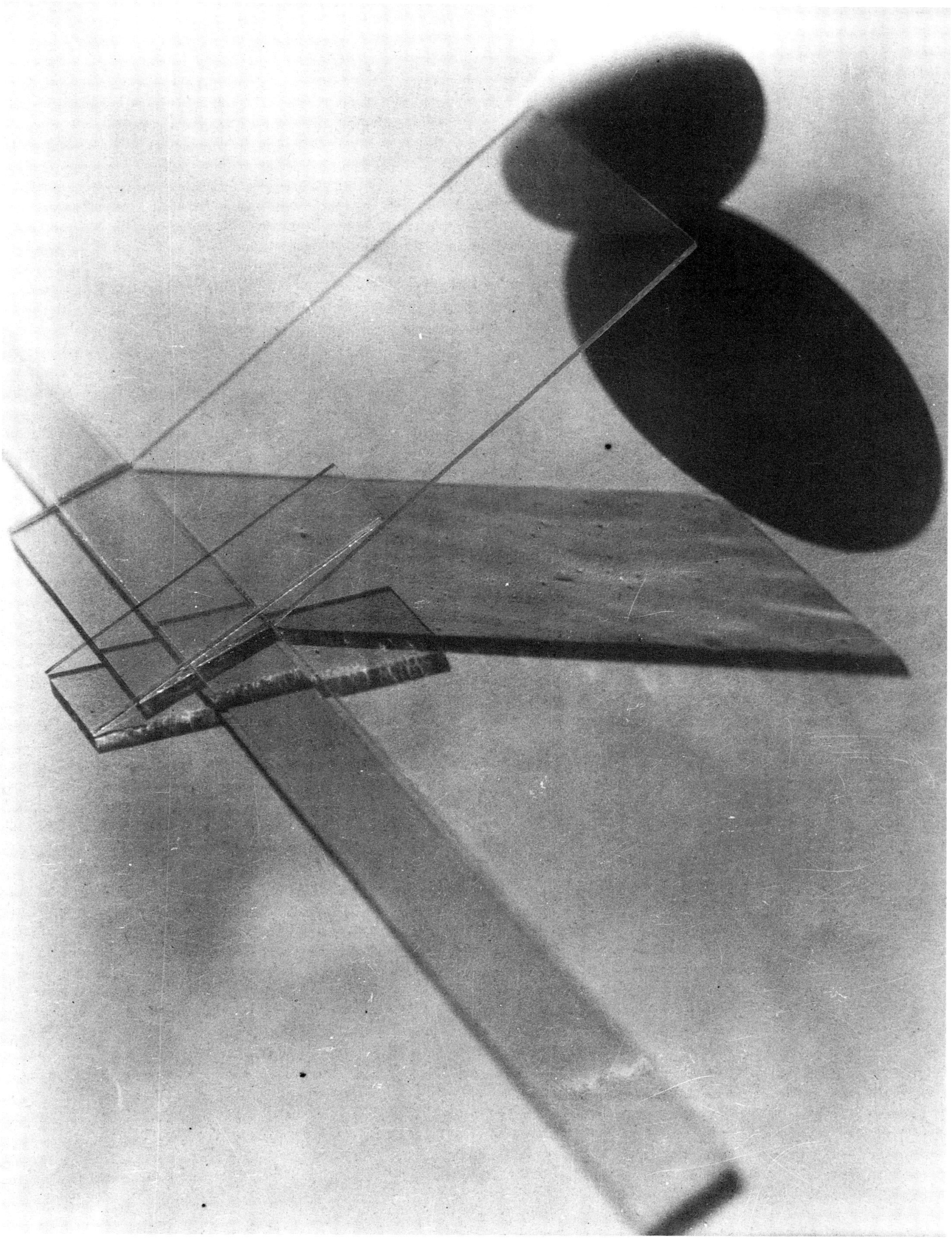

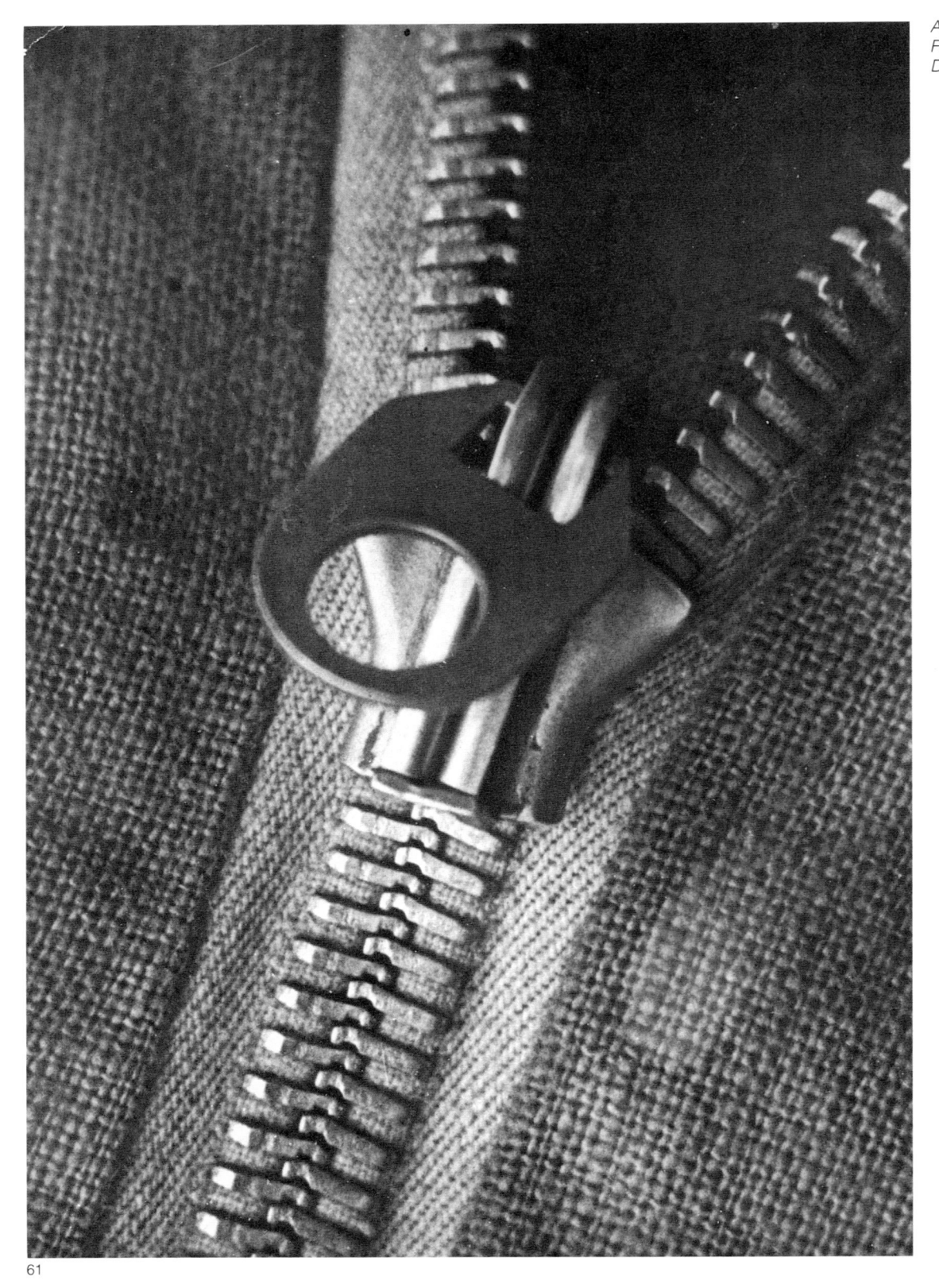

Abb. 61
Foto Co-op: Reißverschluß/
Detail, um 1928.

Die Neue Welt

Die Neue Welt 1	Eine Alfabetisierungskampagne: «ABC»	130
Die Neue Welt 2	Konsequenz 1: Das «Laboratorium» Meyer/Wittwer	136
Die Neue Welt 3	«ist mir schon wieder zu zahm und zu wenig anarchistisch»	143
Die Neue Welt 4	Konsequenz 2: Die Petersschule in Basel, 1926	148
Die Neue Welt 5	Konsequenz 3: Der Völkerbundpalast in Genf, 1926/27	160

Die Neue Welt 1
Eine Alfabetisierungskampagne: «ABC»

Meyers nun schon häufiger zitierter Beitrag zur Zeitschrift «ABC, Beiträge zum Bauen», welche von 1924 bis 1928 in Basel erschien, bestand in der Redaktion der No. 2 der Serie 2, Sommer 1926 (die 7. Nummer von insgesamt 9). Über diese «Inkunabel der Moderne», dieses Feuerwerk an Ideen in einer kleinen Zeitschrift, hat Jacques Gubler zwei ausgesprochen aufschlußreiche Beiträge verfaßt, auf die hier unbedingt verwiesen sei.[1] Mit der Ausführlichkeit, wie dort geschehen, kann hier nicht auf die Zeitschrift eingegangen werden. Sie mag uns mit ihrem dünnen, aber feinen Umfang (wegen der Dichte des Materials und der Kommentare) jedoch Anlaß sein, die mit Meyer und seiner Generation verbundenen Fragestellungen abzustecken.

Die Personen der Kampagne und ihre Verbindungen untereinander: Hans Schmidt und Werner Moser, zwei Karl Moser-Schüler aus der Schweiz, arbeiten in den Jahren 1921/22 in Holland; Werner Moser bei Granpré Molière in Rotterdam, Hans Schmidt bei Brinkman (später mit v. d. Vlught Entwerfer der Tabakfabrik van Nelle). Ihr gemeinsamer Freund ist Martinus Adrianus (genannt: Mart) Stam (ebenfalls Büro Molière). Stam geht 1922 nach Berlin und arbeitet bei Max Taut. Hier in Berlin lernt er u. a. Lasar Markovitch (genannt: El) Lisickij kennen, der seinerseits Kontakt hat zu van Doesburg, J. J. P. Oud, C. van Eesteren, Kurt Schwitters und Hans Richter. 1922 kehrt Hans Schmidt aus Holland zurück und nimmt – erfolglos – teil am Wettbewerb für den Friedhof «Hörnli», Riehen bei Basel. Der Wettbewerbsentscheid der Jury löste unter den jungen engagierten Architekten eine lebhafte Diskussion aus, in die sich – auf der Seite der «Jungen» – auch «Papa» (Karl) Moser einschaltet. Über Meyers Beitrag zu diesem Wettbewerb haben wir bereits gesprochen, auch über die weiteren Einzelheiten der Diskussion. 1924 sind Werner Moser, Lisickij und Mart Stam in der Schweiz: Lisickij heilt in Locarno eine Lungenkrankheit aus, Stam arbeitet bei A. Itten in Thun und hält den Kontakt zu Schmidt und Lisickij. Von der Diskussion um den Friedhof «Hörnli» werden sie durch die Presse und durch Briefe unterrichtet sein. Emil Roth berichtet Jacques Gubler: «(Das) Projekt von Hans Schmidt hat in Basel eingeschlagen bei den Malern, Bildhauern und Architekten und es sind sehr viele Diskussionen daraus entstanden. Das war eigentlich der Ausgangspunkt zu einer kleinen Gruppe, wozu der Bruder von Hans Schmidt, Georg, der spätere Direktor des Kunstmuseums in Basel, gehörte. Eine Gruppe, die sich mit dem Problem der neuen Entwicklung sehr eng beschäftigte. Es gehörten dazu Hans Wittwer, Hannes Meyer und andere (Emil Roth, Paul Artaria). Die erste Zusammenkunft, an der überdies junge Zürcher Kollegen, Werner Moser, Max Ernst Haefeli, Rudolf Steiger, teilgenommen haben, fand statt an einem Samstag-Sonntag in einem kleinen Weekend-Haus ob dem Bieler See von Artaria gebaut. Wir haben dort übernachtet. An Wäscheleinen waren die Pläne aufgehängt. Man hat dann in der freien Natur Probleme des Friedhofs-Entwurfs und andere architektonische Probleme besprochen. Das war eigentlich der Ausgangspunkt der neuen Architektur in der Schweiz.»[2]

Warum sollte man die Diskussion aber nicht öffentlich führen? Es bedurfte nur noch des Organs: Man gründete «ABC, Beiträge zum Bauen». Das Anliegen prangt als Programm im Kopf der ersten Nummer: «Diese Zeitschrift wird Artikel veröffentlichen, die Klarheit bringen wollen in die Aufgaben und den Prozess der Gestaltung – der Gestaltung der Städte in ihrem technischen, ökonomischen und sozialen Wesen – der Gestaltung des Wohnungsbaues, der Arbeitsstätten und des Verkehrs – der Gestaltung in Malerei und Theaterkunst – der Gestaltung in Technik und Erfindung.

Diese Zeitschrift soll der Sammlung aller jungen Kräfte dienen, die in den künstlerischen und wirtschaftlichen Aufgaben unserer Zeit reine und klare Resultate erstreben. Das Ziel für die neue Generation ist, auf jedem Gebiet durch eigenes Nachdenken zu einer selbständigeren und künstlerisch weiteren Auffassung zu gelangen.»[3]

Und so programmatisch geht es weiter. Mart Stam beginnt mit einem 5-Punkte-Programm zur «neuen Gestaltung», wo es u. a. heißt: «*Die neue Gestaltung* auf jedem Gebiet geht von den Forderungen, und den Möglichkeiten aus und erfüllt beide Gesetze bis zum Äußersten. (...)

Die neue Gestaltung wird jeder Aufgabe ihre eigene Lösung geben: diejenige, welche durch Technik und Ökonomie bedingt ist. Sentimentale Gefühle der Pietät für Erzeugnisse aus vergangener Zeit und

Abb. 1
Köpfe der Zeitschrift ABC, Serie 1, No. 1–5, 1924/25.

1 Gubler, Jacques
Nationalisme et Internationalisme dans l'Architecture Moderne de la Suisse
Lausanne 1975,
S. 109–141
und ders.
Post tabulam rasam
in: ABC, Architettura e avanguardia
1924–1928 (ABC-Reprint)
Milano 1983, S. 9–28
2 wie Anm. 1.1
3 Redaktionsnotiz
in: ABC, Beiträge zum Bauen
1. Serie, Nr. 1, S. 1

ABC | BEITRÄGE ZUM BAUEN | 1

DIESE ZEITSCHRIFT WIRD ARTIKEL VERÖFFENTLICHEN, DIE KLARHEIT BRINGEN WOLLEN IN DIE AUFGABEN UND DEN PROZESS DER GESTALTUNG - DER GESTALTUNG DER STÄDTE IN IHREM TECHNISCHEN, ÖKONOMISCHEN UND SOZIALEN WESEN - DER GESTALTUNG DES WOHNUNGSBAUES, DER ARBEITSSTÄTTEN UND DES VERKEHRS - DER GESTALTUNG IN MALEREI UND THEATERKUNST - DER GESTALTUNG IN TECHNIK UND ERFINDUNG.

DIESE ZEITSCHRIFT SOLL DER SAMMLUNG ALLER JUNGEN KRÄFTE DIENEN, DIE IN DEN KÜNSTLERISCHEN U. WIRTSCHAFTLICHEN AUFGABEN UNSERER ZEIT REINE UND KLARE RESULTATE ERSTREBEN. DAS ZIEL FÜR DIE NEUE GENERATION IST, AUF JEDEM GEBIET DURCH EIGENES NACHDENKEN ZU EINER SELBSTÄNDIGEREN UND KÜNSTLERISCH WEITEREN AUFFASSUNG ZU GELANGEN.

DIESER GENERATION DER SCHÖPFERISCH ARBEITENDEN SOLL UNSERE ZEITSCHRIFT GEHÖREN.

ABC | BEITRÄGE ZUM BAUEN | 2

ABONN.-PREIS: SECHS NUMMERN 4 FRANKEN

SIE WERDEN UNS LESEN - AUCH WENN SIE MIT UNS NICHT EINIG SEIN KÖNNEN. DENN WIR VERLANGEN VON IHNEN KEINEN GLAUBEN AN NEUE DOGMEN, DER NUR ZUR ERSTARRUNG IN DEN FORMELN EINER TOTEN AESTHETIK FÜHREN WÜRDE.

SIE WERDEN ÜBER DIE DINGE NACHDENKEN - AUCH WENN SIE MEINEN, DASS SIE DAMIT HEUTE NICHTS ZU TUN HABEN. DENN WIR VERLANGEN NICHT, DASS SIE UNS RECHT GEBEN, SONDERN WOLLEN NUR, DASS SIE DENKEND MITARBEITEN AN EINER ENTWICKLUNG, DIE ÜBERALL IM GANGE IST, DASS SIE AN DINGEN ANTEIL NEHMEN, DIE NICHT NUR VON UNS AUSGEHEN.

WIR WOLLEN NICHS WEITER ALS KLARHEIT FÜR UNSERE ARBEIT SCHAFFEN, DIE EINFACHHEIT U. KONSEQUENZ EINER NEUEN REALITÄT ERKENNEN.

ABC | BEITRÄGE ZUM BAUEN | 3/4

ABONN.-PREIS: SECHS NUMMERN VIER FRANKEN

MODERNE MATERIALIEN SIND DAS RESULTAT UNSERER INDUSTRIE, SIE WERDEN DURCH DEN CHEMIKER AUS DEN ROHSTOFFEN AUFGEBAUT UND DURCH DIE MASCHINE HERGESTELLT.

MODERNE KONSTRUKTIONEN SIND DAS RESULTAT UNSERES TECHNISCHEN DENKENS - SIE WERDEN DURCH DEN STATIKER EINDEUTIG ERKANNT UND ERRECHNET UND DURCH DIE MASCHINE AUSGEFÜHRT.

MODERNE STILFORMEN - UNSERE HISTORISCHEN MUSEEN SIND BEREITS ÜBERFÜLLT, UNSERE KUNSTPROFESSOREN ÜBERLASTET - ES HAT KEINEN SINN MEHR, WEITER FÜR SIE ZU ARBEITEN.

BETON BETON BETON BETON BETON BETON BETON BETON BETON

ABC | BEITRÄGE ZUM BAUEN | 5

ABONNEMENTS-PREIS: SECHS NUMMERN 4 FR.

ABGESEHEN VON DEN UEBERTREIBUNGEN, DIE ZUM UNGESTÜM JUNGER KRÄFTE OHNE WEITERES GEHÖREN, ÜBERZEUGT DAS **ABC** WIEDER DURCH DIE LOGIK UND DIE SCHÖPFERISCHE FRISCHE SEINER AUFFASSUNG. DASS ES DAMIT ALLE PROBLEME UNSERES BAUENS LÖST, WIRD NIEMAND ERWARTEN, ABER ES WÄRE SCHON VIEL ERREICHT, WENN EINMAL SEINE IDEEN ALLEN BAUENDEN WIRKLICH ZUM **ABC** IHRES HANDWERKS WÜRDEN. DAS **ABC** IST KONSEQUENT IN DER GESTALTUNG EINER ERKENNTNIS, DIE ZWAR NICHT NEU IST, DIE ABER IMMER UND IMMER WIEDER AUSGESPROCHEN WERDEN MUSS. INGENIEUREN UND ARCHITTKTEN, DIE MIT KLAREM DENKEN UND LEBENDIGEM EMPFINDEN IHRE BAUAUFGABEN ANGREIFEN WERDEN DIESE BLÄTTER WEITERE ANREGUNG BIETEN. :: :: :: ::

SCHWEIZERISCHE BAUZEITUNG. 16. MAI 1925.

individualistische Formenvirtuosität können auf diesem Wege nur hemmend wirken und die heutige Unordnung fortdauern lassen.
Die neue Gestaltung hat als Grundsätze:
Ordnung
Gesetzmäßigkeit.»[4]
Zur gleichen Zeit also, zu der Meyer in Belgien der «absoluten Gestaltung» nachforscht, macht sich diese Gruppe junger Schweizer Architekten an die Ausformulierung genau dieses Bereiches der neuen «Ausdruckkultur» – aber flächendeckend. In seinen nachfolgenden Bemerkungen zur »Kollektiven Gestaltung« beschreibt Stam die Notwendigkeit des Einzuges der Wissenschaften in alle Bereiche und die Rolle des Ingenieurs mit seiner «Verstandesarbeit»: «Neben dem Ingenieur, der sich verstandesmäßig mit den Eigenschaften der Materialien beschäftigt, sie wissenschaftlich anwendet und durch Kombination neue Eigenschaften, neue Wirkungsweisen entdeckt, neben ihm steht der Künstler.

Der Künstler muß sich Kenntnisse erwerben, sich der wissenschaftlichen Tatsachen bemächtigen, aber danach hat er die Materialien zu begreifen, er hat den großen organischen Zusammenhang zu begreifen, der alle Dinge aus ihrem Zustand als Einzelobjekt erlöst und sie in jene Gesamtheit von Gesetzen ein- und unterordnet, die das Weltall beherrscht.

Die Künstler haben in jedem Objekt das Wesen dieser Gesetze zu entdecken, damit sie, besser noch als der Ingenieur, die Fähigkeit des Organisierens erlangen. Sie werden bei ihrer Arbeit für das Wesen der Aufgabe den elementarsten Ausdruck finden, den Ausdruck der Aufgabe selbst, gestaltet durch das Mittel von geeigneten Materialien in ihrer geeigneten Form.»[5]

Den allgemeinen Forderungen nach Gestaltung folgt auf der nächsten Seite das Instrumentarium, beschrieben von El Lisickij: «Zwei Momente bestimmen das moderne Schaffen«

1. Element
2. Erfindung

1. Element. Der moderne Gestalter untersucht die gestellte Aufgabe nach den Funktionen, die sie zu erfüllen hat. Danach wählt er für jede Funktion das Element, das ihr entspricht.
Für das Plastische: *A. Kubus* (...) *B. Konus* (...) *C. Kugel* (...)
Damit sind die plastischen Elemente gegeben für Alles, was geschlossen oder offen aufgebaut wird. (...) Zu den Druckkräften von Last und Stütze treten in der Moderne die Zugkräfte als neuer Ausdruck. So entsteht die *Rippe,* das offene. (...) Sie ist die Gesundheit des Nackten.» (Es wimmelt in allen Nummern von «ABC» von Beispielen aus diesem Bereich des Gebauten. M.K.)[6]
Es folgen die Bedingungen des Materials (Widerstand, Bearbeitung, Beanspruchung) und die der Farbe bei den Materialien, wie sie sich ungebrochen, d. h. materialiter darstellen. Dann kommt «*2. Erfindung.* (Der Gestalter) findet für die gegebenen Funktionen die einfachste ‹selbstverständliche› Zusammensetzung der entsprechenden Elemente.

Diese ‹Selbstverständlichkeit› ist Erfindung; wir müssen also immer Erfinder sein. So entsteht die Form als Resultat der Aufgabe, das ist der Elemente und der Erfindung: Wir kennen keine Form an und für sich. Der Erfinder stellt von sich aus neue Forderungen an die Elemente, und es werden neue Materialien, neue Farben usw. geschaffen. (...) Darum wird heute noch das Wichtigste im Laboratorium geleistet. Dort bildet sich die Beherrschung der ‹Zahl›, die Logik des Aufbaus aus, d. h. der Erfinder braucht nicht zu rechnen, er weiß nur, daß eins gleich eins ist, aber sein Wesen enthält in sich die klare und einfache mathematische Formel. (...) Das Erfinden ist die universelle Kraft, die biomechanische Kraft. (...) Die beiden Elemente der modernen Gestaltung = Element und Erfindung sind unzertrennlich. 1924. El Lissitzky.»[7]

Als Dritter im Bunde kommt dann Hans Schmidt auf das Metier zu sprechen, in dem Gestaltung/Element und Erfindung zur Anwendung zu kommen haben: die Architektur, der Stadtbau. Die Architekten sollten allerorten auf einen Eiffelturm steigen, um «das Chaos im Stadtbau» – so der Titel seines Beitrages – zu erkennen:

«Sie würden die Körper der Häuser als wirkliches Material des Stadtbaues sehen lernen und begreifen, daß die Organisation, die Zusammenfügung dieses Materials auch dem Gesetze der Bewegung im Raum, dem Verkehr folgen muß. (...) daß es keine malerische und keine monumentale Stadt gibt, nur eine architektonische Stadt als den Ausdruck höchster Gesetzmäßigkeit, Einheit und Ökonomie – daß sie weder mit der Regelmäßigkeit noch mit der Unregelmäßigkeit zu spielen, sondern allein jede klare Lösung der Aufgabe zu suchen haben, die von selbst zur organisierten, also geregelten Form führt. Es wird eine unserer wichtigsten Aufgaben sein, die Gesetze der organischen Bildung einer modernen Stadt aus den Elementen ihrer Gestaltung und den Forderungen der Zeit abzuleiten.»[8]

Die erste Nummer von ABC enthält mit diesen drei Beiträgen schon das ganze Programm der jungen Schweizer Architekten, und wir lesen aus ihnen all jene Punkte heraus, mit denen Meyer und seine Generation antreten, die Welt zu verbessern: Gesetzmäßigkeit, Ordnung, elementares Gestalten, Erfinden – und das alles sollte zunächst stattfinden im »Laboratorium». Doch mußte man wissen, was es dort zu experimentieren gab, für welchen Zweck. Es ging ihnen nicht um Architektur im klassischen Sinne: Bauten und Äußerungen der Heroen der Zeit: Le Corbusier, Gropius und andere vermeintliche Formfinder und deren Sekretäre und Ghostwriter wie Sigfried Giedion kommen in dieser Zeitschrift gar nicht zu Wort. Man argumentiert geschickter und ironischer: «Beiträge haben wir erhalten von: Forbat, Weimar (...). Wir danken den Zusendern für ihre Aufmerksamkeit, mußten die Publikation jedoch bis jetzt zurückstellen. Da wir außerdem für die hystorisch-kritische Verarbeitung der ‹Hauptströmungen moderner Architektur› bereits verschiedene fachmännisch ausgebildete Kunstwärter besitzen, so können wir uns dieser reproduktiven Arbeiten ent-

4 Stam, Mart
in: wie Anm. 3
5 ebd., S. 2
6 Lisickij, El
Element und Erfindung
in: ebd., S. 3
7 ebd., S. 4
8 Schmidt, Hans
Das Chaos im Stadtbau
in: ebd. S. 2f.

Abb. 2
Inserat aus ABC, Serie 1, No. 2, S. 4, 1924.

halten und bitten vor allem um *Beiträge zum Bauen.*»[9]

Es ging also wirklich um eine Alfabetisierung der Kollegenschaft. Um den *Prozeß des Bauens*, und nicht um das *Ergebnis als Architektur.* Man schrieb über Papierformate, Theater, Reklame, Modernes Bauen, Schalung, Betonfensterrahmen, Mauer und Wand, über zweistielige Rahmen, Industrielle Massenproduktion, Bahnhöfe, Badewannen und Literatur – und weiter über Komposition, Straße und Schnellverkehr, «die Baukunst und den Lieben Gott», das Bauen und die Norm, Mechanische Autogaragen, die Organisation der Arbeit, Ingenieure, Städte, Wohnungen und Typengrundrisse und dann *«fordert ABC die Diktatur der Maschine»:* Das aber erst in der letzten Nummer, die im Sommer 1928 erscheint.

Was brachte man nicht? «Inserate nehmen wir im Allgemeinen nicht auf. Dagegen machen wir eine Ausnahme, wenn es sich um Firmen oder Einzelpersonen handelt, deren Tätigkeit wir mit besonderer Sympathie begegnen. Wir beginnen mit:»[10]

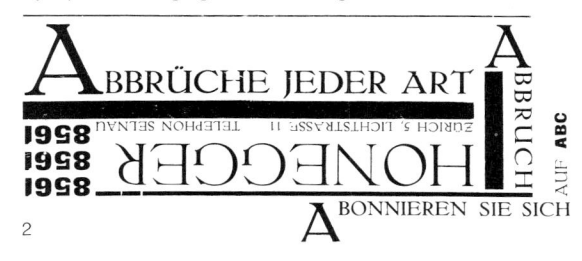

Bei dieser scharfen Ironie müssen wir selbst noch die Inserate ernster nehmen als bei vergleichbaren Zeitschriften. In der ersten Nummer schrieb ja schon Mart Stam, als er sich gegen die «Genügsamkeit der Resignierten (...) und die Selbstsicherheit der Traditionellen» wandte, daß «unsere Äußerungen bisweilen kritisch und destruktiv sein müssen», womit er eines der Lieblingswörter seit den Tagen der italienischen Futuristen ins Feld führt. Man mußte halt, um Neues aufzubauen, zuvor die alten, tradierten Zwänge über Bord werfen. Man mußte Platz schaffen für ein neues ABC der Schaffer einer neuen «Ausdruckskultur».

Ordnung und Gesetzmäßigkeit im modernen Bauen, versuchsweise angewendet im Labor des neuen Künstler-Architekten war also eines der Anliegen, wobei man Anleihen bei anderen Künsten machte. Im Kapitel über Meyers Theater co-op haben wir schon von den Versuchen einiger russischer Künstler gesprochen, vor allem von der Gruppe *LEF.* El Lisickij hielt natürlich weiterhin den Kontakt zur russischen Szene, und folgerichtig kommen in «ABC» auch diese Versuche wieder vor. Die erste Nummer bringt neben Mart Stams Gestaltungs-Forderungen eine Notiz: «*Moskau.* Im Sommer 1923 hat sich in Moskau eine Gruppe von Architekten und Ingenieuren als ‹Association des architectes nouveaux› = ‹Assowna› zusammengeschlossen. Das Ziel der Vereinigung ist, die Kunst der Architektur emporzubringen und sie in den Stand zu stellen, die Forderungen der Technik und der modernen Wissenschaft zu erfüllen.»[11]

Die zweite Nummer bringt einen Auszug aus A. Tairoff «Das entfesselte Theater»: «Um der äußeren Verkörperung seiner Idee willen muß der Künstler sein Werkzeug und sein Material beherrschen. (...) In der Kunst darf es keine Zufälligkeiten geben. Die Kunst stellt nicht die Natur dar. Sie schafft sich ihre eigene Natur.»[12]

Nummer 3/4 zeigt Beispiele der Architektur Rußlands: Tatlins Konstruktion als Turm für die Internationale, einen Turm zur Verarbeitung von Lauge (Architekturabteilung der *Wchutemas*) und ein Restaurant an einem Felsen über dem Meer aus dem Atelier N. Ladovski der Architekturabteilung der Akademie in Moskau. (Abb. 3) Es ging um das schon bei Lisickij benannte «Offene», was wir auch schon sahen bei den Theatermaquetten Alexander Vesnins im Kapitel über Meyers Theater co-op. Und hier schreibt Lisickij: «Diese Arbeiten sind nicht bloß eine Verherrlichung der Mechano-Technik – sie wollen auch mehr geben als eine notwendige Reaktion gegen die alte Ästhetik. Das Ziel war: die ganze Energie, die sich in der neuen Malerei kristallisiert hatte, in der Architektur zur Auswirkung zu bringen. (...) Es kam auf die Gliederung des Raumes durch Linie, Ebene und Volumen an (wir erinnern uns an Vantongerloo! M. K.). Keine nach außen abgeschlossene Einzelkörper, sondern Beziehungen und Verhältnisse (...) das Gestalten der inneren Struktur des Baues nach außen: das Offene (Meyers Fotos von Stromleitungsmasten! M. K.). Diese zur Anschauung gebrachte innere Struktur entstand als Folge der durchdachten Funktionalität der einzelnen Teile des Gesamtkomplexes. (...) Das ist der Weg zu einer organischen Totalität.»[13]

Das Faszinosum der hier gezeigten Arbeiten mag allerorten in Europa das gleiche gewesen sein: auch weil sich die in der Sovjetunion arbeitenden Architekten und Künstler positiv zur stattgefundenen Revolution und vor allem in deren Dienst stellten. Und für in Europa linksstehende Architekten galt das insbesondere dann, wenn man sich hier schon reformerisch an Neuerungen im Bereich von Architektur und Gestaltung versucht hatte. Für Meyer mag das im besten Falle auch gelten, und es mag an dieser Stelle erlaubt sein zu sagen, warum die Zeitschrift «ABC» hier so ausführlich behandelt wird. Am Ende dieser Periode wird Hannes Meyer an das Bauhaus Dessau zum Aufbau der neu zu gründenden Architekturabteilung berufen. Am 3. 1. 1927 schreibt er an Walter Gropius: «den anläßlich des einweihungsfestes ausgestellten arbeiten stehe ich vom beschränkten abc-boden aus zumeist äußerst kritisch gegenüber; ausgenommen die sehr entwicklungsfähigen dinge wie stahlhaus, stahlmöbel, teile von schlemmers bühne und der grundsätzliche unterricht kandinskys sowie teile ihrer grundlehre.»[14] Und am 16. 2. 1927, an den gleichen Adressaten: «die grundtendenz meines unterrichts wird absolut (sic!) eine funktionell-kollektivistisch-konstruktive sein im sinne von ‹abc› und von ‹die neue welt›».[15] Das ABC war also Meyer so etwas wie eine Visitenkarte, mit der man sich auswies anderen Modernisten gegenüber.

---

9 Redaktionsnotiz in: ABC, Beiträge zum Bauen 1. Serie, Nr. 3/4, S. 7
10 Redaktionsnotiz in: ABC, Beiträge zum Bauen 1. Serie, Nr. 2, S. 4
11 wie Anm. 3
12 Tairoff, Alexander Entfesseltes Theater in: wie Anm. 10, S. 1
13 Lisickij, El Architektur Rußlands in: wie Anm. 9, S. 2
14 Hannes Meyer Brief an Walter Gropius vom 3. 1. 1927 Original im Getty Center Santa Monica, Calif., USA
15 ders. Brief an Walter Gropius vom 16. 2. 1927 Original im Getty Center Santa Monica, Calif., USA

Turm zur Verarbeitung von Lauge — Arbeit eines studierenden russischen Architekten: Die Aufgabe war dieselbe wie bei dem in ABC No. 2 abgebildeten Modell. Elemente: Zylinder Treppe Gerüst Leitungen. Architekturabteilung der WCHUTEMAS in Moskau.

Diese Arbeiten sind nicht bloss eine Verherrlichung der Mechano-Technik — sie wollen auch mehr geben als eine notwendige Reaktion gegen die alte Aesthetik. Das Ziel war: Die ganze Energie, die sich in der neuen Malerei kristallisiert hatte, in der Architektur zur Auswirkung zu bringen — und zwar nicht nur die neu gesehenen Formen (z. B. Kuben und Quadrate), sondern vor allem die zum Bau des neuen Körpers ausgeschiedenen Kräfte. Am wenigsten wollte man sich vom Urelement der Malerei — der Farbe — verführen lassen. Es kam auf die Gliederung des Raumes durch Linie, Ebene und Volumen an. Keine nach aussen abgeschlossenen Einzelkörper, sondern Beziehungen und Verhältnisse. Nicht die Ummantelung des Baues (klassische Flächengliederung, Fassadenkunst), sondern das Gestalten der innern Struktur des Baues nach aussen: Das Offene. Diese zur Anschauung gebrachte innere Struktur entstand als Folge der durchdachten Funktionalität der einzelnen Teile des Gesamtkomplexes. Die einzelnen Teile wurden durch eine Zirkulation (Lift, Drahtseilbahn, etc.) verbunden. Das ist der Weg zu einer organischen Totalität.

Abb. 3
Atelier Ladovskij/Studenten, Moskau: Turm zur Verarbeitung von Lauge, 1922 (aus: ABC, Serie 1, No. 2, S. 4, 1924).

Abb. 4
Atelier Ladovskij/Studenten, Moskau: Turm zur Verarbeitung von Lauge, 1922 (aus: ABC, Serie 1, No. 3/4, S. 2, 1925).

Abb. 5
Schön und nicht schön, Inserat aus ABC, Serie 1, No. 3/4, S. 6, 1925.

Warum
SIND UNSERE
MASCHINEN SCHÖN
WEIL SIE
Arbeiten
Sich bewegen
Funktionieren **?**
FABRIK
SILO
LOKOMOTIVE
LASTWAGEN
FLUGZEUG

Warum
SIND UNSERE
HAUSER NICHT SCHÖN
WEIL SIE
Nichts tun
Herumstehen
Representieren **?**
VILLA
SCHULPALAST
GEISTESTEMPEL
BANKPALAST
EISENBAHNTEMPEL

Abb. 6
Tatlin: Denkmal der III. Internationale, 1920 (aus: ABC, Serie 1, No. 3/4, S. 1, 1925).

Ordnung und Gesetzmäßigkeit waren – wie wir gesehen haben – die Mittel. Am Ziel standen das Ökonomische und das Zweckmäßige. In der oben zitierten Nummer über russische Architektur schreibt Mart Stam, was das bedeutet für das neue ABC:
«Modernes Bauen 2. (...) ökonomische Bausysteme zeichnen sich aus durch ein Minimum an Aufwand (von Material und Arbeitskraft) ein Maximum von Nutzeffekt. Ökonomische Bausysteme ersetzen die Körperkraft durch die Kraft der Maschinen und zeichnen sich aus:
– durch Materialausnützung. Das ist kleinste Anzahl dünner Stützen
– durch Erfüllung der Aufgabe: Das ist größte Anzahl von Quadratmetern nutzbarer Bodenfläche»[16]
Mit welchem Witz, mit welcher Schärfe, Ernsthaftigkeit und Ironie die Macher von ABC zu Werke gehen, möchte ich an einem Beispiel demonstrieren, um die «Logik und schöpferische Frische von ABC» (Schweizerische Bauzeitung 16. 5. 1925) nachvollziehbar zu machen. Zwischen den zitierten russischen Arbeiten und dem zitierten Stam-Beitrag zum Modernen Bauen 2, eine typische Frage von «ABC»: *«Haben die Architekten Gehirne?»* Dazu als Gegenüberstellung: «Badewanne (leicht zu reinigen / sachlich / glatt) gegen: Bahnhöfe (unsachlich – aber imposant / Arkaden – als geistiger Überzug / Dreckwinkel); und Aeroplan (Materialökonomie / beabsichtigt Nutzeffekt / erreicht Eleganz) gegen: Steinbrücken (Freiburg, Baden) (Materialverschwendung / beabsichtigt Heimatschutzeffekt / erreicht Romantik)».[17] Sage keiner, in der Redakitonsstube hätte es auch nicht Spaß im besten Sinne gegeben. Nun bringt die Nummer 6 der Zeitschrift ein Sonderheft über Bahnhöfe: – und man beginnt mit der Badewanne: «ein Gefäß, glatt, mit runden Ecken, ohne Fugen, entstanden entsprechend den Anforderungen des Gebrauches und der Reinigung, ausgeführt als Massenprodukt, ist in ihrer äußeren Erscheinung einfach und eindeutig. Diese Eindeutigkeit, diese ungewollte, aber technisch richtige und zweckmäßige Form fehlt auf allen Gebieten, wo man bewußt meint, Kunst machen zu müssen – fehlt da, wo man meint, ein Mehr über das Notwendige und Zweckmäßige hinaus hinzufügen zu müssen.»[18]
Das Heft bringt nun aber nicht nur die von Hans Wittwer und Mart Stam (nicht eingereicht) gefertigten Entwürfe für den Wettbewerb des Bahnhofes Genf-Cornavin, sondern beginnt neben der «Badewanne» gleichfalls mit «Notizen über Literatur», in denen der Holländer L. Lebeau über das Material, aus dem Literatur gemacht wird, nachdenkt. «Es gibt keinen wesentlichen Unterschied zwischen den Äußerungen: malen, bildhauen, komponieren oder schreiben.
Es gibt einen Unterschied im Handhaben der Werkzeuge, einen Unterschied in den Materialien.
Antrieb und Ziel sind überall und immer dieselben, nämlich um durch geringsten Gebrauch von Material / zu gelangen zum / höchsten (reinsten) Ausdruck.»[19]
Lebeau spricht über den Roman, den er für eine überkommene Form hält, weil er ausschließlich der Nachahmung diene und zudem «ein Zuviel an Material gebraucht». Sympathischer ist ihm schon die Short-Story als «Übergang zwischen dem Roman und dem Gedicht». «Denn der ‹short-story› ist nicht bloß ‹Ausschnitt› – er ist der richtige Ausschnitt. Der short-story ist immer handelnd, nie beschauend (...).» Lebeau kommt zum Gedicht: «Das Gedicht ist die richtigste Form der Literatur; es erreicht mit einem Minimum an Material / ein Maximum als Ausdruck.», um dann über die alten Mittel – Rhythmus und Reim – als Ausgangspunkt für das gegenwärtig Erreichte zu sprechen, über «das Gedicht, überladen mit Bildern und Gleichnissen, die übereinander strauchln, (...). Bei (dieser) Form, der allerindividuellsten, sieht der Dichter, teilt er mit, was er sieht und wie er sieht. Wichtig ist, daß er sieht, unwichtig, daß er dem Leser mitteilt, was er sieht. Sein Gedicht muß dem Leser deutlich machen, daß der Dichter die äußeren Erscheinungen in ihrer gegenseitigen Verbundenheit und in ihrer Verbundenheit mit dem Sein gesehen hat; es muß dem Leser so deutlich werden, daß auch er diese Verbundenheit erkennt. *Dies ist der einzige Inhalt, den ein Gedicht haben kann.* (...) Die Literatur hat zum Material: *Buchstabe–Wort.* Buchstabe und Wort haben zum Resultat: *Begriff.* (...)
Also: Studium, Laboratoriumsarbeit des Dichters. Aber doch des Dichters, denn dies ist für die Kunst die erste Forderung: der Künstler soll sein Material kennen und beherrschen.»[20]

6

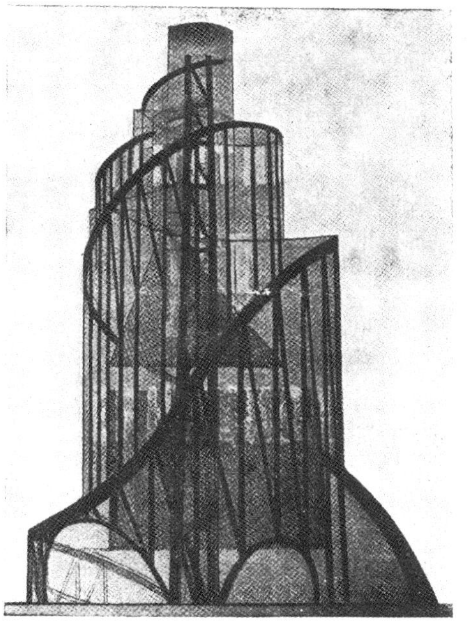

Zwei konische Spiralen werden von einem räumlichen Fachwerk getragen. Diese Konstruktion trägt in sich 3 Körper:
1. Unten einen Kubus als Raum für Konferenzen, Versammlungen etc.
2. Eine Pyramide als Raum für die Exekutive, Sekretariate und Administration.
3. Einen Zylinder als Raum für die Informationsbureaus.
Alle 3 Körper bewegen sich mit verschiedener Schnelligkeit.
In den Spiralen sind die Museen der Revolution untergebracht.

16 Stam, Mart
Modernes Bauen 2
in: wie Anm. 9, S. 4
17 Redaktionsnotiz
in: ebd., S. 2
18 ABC, Beiträge zum Bauen
Serie 1, Nr. 6, S. 1
19 Lebeau, L.
Notizen über Literatur
in: ebd., S. 1
20 ebd., S. 1 ff.

Meyer und Wittwer gingen nun erst einmal daran, sich den Ort einzurichten, der dieser Forderung Geltung verschaffen konnte. Materialfanatiker, zumal wenn es um neue Baustoffe ging, waren zu dieser Zeit viele Architekten, vor allem aber die «ABC»-Kollegen. Unter den neuen Materialien befand sich das Sperrholz. Mit Sperrholzplatten verkleideten Meyer/Wittwer ihr Büro im Luftgäßlein. Ausführende Möbelfabrik war die Firma «Fränkel und Voellmy A.G.» Die Firma war auch «ABC»-Inserent und Auftraggeber für einen kleinen Büroanbau, der im Büro Meyer/Wittwer 1926 von Hans Wittwer bearbeitet wird.

Der Wettbewerb für den Völkerbund-Palast in Genf wird im Juli 1926, der für die Petersschule in Basel im August ausgeschrieben. Abgabe für die Petersschule ist der 30. November, Abgabe für den Völkerbundpalast der 27. Januar 1927. Hans Wittwer arbeitet in der ersten gemeinsamen Bürozeit an dem erwähnten Büroanbau für «Fränkel und Voellmy» und an einem Gartenhausprojekt für Dr. Rudolf Suter-Christoffel in Binningen. Hannes Meyer stellt in dieser Zeit das Material zusammen für die im Juni/Juli erscheinenden Zeitschriften-Nummern von «ABC» und «Das Werk» (Die Neue Welt).

Es ist immer schwierig, die Arbeitsanteile bei Bürogemeinschaften im nachhinein zu bestimmen, herauszufiltern: In diesem Falle hätten Meyer und Wittwer sich solches wohl auch verboten. Die Zeit bis zu Meyers Berufung ans Bauhaus zum 1.4.1927 aber läßt sich nur schwer rekonstruieren. Anhand einiger Briefe und Postkarten von Hannes Meyer an Willy Baumeister können wir immerhin die Fragen, die im Zusammenhang stehen mit den Entwürfen zur Petersschule und dem Völkerbund-Palast und den zu dieser Zeit gemachten freien Arbeiten (von «Jean Cop-op») einigermaßen eingrenzen; einiges wird auf rein spekulativem Wege nur annähernd zu erklären sein und bleiben.

Das Jahr 1926 birgt also für Hannes Meyer: eine Bürogemeinschaft mit einem guten Konstrukteur = Hans Wittwer, das Zusammentragen von Materialien aller Richtungen des Modernismus, das Verfassen des poetischen Text-Manifestes «Die Neue Welt», der Entwurf für die Petersschule, das Herstellen von freien Co-op-Arbeiten, «theorie und construction» (in Menton), «bau und praxis» (in Basel) und am Ende der Entwurf für den Völkerbund-Palast in Genf. Wie wichtig Willy Baumeister für Hannes Meyer war, haben wir gesehen. Im Folgenden einige Passagen aus der Korrespondenz, wobei wir zunächst noch einmal ein Stück co-op Arbeit uns anschauen wollen: Meyer an Baumeister am 22.5.1926: «Ich möchte Sie gerne treffen in Basel. – Falls ich nicht mehr hier sein sollte, so stelle ich Ihnen mein kleines Atelierzimmer mit Schlafgelegenheit gerne zur Verfügung; mein Arbeitskollege Hans Wittwer kann Ihnen alles übergeben.»[23]

Eine Spekulation: Bekannt von Hannes Meyer ist sein Co-op Interieur (Abb. 11), dieses ist installiert im Luftgäßlein und kommentiert im Text «Die neue Welt»: «Typische Standardwaren...: der Klappstuhl, ... die Glühbirne, ... das Reisegrammophon. (...) Apparate der Mechanisierung unseres Tageslebens. Ihre genormte Form ist unpersönlich. Ihre Anfertigung erfolgt serienweise. Als Serienartikel, als Serieneinrichtung, als Serienbauteil, als Serienhaus.» Und: «Unsere Wohnung wird mobiler denn je: Massenmiethaus (wir erinnern die ‹Nüchternheit der Schiffskabine› aus ‹Junge Kunst in Belgien›), Sleeping-car, Wohnjacht und Transatlantique untergraben den Lokalbegriff der ‹Heimat›.»[24] Wir besehen uns die totale Künstlichkeit dieses Interieurs, dieses Raumes: Die ihn einfassenden Wände sind gespanntes Papier. Man sieht auch nicht die tatsächliche Größe des Raumes – nur durch Beschneidung des Fotos wird der Ausschnitt bestimmt: die Raumecke. Auch der Fußboden ist bespannt mit Papier. Keine Fußleiste, keine Lichtquelle, kein Fenster, keine Tür. Keine Raumhöhe. Es ist die Ecke der Schiffskabine, des ‹Sleeping-cars aus der «Neuen Welt». Das Bett ist abgeräumt. Das Bettzeug schon verstaut im Koffer – ebenso wie die persönliche Habe, die den Bewohner auszeichnen könnte. (Baumeister kommt zu Besuch) Der Klappstuhl an der Wand wird nicht mehr gebraucht, der andere harrt

Abb. 9
Das Atelier von Piet Mondrian in Paris; von Hannes Meyer zur Illustrierung seines Gedankens vom «Labor»/«Atelier» in seinem Text «Die neue Welt» benutzt.

Abb. 10
Das «Labor» Meyer/Wittwer 1926/27, Luftgäßlein 3, Basel. Hier entstanden die Entwürfe für die Petersschule und für den Völkerbundpalast, sowie der Text «Die neue Welt».

23 ders.
Brief an Willy Baumeister vom 22.5.1926
Original im Baumeister-Archiv, Stuttgart
24 ders.
Die neue Welt
in: Das Werk (Sonderheft) 13. 1926, S. 221

Abb. 11
Das «Interieur Co-op» oder «Zimmer Co-op» von 1926. Die «mobile» Wohn- und Schlafzelle für den «modernen Nomaden» (HM).

seiner Klappung. Das Grammophon entbehrt der schwarzen Schellack-Platten (wir erinnern den Apparat vom Theater co-op), denn auch diese scheinen längst verstaut; – der Tisch darunter wird auch schnell zusammengeklappt sein. Das Regal montiert, Glas und Metall, antiseptisch, klinisch-rein wie die Ablage eines OP-Saales, eines Hexenmeisters Laboratorium, wie die Abstellflächen im modernen WC. Das obere Glas abgeräumt, die unteren Behältnisse offenbaren ihr Innenleben: spitze Nägel, kreischende Kreide, weich-weißes Pulver, dunkle Flüssigkeit und ihren Inhalt verbergende Pappschächtelchen. Das Bett auf schwarz-konischen Füßen (Luftzirkulation! ruft der Hygieniker), Stahlfeder-Draht-Bespannung und mit Roßhaar gefülltes grobes Leinen. Willkommen, welcome!

Wie heißt es in der «neuen Welt» und später: «Bauen ist ein technischer, kein ästhetischer Prozeß. (...) Idealerweise und elementar gestaltet wird unser Wohnhaus eine Wohnmaschinerie. (...) Das Haus ist deren Komponente. (Gemütlichkeit und Repräsentation sind keine Leitmotive des Wohnungsbaus: die Erste ist im Menschenherzen und nicht im Perserteppich, die Zweite in der persönlichen Haltung der Hausbewohner und nicht an der Zimmerwand!)»[25]

Wir erwähnten schon im Freidorf-Kapitel, daß Meyer dieses Co-op Interieur zusammen mit Fotos der Dachkonstruktion des Genossenschaftshauses in der Sovjetunion 1927 anläßlich einer Bauhaus-Ausstellung zeigte. Diese Ausstellung mag wiederum El Lisicikj Anlaß gewesen sein, einen Kommentar zur Wohnkultur zu geben: «Die Klarheit von Formen und Gegenständen kann man bis zu einer Grenze führen. Vielleicht genügt es für einen modernen Menschen, in einem leeren Zimmer nur eine Matratze, einen Klappstuhl und ein Grammophon stehen zu haben, – alles sind standardisierte Elemente; doch der Irrtum besteht darin, daß die arithmetische Summierung von Standardteilen insgesamt noch keinen ganzen Standard ergibt...».[26]

In «Die neue Welt» ist dieses Foto abgebildet – unter der Rubrik ‹Der Standard›, mit der Bildunterschrift: Die Wohnung. Zu sehen sind u. a.: Die Landschaft (eine HM-Fotostudie aus der Co-op Serie), ein Foto von Hans Wittwer: Dieselmaschinenfabrik einer Schiffswerft, und eine Munitionsarbeiter-Siedlung in Well Hall/Kent.

Am 22.5. also ist Hannes Meyer auf dem Sprung nach Menton, von wo er am 2.8. wieder eine Postkarte an Baumeister schreibt: Ihn interessiert dessen Meinung zu den fertig gestellten Nummern von «ABC» und «Das Werk». «Bis September bleibe ich hier in Mentone.»[27]

Am 21.10. folgt ein langer handgeschriebener Brief: «Ich wollte Ihnen schon seit drei Wochen schreiben, da ich mit einer für Sie bestimmten Arbeit nicht zu Rande kam: ich wollte Ihnen ein in Cellon ausgeführtes Bild dedizieren, verbrannte mir aber dabei den Mittelfinger u. hatte auch sonst einiges Mißgeschick damit, indem mir einzelne Teile davon wieder aufquollen. Da ich am 8. Oktober zur Übernahme meines neuen Hauses in Menton abreisen mußte, muß ich Sie unangenehmerweise um etliche Geduld bitten, denn ich kehre erst im Januar 1927 nach Basel zurück.» Es folgt eine lange Beschreibung des Ortes und der Situation. «Morgens um 6ʰ (5ʰ deutsche Zeit) ist Familientagwache und eine Stunde lang Sport im Garten. Später gibts ein Seebad. Sonst Unterricht der Kinder und Co-op-Arbeit. Mitunter ist

25 ebd., S. 222
26 Lisicikj, El
Wohnkultur
in: ders.
Proun und Wolkenbügel
Dresden 1977, S. 61
27 Hannes Meyer
Postkarte an Willy Baumeister vom 2.8.1926
Original im Baumeister-Archiv, Stuttgart

*Abb. 12
Ausschnitt aus Hannes Meyer: Lino Co-op, Arbeit Nr. 3, 1924/26 (C.M.)*

*Abb. 13
Victor Servranckx: Linolschnitt, 1921. Von Meyer verwendet in seinem Aufsatz «Junge Kunst in Belgien», 1925.*

mir, ich hätte 35 Jahre lang geschlafen, – nein geschnarcht, und sei endlich erwacht und lebendig geworden. Die Ehe ist schöner als je und die Kinder sind von vorbildlicher Frechheit. (Wir erinnern fast gleichen Wortlaut aus dem Brief an Giedion etwa zur selben Zeit, M. K.) (...) Als Reaktion (auf das Studium des südlichen ‹Faulenzens›, M. K.) stellt sich bei mir höchstens Arbeitswut ein, und ich muß mich doch hüten, zu zersplittert vielerlei zu tun. Während meines letzten Menton-Aufenthaltes habe ich ein einzig Bild verbrochen und diesmal wirds kaum anders sein. Ich glaube, je reifer man wird, umso weniger realisiert man quantitativ. Ich habe das Bedürfnis danach schon gar nicht, viele Bilder zu werken, aber je reicher in der Konstellation, je untadelig-konsequenter das Werk wird, umso lieber ist es mir. (...) Ich bekam im letzten Moment noch Reklame-Aufträge in Basel, sonst ist es im Basler Büro still z. Zt. Augenblicklich laboriere ich an einer Schule herum für Basel und nachher wollte ich für den Genfer Völkerbundspalast für mich Skizzen machen. (Es ist Ende Oktober!, M. K.) – ‹Die neue Welt› hat mich in der Schweiz ‹denunziert›, und die Schwierigkeiten, an die Ausführung heranzugelangen, sind für uns größer denn je. Beim ‹Werk› und bei mir gingen einige unflätige Zuschriften ein, und die ganze Architektengarde macht kategorisch Front gegen uns ABC-Leute. Dabei werde ich täglich extremer und für die Schweizer ‹ungenießbarer›. Letzten Endes winkt uns Modernisten allen dasselbe harte Geschick, daß wir eine ideelle Welt errichten und uns damit den Weg zu den realen Dingen unserer Zeit erschweren oder verschließen. (...) Vantongerloo ist seit vier Monaten abwesend, ansonst gäbe es von ihm Grüße. (...) Ich drücke Ihnen herzlich die Hand. Ihr Hannes Meyer.»[28]

Der Brief ist in vielerlei Hinsicht interessant. Ende Oktober «laboriert» (!) er noch an der Peterschule herum. Was macht Hans Wittwer zu dieser Zeit? Abgabe ist der 30. November. Hannes Meyer ist viel in Menton, aber hier «ausschließlich construction und theorie, in basel nur bau und praxis» (Zitat aus dem nächsten Brief v. 1. 12. 1926). Skizzen für den Völkerbund, der seit Juli ausgeschrieben ist, existieren überhaupt noch nicht. Arbeitet Hans Wittwer schon daran? Vantongerloo: Nach Familienauskunft hatte er die erste Wohnung in Menton vermittelt; sein Triptychon 1921 ist unter der Kategorie ‹Das Bild› unter dem Mauerbild von Willy Baumeister in «Die neue Welt» abgebildet. Im «Labor» in Basel ist es still z. Zt.: Arbeitet Hans Wittwer dort nicht?

Der nächste Brief ist aus Basel, datiert auf den 1. 12. 26, und beginnt mit der Gratulation zu Baumeisters Eheschließung: «ich trete übermorgen eine reise nach deutschland an. ich wollte mir insbesondere die wenigen modernistischen gesinnungsgenossen in ihren realisationen ansehen, die es in ihrer heimat gibt. ich habe ja wenig genug originaliter gesehen. eigentlich möchte ich nur einen maßstab für die dortigen unterfangen gewinnen. (...) dann interessiert mich technisches, wo ich stetsfort als sucher bemüht bin. es wird noch einige zeit dauern, bis ich positives verwirkliche auf einem arbeitsgebiet, das sie besser und genauer kennen, als ich. ich ertappe mich immer wieder darauf, wie sehr ich konstrukteur bin und wie sehr mich die farbe nur reizt, um zu charakterisieren, während sie mir bei ihren arbeiten viel primärer (!) vorkommt. meine lieblingslektüre sind z. zt. mathematische schriften und biologische theorien, und dazu musikkritische filosofische analysen, – alles übrige, was mich sonst vor zwei jahren eminent interessiert hat, ist im orkus verschwunden. ich bin sicher in den männlichen wechseljahren! schrecklich! (...) es ist so: ich wollte auf einer meiner rückreisen paris berühren. nun bin ich vielleicht nächstens mit einer größern bauaufgabe im hader, und wenn ich dahinter stürze, so bin ich erst ende januar frei für paris. wenn ich aber darauf verzichte, so reise ich gegen ende den 15. ev. 20. dez. nach mentone zurück und wollte bei diesem anlaß über paris fahren (...) ich muß gegenwärtig sehr mit meiner zeit haushalten, sonst falle ich der zersplitterung anheim. in mentone arbeite ich ausschließlich ‹construction› und theorie. in basel nur bau & praxis. (...) vantongerloo will auch nach paris zurück; er ist ein sehr sorgsamer arbeiter; mir imponiert sein bemühen um eine systematische basis aller unsrer arbeit sehr. – bleiben sie dauernd im hotel wohnen? ich fände das sehr schön. für uns nomaden ist das hotel der einzige entsprechende wohnort auf diesem globus ... aber meine frau ist (wie alle frauen) dagegen...»[29]

Bei der «größern bauaufgabe», die ihn bis Ende Januar beschäftigen sollte, kann es sich nur um den Völkerbund-Palast handeln. Am 3. 12. 1926 reist

28 ders.
Brief an Willy Baumeister vom 21. 10. 1926
Original im Baumeister-Archiv, Stuttgart
29 ders.
Brief an Willy Baumeister vom 1. 12. 1926
Original im Baumeister-Archiv, Stuttgart

*Abb. 14
Hannes Meyer, um 1924/26.
(HAB)*

Meyer zur Eröffnung des neuen Bauhausgebäudes nach Dessau, wo er erstmals Gropius, Schlemmer, Moholy-Nagy, Kandinsky und anderen «Modernisten» dieser Einrichtung begegnet. Das Fest findet am 4. Dezember statt. Auf der Rückreise fährt er nicht über Paris – er macht ja den Völkerbund-Wettbewerb. Am 18.12. schreibt ihm Walter Gropius: «bei ihrem hiersein sprach ich mit ihnen darüber, daß ich mart stam aufgefordert hatte, ans bauhaus zu kommen, um hier ein baubüro aufzumachen, das ich mir als eine fruchtbare arbeitsgemeinschaft dessen, der es leitet mit den jungen studierenden denke und zwar im zusammenhang mit praktischen bauten auf unserem siedlungsgelände und auch an anderer stelle. stam will nicht aus holland weg und hat mir nach anfänglichem schwanken abgesagt. nachdem ich sie hier kennengelernt habe, hatte ich sofort den wunsch, sie zu bitten, diese aufgabe bei uns zu übernehmen, wenn sie irgend dazu lust und neigung haben...»[30]

Oskar Schlemmer in einem Brief an Willy Baumeister am 21.12.1926: «(...) und der neue Freund und Genosse, der Hannes Meyer-Basel, war ein großer Gewinn. Er hat auch auf die wesentlichen Bauhäusler sichtlich Eindruck gemacht durch die Bestimmtheit seiner Gesinnung und sein gewinnendes Wesen. Er war, nachdem ihm der Ästhetizismus der andern Häuser langsam auf die Nerven fiel, selig, bei uns Kinder anzutreffen, vermutlich auch, weil sie ihn an die seinen erinnerten, und er hat richtig mit ihnen getollt.»[31] Ein weiterer Brief: «Er war hier zur Einweihung, wo ich ihn kennenlernte. Er war sehr kritisch gegen etliches am Bauhaus. Äußerungen wie ‹Überkunstgewerbe›, ‹Dornach›, ‹dekorative Ästhetik› waren damals objektiv-freimütig geäußert und bisweilen treffend. Er blieb ein bis zwei Tage länger als die übrigen Gäste (...). Er machte sichtlich guten Eindruck, und etwas Neues, dem Bauhaus Mangelndes, wurde empfunden. Gropius sucht einen Mann für die endlich zu schaffende Architekturabteilung. (...) Gropius kann froh sein, diesen ehrlichen Kerl als neue Blume in sein Knopfloch bekommen zu haben.»[32]

Meyer antwortet Gropius am 3.1.1927, mit der Entschuldigung beginnend, daß er erst jetzt schreiben könne, da er erst Ende Dezember aus Menton zurückgekehrt sei: «(...) nachdem ich mir über die festzeit die gründe und die gegengründe ihres angebotes weidlich überdachte, bin ich noch nicht bis zur ablehnung ihrer berufung gelangt!! (...) bei der übernahme einer neuen aufgabe ist mir in meiner jetzigen lebensperiode ausschließlich maßgebend, ob sie auf meiner entwicklungslinie liegt. an ihrem angebot lockt mich vor allem das zusammensein & -arbeiten mit jungen menschen. (...) es lockt mich als ausgesprochenen ‹collectivisten› die mitarbeit innerhalb einer arbeitsgemeinschaft. (...) was ich an der einweihung gesehen habe, sind doch äußerlichkeiten, ausgenommen die wertvolle & aufschlußreiche unterhaltung mit ihnen, und den meistern kandinsky, moholy, schlemmer, breuer. den anläßlich des einweihungsfestes ausgestellten arbeiten stehe ich vom beschränkten abc-boden aus zumeist äußerst kritisch gegenüber; ausgenommen die sehr entwicklungsfähigen dinge wie stahlhaus, stahlmöbel, teile von schlemmer's bühne & der grundsätzliche unterricht kandinsky's, sowie teile ihrer grundlehre. vieles erinnerte mich spontan an ‹dornach/rudolf steiner›, also sektenhaft und ästhetisch; (...). ich bin gerne bereit, nochmals nach dessau ... zu

30 Walter Gropius
Brief an Hannes Meyer
vom 18.12.1926
Original im Getty Center
Santa Monica, Calif., USA
31 Schlemmer, Oscar
Brief an Willy Baumeister
in: ders.
Briefe und Tagebücher
München 1958, S. 204
32 ders.
Brief an O.M.
ebd., S. 207

Abb. 15
Illustration aus: «Die neue Welt».

kommen. (...) ich arbeite seit mehreren monaten an meinem projekt für den völkerbundspalast in genf. dieser wettbewerb ist bekanntlich am 25. januar fällig. bis dahin bin ich an mein atelier in basel gebunden und absolut unabkömmlich. – ich weiß nicht, ob ich ihnen zumuten darf, bis zum 27. januar sich zu gedulden; ich würde mich verpflichten, an diesem tage bei ihnen zu erscheinen.»[33]

Vom 30. Januar bis zum 2. Februar 1927, also direkt nach Abgabe des Völkerbund-Beitrages ist Meyer wieder in Dessau, um Einzelfragen zu klären, und am 10. 2. endlich sagt er der Berufung zu. Drei Tage später, am 13. 2. 1927, schreibt er abermals an Willy Baumeister, wiederum aus Basel, wobei er seine Berufung ans Bauhaus und seine Zusage mitteilt: «ich habe auch sonst das gefühl, an einem wendepunkt meines lebens zu stehen und ertappe mich immer mehr dabei, von rechts nach links zu rutschen. d. h. die neue welt z. b. ist mir schon wieder zu zahm und zu wenig anarchistisch, also viel zu scheidemännisch...! ich bin fanatischer gestimmt denn je und schwelge in mathematik und physik. solltest mein letztes projekt für den ‹völkerbund› in genf sehen: wir konstruierten aus akustischen schallkurven einen saal für 2500 personen. er sieht aus wie eine muschel. daneben stellte ich ein bürohaus aus stahl und duraluminium mit 100 m höhe. es ist schade, daß du so weit weg bist; ich möchte so oft mit einem so ernsthaften menschen, wie willy baumeister es ist, diskutieren. – der zufall will es, daß ich sehr wahrscheinlich mit oscar schlemmer das haus tausche, d. h. er übernimmt mein haus in mentone und ich das seinige in dessau (provisorium für ein jahr).»[34]

Zehn Monate besteht also das gemeinsame Büro, das »Labor« Meyer/Wittwer, zehn Monate, in denen jeweils kurz vor den Abgabeterminen intensiv einen Monat lang an der zeichnerischen Umsetzung der Ideen für die beiden Wettbewerbe gearbeitet wird. Denn vorher scheinen beide, Meyer wie Wittwer, mit den theoretischen Grundlagen zu diesen Projekten beschäftigt zu sein: Wittwer könnte mit seinem Schwager Erwin Voellmy, der Mathematiker war, an den Berechnungen für die Lichtkurven der Petersschule und an den Schallkurven für den Völkerbund-Palast gesessen haben, während Meyer sich theoretisch in Mathematik und Physik schulte («ich schwelge in ...») und zeitweise mit neuen Materialien experimentierte in klassischer Laboratoriumsarbeit, wobei kleinere Verbrennungen nur für die Unbekümmertheit und die Neugierde des Forschers sprechen. Bei den Zusammenkünften in Basel, in der Sperrholz-Labor-Atmosphäre im Luftgäßlein, mag man brainstorm-artig das jeweils Neue an Ergebnissen ausgetauscht haben, um sich dann – im Endspurt – an die Ausformulierung hin zum Entwurf zu machen: im November für die Petersschule, im Januar für den Völkerbunds-Palast. Gemessen an den architektonischen Formen und den funktionell-konstruktiven und technischen Prämissen, die beide Architekten zuvor in ihren Einzel-Arbeiten verwenden – gemessen daran bergen diese beiden Entwürfe großartige Neuerungen, denen wir uns – nach einem kleinen Exkurs in «Die neue Welt» – zuwenden wollen als Ergebnisse von «ABC», «Die neue Welt» und «Laboratoriumsarbeit».

33 Hannes Meyer
Brief an Walter Gropius
vom 3. 1. 1927
Original im Getty Center
Santa Monica, Calif., USA
34 ders.
Brief an Willy Baumeister
vom 13. 2. 1927
Original im Baumeister-Archiv, Stuttgart

Die neue Welt 3
«ist mir schon wieder zu zahm und zu wenig anarchistisch»

Was hat Hannes Meyer denn mit diesem, 1926 in der Julinummer der Zeitschrift «Das Werk» erschienenen Aufsatz dem Schweizer in den Pelz gesetzt, daß einige der Eidgenossen sich gar zu «unflätigen Zuschriften» hinreißen ließen? Wir wollen, weil es ein wichtiger Wegstein auf des Architekten Pfad ist, uns kurz mit dieser «neuen Welt» beschäftigen; – uns aber zuvor eben diesen Schweizer besehen, mit dem Hannes Meyer zunehmend Schwierigkeiten zu bekommen schien. Mir steht es an dieser Stelle nicht zu, dieses Völkchens Vertreter zu charakterisieren, weshalb ich einen Namensvetter Meyers, der aber nicht mit ihm verwandt ist, nämlich den ausgebildeten Architekten und Kunsthistoriker Peter Meyer, an dieser Stelle zu Wort kommen lasse – und zwar diesen schon deshalb, weil er als, sagen wir positiv konservativer Vertreter seiner Berufsgenossen, eben mal nicht von vornherein einen radikalen Standpunkt vertritt, sondern – im Gegensatz zu Hannes – einen bedächtigen und sympathisch verhaltenen Ton einzunehmen in der Lage ist. In seinem Buch «Moderne Schweizer Wohnhäuser», erschienen 1928 in Zürich, stellt Peter Meyer in 24 Positionen Häuser und Innenräume der in den letzten Jahren in der Schweiz arbeitenden Architekten vor – aber eben deren «moderne» Vertreter, zu denen die Architekten der «Gruppe ABC» zu zählen sind. (Man denke bei folgendem Zitat auch an die Auseinandersetzung um den Wettbewerb des Friedhofes «Hörnli»). In der Einleitung unternimmt er den Versuch, des Schweizers Stimmung und Gemüt zu lokalisieren:

»... im Gegensatz zum Untertan monarchisch regierter Staaten ist sich der Schweizer Bürger bewußt, die kulturelle Verantwortung von jeher selbst getragen zu haben. (...) Dieses Bewußtsein der Souveränität erzieht zu Selbstbewußtsein, Selbstgenügsamkeit und Selbstgerechtigkeit, kurz zu allen guten und schlechten Formen des Konservatismus, zur Pflege der Tradition auf allen Gebieten, also auch im Bauen. Auf dieses besondere Fach bezogen heißen die guten Seiten: Bedächtigkeit, die sich durch marktschreierische Modernität nur schwerlich verblüffen läßt, Tüchtigkeit der Konstruktion, Sinn für gediegene Arbeit, echtes Material, diskrete Vornehmheit. Dem stehen als negative Züge gegenüber Phantasielosigkeit, Gedankenträgheit, zähe Unbeweglichkeit der öffentlichen Meinung in Baufragen bis zur völligen Stagnation, engstirniges Festhalten an einem ehemals begründeten Standpunkt, auch wenn er längst nicht mehr gilt, ein erstaunlicher Mangel an Lebensleichtigkeit, kleinliche Nörgelsucht, Hang zu schwerfälliger Würde, zum ‹Seriösen›, auch da, wo das Unverbindliche, Lebendige, Leichte am Ort wäre, wie es denn überhaupt ein Charakteristikum des Schweizers ist, daß er Leichtigkeit meistens von vornherein für Leichtsinn, und humorlose Schwerfälligkeit für das Zeichen von Ernst nimmt.
(...)
(In Deutschland) hat der Zusammenbruch den Boden für Architekturexperimente erstaunlich aufgelockert, mit ungeahnter Hemmungslosigkeit werden extreme Ideen von allen Seiten aufgegriffen, Holland, Rußland, Amerika werden plötzlich für bestimmte Kreise vorbildlich, Rassen- und sonstige Weltanschauungsideologien, die sich bisher mehr literarisch geäußert haben, werden allegorisch in die neue Architektur hineininterpretiert, sodaß es dem unbeteiligten Zuschauer schwer gemacht ist, zwischen gärender Idee und schwülem Filmzauber sein klares Urteil zu bilden.
(...)
(In der Schweiz) fehlt das Bedürfnis, sich selber und anderen seine Weltanschauung oder nationale Gesinnung durch das Mittel der Architektur nachdrücklich zu bestätigen, und somit die ganze Welt der neugotisch-faustischen Architektur mit Backsteinklinkern und Spitzbogen – es fehlt das siegreiche Proletariat und Salon-Revolutionärtum mit den explosiv-konstruktivistischen Manifesten –, wobei es dem einzelnen überlassen bleiben muß, ob er diese Nüchternheit des schweizerischen Klimas begrüßen oder bedauern will.
(...)
Denn selbstverständlich gibt es für die neuen und wahrhaft lebendigen Ideen keine Landesgrenzen, und so ist denn auch in der Schweiz eine kleine, aber wie wir glauben wichtige und zukunftsreiche Gruppe meist jüngerer Architekten eifrig und ernstlich an der Arbeit, den architektonischen Rahmen für das Leben der Gegenwart zu finden, und es ist gerade im Geist moderner ‹Zweckmäßigkeit› und Aufrichtigkeit gehandelt, wenn dieser Rahmen für

das konservativere Dasein des Schweizer Bürgers seinerseits vergleichsweise konservativ, oder doch jedem vorlauten Stil-Manifest abhold ist.»[35]
1928 erschienen, zielt das zuletzt Gesagte natürlich noch auf das Manifest Meyers, «Die neue Welt» von 1926, das mit seiner «marktschreierischen Modernität» ja selbstsicher und vorlaut genug daherkommt. Nach allem, was wir bisher über Meyer erfahren haben, überrascht der Ton, in dem sein Text gehalten ist, allerdings nicht. Das hier im Folgenden kurz über «Die neue Welt» Mitgeteilte kann aber keine Lektüre des Original-Textes ersetzen, sondern weist nur auf ein paar auffällige Zusammenhänge und Herleitungen hin, die im Text offensichtlich sind.
Was es als erstes zu berücksichtigen gilt, ist der Umstand, daß Meyer nicht nur seinen eigenen Text zu diesem Sonderheft liefert, sondern daß er das ganze Heft zusammenstellt und redigiert; und so eben auch den interessanten Anhang, der wie seine «ABC»-Nummer ein modernistisches Potpourri aus Text und Bild ist. In diesem findet sich z. B. eine Zusammenstellung «einiger zeitgemäßer Bücher und Zeitschriften». Aus den avantgardistischen Buch- und Zeitschriftenumschlägen macht Meyer eine typografische Gestaltung, also wieder etwas vermeintlich Neues, Eigenständiges. (Abb. 16/17). Ein Teil dieser Bücher und Zeitschriften befindet sich in seinem Nachlaß, und es ist sicher, daß Meyer mit ihrem jeweiligen Inhalt auch gut vertraut war, was wir zum Teil ja auch schon gesehen haben. Unter diesen Zeitschriften: «Energie Futuriste» von Enrico Prampolini und De-Stijl-Zeitschriften.
Gerade auf diesen Zusammenhang möchte ich hier kurz verweisen: auf die Verwandtschaft von «Die neue Welt» mit den Manifesten der italienischen Futuristen und denen der Stijl-Gruppe. Als selbständige Untersuchung wäre es interessant genug, diesen Zusammenhang näher zu analysieren. Ich beschränke mich auf einige Hinweise:
Zum zweiten Male möchte ich an dieser Stelle dem Leser die Lektüre von Reyner Banhams «Revolution der Architektur» empfehlen, der zwar Meyers Manifest nicht erwähnt, aber sehr genau die Entstehung der futuristischen und die der Stijl-Bewegung untersucht.[36]
Zu Meyers Manifest, zu «Die neue Welt» – der Tonfall: exakte Aussagen über die sichtbaren Phänomene der Zeit; konstatierend das bisher Erreichte auf den Gebieten der technischen und künstlerischen Produktion; fordernd eine Verwissenschaftlichung aller Arbeit und pathetisch-sentimentaler Vortrag einer Stimmung, die dem Herzen und Geist eines Individuums entspringt, das seit zwei Jahren staunend feststellen muß, daß scheinbar eine neue Entwicklung – sein Metier betreffend – an ihm vorbeigegangen ist und das sich anschickt, sozusagen auf der Innenbahn des «modernistischen» Hippodroms und darum um so lauter daherzukommen. Aber hatten wir das nicht schon? –:
1914 erscheint in Italien ein Ausstellungskatalog mit Arbeiten des Architekten Antonio Sant'Elia. Unter seinem Namen in diesem Katalog: ein Messaggio (Botschaft) über die anstehenden Probleme der modernen Architektur. Undenkbar eigentlich, daß Meyer es nicht gekannt hat, wie es undenkbar ist, daß er das Manifest (oder besser: die vielen Manifeste seit 1909) der Gruppe um Filippo Tommaso Marinetti nicht gekannt hat. Allerdings erst seit knapp zwei Jahren, vorher hat er ja «geschlafen, nein geschnarcht», wie er selbst aussagt. Schon die ersten zwei Abschnitte, ja die ersten Sätze Meyers wiederholen deren Inhalte/Postulate und Positionen, wobei er vielleicht auch unbewußt «synthetisch» vorgeht, das heißt, Gelesenes derart verarbeitet, daß es ihm scheinbar neu und originell aus der Feder fließt.
Erster Satz HM: «Die Nordpolfahrt der ‹Norge›, das Zeiss-Planetarium in Jena und das Rotorschiff Flettners sind die zuletzt gemeldeten Etappen der Mechanisierung unseres Erdballs.» Schon im Prolog des ersten furistischen Manifestes wird die Straßenbahn als Anzeichen für diese Mechanisierung des Erdballs konstatiert.
Zweiter Satz HM: «Als Ereignis exaktesten Denkens belegen sie augenfällig den Nachweis einer fortschreitenden wissenschaftlichen Durchdringung unserer Umwelt.» Sant'Elias Messaggio ist voll von der Forderung, wissenschaftlich vorzugehen, z. B.: «wir müssen vielmehr unser eigenes Genie aufblitzen lassen, ausgerüstet nur mit einer wissenschaftlichen und technologischen Kultur.»[37] Meyer konstatierte also nur eine längst eingelöste Forderung, die zwölf Jahre vorher aufgestellt war.
Dritter Satz HM: «So zeigt das Diagramm der Gegenwart inmitten der krausen Linien seiner gesellschaftlichen und ökonomischen Kraftfelder allüberall die Geraden mechanischer und wissenschaftlicher Herkunft.» Aus dem Prolog des ersten futuristischen Manifestes: «Wir alle sprangen auf vor dem

16

Abb. 16
Zeitschriften Co-op, 1926, aus seinem Aufsatz «Die neue Welt». Typografische Montage aus avantgardistischen Zeitschriftenumschlägen der Zeit.

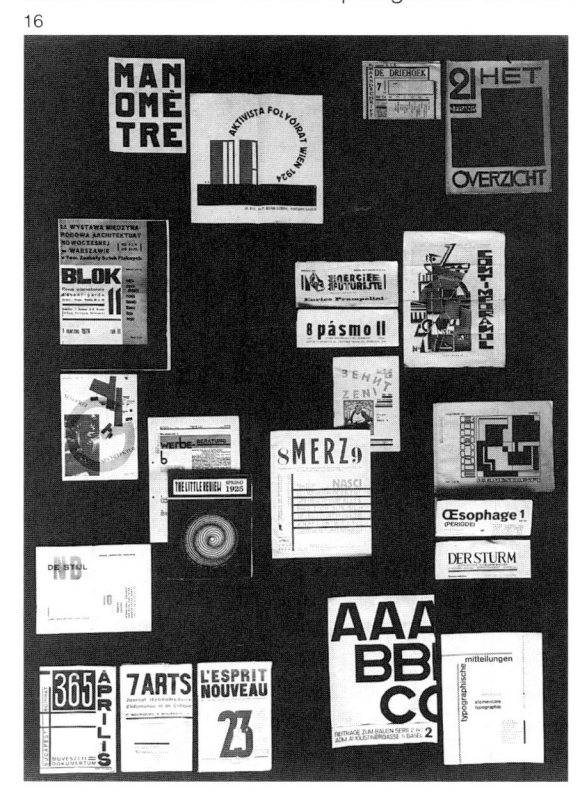

35 Meyer, Peter
Moderne Schweizer Wohnhäuser
Zürich 1928, S. 9–14
36 Banham, Reyner
Die Revolution der Architektur
Reinbek bei Hamburg 1964, S. 80–169
37 ebd., S. 104

Abb. 17
Das Buch Co-op, 1926, aus seinem Aufsatz «Die neue Welt». Typografische Montage aus avantgardistischen Buchumschlägen der Zeit.

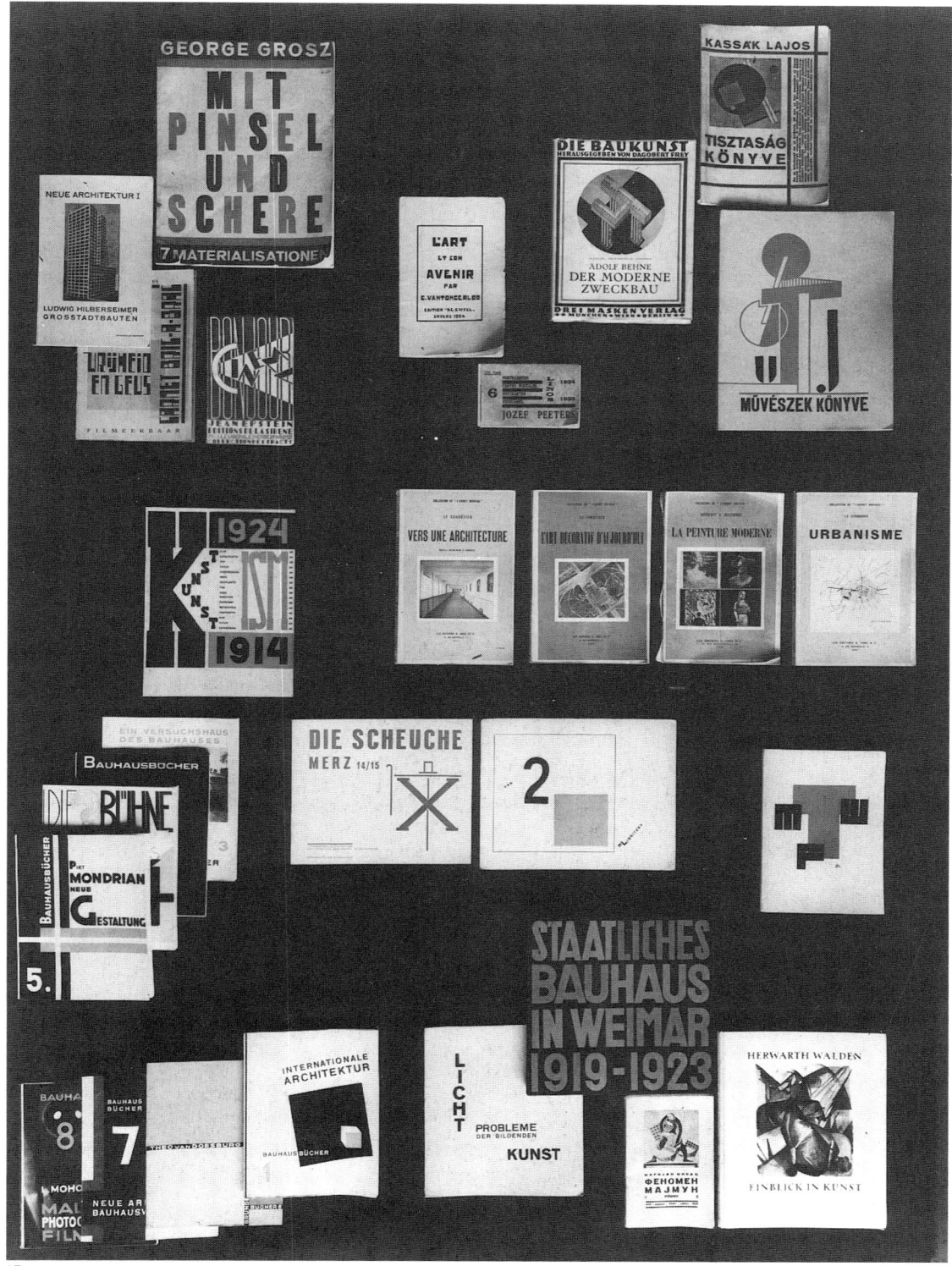

Lärm einer zweistöckigen Straßenbahn, die vorüberratterte, im Spiel von vielfarbigen Lichtern, wie ein Dorf im Festgewand, das der flutgeschwellte Po von seinen Ufern gerissen hat und durch Stromschnellen fortträgt, hinunter zum Meer. Nachher herrschte noch tieferes Schweigen und wir hörten nur den alten Kanal seine Gebete murmeln und die arthritischen, efeubedeckten Paläste ihre Fugen knarren; dann plötzlich hörten wir das Gebrüll ausgehungerter Autos unter den Fenstern.»³⁸ Ein Bilder heraufbeschwörender Text: Die vielfarbigen Lichter, der flutgeschwellte Po, der murmelnde alte Kanal und die efeubedeckten Paläste mögen hier die ‹krausen Linien› zeigen (bei HM) – doch in diesem Diagramm tauchen auch auf die Straßenbahn und das Auto als ‹Geraden mechanischer und wissenschaftlicher Herkunft›.

Vierter Satz HM: «Sie belegen sinnvoll den Sieg des bewußten Menschen über die amorphe Natur.» Die Futuristen wandten sich ausdrücklich gegen die Gefühlsduselei z. B. eines d' Annunzio; und Sant' Elia: «Ich behaupte: Die neue Architektur ist eine Architektur von kühler Kalkulation, verwegener Kühnheit und Einfachheit; ...»³⁹

Und so geht es weiter: Im ersten Satz des zweiten Absatzes spricht Meyer von den Autos und dem ‹Fortissimo großstädtischer Dynamik›, und wir erinnern den Auto-Fan Marinetti und dessen Vorliebe für Auto-Rennen. Im zweiten Satz Meyers «sprengen ‹Ford› und ‹Rolls-Royce› den Stadtkern», und wir denken an Sant' Elias Stadt-Visionen (und die von Le Corbusier). Im dritten dann gleiten ‹Fokker› und ‹Farman› über die Stadt, und wir sind bei der Futuristen Flugbegeisterung. Im dritten Absatz, HM: «Hangars und Dynamohallen sind ... die Dome des Zeitgeistes», und uns fallen die norditalienischen Elektrizitätswerke der Zeit ein, die schon Marinetti und Co. und Meyer selbst begeisterten (siehe CO-op Kapitel): «Es gibt nichts schöneres als ein großes summendes Elektrizitätswerk, das den hydraulischen Druck einer ganzen Gebirgskette zurückhält, und als den elektrischen Strom für einen ganzen Landstrich, der künstlich gelenkt wird an Kontrolltafeln, bestückt mit Schalthebeln und schimmernden Kommutatoren.»⁴⁰ ... und nur leider mit fehlbaren Menschen besetzt ist, fühlt man sich heute geneigt, hinzuzusetzen. Doch Fortschritt schreitet nun mal voran: Bei weiterer Lektüre wird es immer verblüffender, da Meyer fast wort-sinngleiche Redewendungen verwendet: «Jedes Zeitalter verlangt seine eigene Form. Unsere Aufgabe ist es, unsere neue Welt mit unseren heutigen Mitteln neu zu gestalten.» (HM) «Es handelt sich ... darum, ... neue Formen, neue Linien, ... ausschließlich aus den besonderen Umständen der modernen Lebensweise heraus zu entwickeln.» (Messaggio) «Die rückhaltlose Bejahung der Jetztzeit führt zur rücksichtslosen Verleugnung der Vergangenheit.» (HM) «Es handelt sich darum, ... alles, was uns schwerfällig, grotesk und unsympathisch erscheint (Tradition, Stil, Ästhetik, Proportion), zu verwerfen.» (Messaggio) «Die alten Einrichtungen der Alten veralten, die Gymnasien und die Akademien. Die Stadttheater und die Museen veröden.» (HM) Man brauchte sie also gar nicht mehr zu «vernichten, sämtliche Museen und Bibliotheken und die Akademien aller Art», wie es Marinetti im zehnten Punkt seines ersten Manifestes noch forderte.

«Die Idee der Komposition eines Seehafens erscheint uns unsinnig, jedoch die Komposition eines Stadtplanes, eines Wohnhauses...?? Bauen ist ein technischer, kein ästhetischer Prozeß, und der zweckmäßigen Funktion eines Hauses widerspricht je und je die künstlerische Komposition. Idealerweise und elementar gestaltet, wird unser Wohnhaus eine Wohnmaschinerie. Wärmehaltung, Besonnung, natürliche und künstliche Beleuchtung, Hygiene, Wetterschutz, Autowartung, Kochbetrieb, Radiodienst, größtmögliche Entlastung der Hausfrau, Geschlechts- und Familienleben etc. sind die wegleitenden Kraftlinien. Das Haus ist deren Komponente. (...) Die Neuzeit stellt unserem neuen Hausbau neue Baustoffe zur Verfügung: Aluminium und Duraluminium als Platte, Stab und Sprosse, Euböolith, Ruberoid, Torfoleum, Eternit, Rollglas, Triplexplatten, Stahlbeton, Glasbausteine... Diese Bauelemente organisieren wir, dem Zweck und ökonomischen Grundsätzen entsprechend, zu einer konstruktiven Einheit. (...) Reine Konstruktion ist das Kennzeichen der neuen Formenwelt.» (HM)

«Es handelt sich vielmehr darum, die neuerbauten Gebäude auf einem vernünftigen Plan aufzubauen, und dabei nur jeden möglichen wissenschaftlich und technisch bedingten Vorteil auszunutzen; in nobler Weise alle durch unsere Lebensgewohnheiten und unsere Geisteshaltung bedingten Forderungen zu berücksichtigen; (...), neue Formen, neue Linien, neue Existenzgründe ausschließlich aus den besonderen Umständen der modernen Lebensweise heraus zu entwickeln und sie als ästhetischen Wertbegriff in unser Empfindungsvermögen zu übertragen.» (Messaggio)

Der Textbeispiele mögen hier genug sein, und es muß einer anderen Untersuchung vorbehalten bleiben, die inhaltlichen und sprachlichen Feinheiten nicht nur dieser Texte zu vergleichen. Ebenso könnte man mit den Manifesten der De-Stijl-Gruppe verfahren, wobei es hier graduelle Unterschiede dahingehend sind, daß die Stijl-Bewegung ihrerseits schon stark beeinflußt ist von den Texten des italienischen Futurismus, auf die van Doesburg, Vantongerloo und andere 1917 von Marinetti ebenso aufmerksam gemacht wurden, wie auf die Arbeiten von Antonio Sant'Elia.

Den furiosen Schlußpunkt aber bildet Sant'Elias Forderung an eine neue Architektur, die sich wie ein verfrühter Kommentar (wenn man seine eigenen Entwürfe ausnimmt) zu Meyers 1926/27 entstandenem Entwurf für das Völkerbundgebäude liest: «(...) jedes Bauwerk der Moderne muß wie eine gigantische Maschine sein. Aufzugsschächte dürfen sich nicht länger wie einsame Würmer in den Treppenschächten verkriechen (!); die Treppen, dann nutzlos, müssen verschwinden, und die Aufzüge müssen sich an den Fassaden emporwinden wie Schlangen aus Glas und Stahl (!)»⁴¹

38 ebd., S. 81
39 ebd., S. 105
40 ebd., S. 100
41 ebd., S. 104

Abb. 18
Hannes Meyer/Hans Wittwer: Das Sekretariatshochhaus des Völkerbundpalastes, 1926/27.

Meyer und Wittwer haben das dann einfach geplant bzw. entworfen. Wir erinnern uns: Meyer an Baumeister: «(...) daneben stellte ich ein bürohaus aus stahl und duraluminium mit 100 m höhe.» (Abb. 18) Der lyrische Ton, mit dem Meyer in diesem letzten futuristischen Manifest Europas eine neue Welt heraufzubeschwören sich anschickt, verweist einmal mehr auf den totalen Romantiker, als den ich Meyer bezeichnen möchte. Hier kommt diese romantische Haltung zum ersten Male «astrein» zur Geltung. Meyer ist unabhängig zu dieser Zeit, hat alles Vergangene «im orkus verschwinden» lassen, ist vollgesogen mit neuen Erlebnissen und neu Gesehenem und konfrontiert sich und eine verbissene Schweizer Leserschaft der Zeitschrift «Das Werk» mit seiner imaginierten und pathetisch vorgetragenen Manifestation und Vision einer neuen Welt. Mit der Form des Vortrages wird Meyer aber auch jener Forderung gerecht, die im schon zitierten Artikel in «ABC-Beiträge zum Bauen» (von L. Lebeau) aufgestellt wurde: der ökonomischen Handhabung des (hier: Sprach-)Materials. Seine beiden am Bauhaus entstandenen Texte «bauen» (1928) und «bauhaus und gesellschaft» (1929) sind dann ja ebenfalls in freier Versform vorgetragene Gedanken-Gedichte zu den jeweiligen Problemen von Architektur/Bauen und einer notwendigen, zeitgemäßen Baulehre.

Zudem läßt uns diese Versform abermals die Verbindung herstellen zu den russischen Künstlern der ersten Stunde (siehe das Co-op Kapitel), u. a. der dort wirkenden Futuristen. Der russische Futurismus war vornehmlich eine literarische Bewegung, zu der auch Majakovskij gehörte, dem die freie (und eigenwillige) Versform in den 20er Jahren zum Programm wurde. Majakovskij nannte folgerichtig jenen Teil einer Ausstellung (über sein und seiner Kollegen Schaffen: «20 Jahre Arbeit», 1930) «Laboratorium», der unmittelbar in die Produktion des Dichters einführen sollte, und in dem er Manuskripte, Entwürfe, Notizen und Korrekturen zusammenstellte. Zuvor, im Frühjahr 1926, also zeitgleich mit Meyers Arbeit an «Die neue Welt», verfaßte Majakovskij seinen Essay «Wie macht man Verse»: «1. Dichten ist Produktion. Ungemein schwer, ungemein kompliziert, aber Produktion. ...

6. (...) Man soll nur dann zur Feder greifen, wenn es kein anderes Ausdrucksmittel gibt als ein Gedicht. Abgeschlossene Dichtungen soll man nur dann ausarbeiten, wenn man einen klaren sozialen Auftrag fühlt.»[42] Meyer schien im Frühjahr 1926 kein anderes Ausdrucksmittel zur Verfügung zu stehen, um seiner neu entdeckten Gefühlswelt «Ausdruck» zu verleihen; – und einen sozialen Auftrag kann man als Mission bei Meyer allemal – nicht nur zu diesem Zeitpunkt – ausmachen.

Ein letzter Auszug aus seinem Text soll uns aber nun wieder hinführen zu jener Arbeit, die Meyer Passion war und bis ans Lebensende blieb:
«(...) Die Gleichzeitigkeit der Ereignisse erweitert maßlos unseren Begriff von Zeit und Raum, sie bereichert unser Leben. (...) Unsere Wohnung wird mobiler denn je: Massenmietshaus, Sleeping-car, Wohnjacht (...) untergraben den Lokalbegriff der

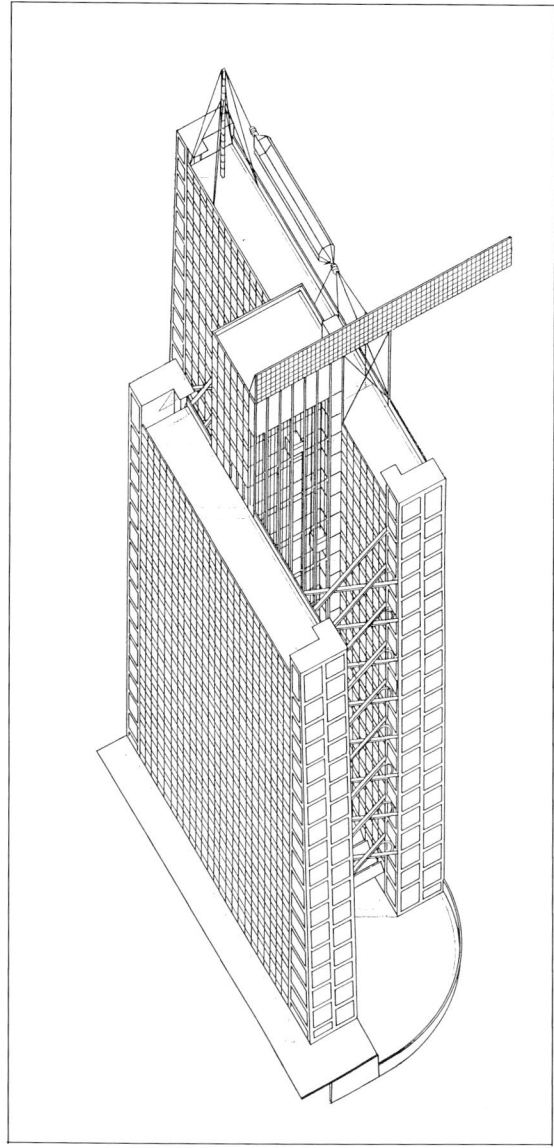

18

‹Heimat›. (...) Cooperation beherrscht alle Welt. Die Gemeinschaft beherrscht das Einzelwesen. (...) Alle diese Dinge sind ein Produkt der Formel: Funktion mal Ökonomie. (...) Bauen ist ein technischer, kein ästhetischer Prozeß und der zweckmäßigen Funktion eines Hauses widerspricht je und je die künstlerische Komposition. (...) Einzelform und Gebäudekörper, Materialfarbe und Oberflächenstruktur erstehen automatisch, und diese funktionelle Auffassung des Bauens jeder Art führt zur reinen Konstruktion. Reine Konstruktion ist das Kennzeichen der neuen Formenwelt. Die konstruktive Form kennt kein Vaterland (...). Am notwendigsten ist die konstruktive Denkart im Städtebau. (...) Das Künstleratelier wird zum wissenschaftlich-technischen Laboratorium und seine Werke sind Ergebnisse von Denkschärfe und Erfindungskraft (...). Das neue Kunstwerk ist eine Totalität, kein Ausschnitt, keine Impression. Das neue Kunstwerk ist mit primären Mitteln elementar gestaltet. Das neue Kunstwerk ist ein kollektives Werk und für alle bestimmt (...).»

42 Majakovskij, Vladimir
Wie macht man Verse (1926)
Zitiert nach:
Majakovskij: 20 Jahre Arbeit
Ausstellungskatalog
Berlin 1978, S. 148

Die Neue Welt 4
Konsequenz 2: Die Petersschule in Basel, 1926

Wir haben gesehen, daß dieser Wettbewerb am 30. November 1926 fällig war, und wir haben gesehen, daß Meyer erst im November daran ging, ihn zeichnerisch zu erledigen. Eigenartigerweise geht die Zeitschrift ABC auf den Wettbewerb und die Ergebnisse überhaupt nicht ein, was angesichts der Tatsache, daß auch einer der Herausgeber, nämlich Hans Schmidt, ebenfalls an diesem teilnimmt, noch mehr verwundert. In ihrem eigenen Organ hätten sie immerhin die Möglichkeit gehabt, der «Hetze», die gegen die «ABC-Leute» betrieben wurde, zu begegnen. Mit der Veröffentlichung eigener Ergebnisse bei Wettbewerben oder fertigen Bauten war man sonst nicht so zurückhaltend.

Veröffentlicht wurde der Beitrag von Meyer/Wittwer erstmals in der Zeitschrift «bauhaus», Nr. 2, 1927 in Dessau. Dazu Meyer an Gropius am 28.3.1927: «herr L. moholy schrieb mir (...), daß ich meinen entwurf zur petersschule basel für ihre bauhauszeitschrift zur verfügung stellen möchte. da ich den eigentl. wettbewerbsentwurf, den sie seinerzeit sahen (30.1.-2.2. d. J. M. K.), unmöglich veröffentlichen kann, weil er infolge des übergroßen bauprogramms unklarheiten enthält (wollte ich zunächst) aus einer theoret. arbeit über das ‹schulhaus› ihnen einen ausschnitt zur verfügung stellen. bei der ausarbeit sind h. wittwer & ich aber noch auf schwierigkeiten gestoßen, sodaß wir – nach einigen tagen arbeit – es doch für klüger fanden, keine neue hetzarbeit mit unvollkommenheiten zu leisten, sondern besser meinen ursprünglichen petersschulentwurf grundsätzlich bereinigt wiederzugeben. (...) – ich habe jetzt auf der an l. moholy übersandten klischézeichnung das m. e. grundsätzliche des entwurfes auf *eine* zeichnung zusammengedrängt. ich hätte es gerne gesehen, wenn die zugehörigen lichtberechnungen mitveröffentlicht würden...»[43] Was wir bisher von diesem Entwurf kennen, ist also eine für die Veröffentlichung bestimmte Überarbeitung des ursprünglichen Entwurfes. Dieser wiederum ist erst im Zuge der vorliegenden Arbeit wiederaufgetaucht.

Das erste Problem, dem sich Meyer/Wittwer stellen, ist die ihrer Meinung nach zu kleine Fläche, die den Schülern als Freifläche zur Verfügung steht, hält man an dem vorgesehenen Bauplatz fest. Ihr beigefügter Erläuterungsbericht ist denn auch zunächst eine Kritik an diesem Standort: Ihr Kennwort ist «Kompromiß». Der ausgearbeitete Kompromiß basiert auf zwei Prämissen: Zum einen «muß mit künstlichen Mitteln der notwendige Tummelplatz durch konstruierte Freiflächen auf die zu fordernde Größe gebracht werden», und zum anderen «muß des beschränkten Raumes wegen für alle Schulräume (ausgenommen Zeichensaal) Shedoberlicht fallen gelassen werden und der Rückschritt zum schlechteren Seitenlicht getan werden. Größtmögliche Ausnutzung des Ostlichtes der Grundstücks-Schmalseite führte zur vorgeschlagenen Stapelung aller Schulräume gegen Osten, und im größtmöglichen Abstand von den gegenüberliegenden Nadelberg-Häusern. Immerhin der bestmögliche *Kompromiß.*»[44] Die Tageslichtberechnungen, wie sie dann in der Zeitschrift «bauhaus» veröffentlicht werden, fehlen noch im Original-Beitrag, und fast sieht es so aus, als seien diese erst für die Publikation angefertigt worden. Sie beziehen sich nämlich z. B. bei der Turnhalle auf zweiseitigen Tageslichteinfall, was bei dem Original-Beitrag baulich noch gar nicht gegeben ist. Wie aber steht es mit der inneren Organisation: «Die Schulzimmer, die gedeckten und ungedeckten Tummelplätze & die Toiletten sind die *untrennbaren* konstruktiven Einheiten (Zellen) des Schulhauses. Im Schwerpunkte dieser Zellengruppen liegen die gemeinsam benützten Räume: Lehrerzimmer, Schulsammlung, Turnhalle, Schulküche, Schulbad.»[45] Da sind sie wieder, die «Zellen», die wir schon als kleinste Einheiten aus dem Freidorf kennen. Hier bezeichnen sie jeweils eine Klasse, ein Klassenzimmer. Ein Stahlbeton-Skelett als «Gebäude-Tragkonstruktion aus unverputzten normalisierten Betonteilen» erlaubt ihnen, das Gebäude aus folgenden Baukörperteilen zusammenzustecken: Treppenhaus mit WC, Turnhallen- bzw. Klassentrakt, Abwartwohnung/Nebenräume (Handarbeit, Lehrer, Küche etc.) und einem Gangkörper in der Mittelachse längs zum Baukörper, der mal als Galerie (zur Turnhalle), mal als Gang zu den Klassenräumen, mal als Sammlungssaal und mal wieder als Oberlichtspender funktioniert. Die für den Unterricht vorgesehenen Räume einschließlich des Zeichensaales sind jeweils zu dreien an einem Gang gelegen und als solche Einheiten dann übereinandergestapelt; – bienenwabenähnlich und «gesetz»-

43 Hannes Meyer
Brief an Walter Gropius
vom 28.3.1927
Original im Getty Center
Santa Monica, Calif., USA
44 Hannes Meyer/Hans Wittwer
Erläuterung zum Schulhaus von heute, auf das Wettbewerbsprojekt montiertes MS
Archiv Hannes Meyer
institut gta der ETH Zürich
45 ebd.

Abb. 19
Hannes Meyer/Hans Wittwer, Originalbeitrag zum Wettbewerb Petersschule, Basel, 1926. Axonometrie der Originalfassung.

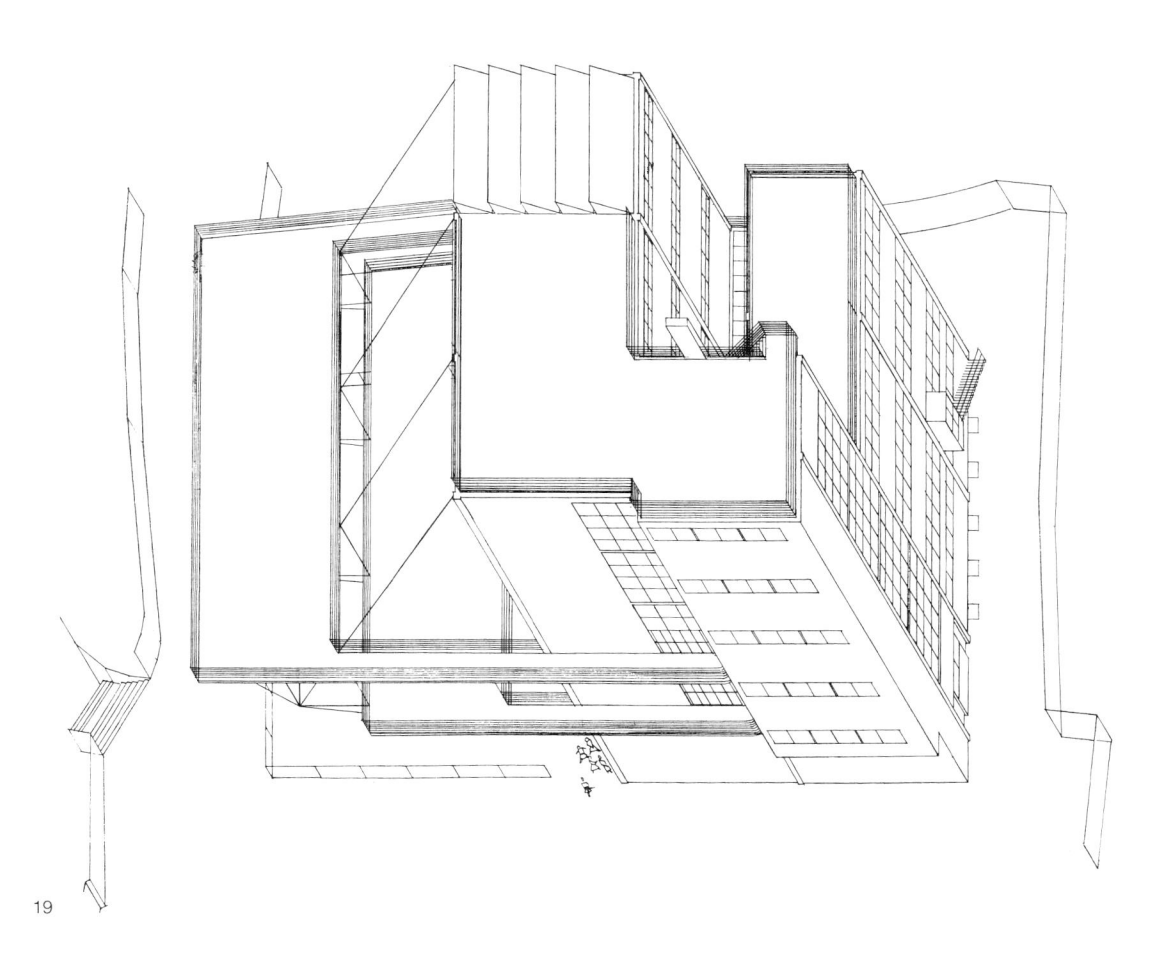

mäßig nach Osten (zur Morgensonne) organisiert. Es zeigt sich hier einmal mehr, wie das seinerzeit propagierte und auch in der Zeitschrift «ABC» häufig zitierte und angewendete Skelett-System (aus Stahl oder Beton) die notwendige Forderung nach zweckgerichteter Funktion zu erfüllen hilft. Durch die geschickte Stapelung der einzelnen Baumassen gelingt ihnen eine einfache Lösung, bei der alle Nutzräume – unter Berücksichtigung des von vornherein schlechten Bauplatzes – ausreichende Beleuchtung erhalten.

Das für den zu kleinen Bauplatz übergroße Bauprogramm wurde schon von der Schweizerischen Bauzeitung – anläßlich der Besprechung der Wettbewerbsergebnisse – kritisiert. Und dieses Bauprogramm stand Meyer wohl auch im Wege, als er Gropius die bereinigte Fassung zur Veröffentlichung anbot: Dieses ist nun auch reduziert auf das Notwendigste für eine Schule: nämlich auf die Klassenräume, die Turnhalle und die dazugehörigen Bäder. Der Baukörper wird also gestrafft und reduziert, ein WC-Turm wird angehängt, und das Dach über den Bädern wird zur Terrasse aus Beton und begehbarem Glas. Das Blatt, 59 x 42 cm groß, enthält jetzt: einen Teilaufriß der Ostfassade, einen Schnitt, Lageplan mit Grundriß und eine schräggestellte Axonometrie mit den jetzt nach Norden orientierten Shed-Oberlichtern des Zeichensaales. Zusätzlich die Angaben zum Wettbewerb, die Verfasser, die Blattgröße «din 476 a» und die «theoretischen beleuchtungskurven für fenster von 60° neigung». Ein Blatt wie vom Computer bezeichnet, keine menschenmögliche Perspektive, keine überflüssige Angabe, keine Sentimentalität, kurz: brut, kein Gramm Fett. Das Ganze ist Programm, Manifest und Polemik gegen die Auslober. Wie heißt es doch da am Ende ihres Erläuterungsberichtes: «*Ergebnis:* Der jetzige Bauplatz ist absolut ungeeignet für ein neuzeitliches Schulhaus; dagegen stehen in unmittelbarer Nähe zwei vorzügliche Plätze zur Verfügung:

Am Petersgraben: zwischen Gewerbeschule und Zeughaus;

Am Petersplatz: neben oder an Stelle vom Stachelschützenhaus.

Die wunderbare Peterskirche und der nuggische 18. Jahrhundert-Brunnen können sonach noch jahrhundertelang vermodern.

Hoch die Denkmalpflege!»[46]

Doch werfen wir noch einen Blick auf den Schnitt der überarbeiteten Fassung und einen auf den der Original-Fassung nebst Nordfassade der letzteren; genauer: auf die Hängekonstruktion der beiden Entwürfe und deren Gegengewicht, den jeweiligen Baukörper: «das eigengewicht des hauskörpers ist nutzbar verwendet und trägt an vier drahtseilen die stützenlose eisenkonstruktion der zwei schwebenden freiflächen», heißt es in der Zeitschrift «bauhaus» zum überarbeiteten Entwurf.[47] Und im Erläu-

46 ebd.
47 Hannes Meyer/Hans Wittwer
die petersschule basel
in: bauhaus 2, 1927, S. 5

terungsbericht zum Wettbewerbs-Beitrag, unter «5. *Technisches:* Gebäudetragkonstruktion aus unverputzten normalisierten Betonteilen; Terrassenbrükken aus Eisen konstruiert, wobei das Gewicht des Hauskörpers zur Aufhängung bzw. Ausbalancierung der Tragkonstruktion mitbenützt wird. – Deckenkonstruktion aus Hourdis oder Hügli-Balken. Isolierleichtwände. Gummibodenbelag aller Stockwerke & Treppen. Massive Terrassen (Dach): Asphaltbelag. Eiserne Terrassenbrücken: Bodenbelag aus Holzbohlen in Schiffsdeckkonstruktion. Eiserne, horizontal-drehbare Klappfenster; normalisiert 150 cm brt/100 cm hoch, als Scheibenmodell.» In dieser Materialsammlung und in diesen Konstruktionsmerkmalen steckt wiederum das Programm «Bauen» der «Gruppe ABC», denn nicht die Architektur – wie wir gesehen haben – war das Ziel, sondern der Prozeß des Bauens, wie es auch Hans Schmidt in der Zeitschrift «Das Werk», Nr. 5, 1927 dann fordern sollte unter der Überschrift: «Das Bauen ist nicht Architektur». (Dieser Konflikt wird in der Folge – bei den CIAM-Zusammenkünften – immer bleiben: im Französischen heißt es Congrès Internationaux *d'Architecture* Moderne – CIAM, im Deutschen in der Folge Internationale Kongresse für Neues *Bauen*). Aus diesem Aufsatz: «*Das Bauen ist nicht Architektur,* sondern in seinem ursprünglichen Wesen nach Technik, also eine Angelegenheit des Notwendigen (...). Das Bauen hat aufgehört, eine Sache der Kunst zu sein, (...) hat aufgehört, Gestaltung irgendeiner Schönheit an sich zu sein, (...) hat aufgehört, eine Sache der Luxusentfaltung des Einzelnen oder einer einzelnen Schicht zu sein, (...) hat begonnen, seine besten Kräfte aus der produktiven Arbeit der Technik und der sie unterstützenden Wissenschaften zu ziehen, (...) hat begonnen, möglichst neutrale, allgemein gültige Typen für ein Maximum von Anforderungen zu schaffen, zu vereinfachen, zu normalisieren.»[48] Wie stehen aber nun zueinander diese Äußerungen eines «ABC»-Herausgebers und der Entwurf eines eigenwilligen Baukörpers, der Tragkonstruktion (aufgehängt an diesem Baukörper) für die Petersschule von Meyer/Wittwer? Ich werde mich dazu auf ein etwas spekulatives Terrain der analytischen Architekturbetrachtung begeben müssen.

Wir haben von der begonnenen Alfabetisierungskampagne der «Gruppe ABC» gesprochen. Man könnte in diesem Zusammenhang auch von einem «Einmaleins des Bauens» sprechen. Und wir haben gesehen, daß das Labor Ausgangspunkt dieser Versuche zu sein hatte, in dem man die Formeln für das Neue zu finden hoffte, Formeln, um Gesetze zu formulieren. Diese Gesetze waren wiederum notwendig, um das Ergebnis «wissenschaftlich» abzusichern, die Begründung dafür zu liefern, daß das Geleistete so und nicht viel anders aussehen konnte. El Lisickij führte die Formel ins Feld

$$X \sqrt[1924]{+\infty-} = NASCI$$

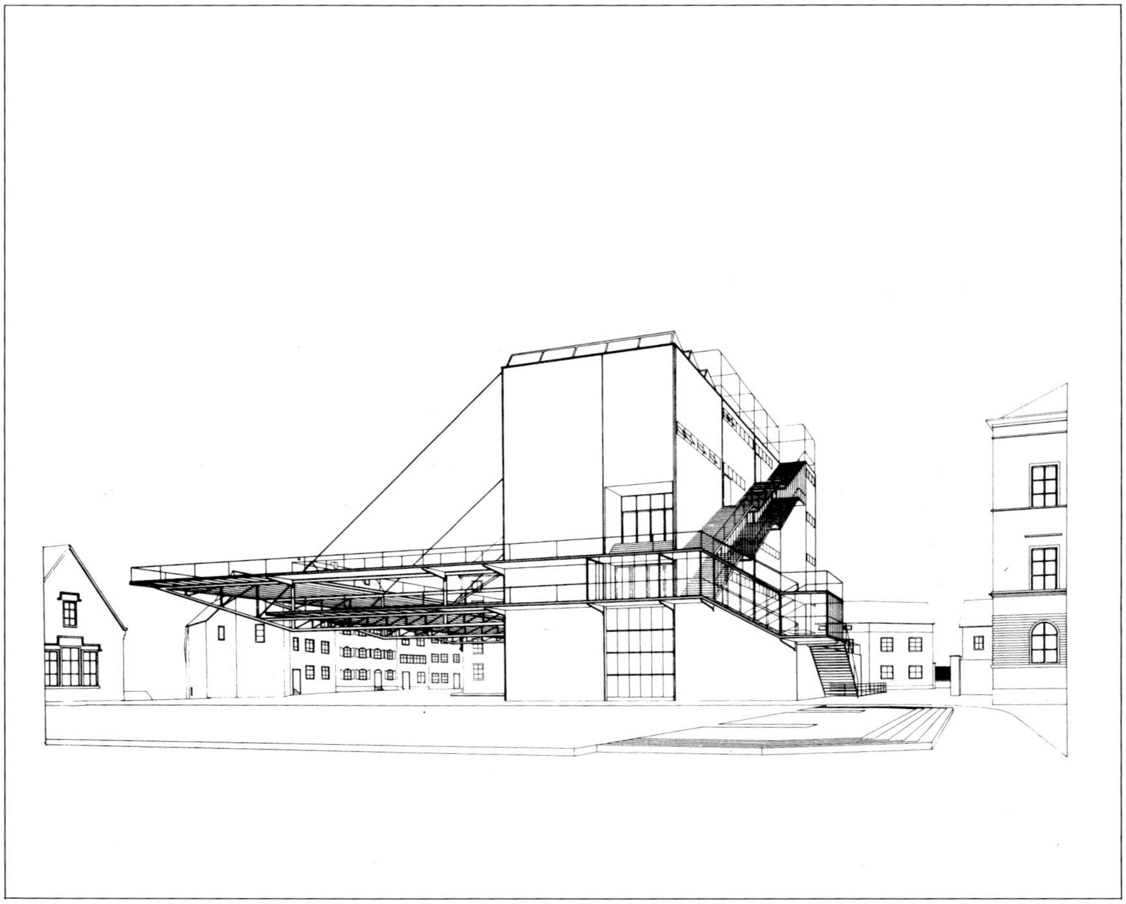

Abb. 20
Hannes Meyer/Hans Wittwer nochmals überarbeitete Fassung der Petersschule in Basel, Respektive 1927, Zeichnung von Consemüller.

48 Schmidt, Hans
Das Bauen ist nicht Architektur
in: Das Werk
14. 1927, Heft 5, S. 139f.

Abb. 21
Georges Vantongerloo: Construction des rapports des volume émanent du carré inscrit et du carré circonscrit d'un cercle, 1924; von Hannes Meyer verwendet in seiner Spezialnummer über abstrakte Kunst der Zeitschrift ABC, Serie 2, No, 2, S. 4, 1926.

Abb. 22
Hannes Meyer/Hans Wittwer: die Volumen ihres Originalbeitrages für den Wettbewerb der Petersschule in Basel 1926. (Papiermodell: Martin Kieren, Foto: Hilmar Wittler, 1988)

21

22

Georges Vantongerloo
$[L^2] = [S[[L^3] = [V]$,
und Hannes Meyer verstieg sich zu
$(CO\text{-}OP)^3 \infty$,
was sich (1925!) auf das Freidorf bezieht, wenn er davor schreibt: «... und so ist diese Siedlung ein Stein und Raum gewordenes Prinzip, allseitig und allerorts unendlich angewendet, mathematische Formel, etwa $(CO\text{-}OP)^3$». Wissenschaftliches Arbeiten in Kunst *und* Architektur, als Forderung von ABC: «Die folgende Nummer 2 erscheint in Kurzem. Wir haben sie unter der Redaktion von Hannes Meyer (Basel) den modernen Richtungen in der Malerei zur Verfügung gestellt, da wir bei ihnen mit uns übereinstimmende Ziele erkennen – das Bestreben, Farben und Formen auf ihre elementaren Werte zurückzubringen und dem Architekten damit für seine Aufgaben ein brauchbareres Material zu liefern als das bisherige.»[49] Ergebnisse eines künstlerischen Schaffensprozesses sind zunächst Formen, wie diese zustande kommen, ist ihnen nicht a priori abzulesen; – Formen mit elementaren Werten sollen also als brauchbareres Material als das bisherige gesehen werden. In der Meyer-Nummer enthält sich dieser jeden Kommentars. Er bildet nur ab: druckt Texte und entsprechende Illustrationen. Zu sehen sind: Baumeisters Mauerbild (elementar), eigene «Construction 1926/I», Naum Gabos Denkmal für den Platz des Observatoriums zu Leningrad (konstruktivistisch), El Lissitzkijs Prounenraum der großen Berliner Kunstausstellung 1922 (Umsteigestation von Malerei zu Architektur), Vantongerloos «Construction des rapports des volumes émanent du carré inscrit et du carré circonscrit d' un cercle» von 1924 (mathematische Volumen, geschlossen), von Mondrian Kompositionen (harmonisch-mathematisch), Laszlo Moholy-Nagy: eine Bildkonstruktion 1924 und die Metallkonstruktion aus Kupfer, Zink, Stahl, Nickel und Glas 1922, Victor Servranckx' Gemälde 3–1924 (abstrakt-geordnet) und Bilder von Walter Dexel (1925– IV), Lajos Kassak und Oskar Nerlinger (Bildkonstruktion 1922). Alles aus Formeln abgeleitete Raumkörper und Bilder?
Meyers Vorliebe für Formeln kennen wir, «ich schwelge in mathematik». Doch auch schon früher; – wir erinnern uns an Berlage aus dem Freidorf-Kapitel, wo es schon einmal um Kunst + Harmonie, Architektur + Proportion und Ordnung + Wissenschaft ging. Berlage (auf den sich z. B. die holländische Moderne bis J. J. P. Oud beruft): «Ich bin nämlich zu der Überzeugung gekommen, daß die Geometrie, also die mathematische Wissenschaft, für die Bildung künstlerischer Formen nicht nur von großem Nutzen, sondern sogar von absoluter Notwendigkeit ist.»[50] Das hatte also 1924/26 längst Tradition. Über Henry van de Velde schreibt Meyer im Aufsatz «Junge Kunst in Belgien»: «... er fand Verständnis und Gelegenheit die *Formeln* seiner schönheitlichen *Erkenntnis* formend zu *gestalten*.»[51]
Von Vantongerloo haben wir im Zusammenhang mit dem Jahr 1926 – der Laboratoriumszeit und also der Petersschulzeit – in Briefen an Willy Baumeister gehört («mir imponiert sein bemühen um eine systematische basis aller unserer arbeit sehr»). In dem von Meyer in seiner ABC-Nummer veröffentlichten Aufsatz Vantongerloos, überschrieben eben mit der Formel $[L^2] = [S] [L^3] = [V]$, setzt dieser $[L^2]$ für Malerei, Zeichnung und Grafik, $[L^3]$ für «die bildende Kunst der Bildhauerei», also das Volumen = $[V]$. Er untersucht dabei die mögliche Herkunft der Proportionen der Pyramiden auf mathematischer Basis und rechnet dem Leser das vor: Und hier kann man Meyers Begeisterung für die Mathematik zu dieser Zeit dingfest machen. Bei Vantongerloos Argumentation und aus seiner eigenen Arbeit heraus kommt nämlich genau jene «construction des rapports...», von der Meyer zwei Fotos abbildet. (Abb. 21) Vantongerloo dazu: «In der bildenden Kunst (Malerei und Plastik) ist die Geometrie die wichtigste Erscheinungsform. Die Beziehungen zwischen den Größen streben nach einer ästhetischen Einheit. Von daher

49 Redaktionsnotiz in: ABC, Beiträge zum Bauen Serie 1, Nr. 1, S. 1
50 nach: wie Anm. 36, S. 118
51 Hannes Meyer Junge Kunst in Belgien in: Das Werk 12. 1925, Heft 9, S. 268

23

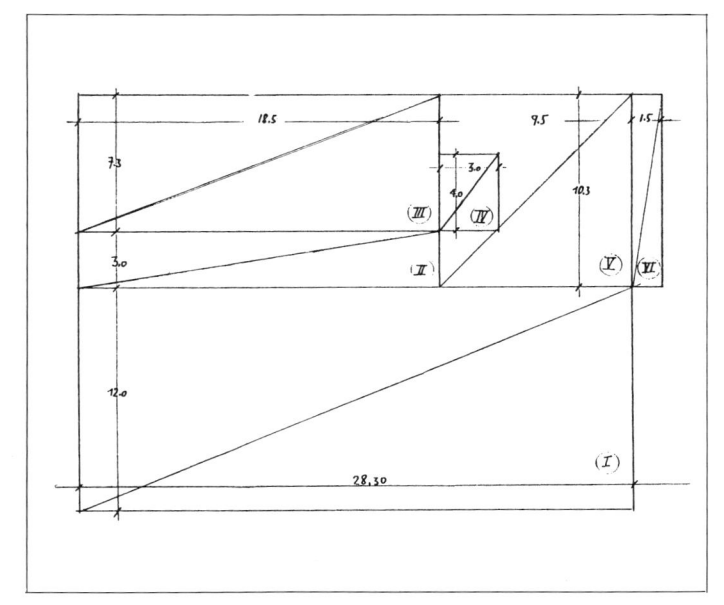

152

Abb. 23 (6 Abbildungen) Hannes Meyer/Hans Wittwer: die Volumen ihres Originalbeitrages für den Wettbewerb der Petersschule in Basel 1926; in der Mitte Baukörperberechnung (Papiermodell M.K./Foto H.B.).

*Abb. 24
Victor Servranckx: Opus 1, 1925, von Meyer fotografiert während seiner Recherchen für die Ausstellung «Junge Kunst in Belgien», 1925.*

*Abb. 25
Paul Joostens: o.T. (assemblage), 1921, von Hannes Meyer fotografiert während seiner Recherchen für die Ausstellung «Junge Kunst in Belgien», 1925.*

52 Vantongerloo, Georges
$[L^2] = [S] [L^3] = [V]$
in: ABC, Beiträge zum Bauen
Serie 2, Nr. 2, S. 4
53 Hannes Meyer
wie ich arbeite (1933)
in: ders.
Bauen und Gesellschaft
Dresden 1980, S. 103
54 ebd.

können wir sagen, daß die Cheopsypyramide ein Kunstwerk ist, daß sie die Einheit zum Ausdruck bringt, da sie von den Gesetzen der Einheit ausgeht. Nach demselben Prinzip habe ich die Konstruktion der Beziehungen der Volumina aus dem eingeschriebenen und umschriebenen Kreisviereck erstellt.»⁵²

Vantongerloo läßt den Zweck und das Ziel der Errichtung der Pyramide außer Betracht: Er sucht nach den Gründen für *die Form,* um seine Vorgehensweise zur Findung *seiner Form* zu erläutern. Heraus kommt dabei ein harmonisches, wohlproportioniertes, elementar gestaltetes und in sich ruhendes Objekt, ein «Ding», ein Kunstwerk. Oder etwa eine Beweisführung? Und wenn, für was? Für eine selbstgemachte Formel? Welchen mathematischen Gesetzen gehorcht diese?

Wenn wir nun den Entwurf der Petersschule von Meyer/Wittwer auf die glatten, nackten, der Konstruktionsteile, Applikationen und Fenster- und Türöffnungen entledigten Volumina reduzieren, so erhalten wir einen elementaren Baukörper, ein ausgewogen und wohlproportioniertes «Ding», das natürlich konstruktiven und funktionell-zweckgerichteten Gesetzen folgt. (Abb. 22) In diesem Falle, bei unserer Art der Betrachtung, mag aber dasjenige Gesetz, das unseren «Dingern» jeweils zugrunde liegt, einmal beiseite stehen; – obwohl dann natürlich sofort die Frage gestellt werden kann: Was war zuerst, die Form (als gefundene, gesuchte, gesetzmäßige ...) oder der Zweck, die Funktion? *Ein* «Ding» ist nachher begehbar (als Schule), das andere nur da, für sich, als «Kunstwerk für alle bestimmt» (HM). Einfache Kuben «aus sorgsam bemessener Ordnung der Hauswürfel und Kaminwürfel, Mauerflächen und Fensterlöcher» hatten Hannes Meyer schon an Victor Bourgeois' «cité moderne» fasziniert und wohl auch manch anderen Zeitgenossen. Am Bauhaus würfelte es zu dieser Zeit ja ebenfalls mächtig: von der Teetasse bis zum Wohnzimmer. Und hier: Man schneide doch einmal in Malevitchs suprematistische Architekturen Fensterlöcher oder schließe diese z.B. in den in sich verkeilten Baukörpern des Dessauer Bauhauses oder anderer fragwürdiger «Inkunabeln der Moderne». Was war zuerst? –: Form*findung* als Ergebnis von Gesetzen, Funktions- und Lichteinfallsanalysen, oder Zweck*suche* bzw. *-rechtfertigung* nach Form*festsetzung?*

Wir haben im Freidorf-Kapitel erwähnt, daß Meyer selbst es war, der sagte, daß ihn die Auseinandersetzung mit Palladio dazu gebracht hat, das Freidorf «im einheitlichen modul einer architektonischen ordnung durchzuführen».⁵³ Im gleichen Text: «am sonntag kopierte ich goldschmiedenentwürfe von hans holbein und schulte dadurch meinen formensinn. ich bin überzeugt, daß ein knabenhaft-naiver reflex holbeinscher renaissance sich in der art ausprägte, in der ich die damals üblichen biedermeierkommoden mit furnierten einteilungen versah.» (Aus dem Aufsatz mit dem bezeichnenden Titel: «Wie ich arbeite.»)⁵⁴ Warum sollte dieser Formen-Reflex in der Zeit der intensiven Auseinandersetzung mit den modernen Bildschaffern und -hauern nicht auch stattgefunden haben? Wir haben auch schon im Zusammenhang mit der jungen Kunst in Belgien von Victor Servranckx gesprochen: ein Text von ihm in «Die neue Welt», ein Bild von ihm in Meyers «ABC»-Nummer. Und im Nachlaß Meyers: ein Photo einer Plastik von diesem Belgier. (Abb. 24) Ebenfalls denkbar als Anlaß für einen Reflex.

Dann die Hängekonstruktion. Wir sind wieder bei der Nummer von ABC, in der Lisickij von dem «Offenen» spricht, und bei all jenen Nummern dieser Zeitschrift, in denen diese offenen Konstruktionen zur Illustration herangezogen werden. In der Nummer 3/4 auf Seite 3 das «Restaurant an einem Felsen über dem Meer: Gestaltung der technischen Möglichkeiten moderner Materialien und Konstruktionen. Studium der Funktionen von Treppen, Plattformen und Aufzügen. Architekturabteilung. Akademie Moskau.»[55] Genau diese Gegenüberstellung nehmen dann in ihrem Buch «Wie Bauen?» Heinz und Bodo Rasch 1928 vor in einem Kapitel über die Möglichkeiten der Hängekonstruktion. Wie geradezu waghalsig und doch auch in gewisser Weise selbstverständlich Meyer/Wittwer ihre Idee handhaben, das zeugt wiederum nur von einer Frische und einem Neuererwillen, den Meyer schon zeigte, als er sich beim Bildermachen aus Cellon für Baumeister die Finger verbrannte. Hier ist das aber auch als Manifest zu verstehen, und bezeichnenderweise geht nicht ein zeitgenössischer Kommentar während des Wettbewerbs auf diesen Beitrag ein. Er scheint in seiner Brillanz und Konsequenz überhaupt nicht beachtet worden zu sein, was ja um so mehr verwundert, als gerade zu dieser Zeit «Die neue Welt» in der Schweiz einigen Wirbel auszulösen vermochte. Diese Arbeit ist aber ein Stück «Neue Welt»: als Bebauungsvorschlag in die schöne «alte» Welt der Basler Altstadt.

Meyer und Wittwer haben mit diesem Projekt für die Petersschule also alle Forderungen, die die «Gruppe ABC» an das neue Bauen stellt, erfüllt: Die innere Organisation der Schulräume («Zellen») ist nach den geforderten Funktionen vorgenommen: aneinandergereihte, gestapelte und durch ein einfaches Erschließungssystem miteinander verbundene Raumeinheiten; ein elementar gestalteter und ohne «architektonische» Applikationen versehener Baukörper nach den Gesetzen, die man selbst erst einmal formulieren mußte; eine dem ungenügenden Bauprogramm entsprechend selbst geforderte erweiterte Spiel- und Tummelfläche als arbeitende Konstruktion im Sinne neuer Hänge- und Brückenkonstruktionen und mit neuesten Materialien ausgeführt; und schließlich eine Beweisführung für die Richtigkeit des so erzielten Ergebnisses mit den gewünschten Mitteln der Wissenschaft, in diesem Falle der Berechnung von Tageslichteinfall und den entsprechenden Fensteröffnungen. Nichts sollte dem Zufall überlassen bleiben, alles sollte «End-Fall» sein.

Wie verwandt man innerhalb der Gruppe ABC dachte und die Ergebnisse der geforderten «Denkschärfe» in der Laboratoriumsarbeit anwandte, darüber mögen – als Illustration – die beiden von Hans Schmidt und Paul Artaria gelieferten Wettbewerbsbeiträge für diese Schule Auskunft geben. (Abb. 39 a und b)

Abb. 26
Hannes Meyer/Hans Wittwer, Original-Wettbewerbsbeitrag zur Petersschule in Basel, 1926. Querschnitt durch die Gebäudemitte.

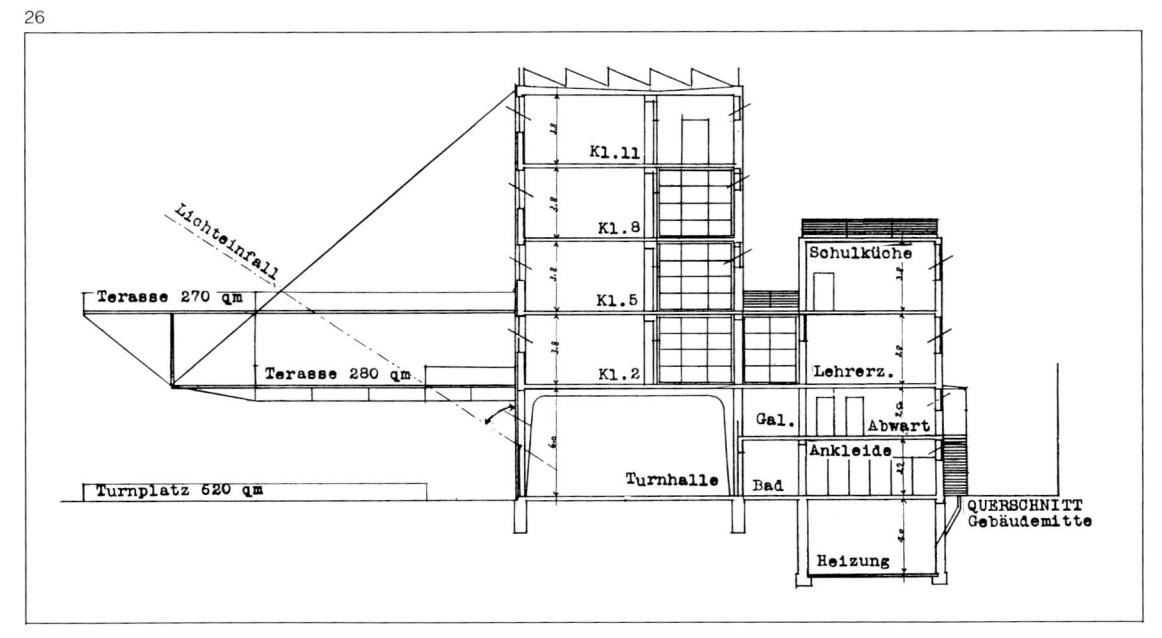

55 Lisickij, El Architektur Rußlands in: ABC, Beiträge zum Bauen Serie 1, Nr. 3/4, S. 3

Abb. 27–37
Hannes Meyer/Hans Wittwer, Original-Wettbewerbsbeitrag zur Petersschule in Basel, 1926.

Abb. 27
Südfassade.

Abb. 28
Querschnitt Haupttreppe.

Abb. 29
Nordfassade.

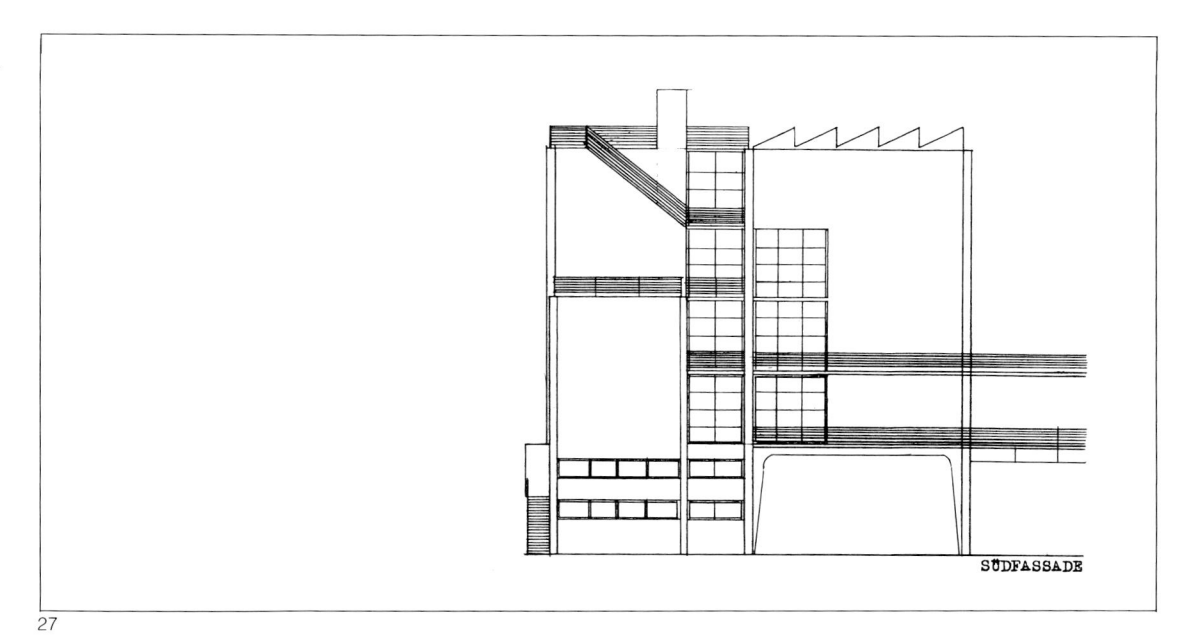

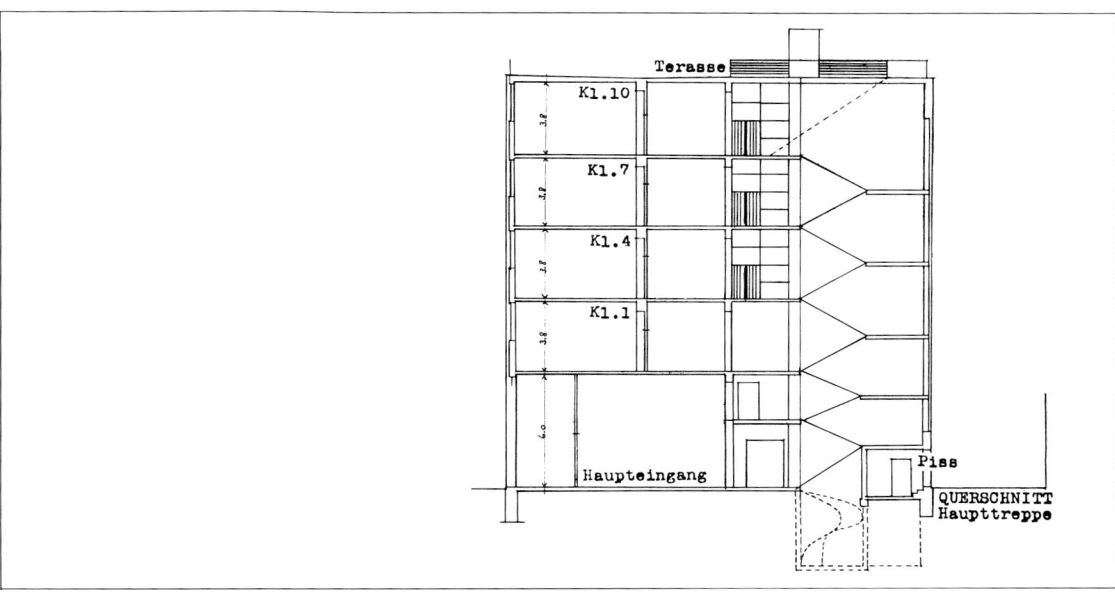

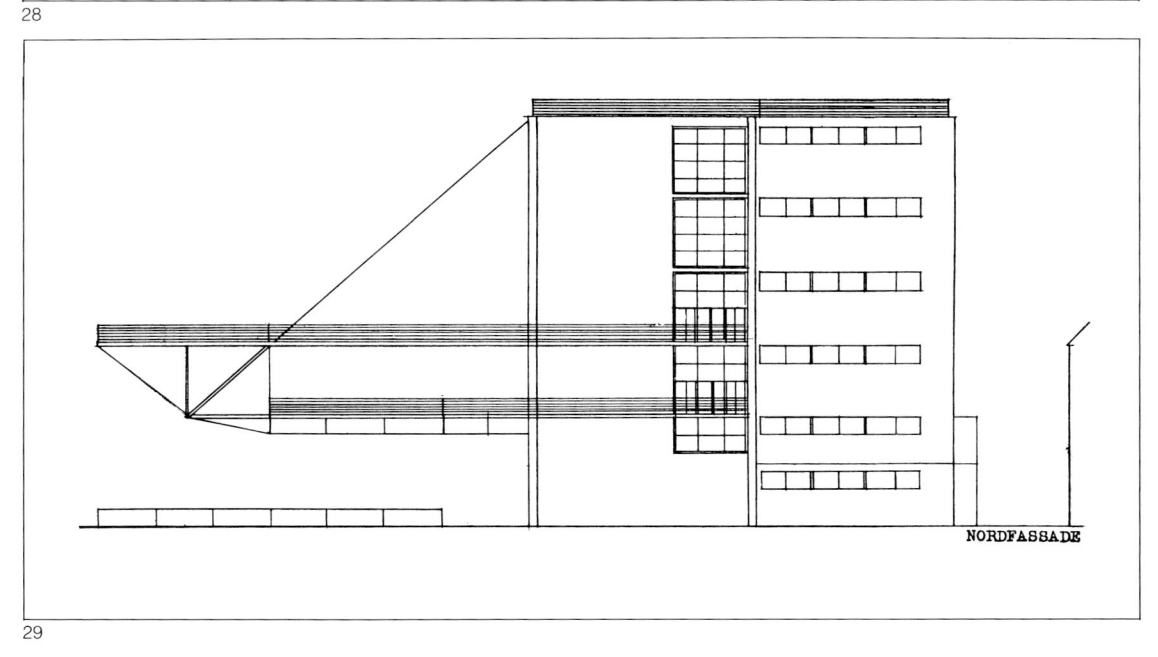

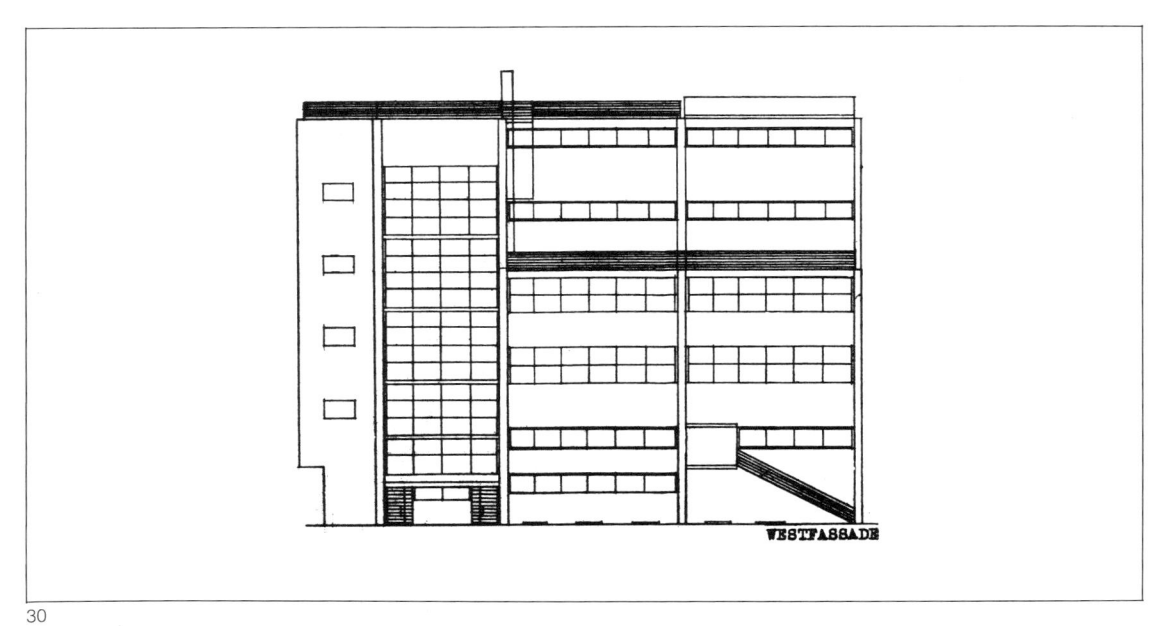

Abb. 30
Westfassade.

Abb. 31
Ostfassade.

Abb. 32
Erdgeschoß.

Abb. 33
Zwischengeschoß.

Abb. 34
1. Stockwerk.

Abb. 35
2. Stockwerk.

Abb. 36
3. Stockwerk.

Abb. 37
4. Stockwerk

32

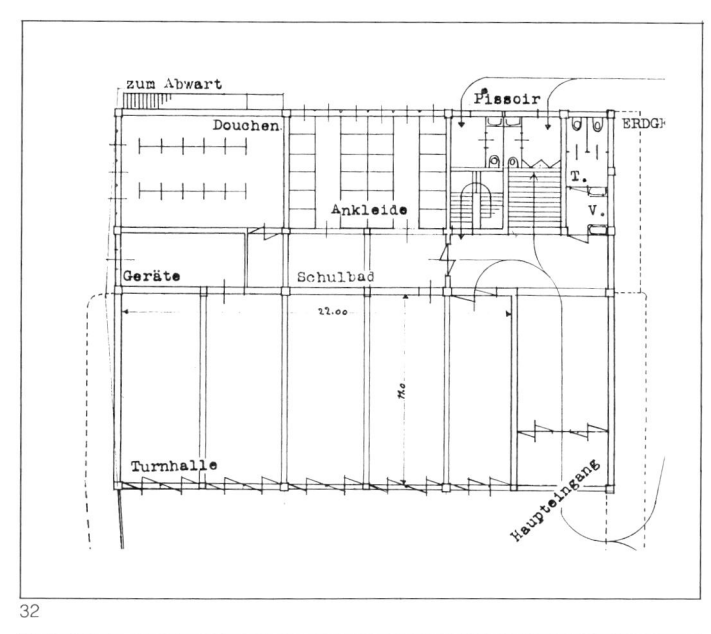

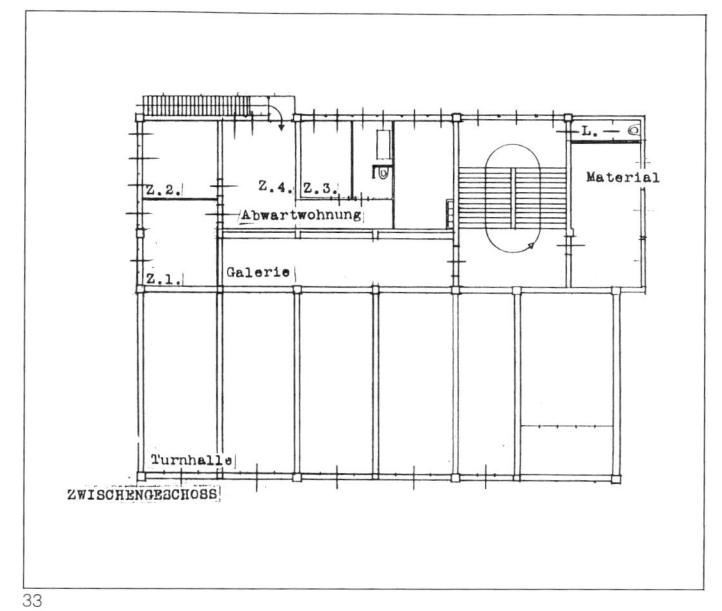

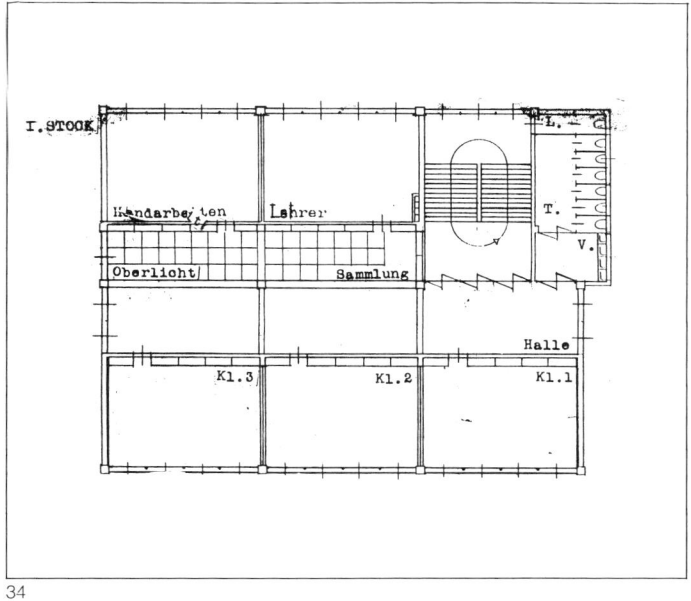

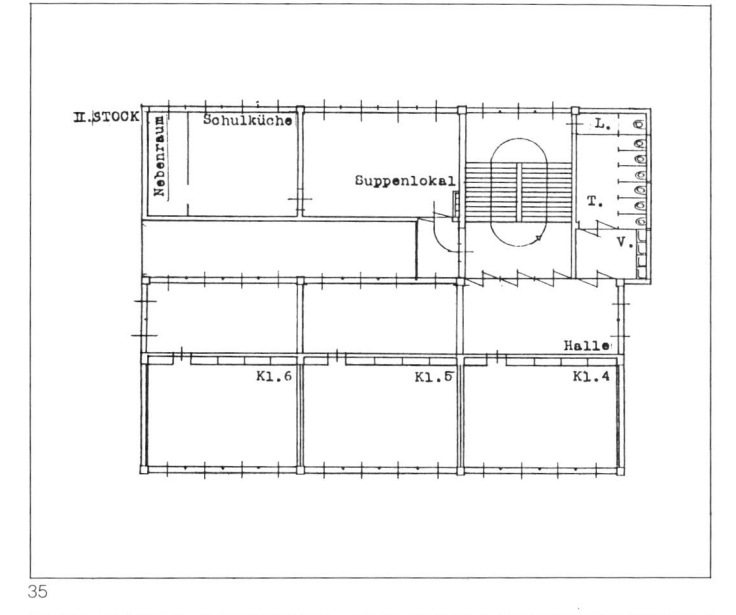

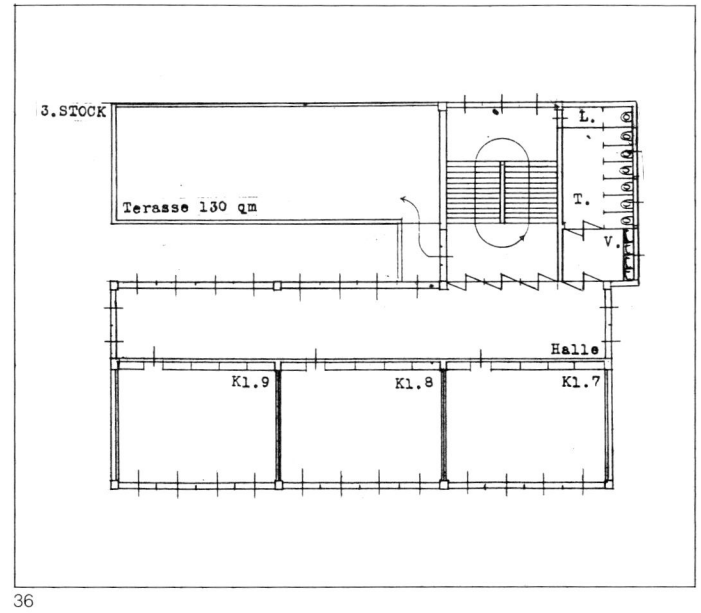

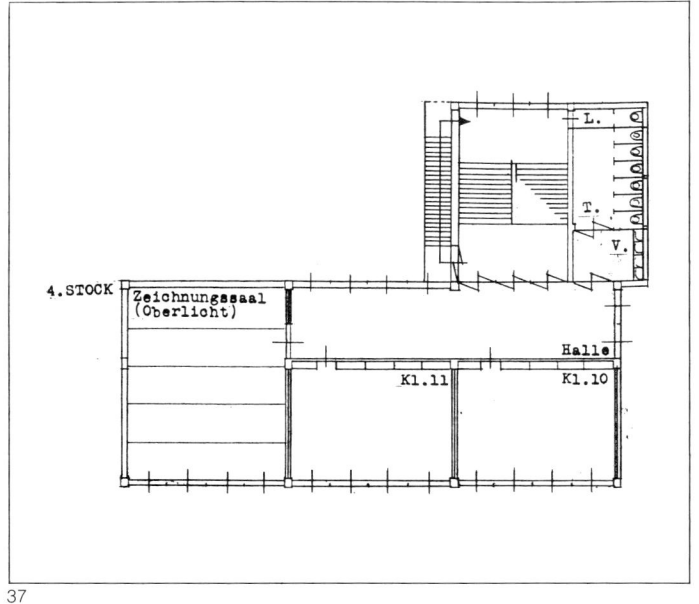

33

34

35

36

37

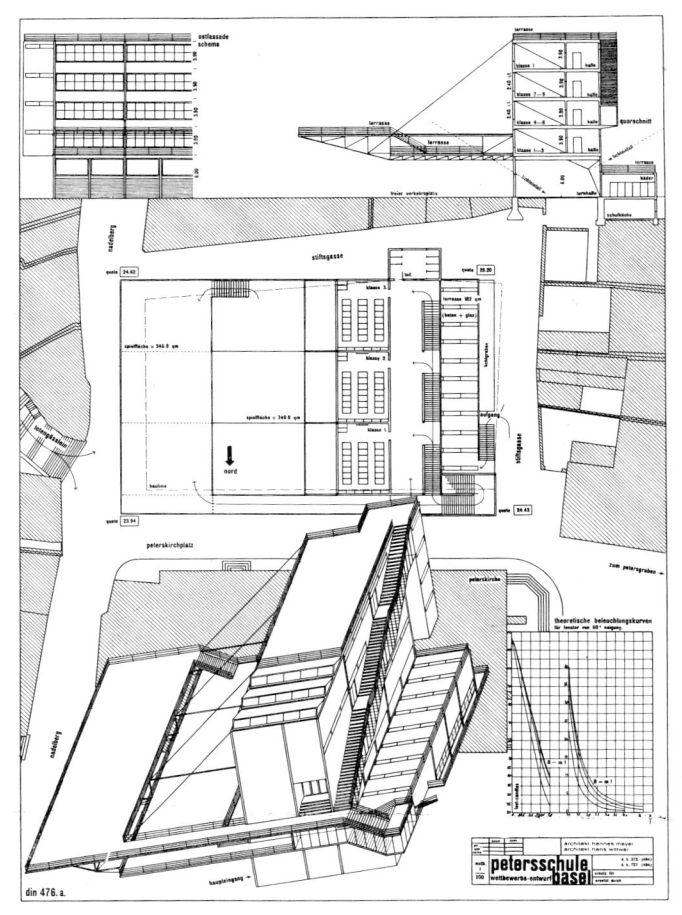

architekt hannes meyer basel/bauhaus-dessau
architekt hans wittwer basel

die petersschule basel
(wettbewerbsentwurf **1926**)

die aufgabe:

neubau einer 11 klassigen mädchen-volksschule mit turnhalle, zeichensaal, schulbad und suppenküche etc., 528 schülerinnen. sinnwidriger traditioneller schulhaus-bauplatz im altstadtgebiet von basel, im schatten hoher randbebauung, schlecht belüftet und im hinblick auf das umfangreiche bauprogramm mit 1240.0 qm gesamtfläche erheblich zu klein. übliche überbauung ergibt max. 500 qm schulhof, mithin 1.0 qm tummelfläche pro schulkind.

das ziel:

keine schulkrüppel! anzustreben wäre ausschließliche oberlichtbeleuchtung aller schulräume (vergleiche die resultate von fall 1 und 2 der beleuchtungsberechnung) und die bestimmung eines neuen baugeländes nach maßgabe planvoller stadtentwicklung. gegenwärtig erscheint die verwirklichung solcher forderungen aussichtslos, und es ergibt die auseinandersetzung mit dem alten schulhaus den umstehenden kompromiß.

der vorschlag:

größtmögliche entfernung des schulbetriebes von der erdoberfläche in die besonnte, durchlüftete und belichtete höhenlage.

im erdgeschoß nur schulbad und turnbetrieb im geschlossenen raum. die verbleibende hoffläche wird dem öffentlichen verkehr und dem „parking" freigegeben.

an stelle eines hofes sind 2 hängende freiflächen und alle oberflächen des gebäudekörpers der jugend als tummelplatz zugewiesen, im ganzen 1250 qm sonnige spielfläche, der altstadt entrückt.

freitreppe und verglaste treppe verbinden, parallel geführt, spielflächen und innenräume.

das eigengewicht des hauskörpers ist nutzbar verwendet und trägt an 4 drahtseilen die stützenlose eisenkonstruktion der 2 schwebenden freiflächen.

die gebäudekonstruktion als eisenfachwerkbau auf nur 8 stützen und mit diesem außenwand-querschnitt: aluminiumriffelblechverkleidung — bimsbetonplatten — luftlamelle — kieselgurplatten — luftlamelle — glanzeternitplatten.

bautechnische ausstattung: eiserne kippfenster, aluminiumblechtüren, stahlmöbel, flure und treppen mit gummibodenbelag.

rechnerischer nachweis der beleuchtungsstärke aller schulräume

fall **1**) östliches seitenlicht aller klassenzimmer.
fall **2**) shed-oberlicht des zeichensaales.
fall **3**) zweiseitiges seitenlicht der turnhalle.

berechnung der beleuchtungsstärke auf tischhöhe

fall **1**) klassenzimmer mit senkrechter fensterwand. (östliches seitenlicht.)

berechnet wird nur die beleuchtungsstärke für den ungünstigsten arbeitsplatz (P), dieser befindet sich in der vom fenster entferntesten reihe an der rückwand.

berechnungsverfahren nach higbie:

daten für die formel:
abstand des punktes P vom fenster $\quad a = 5{,}1$ m
länge des fensters $\quad m = 10{,}2$ „
abstand des oberen fensterrandes von der tischfläche $\quad f = 2{,}4$ „
„ „ unteren „ „ „ „ $\quad f' = —$ „
beleuchtungsstärke des fensters $\quad b = 100{,}0$ ftcdl.

$$E_p = 50 \left[\mathrm{tg}^{-1}\frac{(10{,}2)}{5{,}1} \cdot \frac{5{,}1}{\sqrt{5{,}1^2 + 2{,}4^2}} - \mathrm{tg}^{-1}\left(\frac{10{,}2}{\sqrt{5{,}1^2 + 2{,}4^2}}\right) \right] = 486{,}0 \text{ lx}$$

$$E_p' = 50 \left[\mathrm{tg}^{-1}\frac{(10{,}2)}{5{,}1} - \mathrm{tg}^{-1}\frac{(10{,}2)}{5{,}1^2} \right] = 435{,}0 \text{ lx}$$

beleuchtungsstärke im punkte $P = E_p - E_p' = 41{,}0$ lx
(12 hefner-lux '1x' = 1 footcandle).

lichtverlust durch gegenüberliegende gebäude etc. wird auf grund empirischer werte festgestellt, hier beträgt er für alle stockwerke etwa 5 v. h.

die beleuchtungsstärke im punkte P an ort und stelle erreicht einen um etwa 40 v. h. höheren wert (zufolge der rückwürfe des lichtes an decke und wänden).

die leitsätze der D.B.G. verlangen für les- und schreibräume eine mittlere beleuchtung von 50—60 lx. die vorgesehene fensteröffnung gewährt also auch dem dunkelsten arbeitsplatz eine ausreichende beleuchtung. nahe der fensterwand ist die beleuchtung 10 mal stärker und in zimmermitte 4 mal stärker als im punkt P. die durchschnittliche beleuchtung beträgt etwa 180 lx, bei einer fensterfläche von etwas mehr als $1/_3$ der bodenfläche.

fall **2**) shed-oberlicht des zeichensaales.

berechnet wird die beleuchtung in jeder shed-axe.
berechnungsverfahren nach higbie und levin.

daten für die formeln:
abstand des punktes P_1 von der fensterfläche $\quad a_1 = 2{,}5$ m
„ „ „ P_2 „ „ „ $\quad a_2 = 5{,}6$ „
„ „ „ P_3 „ „ „ $\quad a_3 = 8{,}6$ „
(diese abstände horizontal gemessen) „
länge des fensters $\quad m = 11{,}0$ „
abstand des oberen fensterrandes von der tischfläche $\quad f = 3{,}3$ m
„ „ unteren „ „ „ „ $\quad f' = 2{,}6$ „
(diese abstände in der fensterebene gemessen).
beleuchtungsstärke des fensters $\quad b = 100{,}0$ ftcdl.

$A_1 = \frac{a_1}{f} = 0{,}75, \quad A_1' = \frac{a_1}{f'} = 0{,}96, \quad A_2 = \frac{a_2}{f} = 1{,}70,$

$A_2' = \frac{a_2}{f'} = 2{,}15, \quad A_3 = \frac{a_3}{f} = 2{,}60, \quad A_3' = \frac{a_3}{f'} = 3{,}30,$

$B = \frac{m}{f} = 3{,}30, \quad B' = \frac{m}{f'} = 4{,}20.$

die beleuchtungsstärke in jeder shed-axe, erzeugt durch das zugehörige fenster, ist gleich dem unterschied zwischen den beleuchtungswerten von fenstern der höhe f und f'.

aus dem diagramm ergibt sich

beleuchtungsstärke in $P_1 = 56 - 39 = 17 \times 12 = 204$ lx. = E_1
„ „ $P_2 = 13 - 9 = 4 \times 12 = 58$ „ = E_2
„ „ $P_3 = 5 - 3 = 2 \times 12 = 24$ „ = E_3
die gesamtbeleuchtungsstärke in $P_1 = E_1 = 204$ lx.
„ „ „ $P_2 = E_1 + E_2 = 262$ „
„ „ „ $P_3 = E_1 + E_2 + E_3 = 286$ „

diese werte sind um weniger als $1/_3$ voneinander verschieden, gegenüber dem vielfachen beim seitenlicht. die durchschnittliche beleuchtung beträgt etwa 250 lx bei einer fensterfläche von etwa $1/_4$ der bodenfläche.

fall **3**) zweiseitiges seitenlicht der turnhalle.

berechnet wird die beleuchtung an den beiden längswänden und in der saalmitte.

beide längswände mit 2 m hohem fensterfries auf die ganze länge und unmittelbar unter der decke.

berechnungsverfahren nach higbie: (wie bei klassenzimmer mit seitenlicht).

daten für die formel: (P nahe längswand ost)
abstand des punktes P vom fenster (ost) $\quad a_1 = 2{,}0$ m
„ „ „ P „ „ (west) $\quad a_2 = 9{,}0$ „
länge des fensters $\quad m = 23{,}0$ „
abstand des oberen fensterrandes von der tischfläche $\quad f = 4{,}5$ „
„ „ unteren „ „ „ „ $\quad f' = 2{,}5$ „
beleuchtungsstärke des fensters $\quad b = 100{,}0$ ftcdl.
beleuchtungsstärke durch fenster (ost) = 249 lx
„ „ „ (west) = 29 lx

lichtverlust durch gegenüberliegende gebäude, ostseite = 5 v. H.
„ „ „ „ westseite = 12 v. H.
gesamtbeleuchtung in P = 253 lx.
daten für die formel: (P nahe längswand west).
abstand des punktes P vom fenster (ost) $\quad a_1 = 9{,}0$ m
„ „ „ P „ „ (west) $\quad a_2 = 2{,}0$ „
(die anderen werte wie oben).

beleuchtung durch fenster (ost) = 29 lx
„ „ „ (west) = 249 lx
lichtverlust: ostseite = 5 v. h., westseite 27 v. h.
gesamtbeleuchtung in P = 212 lx.
daten für die formel: (P nahe saalmitte).
abstand des punktes P vom fenster (ost und west gleichviel) $a = 5{,}5$ m
(die anderen werte wie oben).

beleuchtung durch fenster (ost und west gleichviel) = 110 lx.
lichtverlust: ostseite = 5 v. h., westseite 18 v. h.
gesamtbeleuchtung in P = 195 lx.

Abb. 38
Hannes Meyer/Hans Wittwer veröffentlichen das «Wesentliche» ihres Petersschulentwurfes im Frühjahr 1927 in der Bauhaus-Zeitschrift.

Abb. 39
Wettbewerb Petersschule Basel, 1926, die Beiträge von Paul Artaria, Hans Schmidt und das realisierte Projekt von Mähly/Weisser (aus: Werk-Archithese, 13–14, 1978) (Einmontiertes Foto: Martin Kieren, 1985).

Abb. 40
Wettbewerb für die Petersschule in Basel, 1926. Originalbeitrag/1926 (Modell: Amt für Stadtplanung, Basel/ Foto: Claude Giger, Basel)

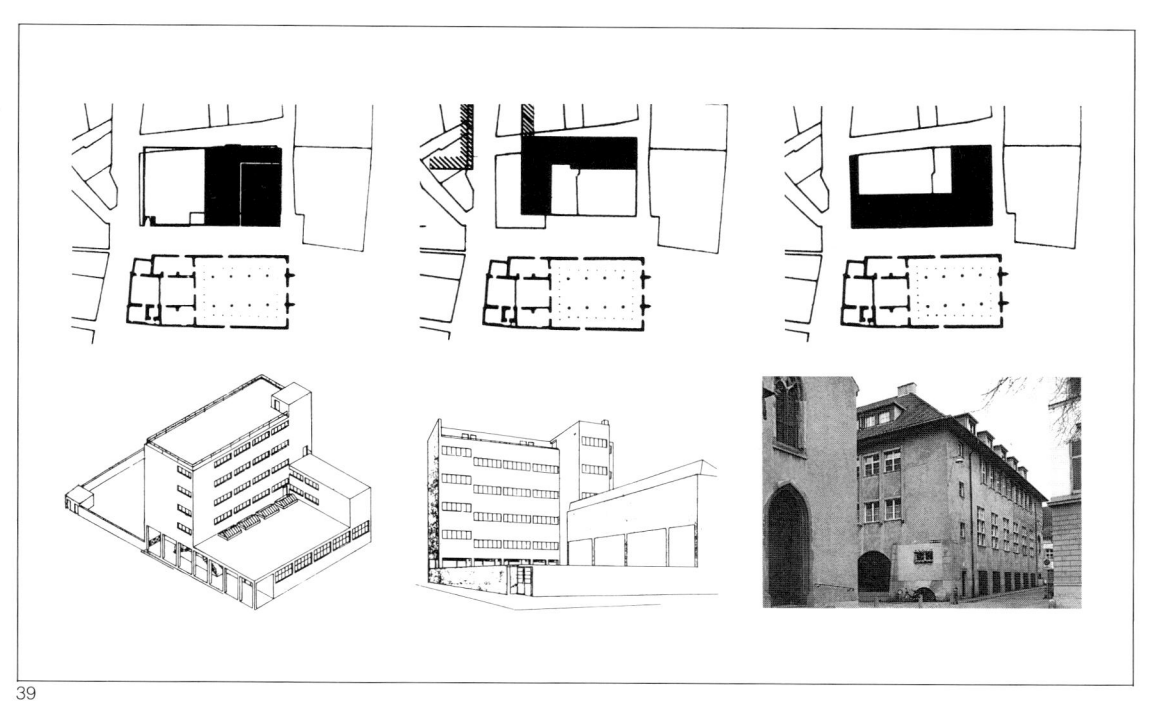

Die Neue Welt 5
Konsequenz 3: Der Völkerbundpalast in Genf, 1926/27

Die »Société des Nations«, 1919 gegründet und mit Sitz in Genf, entschied 1925, einen eigenen Büro-, Sekretariats- und Saalkomplex zu errichten, kaufte das Grundstück «La Perle du Lac» in Genf und schrieb im April 1926 einen Wettbewerb aus, an dem Architekten aus allen dem Völkerbund angeschlossenen Ländern teilnehmen konnten. Bis Ende Januar 1927 (für Beiträge aus Übersee bis Ende März) gingen 377 Beiträge ein. Die internationale Jury setzte sich wie folgt zusammen: V. Horta (Belgien), A. Muggia (Italien), K. Moser (Schweiz), Ch. Lemaresquier (Frankreich), J. Hoffmann (Österreich), J. Burnet (England), H. P. Berlage (Holland), Ch. Gato (Spanien) und I. Tengbom (Schweden). Schon diese Besetzung legt es nahe, das zu vermuten, was dann auch eintraf: Man konnte sich nicht einigen, und man entschied, daß jedes der neun Jurymitglieder je einen 1. Preis vergeben konnte und zusätzlich je zwei Mentionen (alle ex aequo), so daß schließlich 27 prämierte Entwürfe der verwunderten Öffentlichkeit präsentiert wurden, ohne daß ein Entwurf zur Ausführung empfohlen wurde.

Mit diesem Wettbewerb hat es in der neueren Architekturgeschichte seine eigene Bewandtnis, sowohl was das geforderte Bauprogramm, als auch was die nach Wettbewerbsentscheid ausgelöste Diskussion betrifft. Hier entstand innert Monaten ein Feld, auf dem mit Polemik und vielen versteckten und offenen Tricks ein Kampf um einen ungeheuer großen und auf Öffentlichkeitswirksamkeit hinauslaufenden und somit ertragreichen Bauauftrag gekämpft wurde. Davor steht aber die entscheidende Frage nach dem Durchsetzungsvermögen einer Architekturauffassung oder -haltung, die mit «modern» nur ungenügend etikettiert ist. Denn diese «Moderne» umfaßte ein so breites Spektrum, daß es sich heute fast verbietet, derlei Etikettierungen vorzunehmen: Es gab 1926/27 eine nach wie vor starke «traditionelle» oder «akademische» Haltung; es gab «expressive» und »organische« Architekturauffassung; es gab nach «formalen Neuerungen» suchende Architekten, solche, die «technische», solche, die «funktionale» und solche, die «materialgerechte» Aspekte in die Architektur einführen wollten (manche alles zugleich); es gab suchende, experimentierende, laborierende und schließlich sich überall anbiedernde Zeitgenossen, jene also, die nach Tagesforderungen und pekuniären Gesichtspunkten arbeiteten und als «Konjunkturritter» bezeichnet werden können und so auch schon – zum Beispiel von der «Gruppe ABC» – als solche ausgemacht wurden. Paul Bonatz' Bahnhof in Stuttgart, Emil Fahrenkamps Tablettenfabrik in Leverkusen und van Doesburgs «de-Stijl»-Wohnhaus erfahren diese Behandlung in deren Zeitschrift und werden dort als «Konjunkturkitsch» entlarvt. Le Corbusier fürchtete die «Jungen» wie Mart Stam und «Organiker» wie Hugo Häring. Bruno Taut und Martin Wagner schüttelten sich bei Le Corbusier (Wagner: «Samtjackenkünstler»), und der «Ring», zu dem sich einige deutsche Architekten zusammenschlossen, hatte ein zwiespältiges Verhältnis zum CIAM. Deren lauteste Propagandisten ein ebensolches zu den – auch so betitelten – «linken Schweizern». (Das sind die Architekten der «Gruppe ABC».) Die einen wollten «beseelte Architektur», die anderen suchten nach «Beiträgen zum Bauen». Die an einheitlicher Front Kämpfenden sind der Mythos. Vorherrschend waren Zwist und Uneinigkeit bei der Suche und der Bestimmung der «wahren» Ziele in der Architektur. Trotzdem schaffte es eine relativ kleine Gruppe durch geschickte Lancierung von Informationen über das Streben der «Modernen», sich die – zuweilen auch notwendige – Aufmerksamkeit der Öffentlichkeit zu sichern. Allen voran Sigfried Giedion und Le Corbusier. Die Folgen dieses Wettbewerbes führten dann schließlich zu der mittlerweile legendären Zusammenkunft auf dem Schloß La Sarraz im Juni 1928, bei der sich die Heterogenität der beschriebenen «Moderne» nur um ein weiteres Mal äußerte: Man veröffentlichte ein Papier, die «Erklärung von La Sarraz», das die Grundlage für weitere Zusammenkünfte bildete und die «Congrès Internationaux d'Architecture Moderne», die «Kongresse für Neues Bauen», begründete. Bei der Abfassung dieses Papiers war Hannes Meyer maßgeblich beteiligt: Nicht nur faßte u. a. er die Redebeiträge eines Nachmittags schriftlich zusammen; – sein Redebeitrag zur Definition des Städtebaus fand auch fast wörtlich Einzug in die Erklärung: «Meyer definiert den Städtebau: die Organisation sämtlicher Funktionen des kollektiven Lebens, in der Stadt und zwischen Städten.» – Doch zu den Fakten.

*Abb. 41
Karl Moser: Doppelseite aus seinem Notiz- und Skizzenbüchlein, das er während der Jurysitzungen geführt hat.
(institut gta, ETH Zürich)*

Le Corbusier wurde von Karl Moser, dem Mentor der Schweizer Architekten, auf Platz 1 gesetzt, so wie Meyer/Wittwer von diesem auf Platz 3, eine Auszeichnung, mit der beide vielleicht nicht gerechnet hatten, was aber von Karl Moser – bei Lage der Dinge innerhalb der Jury – als Manifestation bzw. Protest gegen die Haltung der meisten anderen Jury-Mitglieder, die zumeist «akademisch» orientierte Projekte favorisierten, ausgelegt werden kann. Eine Doppelseite aus Mosers geführtem Protokoll- und Skizzenbüchlein zeigt aber auch ein starkes inhaltliches Interesse an diesem Entwurf. (Abb. 41) Ganz anders die Sachlage bei Le Corbusier, der nach Bekanntgabe des Wettbewerbsentscheids sofort alle Register seiner Werbemaschinerie in Gang setzt und einen in der modernen Geschichte der Architektur unvergleichlichen Feldzug für seinen Entwurf antritt, wobei er mit allen Mitteln arbeitet: mit Eingaben, Artikelserien, lancierten Publikationen und Streitschriften, bis hin zu Plagiats-Vorwürfen und horrenden Honorar-Einforderungen. Wer kühl darauf reagierte, schwieg, wenigstens nur murrte, war die «Société des Nations». Abgesehen von Le Corbusiers Sendungsbewußtsein, das ihn – nicht erst bei retrospektivem Blick – zu oft veranlaßte, sich der Lächerlichkeit preiszugeben, birgt sein mit Pierre Jeanneret und anderen erarbeiteter Beitrag zum Wettbewerb aber eine Interpretation der Bauanlage, der man Respekt zollen muß und der man – gerade im Hinblick auf den dann realisierten Entwurf – (Abb. 44) vor allen anderen die Auszeichnung der Realisation hätte wünschen mögen. (Abb. 43) Le Corbusiers Beitrag ist in einer ausführlichen Publikation des gta/Ammann-Verlages 1988 in seiner ganzen Breite und in allen Einzelheiten gewürdigt worden.[56] Wir wollen uns – dazu nötigt schon der Rahmen und der Platz dieser Publikation – dem Projekt von Hannes Meyer und Hans Wittwer zuwenden.

Dem Historiker fallen oft Dinge zu. Einen Zu-Fall will ich hier anbringen. Das Heft 7, 1927 der Zeitschrift «Das Werk» veröffentlicht auf den Seiten 223–226 den Wettbewerbsbeitrag Meyer/Wittwer, kommentiert von K. von Meyenburg, den wir mit seiner Bodenfräse schon gesehen haben in «Die neue Welt», und einen Beitrag von Dr. Erwin Voellmy, Schwager von Hans Wittwer, Mathematiker und Schachspieler. Der Zufall will es, daß im gleichen Heft (also doch kein Zufall), vorgeschaltet, ein Artikel über das in Dornach/Schweiz gerade im Bau befindliche neue Goetheanum abgedruckt ist, über den es in der Vorbemerkung des Redakteurs Joseph Gantner heißt, daß er hier wiedergegeben sei «in dem Gedanken, damit den ersten Beitrag zu liefern zu einer Diskussion über dieses Thema, dessen Aufrollung gerade jetzt, als Parallele zu den Debatten über das als Bauaufgabe in mehreren Punkten verwandte Genfer Völkerbundgebäude, von Interesse sein wird.»[57] (Daß ähnliche Hinweise auf diese Parallelität an keiner Stelle in der genannten Publikation über den Völkerbundpalast-Beitrag von Le Corbusier geschieht, zeigt einmal mehr die Ignoranz einer Architekturhistoriker-Generation, die den sogenannten «Inkunabeln» immer noch mehr Gedanken schenkt wie gleichzeitigen Erscheinungen mit zumindest – für die Diskussion der Moderne in breiterem Spektrum – ähnlicher Bedeutung: Joseph Gantner hat das vor 60 Jahren vorgemacht.) Der Artikel selbst

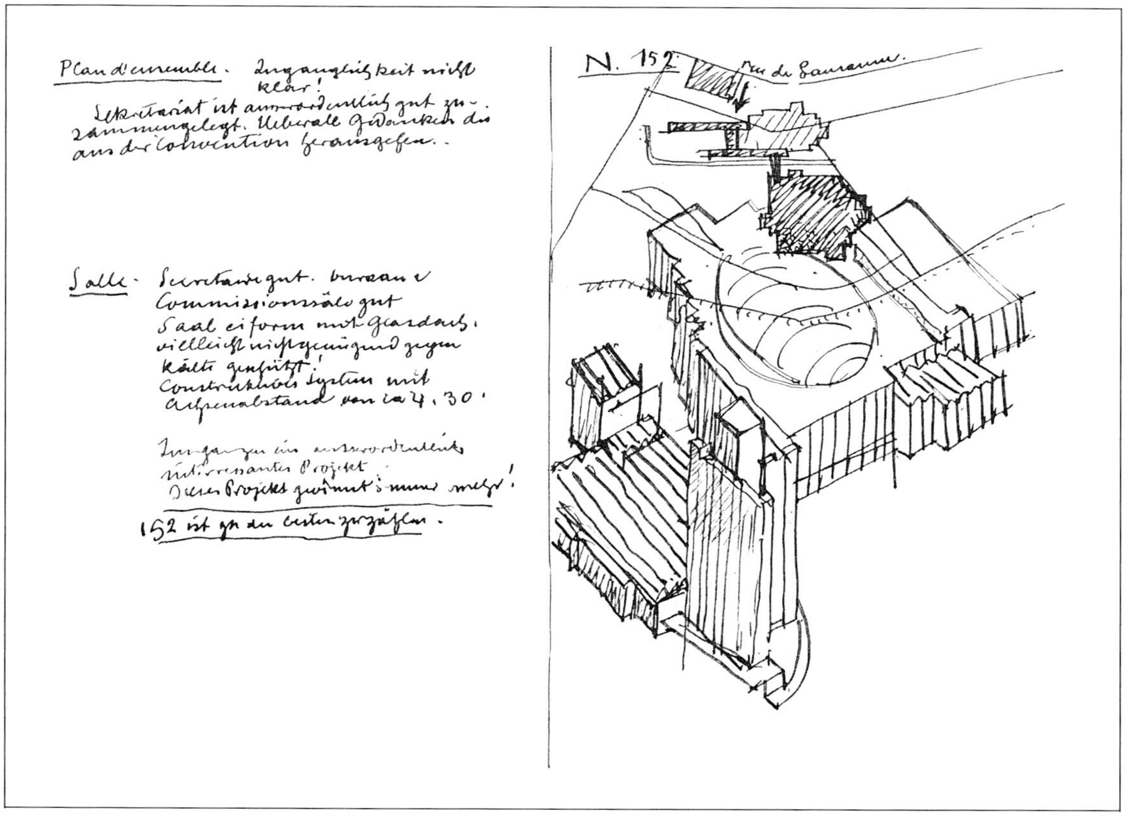

56 Le Corbusier und Pierre Jeanneret
Das Wettbewerbsprojekt für den Völkerbundpalast in Genf 1927
Zürich 1988
57 Gantner, Joseph
Redaktionsnotiz
in: Das Werk
14. 1927, Heft 7, S. 220

«hannes meyer u. hans wittwer
ein völkerbundgebäude für genf · 1927
wettbewerbsentwurf · ein 3. preis

leitgedanken.

als übernationaler organismus ist der völkerbund eine neuheit und ohne vorgänger. auf seinem programme steht vorab die beseitigung der versteckten methoden einer veralteten geheimdiplomatie und deren ersatz durch die offene behandlung aller internationalen fragen im öffentlichen plenum einer vereinigung von vertretern aller angeschlossenen staaten. der völkerbund will die praktiken eines verlebten nationalismus bekämpfen und erstrebt als neue form der völkergemeinschaft den zwischenstaatlichen zweckverband.

voraussetzung jeder baulichen verwirklichung ist der willensdrang zur wahrheit – wenn die absichten des völkerbundes wahrhaft sind, so kann er seine neuartige gesellschaftseinrichtung nicht in ein gehäuse baulicher überlieferung quetschen. keine säulengespickten empfangsräume für müde souveräne, sondern hygienische arbeitsräume für tätige volksvertreter. keine winkelgänge für die winkelzüge der diplomaten, sondern offene glasräume für die öffentlichen unterhandlungen offener menschen. die baulichen einrichtungen des völkerbundes erstehen durch zweckentsprechende *erfindung* und nicht durch stilistische komposition.

aus dieser gesinnung wird der versammlungssaal ein vornehmlich akustisch bedingter und gesetzmäßig errechneter hohlkörper, und es wird der saalbau ein verkehrsraum für 3000 menschen (in den obergeschossen) und für 600 autos (im erdgeschoß). es wird das sekretariatsgebäude ein zellenbau mit 550 bürozellen an gemeinsamer vertikal-verkehrslinie der aufzüge und rolltreppen, mit aus der büro-organisation abgeleiteten gebäudelängen und anzahl der geschosse, mit aus dem belichtungskoeffizienten der arbeitsfläche errechneten stockwerkshöhen usw., es wird die gebäudeform bedingt durch baustatik und die gebäudestruktur durch werkstoff. selbst die lage der gebäulichkeiten im gelände wird nur niederschlag der verkehrsdiagramme, belichtungsdiagramme, besonnungsdiagramme.

unser völkerbundsgebäude symbolisiert nichts. – seine größe liegt zwangläufig in den abmessungen und gegebenheiten des bauprogramms. als bauorganismus zeigt es unverfälscht den ausdruck seiner bestimmung eines gebäudes der arbeit und der zusammenarbeit. dieses gebäude sucht keinen gartenkünstlerischen anschluß an die parklandschaft seiner umgebung. als erdachtes menschenwerk steht es in berechtigtem gegensatz zur natur. dieses gebäude ist nicht schön und ist nicht häßlich. es will als *konstruktive erfindung* gewertet sein.

der saalbau

ein eisenbetonskelettbau. – zugang, anfahrt und aufstellung der autos ebenerdig in offenem geschoß. (einbahnverkehr). *die nebensäle mit shedoberlicht* und im organisatorisch bedingten stockwerk zwischen das betonskelett aufgehängt. –

der *saal* für 2600 personen und stockwerkweise geschichtet in: aktive völkerbundvertreter, deren hilfskräfte, presse, zuschauer. alle akustisch aktiven elemente der völkerbundversammlung (präsident, generalsekretär, dolmetscher, redner und lautsprecher) bilden das *schallzentrum*.

die *akustische saalgestaltung* folgt einer fysiologischen tatsache: das nacheinandereintreffen von direkten und zurückgeworfenen schallwellen innerhalb eines intervalles bis zu $\frac{1}{20}$ sekunde ergibt im menschlichen ohr eine nützliche verstärkung des schalles; längere intervalle erzeugen undeutlichkeit bis echo. in $\frac{1}{20}$ sekunde legt der schall eine strecke von 17 m zurück. auf grund dieses grenzwertes sind schallzentrum und saalwand konstruiert worden. jenes bildet ein gleichseitiges tetraeder von 17 m kantenlänge. der horizontalschnitt des saales in höhe des schallzentrums wurde ermittelt durch grafische konstruktion der nützlichen schallrückwürfe. die hieraus erhaltene kurve erwies sich als näherung einer spirale. beide spiralzweige treffen sich in der längsachse im stumpfen winkel. die derart entstandene geschlossene form zeigt größte weite in der nähe des schallzentrums, und vermag in dessen nähe somit die größte zuschauerzahl aufzunehmen.

schallverstärkung fern vom schallzentrum durch ausgestaltung zweckdienlicher vertikalflächen (stirn-, brüstungs- und saalwände) mit hochreflektierenden, harten baustoffen in glatten flächen.

schallzerstreuung und *schallschwächung* zur vermeidung störender rückwürfe durch auflösung der wand und deckenflächen, durch möglichst vertikale sitzreihen-anordnung der zuschauertribünen, durch flächenverkleidung mit schallabsorbierenden weichen baustoffen (acoustical tiles von w. sabine, acoustical plastre von foley, amremoc, acoustolith.)

die *parabelbogenträger der eisenbetonbinder* mit dazwischen gespannter saalhaut: akustisch dämpfend, wenn mit außenseite bündig; akustisch reflektierend, wenn mit innenseite bündig.

das sekretariat

als bürohochhaus ein stahlskelettbau mit vertikalanordnung der 550 büroeinheiten auf verschoben Hförmigem grundriß und mit diesen konstruktionselementen:

1. stahlskelett auf durchgehender eisenbeton-fundamentplatte.
2. außenwand-querschnitt, von außen nach innen: aluminiumriffelblech – 1 cm luftlamelle – 5 cm kieselgurplatte – 1 cm luftlamelle – 6 cm bimsbetonplatte – 1 cm luftlamelle – ½ cm glanzeternit.
3. zwischenwände aus korkplatten.
4. fußbodenbeläge: steinholz (büros), gummi (gänge).
5. eiserne fenster mit horizontalkippflügeln und mit 8 mm spiegelglas.
6. deckenverkleidung aus mattiertem aluminiumblech (lichtreflektion).
7. eiserne türrahmengestelle (system mannesmann) mit korkplattenisolierung und mit beiderseitiger aluminiumblech-verkleidung.
8. elektrische fußbodenheizung, druckluft-ventilation, warmlufttemperierung.»

Abb. 42
Hannes Meyer/Hans Wittwer, Wettbewerbsentwurf für den Völkerbundpalast, Genf, 1926/27.

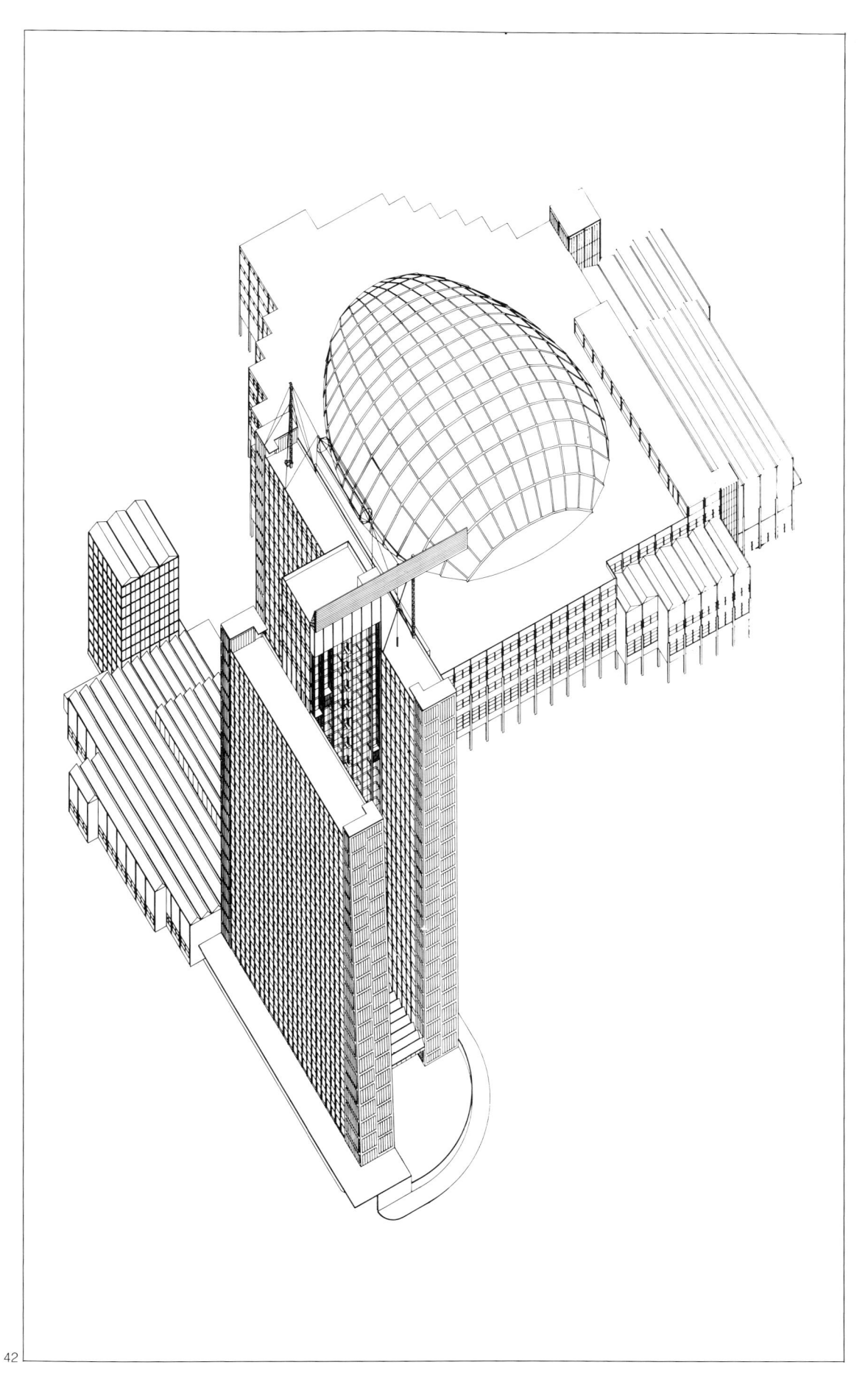

Abb. 43
Le Corbusier/P. Jeanneret: Wettbewerbsbeitrag Völkerbundpalast, Genf, 1926/27, Axonometrie der Gesamtanlage (aus: Le Corbusier a Genève, Lausanne 1987).

Abb. 44
Nénot/Flegenheimer: Das definitive Projekt für den Völkerbundpalast in Genf, 1927/28 (aus: Le Corbusier à Genève, Lausanne 1987)

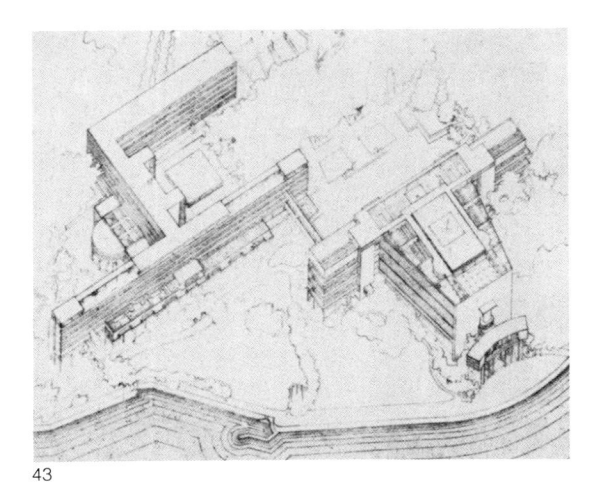

stellt dann gegenüber die zwei sichtbaren Positionen: die der konstruktiven Idee, der Zweckmäßigkeit, der Wohnmaschine als Ziel und dem «Starr-Dimensionalen» dienenden Raumideen, die «ganz innerhalb des euklidischen Raumes bleiben», der Position derer, die die «allseits wirkenden Raumeskräfte erfassen (...) und die mathematische Starrheit aufheben. (...) Im ersten Fall kommt er (der Architekt, M. K.) nicht über den Kubus hinaus. Im zweiten Falle schafft der Künstler lebendige Formen, die man auch organische Formen nennen kann. Repräsentativ für den ersten Fall ist das Streben eines Oud, Corbusier, Wright, de Klerk und vieler anderer. Für den zweiten Fall gibt es bis jetzt an Beispielen nur das Gotheanum und einige seiner Nebenbauten.»[58] Der bauleitende Architekt, Hermann Ranzenberger, der Verfasser dieses Artikels, spricht dann von der neuen Saalform und der Konstruktion und schreibt abschließend: «Die Goetheanum-Architektur ist völlig neu und entspricht dem Eisenbeton. Sie ist konstruktiv gelöst mit Hilfe der allerorts gebräuchlichen Statik. (...) Es ist möglich, daß derartig radikal neue Formen auch mit Hilfe einer neuen Statik gelöst werden sollten, um eine völlig innere Einheit zu haben. Doch ist eine solche aus dem räumlichen entwickelte Statik gegenüber der jetzigen aus der Fläche heraus entwickelten Statik noch nicht vorhanden. Sie wäre eine ganz neue wissenschaftliche Disziplin, zu deren Grundlegung und Ausbau zunächst wohl einzig Rudolf Steiner, der Schöpfer der Goetheanum-Architektur, fähig gewesen wäre.»[59] Der naiven, sich auf den «Glauben» und nicht das «Wissen» stützenden Vermessenheit des Herrn Ranzenberger begegnet in einem Nachtrag der Redaktion abermals Joseph Gantner mit kluger Bestimmtheit, wenn er schreibt: «Wenn er (Hr. Ranzenberger, M. K.) z. B. glaubt, der verstorbene Führer Rudolf Steiner wäre als einziger imstande gewesen, die ‹aus dem räumlichen entwickelte Statik› zu schaffen, so begibt er sich damit auf den gefährlichen Boden einer Anschauung, die eben ein Bekenntnis zur Anthroposophie als Lebensgrundlage schon voraussetzt, so daß eine Diskussion mit Andersdenkenden immer an diesem einen Punkte scheitern wird. Indessen glaube ich, daß gerade ein Bau wie das neue Goetheanum, gleichgültig, ob man ihm zustimmen will oder nicht,

eine interessante und brennende Frage aufwirft: die über den Anteil geistiger Mächte in der modernen Architektur.»[60]

Man stritt aber doch allerorten um «geistige Mächte», um nicht zu sagen: Die einen kämpften um «geistliche», die anderen um «geistige» Mächte. Denn um neue Wissenschaften war es doch gerade z. B. den in der «Gruppe ABC» tätigen Architekten gegangen: Sie forderten diese sozusagen als aller Arbeit vorangeschaltet. Und was den von Herrn Ranzenberger ins Feld geführten Eisenbeton betrifft: Die Ingenieure und «ABC»-ler waren es doch gerade, die diesen favorisierten und doch zu völlig anderen Ergebnissen in der Form kamen. Herr Steiner und Herr Ranzenberger wollten (als Primat) «radikal neue Formen» und sahen im Eisenbeton das Mittel zu deren Verwirklichung. Le Corbusier, Giedion (z. B. mit «Bauen in Eisenbeton», Leipzig, Berlin 1927/28) und die Gruppe «ABC» (siehe deren Zeitschrift) sahen das neue Material und dessen Anwendung in den anonymen Ingenieursbauten des 19. und 20. Jahrhunderts; – und suchten daran anschließend nach materialgerechten Anwendungsmöglichkeiten und somit nach sich ergebenden neuen Formen als Ergebnis dieser materialgerechten Verwendung. Joseph Gantner verweist mit seinen im Nachtrag gegebenen Worten genau auf diese Diskussion, die dann im Streit um den Völkerbunds-Wettbewerb um so heftiger wird, je mehr Kritiker sich in diese einschalten. Bei ihm heißt es dann nämlich weiter: «Die starke Anlehnung all unserer Bauerei an die Fabrik-Architektur, die sehr fühlbare industrielle Note in Bauten, die nur in der Herkunft einzelner Bauteile, nicht aber in ihrer Bestimmung der Industrie verpflichtet sind (Kirchen, Serienhäuser, Schulen), wird möglicherweise eines Tages eine ungeheure Gegenwirkung alles Geistigen zur Folge haben. Ich gehöre nicht zu denen, für welche ein industrielles Produkt eo ipso ungeistig wäre, im Gegenteil, aber ich sehe in Bauten wie Mendelssohns ‹Einsteinturm› und in Rudolf Steiners Projekt die Versuche, ein anderes Element, eine aus geistigen, nicht materiellen Voraussetzungen entwickelte Form zur Herrschaft zu bringen. Möglicherweise liegt die ‹Wahrheit› in der Mitte, und dann hätten wir eine Architektur, die den stolzen Anspruch erheben dürfte, der ‹Stil der Zukunft› zu sein.

58 Ranzenberger, Hermann
Das neue Goetheanum in Dornach
in: ebd., S. 221
59 ebd., S. 222
60 wie Anm. 57, S. 223

Einstweilen ist die Bewegung noch in vollstem Gange, und das Pendel schwingt weit nach beiden Seiten aus.»[61] Und auf einer dieser weit ausgependelten Seiten stehen Meyer/Wittwer mit ihrem Projekt.

Der Text des auf S. 162 wiedergegebenen Erläuterungsberichtes ist eine Überarbeitung des Original-Berichtes, der seinerseits in Ausschnitten in «Wasmuths Monatsheften für Baukunst» abgedruckt ist. Die Abweichungen sind dabei unerheblich.

«Ihre Formen sind kahl und glatt, in rechteckiger oder halbkreisförmiger Planung.

Oft abschnittsweise zurückgesetzt, um eine konisch zulaufende Silhouette zu erzielen; die Betonung der Vertikalen wird nicht durch umlaufende Friese oder Gesimse unterbrochen, sondern durch kühn markierte senkrechte Gratlinien noch unterstrichen.»[62]

Dieser Text von Rainer Banham aus dem Jahre 1960 bezieht sich nicht auf unser Projekt, sondern auf die Zeichnungen von Antonio Sant'Elia, dem Exponenten der Architektur in der italienischen futuristischen Bewegung vor dem Ersten Weltkrieg. Wir müssen uns dabei noch einmal den Text «Die Neue Welt» von Hannes Meyer vergegenwärtigen, dessen Tonfall und den manifestartigen Charakter. Zugleich müssen wir daran denken, daß die Ausschreibung dieses Wettbewerbs genau in jene Zeit fällt, in der der Text «Die Neue Welt» verfaßt wurde, und daß Meyer selbst es ist, der von «Fanatismus» spricht, will er sein Gefühl anderen vermitteln.

Wir lasen schon: «ich bin fanatischer gestimmt denn je und schwelge in mathematik und physik. solltest mein letztes projekt für den völkerbund in genf sehen: wir konstruierten aus akustischen schallkurven einen saal für 2500 personen. er sieht aus wie eine muschel. daneben stellte ich ein bürohaus aus stahl und duraluminium mit 100 m höhe.»[63]

Wenn wir im Exkurs «Die neue Welt» festgestellt haben, daß mit gleichnamigem Manifest sozusagen ein verspätetes zweites futuristisches Manifest geschaffen wurde, so gilt der Beitrag von Meyer/Wittwer für den Völkerbund gleichsam als (projektierte) Illustration ebendieser Manifestation. Oder, radikaler: ist selbst Manifest, konstatiert aber nicht nur verbal und illustrativ das Gegenwärtige, sondern sucht wissenschaftlich das Mögliche zu beweisen und – bei gegebenem Material und vorgegebenem Raumprogramm – die hier demonstrierte Vorgehensweise als Notwendigkeit zu fordern. Beim Durchblättern des Rapportes der Jury[64] zeigt z. B. nur dieses Projekt eine vom Standpunkt unabhängige «konstruierte Konstruktion», eine sich radikal und fanatisch gebende Lösung: kein Standort, kein See, keine Landschaft; kein Baum, kein Strauch, kein Mensch; keine Säule, keine Figurengruppe, kein malerischer Aspekt; kurz: brut, trocken, exakt gehandhabte Reißschiene, an computergezeichnete Visionen erinnernde ‹Laboratoriumsarbeit›. Es riecht und schmeckt nicht, «ist nicht schön und ist nicht häßlich. es will als konstruktive Erfindung gewertet sein.»[65]

Sind Sant'Elias Visionen noch vom Jugendstil, von monumentalem Pathos, von Otto Wagner und von ästhetischen Phantasien abhängig, so haben wir hier den Versuch einer Abkehr vom alten Formenkanon, der in seiner Unbekümmertheit aber ebenfalls dem Diktum ästhetischer Visionen folgt: «Unsere Aufgabe ist es, unsere neue Welt mit unseren heutigen Mitteln neu zu gestalten,» heißt es in «Die neue Welt». Und: «Die rückhaltlose Bejahung der Jetztzeit führt zur rücksichtslosen Verleugnung der Vergangenheit.» In dieser alten Formenwelt wilderten die meisten anderen Wettbewerbsteilnehmer und schufen, dem gewaltigen Bauprogramm und ihrer um so milder waltenden Phantasie entsprechend, monumentale Baukomplexe. «Man begreift, wie aus der demonstrativen Abkehr von dieser ästhetenhaften Einstellung, aus dem Bewußtsein, daß sie das tödlichste Gift für die Architektur ist, Projekte entstehen können wie das von Hannes Meyer und Hans Wittwer, das freilich (bei aller Anerkennung seiner wohldurchdachten Zweckmäßigkeit und der guten Ideen, die es enthält) in seinem manischen Fabrik-Fanatismus selbst genau so voller krampfhafter Vorurteile steckt, voller ästhetenhafter Vorurteile, nur mit umgekehrten Vorzeichen – wie jene Monumentalprojekte. Es ist das ganz besondere Verdienst von Le Corbusier, daß er sich von diesem finsteren Revolutionär-Ressentiment frei zu halten weiß (...). Er spricht ganz unbefangen davon, sein Projekt sei eine ‹solution paysagiste›, obwohl dieses ästhetische Argument in den Ohren der Zweckfanatiker und Maschinalisten eine Ketzerei ist. Ja, er denkt sogar an Marmorverkleidungen und zeichnet eine große plastische Gruppe an der Fassade gegen den See, was ihm gewiß die Exkommunikation der strenggläubigen Radikalen eintragen wird.»[66] Peter Meyer, von dem diese Worte stammen, war durch Publikationen ausgewiesener Kenner auch der «modernen Architektur», später dann Redakteur der Zeitschrift «Das Werk» und – wie viele andere an seiner Seite – überzeugt von der alleinigen (ausführungsreifen) Qualität des Entwurfs von Le Corbusier und Mitarbeitern. Von Joseph Gantner stammt folgende Bemerkung: «Die Schweiz kann sich rühmen (...) mit demjenigen (Projekt, M. K.) der beiden Basler Architekten Hannes Meyer (jetzt am Bauhaus Dessau) und Hans Wittwer die revolutionärste Arbeit geliefert zu haben. In dem Projekt Meyer/Wittwer, das merkwürdigerweise noch in die dritte Preiskategorie gelangen konnte, ist nun alles reine Funktion in der Form und nur Glas und Eisen in der Konstruktion: der Saal eine riesige eiförmige Halle, das Sekretariat ein 24stöckiges Bürohaus, die Bibliothek ein siloartiges Magazin mit niedrigem Leseraum. Nichts mehr, was über die bloße Zweckform hinausginge, nichts mehr, was nur im geringsten der Erscheinung zuliebe da wäre wie Le Corbusiers Marmorplatten und Figurengruppen. Die Situation ergibt sich aus dem bestmöglichen Verkehr der Autos, die Form des Saales aus den akustischen Gesetzen der Schallwellen usw. Das Projekt ist großartig in der Unbeirrbarkeit seiner Doktrin, ja es ist so doktrinär, daß auch Le Corbusier, von hier gesehen, schon zur alten Garde gerechnet werden muß.»[67]

---

61 ebd.
62 wie Anm. 36, S. 107
63 wie Anm. 34
64 Societé des Nations/ League of Nations Concours d'architecture/ Architectural competition Rapport du Jury. Genève 1927
65 Hannes Meyer/Hans Wittwer ein völkerbundgebäude für genf. 1927 in: bauhaus, 1927, Nr. 3, S. 6, s. S. 162
66 Meyer, Peter Zum Ereignis des Wettbewerbs für das Völkerbund-Gebäude in Genf in: Schweizerische Bauzeitung, 1927, Heft 8, S. 105
67 Gantner, Joseph Letzte Parade der Stilarchitektur in Frankfurter Zeitung, 19. Juli 1927

Wo aber ist die «neue» Garde auszumachen, die «Avant»-Garde, wenn Le Corbusier schon zur hinterherhinkenden gezählt wird? Bei der Petersschule haben wir die Vorkämpfer für die Ideen von Meyer/Wittwer ausgemacht bei den russischen «Konstruktivisten», bei den mit der «Rippe», dem «Offenen» operierenden Architekten-Ingenieuren. Und im Kapitel über Meyers «Théâtre Co-op» haben wir schon einmal herbeizitiert Alexander Vesnin mit seinem Versuch, die «offenen» Theater-Maquetten auf die Straße, ins Leben zu stellen. (Abb. 48) Die nächsten Projekte der Brüder Vesnin sind dann der Entwurf für den «Palast der Arbeit» (1922/23) (Abb. 47) und der für die «Leningradskaja Prawda» (1924) (Abb. 46). Vom italienischen Futurismus, zu den russischen Futuristen, zur linken «LEF»-Gruppe (wie z. B. Majakovskij gehörten erste Futuristen auch zu den ersten «LEF»-Leuten), zu den jetzt operierenden und «laborierenden» Konstruktivisten: einer der nachvollziehbaren Pfade in den ersten beiden Dezennien unseres Jahrhunderts, die «Moderne» betreffend. Der «Fanatismus» ist allen diesen Arbeiten eigen: Und Meyer/Wittwer schließen sich nicht aus, eher an. Wie verhält es sich aber mit dem Hochhaus der Vesnins?: Es tuckern im Geiste präzise die Aufzüge an der Fassade entlang: Das Hausgerüst ist trocken, brut, exakte Stahlarbeit. Die Uhr ohne Zifferblatt zeigt digitale 15.10. Die Radioantenne nimmt die letzten Meldungen entgegen und verkündet in alle Welt die zuletzt gemeldeten Etappen der Revolution und der «wissenschaftlichen Durchdringung unserer Umwelt» (HM), Pardon, der «neuen Welt». Und die Fahne dort oben zeigt rot an, wer und was gemeint ist, unmißverständlich: Pravda, die Wahrheit. «Das Generalsekretariat ist ein Bureauhaus, aus dessen Fenstern die Schreibmaschinen ununterbrochen ticken. Der Verwaltungssitz eines Unternehmens, das mit Genf selbst nichts zu tun hat. Es ist durchaus berechtigt, daß bei einem der interessantesten Projekte (von Meyer und Wittwer in Basel) auf dem Hochhaus die Drähte der Antennen sichtbar gezeichnet sind, trotzdem das freie Auge sie nicht wahrnimmt, denn der Sinn des Unternehmens ist das drahtlose Empfangen von Spannungen aus der ganzen Welt. (...) Das einzige Projekt, das das Hochhaus konsequent als Betriebsinstrument des Generalsekretariats benützt, ist das (gekrönte) Projekt von den Schweizern Wittwer und Meyer. (...) ist z.B. das Hochhaus ganz selbständig aus dem Funktionsbegriff heraus entwickelt und führt mit seinem Doppel-L-förmigen Grundriß ungewollt auch formal zu neuen Linien, die sowohl vom Kampanilebegriff (...) wie von amerikanischen Wolkenkratzern unabhängig sind.»[68]

Einmal mehr ist es die Skelettbauweise, die es Meyer/Wittwer erlaubt, ihren Entwurf so auszurichten, daß er den eigens entwickelten Funktionsgesetzen gehorcht. Sämtliche Funktionsteile werden dabei vorher genau bestimmt. Anschließend werden diese Teile in einem streng additiven System aneinander und übereinander gesteckt. Ausgangspunkt für das Generalsekretariat ist einmal mehr die

Abb. 45
Hannes Meyer/Hans Wittwer: Wettbewerbsprojekt für den Völkerbundpalast in Genf 1926/27, hier: Sekretariatshochhaus.

Abb. 46
Gebrüder Vesnin: Wettbewerbsentwurf für die Leningradskaji Pravda, Moskau 1924, Perspektive (aus: Alexander Vesnin, Stuttgart 1988).

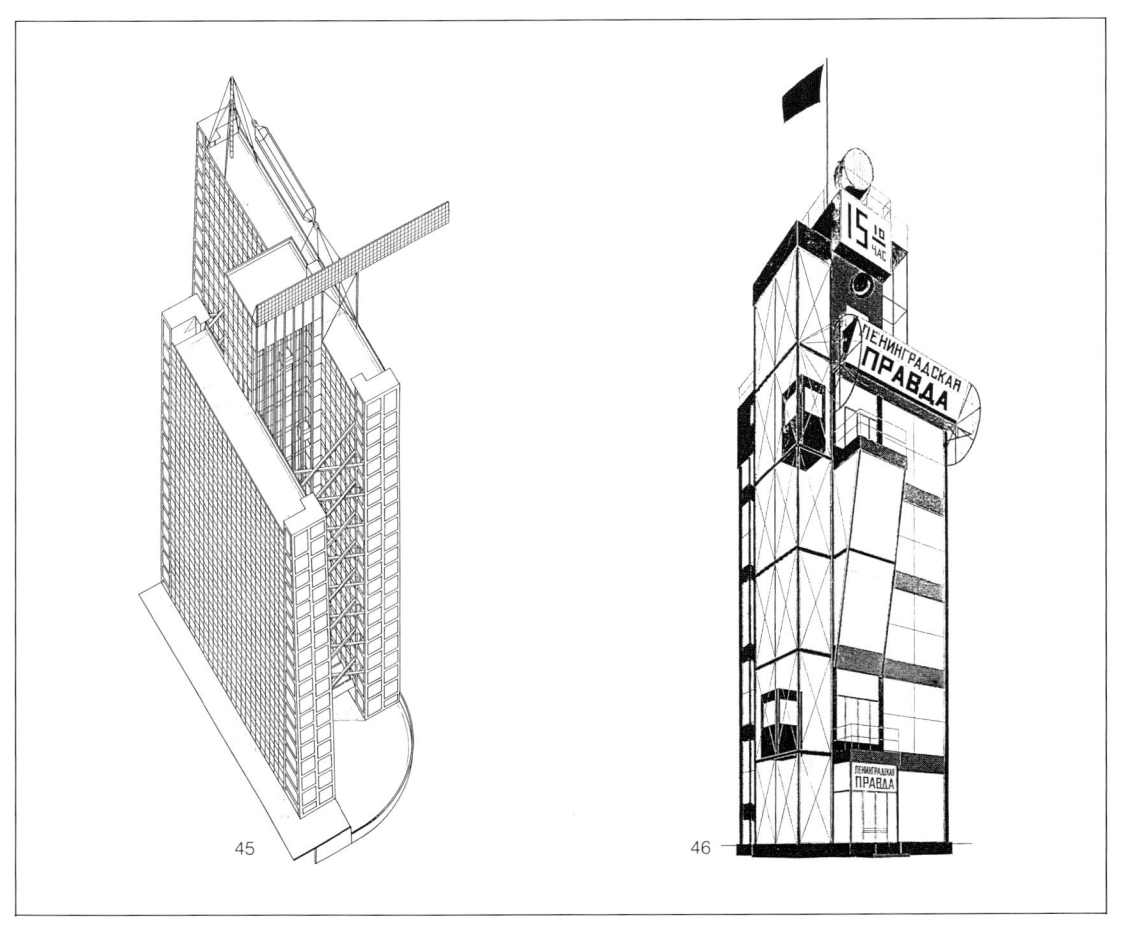

68 Giedion, Siegfried
Architektur am Wendepunkt
in: Neue Zürcher Zeitung, 24.7.1927

*Abb. 47
Gebrüder Vesnin: Wettbewerbsentwurf für den Palast der Arbeit, Moskau 1922/23, Perspektive (aus: Alexander Vesnin, Stuttgart 1988).*

*Abb. 48
V. Mejerchol'dt: Bühnendispositiv, Moskau 1927. (BA)*

«Zelle», das einzelne Büro. Diese Büro-«Zellen» werden an einem Gang entlang organisiert zu zehn bis vierzehn Stück. Die Länge des jeweiligen Ganges wiederum ergibt sich aus dem notwendigen Fluchtweg. Diese Einheiten werden dann übereinander gestapelt bis zu der Höhe, bis zu der etwa die Hälfte der geforderten Büros untergebracht sind: eine Scheibe fertig! Das Ganze gedoppelt ergibt eine zweite Scheibe, die mit der ersten in einem gemeinsamen Treppenturm, in dem Rolltreppen und die Aufzüge den vertikalen Verkehr organisieren, zusammengesteckt wird. An den Außenseiten einer jeden Scheibe liegen zusätzlich Treppenhäuser. Als Windversteifung und als (symbolisch) konstruktive Zutat wird zwischen den Scheiben an zwei Stellen eine Rettungsrutschbahn montiert.

«Das Sekretariat. Als Bürohochhaus ein Stahlskelettbau mit Vertikalanordnung der 550 Büroeinheiten (...): Rascheste Orientierungsmöglichkeit für Besucher und Beamte. Kürzeste Vertikalverbindung der Abteilungen untereinander. Jede Abteilung in eigenem Gebäudeflügel oder Stockwerk. Bestmöglicher Lichteinfall. Nur Ostlicht und Westlicht in Arbeitsräumen. Geringste überbaute Fläche (Park).
Alle Verkehrseinrichtungen liegen im Gebäudeschwerpunkt: zwei Paar Rolltreppen für Verkehr von Etage zu Etage, ein Paternoster-Aufzug für beliebigen Verkehr, je drei Aufzüge für 1.–10. und 11.–24. Etage für Schnellverkehr.
Alle Notausgänge liegen an der Gebäudeperipherie: Pro Gebäudeflügel je eine nach unten sich verbreiternde Nottreppe. 24.–17. Etage je zwei Menschen breit, 16.–9. Etage drei Menschen breit und 8.–1. Etage vier Menschen breit. (...)
Laufende Lichtreklame, als Anzeigemittel, auf dem Dache; daneben Radiosender und Empfang. Das Stahlskelett durch Windverbände zwischen den Gebäudeflügeln stabilisiert und daran aufgehängt die Rettungsrutschbahn aus Stahlrohren.»[69] Knapp der Ton bei der Beschreibung des gewollten und erzielten Ergebnisses und ebenso knapp und präzise die Illustrationen: alle notwendigen Informationen enthaltend, jedes Glied als Teil des Ganzen und als dieses Ganzes «erdachtes menschenwerk (...) in berechtigtem gegensatz zur natur.»[70]

Sind es bei dem Hochhaus die Belichtungsdiagramme und Funktionsabläufe innerhalb eines Büros und untereinander, die seine Organisation ausmachen, so sind es beim Saalbau das «système de réflexion de son» (die Schallreflexion) und ebenfalls die sich aus dem Verkehr und den räumlichen Notwendigkeiten ergebenden Diagramme, die die Form bestimmen: Man lese zum Saal selbst den Erläuterungsbericht. Wie aber kommt die Zickzack-Form der Außenhaut beim Saalgebäude zustande? –: Wieder ist es die einfache Handhabung des Additionsprinzips, das immer dort auf dem Stützenraster angewendet wird, wo Fläche benötigt wird: Jedes Raum-Funktions-Element, das festgelegt im Bau- und Raum-Programm mit der entsprechenden Fläche erscheint, wird einfach an die vorhandene, vorher erkennbar symmetrische Form des Zick-

69 Hannes Meyer/Hans Wittwer
Erläuterungsbericht zum Völkerbundpalast
in: Wasmuths Monatshefte für Baukunst
11. 1927, Heft 8, S. 424 f.
70 wie Anm. 65

zacks angesteckt: so die Kommissionssäle, Pressebüros, Toiletten und Treppenhäuser.

Dieses radikal sich ausweisende Additionsprinzip im Entwurf, das nur deshalb funktioniert, weil als dessen Voraussetzung ein durchgängig einheitliches Raster gewählt wurde und die Funktionen vorher nach «wissenschaftlichen» Kriterien bestimmt wurden, bringt nun im nachhinein z. B. Kenneth Frampton dazu, gerade hier doch eine symbolhafte Tätigkeit am Werke zu sehen: «Die symbolischen Untertöne in Meyers funktionalistisch begründeter Arbeit drücken sich auch in seinem Vorschlag aus, die Besucher des Versammlungssaales nach ihrer Parkposition zu klassifizieren und sie unauffällig von dort aus zu ihren vorgeschriebenen Plätzen in dem darüberliegenden Saalbau zu leiten.»[71] Frampton ist es auch, der von «konstruktivistischer und symbolisierender Tendenz» in diesem Entwurf spricht und zugleich an ein ebenso etikettiertes Gebäude dieser Zeit erinnert: die auf Pilzstützen aus Stahlbeton errichtete Tabakfabrik Van Nelle in Rotterdam von L. C. Van der Flught und J. A. Brinkmann, an der aber wiederum einer der wichtigsten «ABC»-Architekten einen nicht unbedeutenden Anteil sowohl beim Entwurf als auch bei den Ausführungsdetails hatte, – Mart Stam nämlich. «Konstruktivistisch»? –: «Die Tabakfabrik Van Nelle in Rotterdam (1926 bis 1930), ein elegantes, programmatisch sachliches Bauwerk mit einer gläsernen Fassade (...) ist einer der bedeutendsten Industriebauten unseres Jahrhunderts und ein Meisterwerk des Rationalismus.» So in einem Lexikon der Architektur.[72] Im gleichen Lexikon, unter «Konstruktivismus», heißt es, daß er ein Begriff mit verschwommenen Konnotationen sei und daß seine Grenzen nie eindeutig definiert worden seien, – dann aber, ein paar Zeilen weiter: «Das reinste konstruktivistische Bauwerk jener Zeit ist wahrscheinlich die Tabakfabrik Van Nelle von J. A. Brinkmann und L. C. Van der Flught in Rotterdam (...) Was die Fabrik aber eindeutig als konstruktivistischen Bau ausweist, sind die Förderbänder, die in durchsichtigen Rohren zwischen dem scheibenförmigen Fabrikgebäude und der Lagerhalle am Kanal hin und her laufen.»[73] (Abb. 49) Über Hannes Meyer am gleichen Ort: «Meyers wichtigste Arbeit ist sein Wettbewerbsprojekt für den Völkerbundpalast in Genf (...) ein Komplex in extrem konstruktivistischer Architektursprache. Die Bundesschule des Allgemeinen Deutschen Gewerkschaftsbundes in Bernau bei Berlin (1928–30, ebenfalls mit Hans Wittwer) ist mit ihren leicht versetzten Pavillons den topografischen Gegebenheiten elegant angepaßt.»[74] Ende.

Abgesehen von der Unbrauchbarkeit der unklaren Begriffe wie «Rationalismus» und «Konstruktivismus», wird hier einmal mehr die Rezeptionsmentalität derer deutlich, die ausschließlich das Ab(zieh)bild entworfener oder projektierter Architektur, nicht aber die Intentionen (das «Wollen»), das davorliegende Arbeiten, Experimentieren = «Laborieren» und somit die «Suche» wahrnehmen. Bei diesen Architekten ist aber gerade diese Suchbewegung interessant, weil wiederum bei der Suche nach ihr deutlich wird, daß es ihnen nicht primär auf eine formal neue Sprache ankam, sondern diese als Ergebnis ihres sozialen Anliegens zu betrachten ist. Vergessen sollten wir nicht, daß es gerade diese «ABC»-Leute waren – Hans Schmidt, Hannes Meyer, Mart Stam –, die dann ab 1929/30 in der UdSSR tätig sind und somit an der vermeintlich «neuen Welt» mitarbeiten. Wenn sich rezeptionsgeschichtlich also primär das ästhetisch-bildhafte Moment erhält und dieses auch noch mit «konstruktivistisch» etikettiert wird, sollten zumindest die sozialen und funktionalen Intentionen der «ersten» Konstruktivisten zur Kenntnis genommen werden. Bei Hannes Meyer wird das dort deutlich, wo ihm die Bauaufgabe dann schließlich auch übertragen wird, und er nicht beim Projektieren stehen bleiben muß: ob beim Freidorf oder dann, 1928, eben bei der im oben zitierten Text nur beiläufig erwähnten ADGB-Bundesschule in Bernau bei Berlin, Meyers ausgereiftestem Projekt in dieser «modernen» Haltung, dessen ästhetisch-bildhafte Form ein ausschließlich aus den sozialen Intentionen entwickeltes «wissenschaftlich» erarbeitetes Ergebnis ist. Doch dieses Zusammenspiel von Wissenschaft und sozialem Anliegen sollte Meyers hier nicht behandelter Periode vorbehalten bleiben: seiner Tätigkeit als Architekt und Bau-Lehrer am Bauhaus.

Abb. 49
Brinkmann/V. d. Flught: Fabrikgebäude für die Fa. Van Nelle, Rotterdam, 1929.

Abb. 50–60
Hannes Meyer/Hans Wittwer, Wettbewerbsentwurf für den Völkerbundpalast, Genf, 1926/27.

Abb. 50
Ansicht von Ost.

Abb. 51
Schnitte durch das Saalgebäude.

49

71 Frampton, Kenneth
Die Architektur der Moderne
Stuttgart 1983, S. 116f.
72 Lampugnani, Vittorio Magnago (Hrsg.)
Hatje/Lexikon der Architektur des 20. Jahrhunderts
Stuttgart 1983, S. 43
73 ebd., S. 161
74 ebd., S. 193

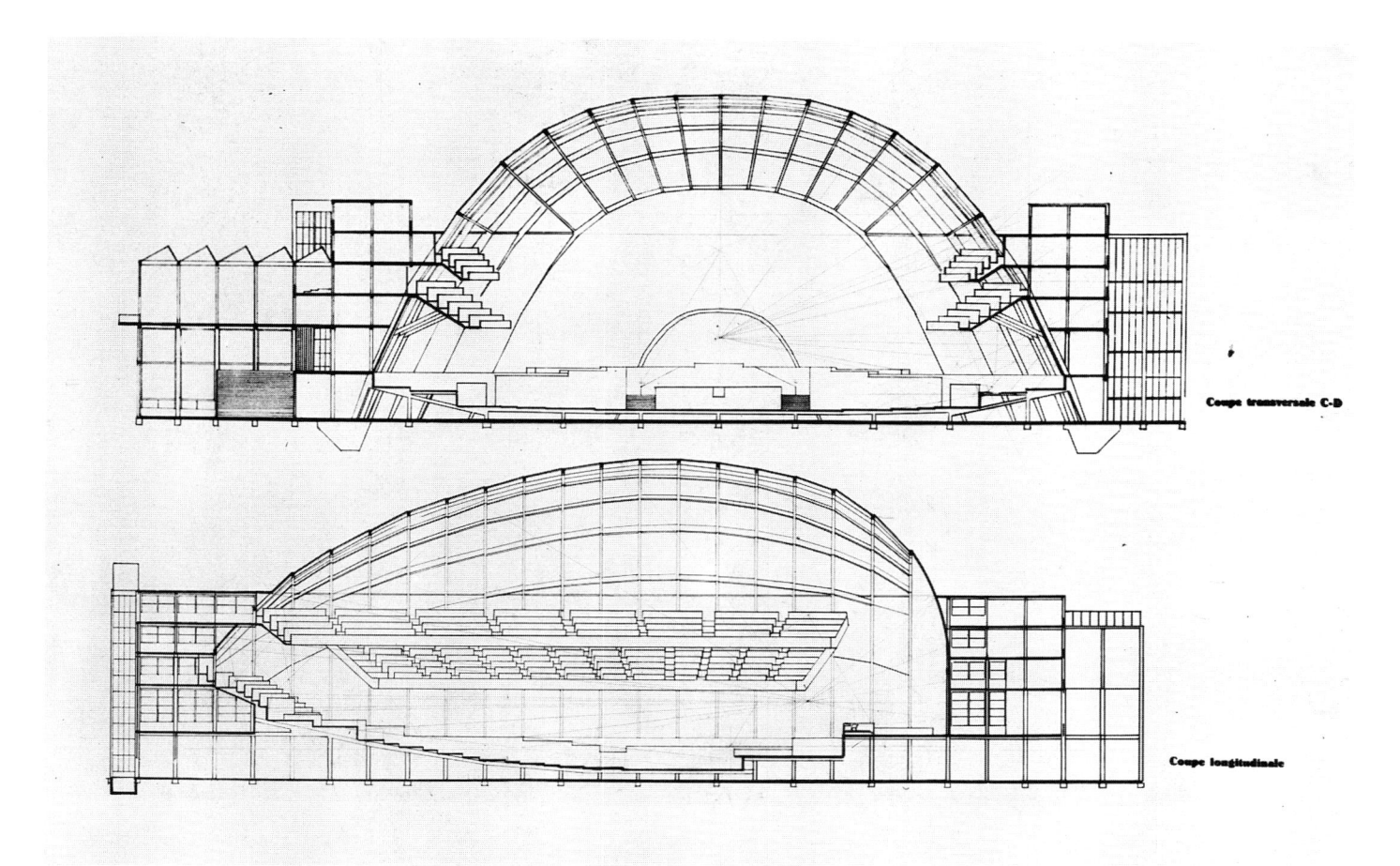

Coupe transversale C-D

Coupe longitudinale

50

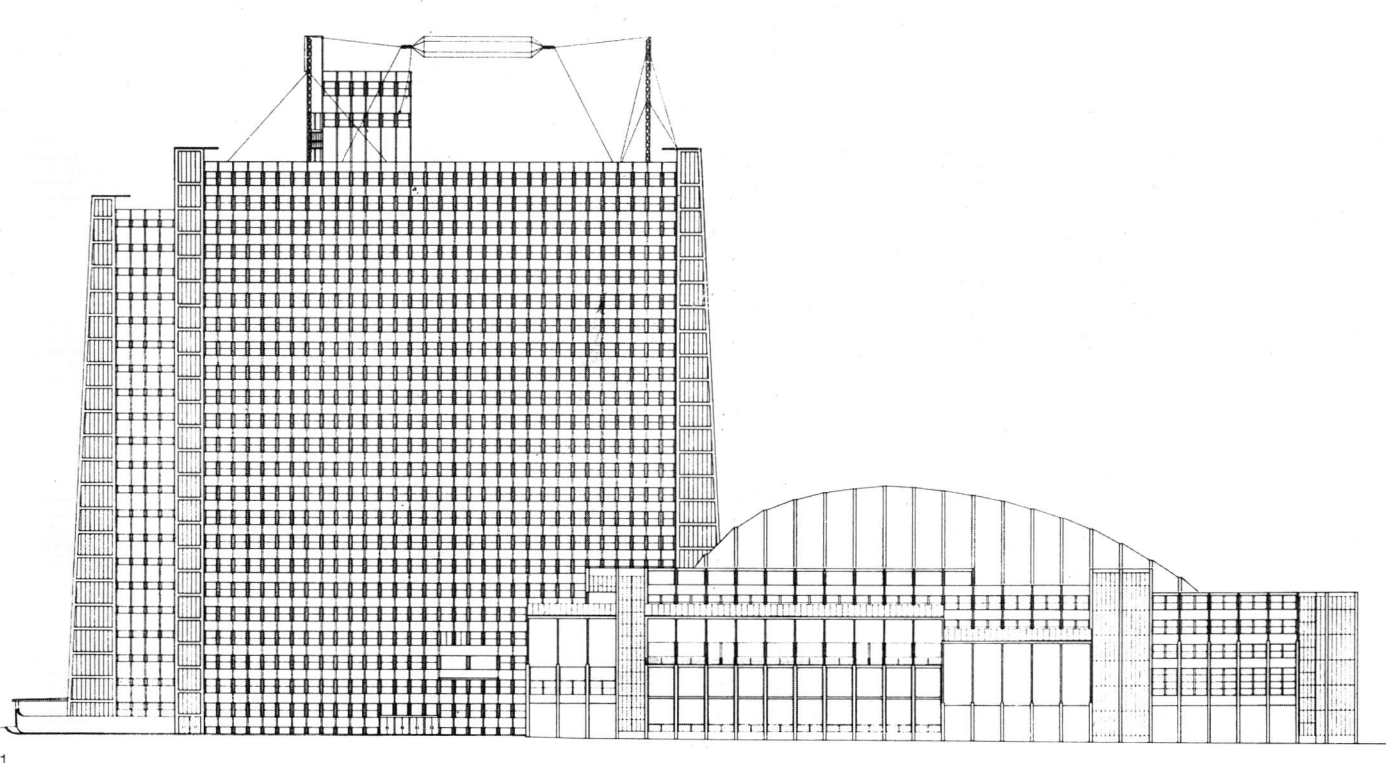

51

Abb. 52
Ansicht von West und Schnitt durch den Erschließungsturm mit Ansicht von Ost.

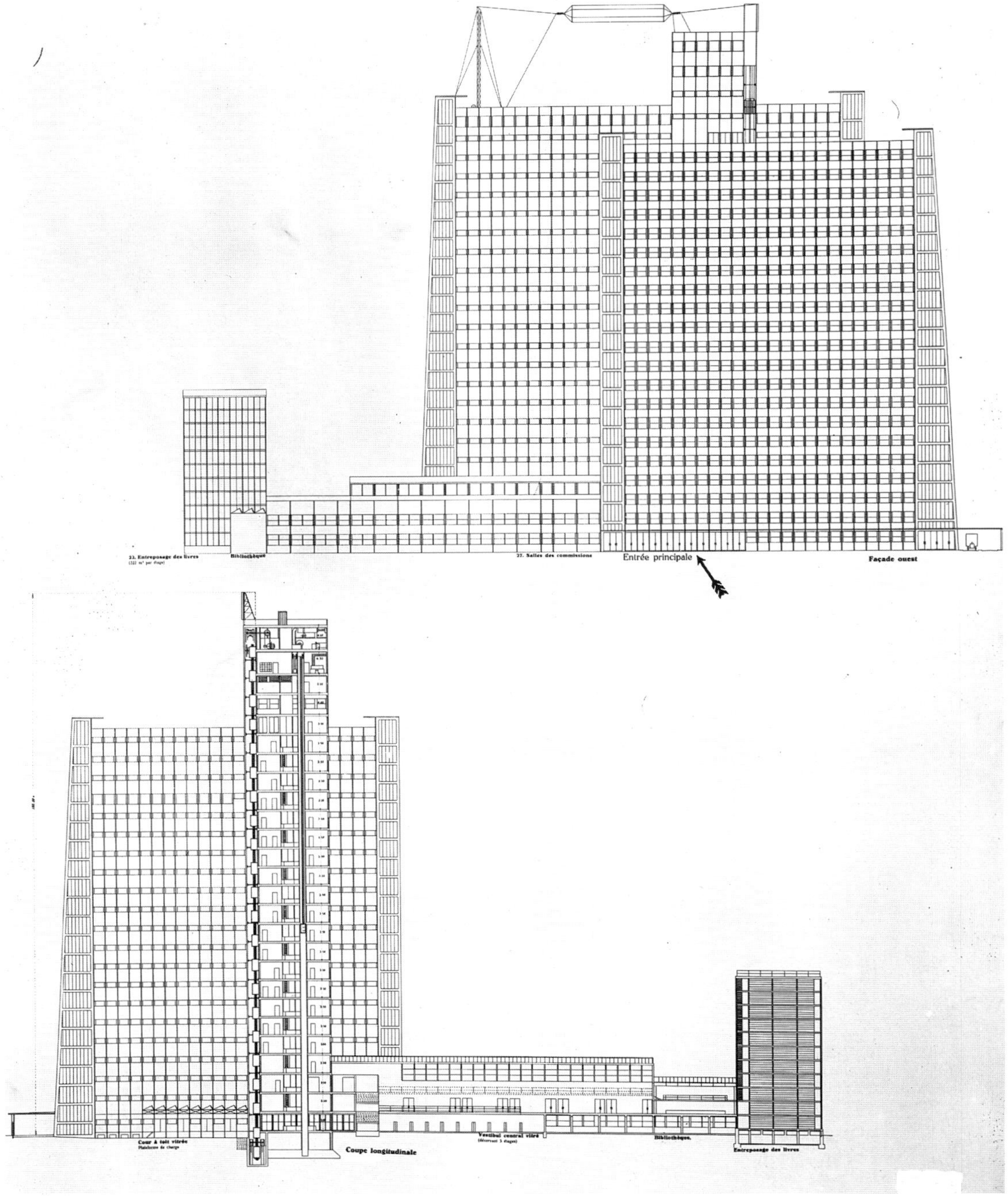

52

Abb. 53
Ansichten von Nord und Süd.

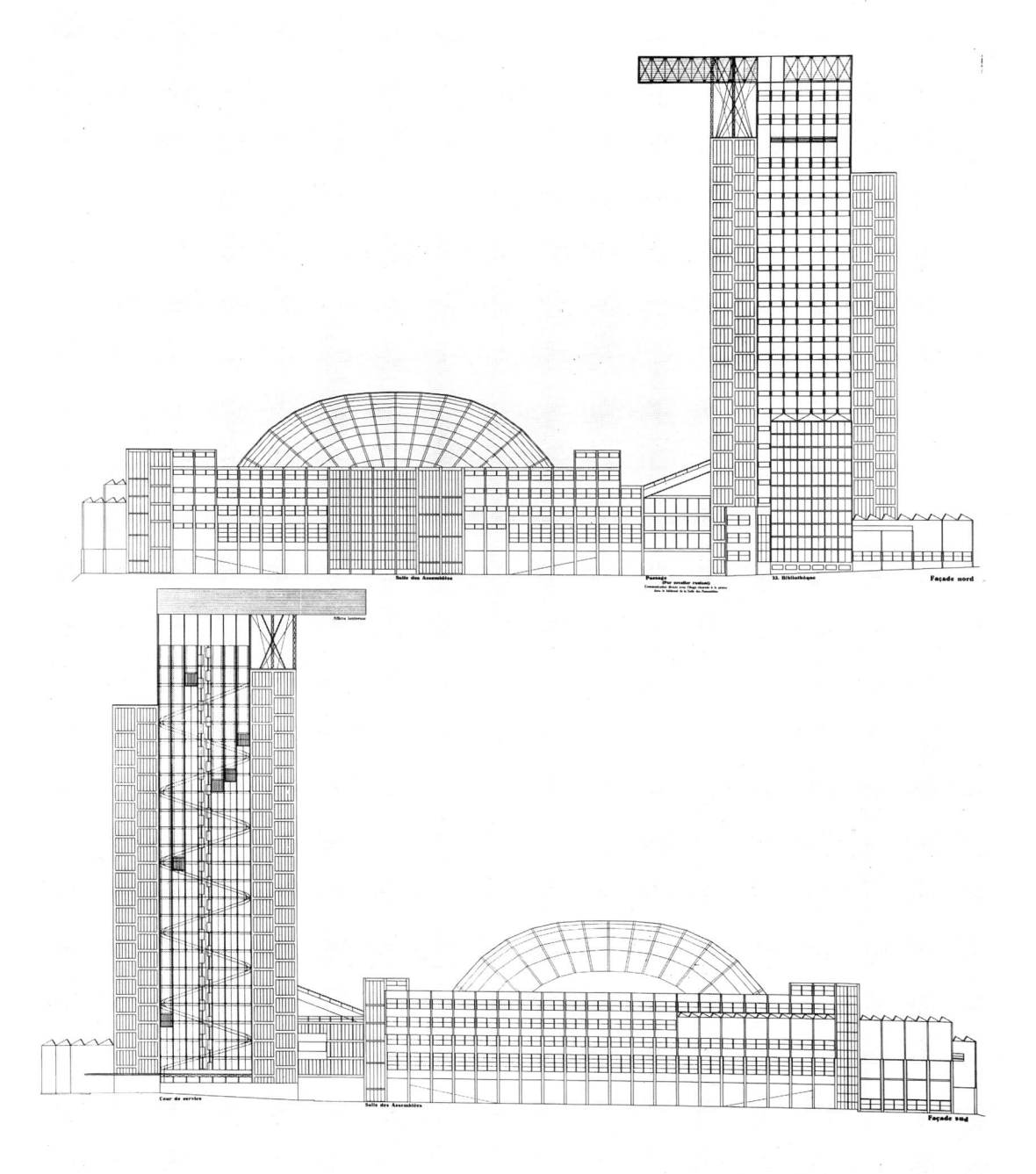

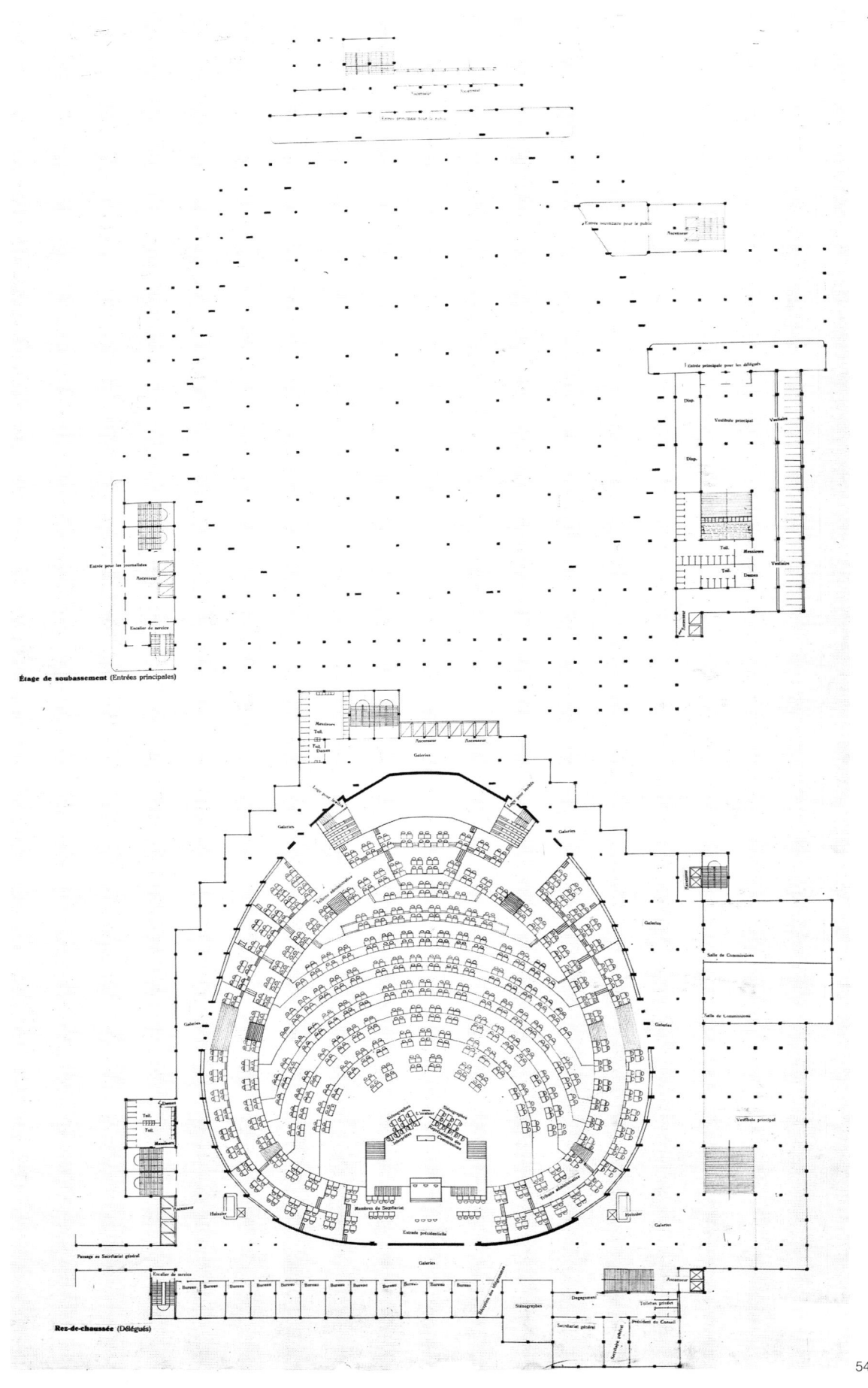

Abb. 54
Unter- und Erdgeschoß des Saalgebäudes.

Abb. 55
I. und II. Etage des Saalgebäudes.

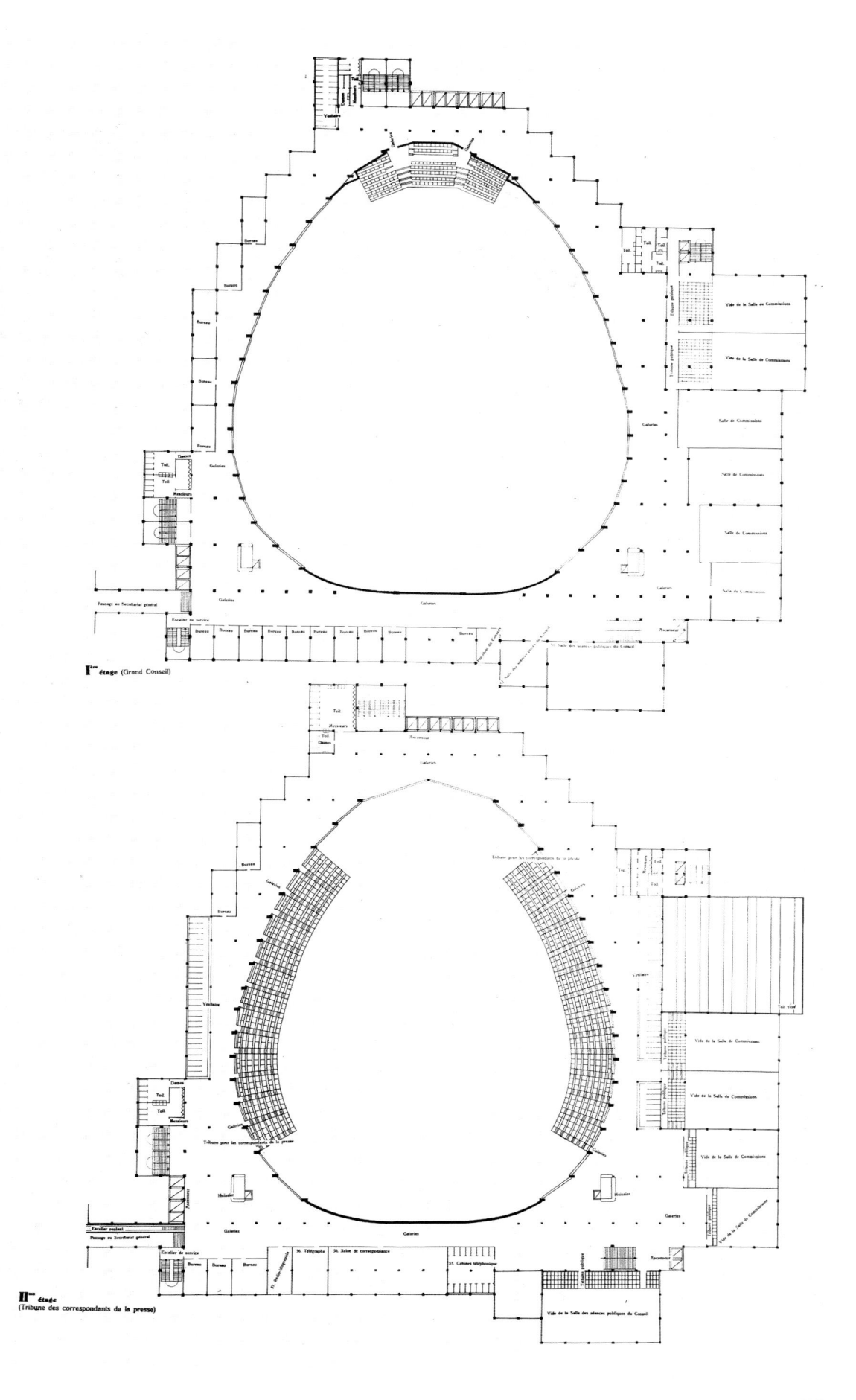

IIme soubassement (Service technique)

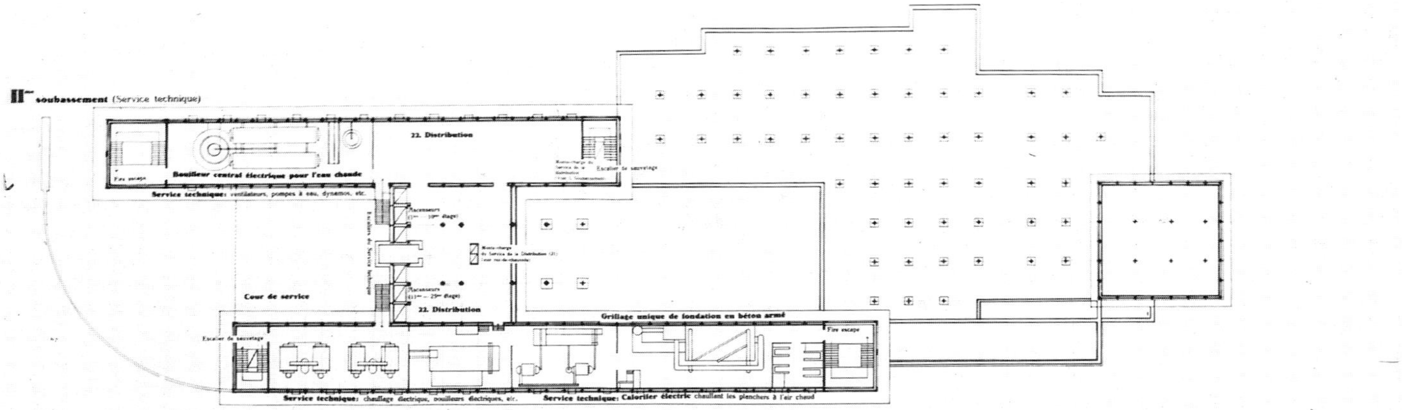

Ier soubassement (Entrée principale)

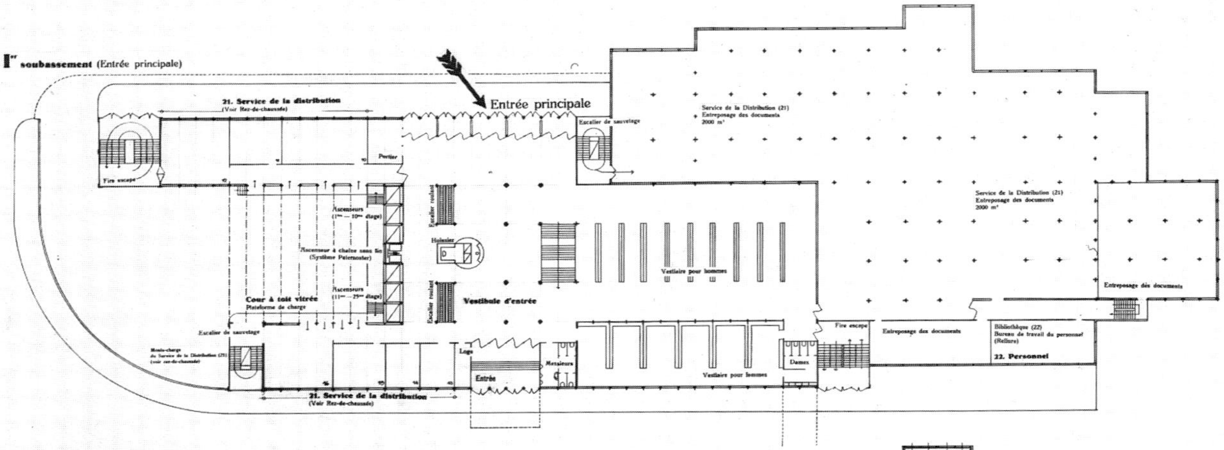

Rez-de-chaussée
(Service intérieur et Service de la distribution)

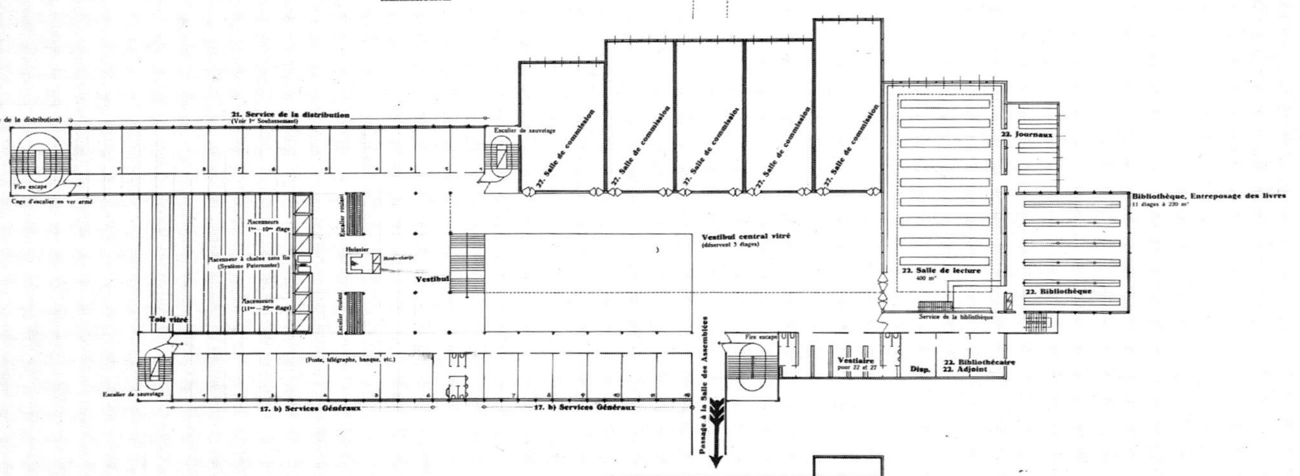

1ère étage (Secrétaire général)

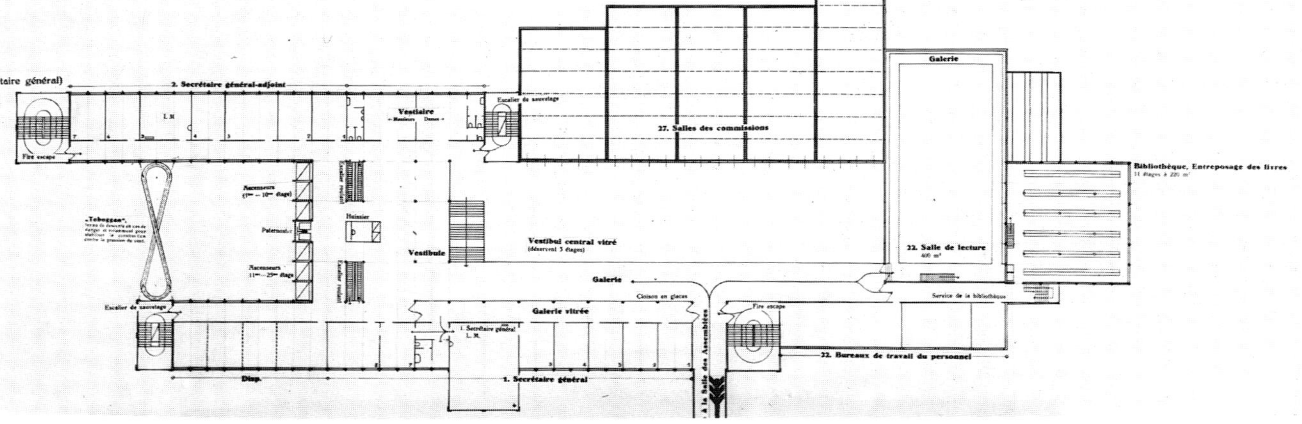

Abb. 56
2. Untergeschoß bis 1. Etage des Sekretariatshochhauses.

Abb. 57
4. bis 7. Etage des Sekretariatshochhauses.

Abb. 58
Situationsplan.

Abb. 59/60
Die Axonometrien der Wettbewerbsfassung 1926/27 und der 1927 revidierten Fassung (für die Wanderausstellung der besten Projekte) im Vergleich.

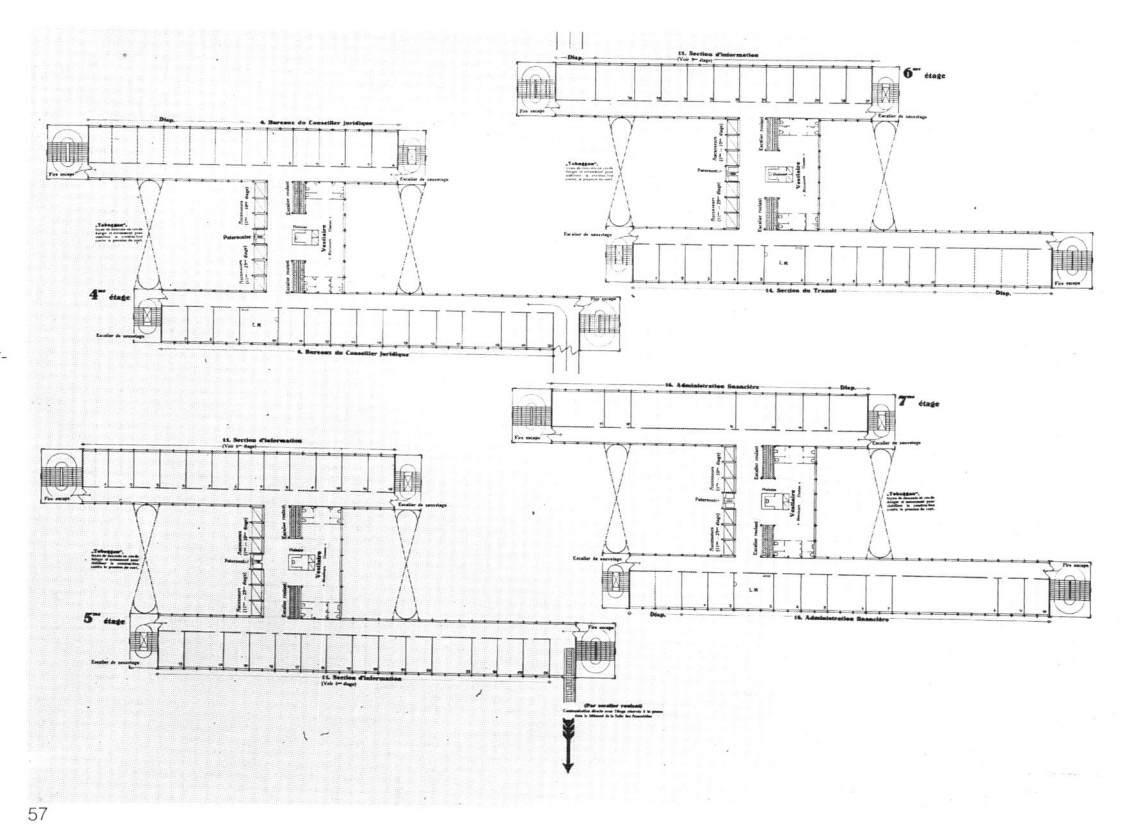

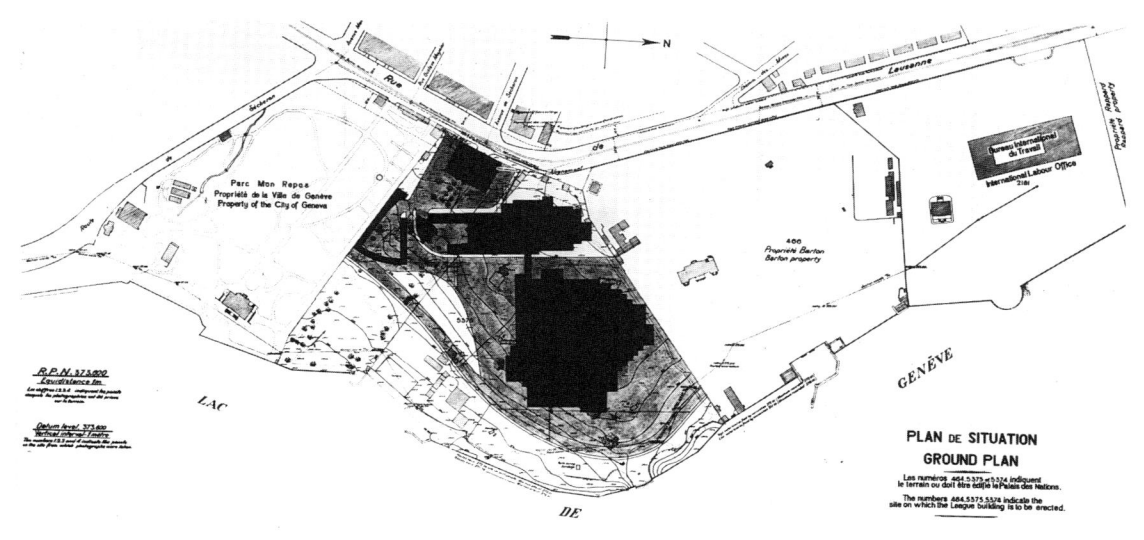

59

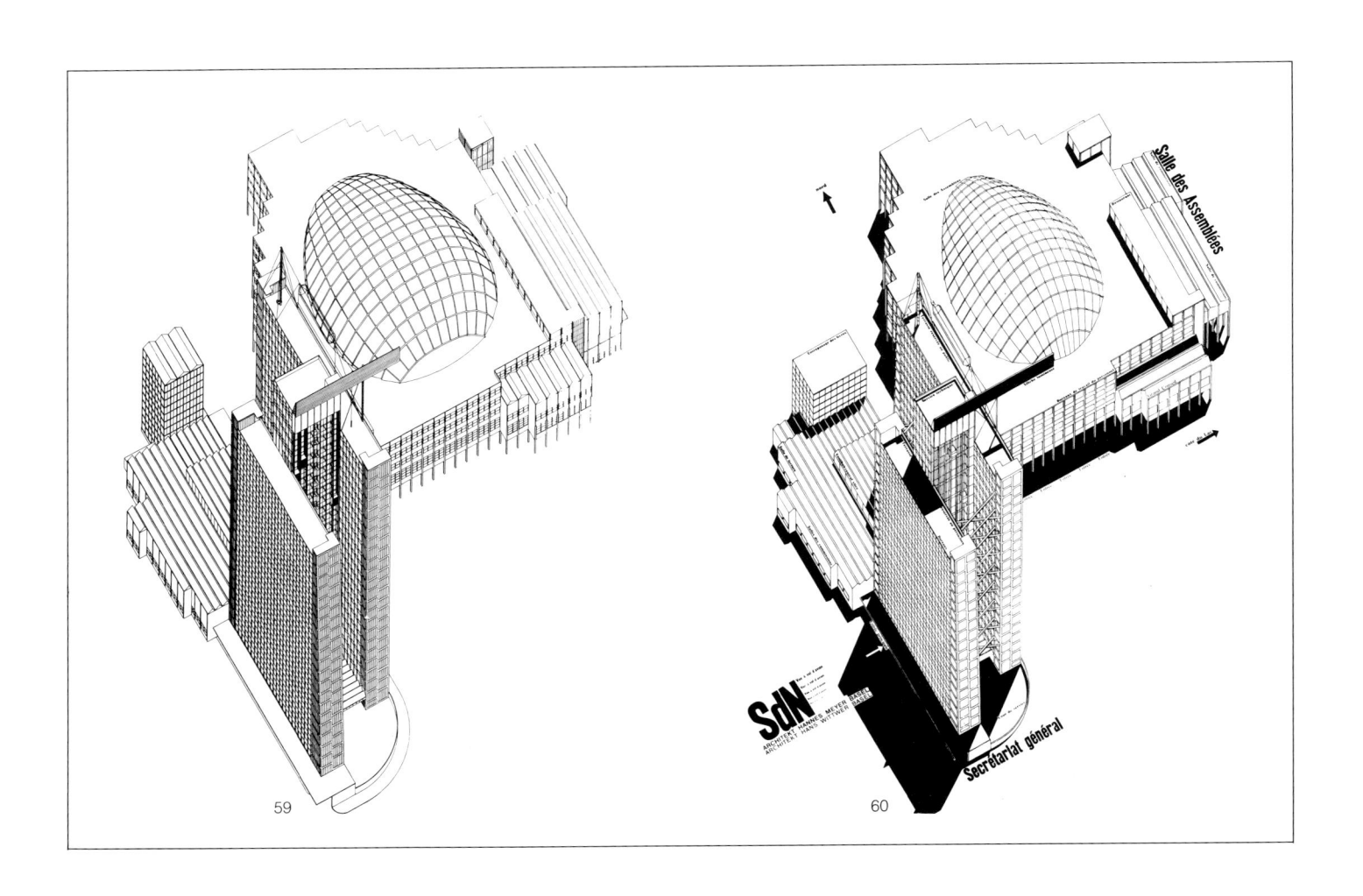

60

Dessau

Dessau 1: Ein Bauhaus ohne Bauen   178
Dessau 2: Verabschiedung einer
         «Mirakellehre»   183

Dessau 1
Ein Bauhaus ohne Bauen

Hannes Meyer wird also zum 1.4.1927 an das «Bauhaus Dessau» berufen, ein Institut, über dessen Entstehung und Wirkung mittlerweile mehr Literatur existiert, als es Schüler, Lehrer und diskutierenswerte Ergebnisse gab. Ein Institut zudem, mit dem Lehrer und Schüler eine beispiellose Reklame trieben und noch treiben; – allein, weil man ihm angehörte. Und diese Zugehörigkeit ist noch heute der Mythos überhaupt, – bis hin zu die Wahrheit entstellenden Angaben. Schüler, die dem Bauhaus auch nur für ein oder zwei Semester angehört haben, wollen sowieso dabeigewesen sein, nehmen diesen Umstand in ihre Vita auf, als sei es die Eintrittskarte in die Galerie der Unsterblichen. Arbeiten, die in jeder Kunst- oder Architekturschule unter «ferner liefen», unter der Rubrik «Schülerversuche» oder auch «uninteressant» firmieren würden, werden wie Inkunabeln behandelt, ja, wie Götzenbilder angebetet und von einer entsprechend vom Kunstmarkt angestachelten Klientel wie solche gehandelt. Doch das ist schon Rezeptionsgeschichte.

«Das Bauhaus war ein ausgesprochenes Kind der deutschen Republik, mit der es das Geburts- und Todesjahr teilte (...)», schreibt Hannes Meyer rückblickend im Jahre 1940.[1] Und diese Republik ist es, die den Mythos begründen hilft, weil noch alles, was in der Zeit zwischen dem Ende des Ersten Weltkrieges und dem Machtwechsel von parlamentarischer Gewalt zur verbrecherischen Gewalt der Polit-Pöbel-Clique der NSDAP, in den Bereichen Kunst, Wissenschaft und Technik entstand, einem Blick ausgesetzt wird, der in jedem Ergebnis dieser Arbeiten eo ipso ein Zeugnis für einen Neuererwillen einer meist mit «Avantgarde» bezeichneten Hand- und Kopfarbeiterschaft erkennen will. Ja, «Wollen» wollte man: Man schrieb Manifeste und deklamierte das Wahre, Gute und Richtige für sich und seine Ziele. Manifest- und Bauhaus-Zeit, – eine Zeit allerdings, in der zu oft Träume für Tatsachen und Formulierungen für Lösungen gehalten und als solche ausgegeben wurden. Doch bald schon zeigte sich die Kluft zwischen der Hochstimmung der Begriffe und der Schalheit der Ergebnisse. Nur allzu häufig spürte der aufmerksame Beobachter schon seinerzeit mehr Wirbelwinde und hörte er mehr Trommelschläge aus der eigens in Dessau geschaffenen Werbetrommel des Institutes, als daß er wirklich neue Ergebnisse aus den hochtrabend «Laboratorien» genannten Werkstätten sehen konnte. (So schreibt z.B. Lisickij 1924 an J.J.P. Oud: «Die schmücken sich überhaupt gern mit fremden Federn...»; oder: «...der äussere Tam-Tam ist ein Schall von einer noch ziemlich leeren Trommel [...]. Es riecht zu sehr nach Kunst-Politik und nicht nach Kunst-Schaffen.»)

Eine solche Polemik könnte man weiterführen. Es könnte zu einer Litanei sich ausweiten, wie Hannes Meyer sie selbst begonnen hat in seiner Schrift «Mein Hinauswurf aus dem Bauhaus», veröffentlicht im Berliner Tagebuch im Herbst 1930.[2] Er hat sie geschrieben in berechtigtem Zorn und als notwendige Reaktion auf eine unter unzumutbaren Bedingungen ausgesprochene Entlassung aus seinem Amt als Direktor des Bauhauses. Man müßte der Gerechtigkeit und der Vollständigkeit wegen dann allerdings auch die Entgegnungen seiner Widersacher herbeiziehen: das Pamphlet «Kopf oder Adler», bisher firmierend unter dem Namen Alexander Schawinskys. Dieser aber schreibt bezüglich dieses Pamphletes an Sigfried Giedion am 23.11.1930: «Moholy, Breuer, Bayer waren Mitarbeiter, auch Pia.»[3] Pia ist Ise Gropius, und man darf getrost annehmen, daß die Nicht-Erwähnung von Pius, d.i. Walter Gropius, aus rein taktischen Gründen erfolgte.

Zuletzt: Man müßte die Fakten, Tatsachen und die nur zu oft polemisch vorgetragenen Halbwahrheiten, die jeweils in diesem Streit dem anderen um die Ohren gehauen werden (mit Verlaub: Man lese beide Texte aufmerksam und gelassen: Kindereien und verletzte Eitelkeiten), prüfen und gegenrechnen. Das aber ist müßig und absolut unergiebig. Beide Parteien haben die Polemik selbst aber offen und versteckt durch allerlei spätere Äußerungen und Veröffentlichungen weitergetrieben und sich gegenseitig angebliche Vergehen vorgeworfen, die haltlos sind und die sachliche Auseinandersetzung nur unnötig belasten.

Ein bitterer Nachgeschmack aber bleibt. Und das deshalb, weil die Positionen Hannes Meyers dabei zum großen Teil auf der Strecke geblieben sind, – bis heute. Seine Verdienste um eine wissenschaftliche Baulehre, um die Grundlagen einer wirklich funktionell-soziologischen Architektur-Auffassung

1 Hannes Meyer (1940)
Bauhaus und Gesellschaft
Erfahrungen einer polytechnischen Erziehung
in: ders.
Bauen und Gesellschaft
Dresden 1980, S. 78
2 Hannes Meyer
Mein Hinauswurf aus dem Bauhaus
in: Das Tagebuch
Berlin 1930, Heft 33,
S. 1307–1314
3 Schawinsky, Alexander
Brief an Sigfried Giedion
vom 23.11.1930
Giedion-Archiv
institut gta, ETH Zürich

und -Theorie und die um eine linke – in seinem Sinne marxistische – Architektur-Betrachtung bzw. -Analyse, sind durch entsprechende wiederholte und geschäftstüchtige Propaganda in den Jahren des kalten Krieges und damit im Fahrwasser des Anti-Kommunismus nicht nur nicht ausreichend gesehen, sondern auch nie aufgearbeitet worden. Geschehen hätte dies aber auch nur können, wenn die Architektur- und Kunsthistoriker mit ihrer «Jäger- und Sammler»-Mentalität (diese Kategorie unserer Spezies kreierte Jörn Janssen, wir kennen sie) sich eine Betrachtung ihrer Gegenstände angeeignet hätten, die über diese jeweils hinaus ihre historische Bedingtheit, ihre gesellschaftliche Bedeutung innerhalb einer Klassengesellschaft und ihre ihnen innewohnenden und somit auch ablesbaren produktionstechnischen Gegebenheiten miteinbeziehet. Das Mißverhältnis zwischen der Rezeption der Bauhäuser unter Mies van der Rohe und Walter Gropius und dem unter Hannes Meyer wird aber dort um so größer, wo man sich den «Bau», diesen favorisierten Gral aller Bauhausarbeit schlechthin, und dazu das Gründungsmanifest des Bauhaues von 1919 vornimmt, in dem es ja heißt: «Endziel aller bildnerischen Tätigkeit ist der Bau.»

Wo aber steht dieser Bau? Ist es das «Haus Sommerfeld» in Berlin (1920/21)? Ist es das »Haus am Horn» in Weimar (1922/23)? Das Stahlhausbau von Muche und Paulick in Dessau (1926)? Sind es das Bauhausgebäude und die Meisterhäuser in Dessau (1925/26)? Oder sind es die Reihenhäuser des ersten Bauabschnittes der Siedlung Dessau-Törten (1926/29?)

Bei dieser Aufzählung fällt einem zunächst einmal das Architekturbüro Walter Gropius/Adolf Meyer ein, in dem diese Aufträge meist bearbeitet wurden, zum Teil unter Hinzuziehung von am Bauhaus Studierenden. Winfried Nerdinger beschreibt in seinem Katalogbuch «Walter Gropius» ausführlich die zwischen 1919 und 1926/27 projektierten und ausgeführten Bauten dieser Bürogemeinschaft und arbeitet dabei auch die Arbeits- und Entwurfsanteile von Fred Forbat, Ernst Neufert und Karl Fieger heraus, die zu jener Zeit die wichtigsten Mitarbeiter im Büro Gropius/Meyer waren. Dabei ist das «Haus am Horn» am ehesten dazu geeignet, von einem Versuchshaus des Bauhauses Zeugnis zu geben, wie es in der entsprechenden Publikation der Bauhausbücher, Band 3, dann ja auch geschieht. «Das Versuchswohnhaus wurde zur ersten öffentlichen Bauhaus-Ausstellung (Sommer 1923) in Weimar Am Horn erbaut von

– Georg Muche (Entwurf) und der Architekturabteilung des Bauhauses
– Bauleitung: Adolf Meyer / Walter March.»

Es mußte 1923 als Demonstrations- und Ausstellungsobjekt herhalten: In diesem Versuchshaus stellten die Bauhäusler anläßlich der ersten großen Ausstellung zu gegebener Zeit ihre in den Werkstätten hergestellten (Versuchs!-)Objekte meist kunstgewerblichen Zuschnittes aus. Die Erwähnung einer Architekturabteilung im Impressum ist, mit Verlaub: ein Stück Gropius'sche Aufschneiderei.

Das Stahlhaus von Muche/Paulick in Dessau ist, selbst bei wohlwollender Anteilnahme am «Wollen», in der Bedeutung eines zu jener Zeit erstellten Stahlhauses ein nicht nur fragwürdiges Unterfangen, sondern auch ein indiskutables Ergebnis: Man hat hier vorhandenes Wissen und längst verbreitete Bautechnik zum Stahlhaus (England/Ruhrgebiet) nicht nur nicht zur Kenntnis genommen, sondern gleichsam so getan, als sei das Erreichte ein Ergebnis eigener Versuchsarbeit oder Forschung. (Oscar Schlemmer schreibt am 14. 4. 1927 in einem Brief an O. M. über HM: «Muches Stahlhaus-Neubau interessiert ihn nicht, da das Wenigste daran aus Stahl sei.» Mit einer solchen Selbstdarstellung aber entzieht man sich selbst die Legitimität zum Tragen des Namens «Institut zur Erforschung von ...» und stellt man sich selbst ins Abseits aller Bauenden: Denn wäre ein solches Haus tatsächlich das Ergebnis von Forschung (doch: auch schon damals), würde man sich als Forscher in der «Disziplin Bau» sofort disqualifiziert haben, schon weil es den Begriff Forschung diskreditierte mit diesem blechernen Ergebnis. Wer aber sollte das auch wo erforscht haben im Bauhaus? Einen Bau- und Architekturunterricht hat es in Weimar eben noch nicht gegeben; wegen nicht vorhandener Geldmittel, wie Walter Gropius im nachhinein immer wieder betonte. Wir glauben ihm. Daß es in der zur Zeit verfügbaren, doch unüberschaubaren Literatur zum Bauhaus noch keine eingehende Einzeluntersuchung zu den Problemen «Bauen» und/oder «Architektur» gibt, mag verwundern angesichts des Namens «Bau»-haus. Dagegen gibt es zeit- und portionsweise Einzelbetrachtungen und Werkanalysen zu Projekten und Bauten von Gropius und Mies van der Rohe; – auch zu deren Bautätigkeit während ihrer jeweiligen Bauhaus-Direktorenzeit. Zu Hannes Meyer fehlen selbst diese Untersuchungen, wenn man von den in den letzten Jahren in DDR-Zeitschriften vorgenommenen Analysen und der 1989 zum 100. Geburtstag von Klaus-Jürgen Winkler geschriebene Monografie einmal absieht, die schon wegen ihrer geringen publizistischen Verbreitung die wünschenswerte Resonanz und Rezeptionshaltung nicht auszulösen vermöchten.

Woran aber liegt dieses Fehlen? Es mag zum einen daran liegen, daß die von ihm entworfenen und unter seiner Leitung entstandenen Projekte und Bauten nicht immer den in der Architektur-Rezeption und -Betrachtung leider zumeist ausschließlich zur Kenntnis genommenen ästhetischen Ansprüchen genügen: Sie bestechen eben nicht durch zeichnerische Eleganz, grafische Darstellung und Reklame-Effekte in bauhausüblicher Schrägkomposition und in Primär-Farben gehalten (vor dem Prozeß des «bauens»), und auch nicht durch «modernistische», bzw. sich diesem Begriff anbiedernde Glatt-Putz-Würfel-Kompositions-Fassaden. Die zeichnerische Dichte und treffende Kennzeichnung jedes möglichen Details auf seinen «Bau»-Blättern, diese ihm eigene Präzisionsfanatik und seine Forderung, das DIN-Papier bis in die letzte Ecke auszunützen; – all dies vermag nur einige Freaks unter den Kollegen zu entzücken. Ihre ihnen eigene Qualität gibt sich erst bei näherem Hinsehen preis und läßt sich zudem auch nicht vordergründig am «Bild» ablesen. Vielmehr muß man sich ihnen mit Kriterien nähern, sie an Maßstäben messen, die vor allem Entwerfen stehen und sich herleiten aus den sozialen, kulturellen, ökonomischen, bautechnischen, ökologischen und gesellschaftlichen Forderungen, die dieser Architekt zu Prämissen seiner Arbeit machte. Macht man sich diese Haltung aber zu eigen, muß man auch die politischen Implikationen, die all diesen Prämissen eigen sind, zumindest als argumentative Hilfe zur Erklärung der Projekte und Bauten ernst nehmen. Übersehen jedenfalls darf man sie nicht.

Aber in diesem Buch geht es um das von Meyer Geleistete, um seine Bauten, Projekte und theoretischen Positionen bis zu seinem Antritt als Lehrer am Bauhaus. Dabei ist natürlich interessant zu sehen, wie er sich seit 1919 entwickelt: dem Geburtsjahr der ersten deutschen Republik, dem des Bauhauses und eben dem seines ersten reifen Werkes, dem Freidorf nämlich.

1919 nimmt sich Meyers Freidorf gegen reichlich expressives (expressionistisches) Wirken in Deutschland streng und behaglich sachlich aus, wenn ihm auch eine vielleicht verspätete, oder besser: bewahrende, klassizistische Haltung eigen ist. Zu dieser Zeit (Frühjahr 1919) firmiert Walter Gropius unter dem Pseudonym «Maß» innerhalb der «Gläsernen Kette», ist Vorsitzender des «Arbeitsrates für Kunst» und Gründer des Bauhauses: noch ganz handwerklich gestimmt und fern ab jeder industriellen Produktions-Doktrin. Dementsprechend handwerklich ausgerichtet ist zu dieser Zeit auch der Unterricht am Bauhaus.

1921/22 hält sich Theo van Doesburg für einige Monate in Weimar auf, u. a. um einen De Stijl-Kurs in Weimar im Atelier von Peter Röhl abzuhalten. Dieser findet statt vom 8. März bis zum 8. Juli 1922. Einige Studenten des Bauhauses nehmen van Doesburgs Aufenthalt zum Anlaß, nun endlich eine Architektur-Abteilung bei Walter Gropius einzuklagen, um im Sinne des Gesamtkunstwerkes, wie es van Doesburg propagiert, Architektur machen zu können. Ja, «Architektur machen», denn von Erforschung oder Bauen ist noch nicht die Rede. Hatte sich die Nachkriegsstimmung im Bauhaus reichlich expressiv niedergeschlagen (in fast jedem Produkt ist das glaskristallen Leuchtende auszumachen), so fand nun der Würfel als solcher Einzug in die hehre Lebensgemeinschaft: «Die romantische Nachkriegs-Mentalität, die sich im Bauhaus ausdrückte, wird schrittweise, wenn auch indirekt, von De Stijl zerstört. Man läßt Maschinen kommen und ersetzt die Verwendungen von nur zum Teil erhaltenen künstlerischen Ausdrucksmitteln (Expressionismus, Kubismus, Merz) mit gleicher hastig erarbeiteter und angewandter Oberflächlichkeit durch die neue Gestaltungsmanier von ‹De Stijl›. (...) Der sogenannte Meisterrat des Bauhauses erwägt die Möglichkeit, den wachsenden Einfluß von De Stijl ... zu unterbinden. (...) Von seiten einiger, zu denen man in vertrauensvoller Beziehung stand und die sich als große Befürworter von De Stijl ausgaben, wird im Bauhaus alles eingeführt, was ihnen mittels Lichtbildern, Diapositiven und Reproduktionen unter die Augen kam. So fand man dort bald Lampen und Möbel à la Rietveld, Farbgestaltungen und Innenräumen à la Huszár oder à la van Doesburg, Gemälde à la Mondrian und Skulpturen à la Vantongerloo (die Professoren Feininger und Muche (...) gaben als einzige Lehrer offen zu, daß die Richtung, in der sich das Bauhaus bewegte, De Stijl und nicht den Professoren des Bauhauses zu verdanken war...).»[4]

Das «Haus am Horn» ist Ergebnis und Ende dieser ersten Phase, in der der Würfel und das Quadrat triumphierten. Vor diesem Versuchshaus aber stand die Idee des «Wabenbaues: große Variabilität desselben Grundtyps durch planmäßigen An- und Aufbau angegliederter Raumzellen – je nach Kopfzahl und Bedürfnis der Bewohner unter grundsätzlicher Verwendung grader, begehbarer Dächer.»[5] Dieses Programm kennen wir schon von Hannes Meyers Freidorf: ein großer «bienenwabenähnlicher Zellenbau», von 1919, jedoch ohne die – mit keinem «Bau»-Argument gerechtfertigten – geraden, flachen Dächer. Heraus kam bei der Weimarer Arbeit, 1923, der in der Ausstellung gezeigte «Baukasten im Großen». Paul Westheim konstatierte nach seinem Besuch in Weimar anläßlich der Ausstellung des Bauhauses u. a. (neben vielen anderen «Bemerkungen zur Quadratur des Bauhauses»): «Der Fortschritt. An den Kunstgewerbeschulen wurden die Schüler damit gequält, Kohlblätter nach der Natur zu stilisieren, am Bauhaus quält man sich damit, Quadrate nach der Idee zu stilisieren.»

«Malewitsch hat 1913 schon das Quadrat erfunden. Welch ein Glück, daß er sichs nicht hat patentieren lassen.»

«Zusammenfassung der Künste unter Führung des Architekten. Das Einfamilienwohnhaus am Horn zeigt, daß man zur Not vier Wände auch aufrichten kann unter Führung eines Malers.»

«Dem Geist der Technik zu huldigen hat man über dem Schreibtisch eine elektrische Wandlampe konstruiert, deren Arm eine Metallkonstruktion ist in der Art der Maschinen, wie sie der Zahnarzt zum Ausbohren der Zähne hat. Warum sollte man am Schreibtisch sich nicht mit dem Behagen erinnern an angenehme Stunden, die man im Operationsstuhl des Zahnarztes verbracht hat? (...)»

«In der Küche habe ich übrigens ein kubistisches Idol vermißt: den Maggi-Würfel.»[6]

Natürlich ist diese Auswahl von kritisch-ironischen Stimmen einseitig, und natürlich kann es gar nicht darum gehen, das Bauhaus und seine teilweise aufrichtigen Bemühungen um eine neue Ausdruckskultur insgesamt zu diskreditieren. Ein Blick auf diese kritischen Stimmen aber kann helfen, Meyers Argumentation und schön böse formulierte Kritik in «Mein Hinauswurf aus dem Bauhaus» zu flankieren mit zeitgenössischen Kommentaren.

1923, zur Ausstellung, liegt mit dem Buch-Katalog «Staatliches Bauhaus in Weimar 1919–1923» ein erster Rechenschaftsbericht des Bauhauses vor, in

4 Doesburg, Theo van
10 Jahre De Stijl
nach: Fanelli, Giovanni
Stijl Architektur
Stuttgart 1985, S. 61
5 Bauhaussiedlung «Wabenbau»
nach: Nerdinger, Winfried
Walter Gropius
Berlin 1985, Abb. S. 59
6 Westheim, Paul
Bemerkungen zur Quadratur des Bauhauses
in: Das Kunstblatt
Berlin 1923, Heft 10,
S. 319f.

dem Walter Gropius «Idee und Aufbau...» erläutert. Nach der «Vorlehre» und der «Werk- und Formlehre» beschreibt er Idee und Aufbau der «Baulehre». Bei aufmerksamer Lektüre dieser zwei Seiten und dem Danebenhalten der Ergebnisse, die unter «B. Der Raum» auf den Bild-Seiten 159–178 gezeigt werden, fällt zunächst die Diskrepanz zwischen der ideellen und sehr idealistischen Darstellung einer «Baulehre» und eben diesen Ergebnissen auf. Wendet sich Gropius in seinem Text gegen jedes Form-Primat – das er vorhergehenden Generationen vorhält –, so mag man sich wundern ob der vielen formalen Belanglosigkeiten der vorgestellten «Räume», als da u. a. sind: «Der rote Würfel» von Farkas Molnar mit banalem Grundriß, aber haarsträubendster Teppichornamentik auf einem «Gartenplan» bezeichneten (Versuchs)Blatt; ein geometrisch hübsches «Schlafzimmer der Dame» von Marcel Breuer (die einzige Rund-Form neben den Spiegeln befindet sich am Fuß-Ende des Bettes! Bettes!); eine farb-kristalline Isometrie des (Versuchs-)«Hauses am Horn»; der «Baukasten im Großen» (wieder) der (nichtvorhandenen) Architekturabteilung des Bauhauses mit einer «Gesamtansicht der geplanten Bauhaussiedlung in Weimar», (diese mit verblüffender Beliebigkeit der Haus-Standorte: eben wie aus der Hand gefallene «Würfel»; dazu, im Ernst, Walter Gropius: «Die Gebundenheit solcher Bauorganismen (...) wird schließlich auch die Gestalt der größten Baueinheit, der Stadt, bestimmen.»[7] Wie schade, daß wir ihm «im Großen» recht geben müssen); das «Blockhaus Sommerfeld» von W. Gropius und A. Meyer, deren Wettbewerbsbeitrag für die «Chicago Tribune» und Gropius' Würfel-im-Würfel-im-Würfel-«Arbeitsraum». Wie heißt es bei Gropius? –: «Zur fruchtbaren Mitarbeit am Bau ist klares Erfassen vom Wesen des neuen Baugedankens wichtigste Bedingung.»[8] In den gezeigten Beispielen vermißt man nun aber gerade nichts außer einem erkennbaren «Wesen des neuen Baugedankens» (wenn sich Wesen und Gedanken nun nicht wieder nur auf eine «neue» Form beschränken sollen). «Der Bau wurde ein Träger äußerlicher, toter Schmuckformen, anstatt ein lebendiger Organismus zu sein. (...) der Architekt blieb im akademischen Ästhetentum hängen, ward müde und konventionsbefangen, und die Gestaltung der Städte entglitt ihm. – Dieses Bauen lehnen wir ab.»[9] Und so im Text weiter. Abgesehen davon, daß am Bauhaus der Bau selbst zum Ornament degradiert wurde und man selbst über eine neue Konvention nie hinausgelangte, enthalte ich mich an dieser Stelle ganz bewußt eines jeden Kommentars im Sinne oben bezeichneter Kluft: Gropius und das Bauhaus waren wichtig: Aber sie sollten sich auch messen lassen dürfen an ihren eigenen Ansprüchen: an der Meßlatte, die man gerade bei anderen anlegen zu müssen meinte.

1922/23 also: Hannes Meyer ist zu dieser Zeit beschäftigt mit seinen «Brotarbeiten» in der Baustube, Freidorf 142: seinen Minimalhausentwürfen (1921/22), seinen Dach- und Hallenkonstruktionen für das Genossenschaftshaus im Freidorf und denen für zwei große Hallen in Basel (1922/23), mit Umbauten für diverse Handwerksbetriebe (1921/23) und (Juli–Oktober 1922) mit dem Friedhof «Hörnli», diesem – wie wir gesehen haben – recht palladianischen Ding. Da ist er immer schon hellhörig und aufmerksam gewesen. Schreibt er doch drei Jahre später, Anfang 1926, acht Kurzrezensionen über die bis dahin erschienenen Bauhausbücher. Darunter «Band 3. Ein Versuchshaus des Bauhauses. (...) Inmitten aller Theorien eine ganz reale Arbeit: Der Baubericht eines probeweise ausgeführten Einfamilienhauses zu Weimar. Über einem reichlich verzwickten Grundriß (Palladio!) ein Gehäuse aus Jurkoplattenwänden, Torfoleumisolierung, Schoferkaminen, Berradecken, Ruberoiddach, Fulgaritasbestschieferplatten etc. Die Durchführung kennzeichnet das Bemühen einer überlegten Probeleistung von Bauteil und Baumaterial. Wohl immer noch ein zu umständlich gebautes Haus, mit zu langer Platzmontagezeit, trotz alledem eine anerkennenswerte Vorarbeit zur Standardisierung des Wohnhauses.»[10] Um weiter die Situation zu kennzeichnen, in der das Bauhaus in den Jahren 1924–1926 steckte, dem Jahr, in dem Hannes Meyer berufen wird, um eine fehlende Architekturabteilung endlich im Institut aufzubauen, wollen wir uns zwei andere kritische Kurzrezensionen von ihm ansehen:

«Band 1. Walter Gropius: Internationale Architektur. (...) 47 Photos ausgeführter Bauten und 47 Photos entworfener Bauten. Nebst einem Vorwort von Walter Gropius, Direktor des Bauhauses. Als Bilderbuch vermittelt es die baukünstlerischen Anschauungen der architektonischen Internationale. Deren Sehnsucht nach dem Beton als Baumaterial, nach der Würfelform des Hauses und nach dem Flachdach. Ist sie betriebstechnisch immer richtig? Die Auswahl ist treffend und anregend. Formal ist sie verführerisch, weil die Beigabe der Pläne unterlassen ist.»

«Band 7. Neue Arbeiten der Bauhauswerkstätten. 115 S., 111 Abb., Fr. 7.50. Das Bauhaus soll ein Versuchslaboratorium der Typisierung unsrer Gebrauchsgegenstände sein. In diesem Katalog seiner Erzeugnisse der Tischlerei, Töpferei, Weberei und Metallwerkstätte zeigt es die zunächst gewonnenen Ergebnisse. Walter Gropius skizziert eingangs die ‹Grundsätze der Bauhausproduktion›. Die abgebildeten Arbeiten sind zumeist noch ‹Kunstgewerbe›, zu wenig ‹Laboratorium›. Einige Objekte (z. B. Stühle) sind erstaunlich kompliziert. Die Töpferwaren halten wir für überflüssig, denn die (durch Le Corbusier nachgewiesenen) Standardformen der Geschirre sind zumeist vorhanden.»[11]

Soweit also Architektur und Kunstgewerbe. Und das Theater, die Kunst? Auch hier haben wir gesehen, daß Meyer selbst in diese Bereiche vorstieß, als er mit den europaweiten Bestrebungen für eine neue Ausdruckskultur in Berührung kam: sein «Théâtre Co-op» und seine Versuche auf dem Gebiete der «freien» und «elementaren» Gestaltung mögen hiervon Zeugnis ablegen. Zur gleichen Zeit, wie er selbst in diesen Bereichen arbeitete und erste Ergebnisse veröffentlichte, kommentierte er auch die

---

[7] Gropius, Walter
Idee und Aufbau des Staatlichen Bauhauses
in: Das Staatliche Bauhaus in Weimar 1919–1923
Weimar, 1923, S. 16
[8] ebd.
[9] ebd.
[10] Hannes Meyer
Kurzrezensionen zu den Bauhausbüchern
in: Das Werk
1926, Heft 7, S. 234
[11] ebd.

anderen Bauhausbücher, wobei ihm der Kommentar zum Buch «Die Bühne am Bauhaus», nämlich sein: «Das Buch ist gut» zum ernstgemeinten Seufzer gerinnt. Zu Mondrians «Die neue Gestaltung»: «Wem je das Glück zuteil wurde, in der Treppenhalle der Sammlung Kröller im Haag die konsequente Entwicklung dieses Malers, von der Naturnachahmung bis zur Abstraktion, verfolgen zu können, dem ist dieses Holländers ‹Lehre von der gleichgewichtigen Gestaltung› kein Modeding, sondern ein Lebensgut. (...) Richtungsweisend sucht er als Weltbürger schonungslos und unbeugsam allgemeine Grundgesetze der Harmonie.»[12] Harmonie und Gleichgewicht: Wieder ist es Meyer selbst, der hier die Stichworte zur Interpretation seines eigenen Schaffens gibt. Diese beiden Worte, die ihm nicht nur Worte, sondern eben «Lebensgut» werden sollen, tauchen in allen Schriften wieder auf. Aber er sieht auch die Gefahren, die aus der konsequenten Verfolgung nur des einen Weges erstehen können, so bei «Theo van Doesburg: Grundbegriffe der neuen gestaltenden Kunst. (...) Als Versuch lobenswert, als Resultat nicht überzeugend. (...) Gefährlich die vorgeführten Transfigurationen einer Kuh und einer Landschaft und die Erklärung neoplastischer Kunstwerke als direkte Umbildungen des optischen Natureindruckes. Die abgebildeten Architekturentwürfe sind komponierte Plastiken; sind sie deshalb ‹Architektur›?»[13] Diese Äußerungen verpflichteten natürlich zu eigener, anderer Arbeit, zu einem originären Beitrag innerhalb der Lebens- und Künstlergemeinschaft. Seine Gropius gegenüber geäußerten Vorbehalte haben wir schon im Kapitel «Die neue Welt» zitiert. Wie aber sollte seine eigene produktive Arbeit in der neuen Architektur-Abteilung in den nächsten Jahren aussehen? Ihm mußte klar sein, daß all seine kommende Arbeit gemessen werden wird an seinen zuvor selbst formulierten Ansprüchen an eine neue Architektur, an eine neue Ausdruckskultur, und der Findung eines neuen Verhältnisses zwischen Theorie/Lehre und Praxis, bzw. zwischen Bauen und Gesellschaft. Er schreibt über diese Ansprüche und Ziele an Walter Gropius: «wir sind uns darüber einig, daß ein richtiger unterricht über bauliche gestaltung nur durchführbar ist im direkten zusammenhang mit der praxis am baue selbst. sonst würde sich die neue architekturabteilung in nichts von derjenigen irgendeiner technischen hochschule unterscheiden, d.h. überflüssig sein. die in der diskussion mit herrn bürgermeister hesse besprochene idee der übertragung von versuchshäusern an die meisterabteilung f. architektur erscheint schon aus diesen gründen zweckmäßig. die grundtendenz meines unterrichtes wird absolut eine funktionell-kollektivistisch-konstruktive sein im sinne von ‹abc› und von ‹die neue welt›. bezüglich des unterricht-programmes finde ich ihre idee richtig, zunächst ein solches überhaupt nicht aufzustellen. anhand von aufgaben aus der praxis (ausführungen oder wettbewerben) könnten die grundfragen baulicher organisation zunächst erläutert werden. einige diesbezügliche ideen möchte ich noch mündlich ihnen später vortragen. (...)

aus meinem werdegang ersehen sie, daß ich eine absolut aktive natur bin, die sich nur in positiver realer arbeit ausleben kann. ich könnte nie beistimmen, daß ich durch ‹dessau› auf ein totes theoretisches geleise abgeschoben würde; konflikte wären die folge.» (sic!) (16.2.1927)

«(...) es ist erfreulich, daß sie die stadt dessau zum zugeständnis der versuchsbauten gebracht haben; sie sind zunächst der ausgangspunkt des unterrichtes. ich denke mir dabei allerdings nicht, daß sie hals über kopf gebaut werden müßten. man sollte versuchen, diese häuser sehr vorsichtig und überlegt vorzubereiten, um wirklich etwas positives herauszukristallisieren.» (9.3.1927)

«(...) die verschiebung meiner abreise ist hauptsächlich nötig geworden, weil mir die gemeinde balsthal (deren bebauungsplan ich ihnen zeigte) neuerdings einen auftrag zuweisen möchte. (...) es ist mir dies eine gewisse beruhigung, weil die weiterexistenz meines hiesigen büros damit gefestigt wird, und weil mir damit der aufenthalt in dessau erleichtert sein wird.» (16.3.1927)

«(...) aber ich bin der meinung, daß wir unsere neuen formen, die bei funktionellem bauen entstehen, nach möglichkeit bauwissenschaftlich begründen müssen, um dem sonst berechtigten vorwurf der unsachlichkeit zu begegnen. ich konnte übrigens in der letzten zeit nebenbei noch allerlei für die künftige tätigkeit wertvolle beziehungen in der schweiz anknüpfen, denn auch hier hat ja der kampf gegen ‹bauhaus›, ‹konstruktivismus›, usw. eingesetzt. man braucht sich nur die letzte no. der schweiz. bauzeitg. anzugucken, ebenso den stellenweise hämischen ton der kommentare unsrer schweizerpresse zu meiner berufung nach dessau zu studieren. – gegenüber all der kritisiererei gibt es nur die bestmögliche antwort klarer, sachlicher arbeit. mit den besten grüßen von haus zu haus bin ich ihr ergebener hannes meyer.» (28.3.1927)[14]

12 ebd.
13 ebd.
14 Hannes Meyer
Briefe an Walter Gropius
Originale im Getty Center
Santa Monica, Calif, USA

Dessau 2
Verabschiedung einer
«Mirakellehre»

Mit seinem Textmanifest «bauen» (bezeichnenderweise nicht «architektur») von 1928, das u. a. Meyers Antritts-Programm für das «Bauen» am Bauhaus enthält, greift er – mal wieder in seiner ihm eigenen Gedichtform, in eigenwilligem Tonfall – eine Diskussion auf, die nicht nur ihn in diesem Jahr beschäftigt. Im Kapitel «Die neue Welt» sprachen wir schon von einer der Folgen der Diskussion um den Wettbewerb des Völkerbundgebäudes: der Zusammenkunft von international renommierten «modernen» Architekten im schweizer «Chateau de la Sarraz» vom 25.–29. Juli 1928, der Gründungssitzung der «Congrès Internationaux d'Architecture Moderne» (CIAM), bzw. der «Internationalen Kongresse für Neues Bauen». In der gleichen Nummer der «bauhaus»-Zeitschrift, in der Meyers Text «bauen» abgedruckt ist, erscheint am 1. Oktober 1928 auch die offizielle Erklärung der Kongreßteilnehmer. Zwei Aspekte, die dem Original-Protokoll dieser drei Tage und dem CIAM-Buch von Martin Steinmann[15] zu entnehmen sind, möchte ich hier herausgreifen neben vielen anderen Aspekten, die Thilo Hilpert in seiner Neuauflage der «Charta von Athen» behandelt.[16]

Bezeichnenderweise kommen die «Werbetrommler» Le Corbusier und Siegfried Giedion mit einem vorformulierten Programm in Form von Fragen nach La Sarraz, das Le Corbusier am 1. Tag, Dienstag den 26.6., vormittags, zur Diskussion stellt, – und natürlich veröffentlicht sehen will: «Es enthielt die Anmerkungen zu den sechs Fragen, die der Kongreß zu behandeln hatte, (..). Daß ihm eine breitere Bestimmung zugedacht war, geht aus der Anweisung an Guevrékian hervor, es in einer Auflage von mindestens 500 Exemplaren drucken zu lassen, um es für die Propaganda verwenden zu können (das Wort ‹Propaganda› ist darin mehrfach unterstrichen). (..) Der Hintergrund der Anmerkungen bildet das architektonische Werk von Le Corbusier.»[17]

Die Diskussion am ersten Nachmittag, 3 Uhr: «Corbusier schlägt vor, daß die drei oder vier Punkte, die er vorher genannt hat, zusammengefaßt werden. Die Ziele sollen ein für allemal festgesetzt und die Texte durch Werke, die im 20. Jahrhundert entstanden sind, illustriert werden. (..) Sartoris ist aus Italien mit festen Vorschlägen gekommen von einem Verleger, der gratis das Buch, das diesen Kongreß beschließen soll, verlegen würde. Man sollte diese sehr günstige Gelegenheit nicht entgehen lassen. (..) Häring freut sich, daß eine Basis gelegt ist. Das Buch soll nur eine kurze Formulierung als Ergebnis des Kongresses sein.»[18]

Wohlgemerkt: die ersten drei Redebeiträge nach Le Corbusiers Vorstellung seines Programmes! Worauf sich Meyer zu Wort meldet: «Meyer ist dafür, daß die Herausgabe des Buches erst beschlossen werde, wenn der Kongreß zu Ende sei, da man ja noch gar nicht wisse, welchen Umfang es annehmen wird.»[19]

Bevor man also überhaupt über inhaltliche Fragen sich verständigt, redet man schon von einem Buch. In der späteren Diskussion wird sich aber zeigen, daß es sehr schwierig sein wird, sich auf Definitionen zu einigen und daß man mitnichten der gleichen Meinung in Fragen z. B. des Städtebaues und der Standardisierung ist: die Auffassungen und Positionen sind fundamental für die Frage des «Neuen Bauens». Nicht aber hindert dies anderntags Herrn Giedion daran – mitten in der Diskussion über inhaltliche Fragen – wieder folgendes verlauten zu lassen: «Einem offiziösen Vorschlag des Herrn Giedion zufolge sieht der Kongreß (Giedion?, M. K.) die Möglichkeit voraus, eine Zeitschrift zu veröffentlichen, in welcher die Architekturerrungenschaften dargestellt werden sollen, (..).»[20] (Im gleichen Jahr erscheint Giedions Buch «Bauen in Frankreich, Bauen in Eisen, Bauen in Eisenbeton», mit reichlich Beispielen von Le Corbusiers Bauten: 33 Seiten «Le Corbusier und der Nachwuchs» – also zu einem schon nachahmenswerten Klassiker stilisiert! Doch in Giedions Buch reicht natürlich keiner vom Nachwuchs an den Meister heran.) Darauf: «Stam (..) findet es lächerlich, wenn wieder eine Zeitschrift gegründet werden soll. (..) Er meint, daß es besser wäre, zu arbeiten, statt Aufsätze zu schreiben. Dazu seien die Schriftsteller da, aber die Architekten sollen damit nicht belästigt werden.»[21] (Die Zeitschrift «ABC» besteht z. T. nur aus Doppelseiten pro Nr., ist eher Kampf- und Flugschrift). Auch der «ABC»-ler Hans Schmidt äußerte sich zu einem Zeitschriftenprojekt kritisch, – und sie hatten Recht: sie wollten nicht berühmt werden, sondern arbeiten, «bauen», und sich nicht von einem Kunsthistoriker und einem «Künstler»-Architekten eine Zeitschrift, ein Buch aufdrängen lassen, in denen dann auch noch deren

15 Steinmann, Martin (Hrsg.)
CIAM-Dokumente
1928–1939
Basel/Stuttgart 1979
16 Hilpert, Thilo (Hrsg.)
Charta von Athen
Texte und Dokumente
Braunschweig/Wiesbaden
1984
17 wie Anm. 31, S. 14
18 Protokoll
Congrès de la Sarraz
25.–29. Juni 1928
CIAM-Archiv
institut gta, ETH Zürich,
S. 2a
19 ebd.
20 ebd., S. 1 c
21 ebd., S. 2 c

Abfassungen zu den diskutierten anstehenden Problemen stehen sollten: denn mit diesen wiederum war man gar nicht einverstanden.

An diesem ersten Nachmittag diskutierte man inhaltlich über Standardisierung und den Hausbau. Das Protokoll notiert als letzte Wortmeldung dieses Tages die von Hannes Meyer: «Meyer ist selbst für die Standardisation. Er erklärt, daß es unmöglich sei, überall Häuser aus Beton zu bauen.

Er macht darauf aufmerksam, daß das wichtigste bei der Arbeit immer noch der Mensch sei.

Er fühlt überall dort sich frei, wo er durch enge technische Hemmungen nicht gebunden ist.

Er sieht aber nicht ein, warum eine gute Holzkonstruktion nicht ebenso gut sein soll wie Eisen- und Betonbauten.

Flaches Dach: er stellt fest, daß er auf Grund des Studiums von Sonneneinfall etc. genötigt ist, das schräge Dach anzuwenden. Garten-Dach: Diese These sei richtig für die Großstadt. Sobald man aber den Normalfall in den Vororten habe, wo die Häuser sich an die Peripherie verlegen, sei der Dachgarten, besonders in den nordischen Gegenden, nicht angebracht. Der Dachgarten könne niemals die gleiche psychologische Wirkung haben, wie der Garten auf dem Erdboden.»[22] In dem sechzehnseitigen Protokoll findet sich einzig diese Stellungnahme zum «bauen»: und sie enthält mithin genau die inhaltlichen Fragen, mit denen sich nicht Le Corbusier und auch nicht Giedion beschäftigt haben: nicht nur nicht auf diesem Kongreß.

Jetzt mußte man auf dem Kongreß handeln: Nach der an diesem ersten Tage geäußerten Kritik an Le Corbusiers Erklärung, setzte sich in der Nacht vom 26. zum 27. eine Gruppe zusammen, um diese Erklärung zu verifizieren: S. Giedion, H. Meyer, J. Frank, A. Lurçat, Le Corbu. Mit Meyer hatte die «Gruppe ABC» also einen ersten Infiltranten in die Gruppe der «Propagandisten» eingeschleust.

Am nächsten Tag wird diese Erklärung verlesen: der Punkt über Urbanismus bzw. Stadtbau aber wird heftig diskutiert. Er ist von der nächtlichen Redaktionsgruppe nicht bearbeitet worden und enthält demnach noch die 1. Fassung, die von Le Corbusier vorgelegt wurde. Diese Fassung war in Fragen gegliedert, wobei hier die Frage vier interessiert: «(Sie) stellte fest, daß Eisenbeton und Eisen geeignete Mittel für einen Städtebau seien, der dem Zeitalter des ‹Maschinismus› entspreche.»[23] C'est tout. So einfach ist Städtebau: man nehme Eisen und Eisenbeton und produziere..., ja, die Stadt? Eine solch simple Definition von Städtebau konnte natürlich gar nicht akzeptiert werden von unseren Helden aus der Schweiz: «Man kann sich dem Eindruck nicht entziehen, daß Le Corbusier den Kongreß zu benützen suchte (seine ‹Fünf Punkte› für eine neue Architektur) zur Theorie des Neuen Bauens erklären zu lassen. Wie aus Notizen von Giedion hervorgeht, sollten sie ‹Punkt für Punkt› vom Kongreß angenommen werden. Dieser Absicht widersprach dann aber der größere Teil der Anwesenden, vor allem Mart Stam und Hans Schmidt, die Herausgeber von ‹ABC›, ferner Hannes Meyer, Rudolf Steiger, Werner Moser und, aus besonderen Gründen, Häring, dessen Bericht in ‹Bauwelt› als einziger die Spannungen spüren läßt, die den Kongreß über der ersten Frage zeitweise zu spalten schienen. Diese Spannungen ergaben sich nicht aus dem Umstand, daß die Bedeutung der neuen Bauweisen, etwa die tragende Struktur aus Eisenbeton oder Eisen, verkannt worden wäre. Als Beleg lassen sich beispielsweise die Häuser von Artaria und Schmidt nennen, die damals in vielen Zeitschriften in der ersten Baustufe, als bloßes eisernes Gerüst, abgebildet wurden. Sie waren viel eher darin begründet, daß eine in einfache Sätze kleidbare Einigung über die technischen und wirtschaftlichen Grundlagen des Bauens zu erreichen war, nicht aber über deren architektonische Auslegung durch den einzelnen Architekten. Schmidt stellte rückblickend mit gutem Grund fest, daß die Architekten, die sich für eine Erneuerung der Architektur einsetzten, unterschiedliche Auffassungen vom Gesicht dieser Architektur hatten, daß sie aber in einem Punkt einig waren: die Erneuerung mußte bei den technisch-wirtschaftlichen und sozialen Grundlagen einsetzen.

Diese Haltung setzte sich in La Sarraz durch und kennzeichnet die ganze 1. Periode der Internationalen Kongresse für neues Bauen: Die Frage der ‹architektonischen Folgen der neuen Technik› kam in der ‹Erklärung› mit keinem Wort zur Sprache.»[24]

An den einzelnen Redebeiträgen läßt sich nachvollziehen, was diskutiert wurde: «Franck (..) Urbanismus sei vor allem die Organisation der Stadt mit ihren Straßen, Kanalisation etc. und dann erst der Häuserbau und die Bevölkerung.

Steiger (..) wesentlich sei doch, daß die neuen Verkehrsverhältnisse auf den Stadtbau bestimmend seien. Erst in zweiter Linie komme man auf Eisen und Eisenbeton. (..) Meyer / Organisation des kollektiven Lebens in der Stadt: L'Organisation de toutes les fonctions de la vie collective. Der Städtebau ist die Organisation sämtlicher Funktionen des kollektiven Lebens in den Orten und zwischen den Orten. Stam (..) 1. Stadtbau ist die Organisation sämtlicher Funktionen des kollektiven Lebens in der Stadt und auf dem Lande. 2. An erster Stelle steht das Ordnen der Funktionen, das Wohnen, das Arbeiten, die Erholung (Sport, Vergnügen)
3. a) Das Bestimmen ihrer günstigsten Lage b) Der Verkehr».[25]

Meyer und Stam haben also somit auf diesem Kongreß die Redebeiträge/Definitionen für den Städtebau geliefert, die dann Eingang finden sollten in die offizielle Erklärung, die gedruckt und von allen Kongreßteilnehmern unterschrieben lautet: «II. stadt- und landesplanung

1. stadtbau ist die organisation sämtlicher funktionen des kollektiven lebens in der stadt und auf dem lande.

stadtbau kann niemals durch ästhetische überlegungen bestimmt werden, sondern ausschließlich durch funktionelle forderungen.

2. an erster stelle steht im stadtbau das ordnen der funktionen:

a) das wohnen

22 ebd., S. 6a
23 wie Anm. 31, S. 28
24 wie Anm. 31, S. 16f.
25 wie Anm. 34, S. 2b

b) das arbeiten
c) die erholung (sport, vergnügen).
mittel zur erfüllung dieser funktionen sind:
a) bodenaufteilung,
b) verkehrsregelung,
c) gesetzgebung.
3. auf der basis der nach sozialen und ökonomischen grundsätzen durch die landesplanung festgesetzten bevölkerungsdichte wird das verhältnis zwischen wohnflächen, sport- und grünflächen und verkehrsflächen bestimmt. (...)»[26]

Dieser Punkt zwei der «Erklärung von La Sarraz» wurde wiederum in nächtlicher Sitzung ausgearbeitet, – diesmal von den ‹jungen› Schweizern: Steiger, Moser, Stam und Meyer. Damit war es der «Gruppe ABC» gelungen, sich gegen die «Propagandisten» durchzusetzen und soziale Forderungen vor den ästhetischen Kategorien zu postulieren: ganz so, wie es seit Jahren die Zeitschrift «ABC» tat. Das es um ein weiteres mal Hannes Meyer war – der einzige, der in beiden Nächten arbeitete –, brachte ihm dann wohl die Bemerkung, die mit der Erklärung abgedruckt wurde, ein: «meyer / ein schaffer / un homme qui ne peut plus s'arrêter de travailler.»[27]

Das letzte Mal, daß Hannes Meyer zum Städtebau sich äußerte – neben seinen Erläuterungsberichten zur Petersschule und zum Völkerbund –, war 1926, als es in «Die Neue Welt» hieß: «Am notwendigsten ist die konstruktive Denkart im Städtebau. Solange wir nicht mit der Vorurteilslosigkeit des Betriebsingenieurs an die Stadtbauprobleme herantreten, erdrosseln wir durch Ruinenkult und übernommene Vorstellungen von Straßenaxen und Blickpunkten das mondäne Leben der modernen Stadt. Die Stadt ist die vielfältigste biologische Ballung, welche vom Menschen bewußt beherrscht und konstruktiv gestaltet weren muß.»[28] Diesen Text veröffentlicht Meyer im März 1928 noch einmal: stark überarbeitet und ergänzt um seinen neuesten Text «bauen» in der dänischen Zeitschrift «Kritisk Revy». Hier heißt es jetzt: «die stadt ist die vielfältigste biologische ballung, welche vom menschen bewußt gestaltet werden muß. sonach heißt ‹städtebau› gestaltung einer symbiose des menschlich-tierisch-pflanzlichen zweckverbandes.»[29] Mußte 1926 die Stadt noch «beherrscht und konstruktiv gestaltet werden», (was ja nahe bei Giedions Eisen/Eisenbeton-These liegt) so geht es jetzt nur noch um «bewußte gestaltung». Die Zeitschrift «Kritisk Revy» war dem Kritizismus verpflichtet und wurde herausgegeben u. a. von Poul Henningsen (Dänemark) und Edvard Heiberg (Norwegen). (Beide sind in La Sarraz anwesend als Vertreter ihrer Länder! – Meyer lernt hier Heiberg kennen, den er 1930 ans Bauhaus beruft, – nach folgender Kritik und Besinnung:) Der Kritizismus ist eine von Kant eingeführte «Bezeichnung für seine Erkenntnistheorie im Hinblick auf das von ihm geübte Verfahren der Prüfung der Bedingungen und der Voraussetzungen, des Umfangs und der Grenzen der Erkenntnis, das seiner Meinung nach der Ausarbeitung jedes philosophischen Systems, jeder Weltanschauung voranzugehen hat. (...) Das von Kant entwickelte Verfahren des Kritizismus richtet sich vor allem gegen die Unterschätzung der sinnlichen Stufe des Erkenntnisprozesses beim Zustandekommen von Erkenntnis, gegen das rationalistische Vorurteil, ohne sinnliche Grundlage, aus bloßen Begriffen (Kategorien) zu Erkenntnis kommen zu wollen, (...). Kant: ‹Ohne Sinnlichkeit würde uns kein Gegenstand gegeben, und ohne Verstand keiner gedacht werden. Gedanken ohne Inhalt sind leer, Anschauungen ohne Begriffe blind. (...) Der Verstand vermag nichts anzuschauen, und die Sinne nichts zu denken.»[30] Auf dieser Grundlage, bzw. auf der Basis des weiterentwickelten Kritizismus, kritisierte Otto Gelsted Meyers Loblied auf den Maschinismus «Die neue Welt», die dieser ja auch noch jetzt – 1928 – veröffentlicht: Und das, nachdem sie ihm – Baumeister gegenüber – schon mal «viel zu zahm und scheidemännisch» war.

Otto Gelsted: «Lieber Hannes Meyer, wir haben nun so lange von seiten des Rathenau und seiner Epigonen über die Mekanisierung der Zeit Jeremiaden hören müssen, und jetzt erscheinen Sie und sind schonungslos genug, um uns mit der entgegengesetzten Einseitigkeit zu quälen. Und diese antilyrische Haltung glorifizieren Sie mit einem Eifer und einer lyrischen Begeisterung, die im sonderbarsten Gegensatz zu Ihrem Programm stehen. So hielt Carlyle für Emerson einen zweistündigen Vortrag über den Wert des Schweigens. (...) Wenn die Maschine wirklich das höchste an moderner Schönheit ist, wozu sie dann zu einer Dekoration romantisieren? Ist nicht gerade diese Haltung zum Prinzip der strengsten Zweck-Schönheit das Allerbourgeoiseste? (...) Schade nur, daß man den Schauspieler noch nicht durchschneiden und wie einen Polyp umstülpen kann, damit wir sein Herz und seine Därme fungieren sehen könnten. Hier läßt die Natur viel zu wünschen übrig. Ich finde also nicht, daß ihre Kunstauffassung besonders konsequent ist. Sie wollen die Lyrik, das Gemüt und den persönlichen Geschmack verjagen, aber sie wollen die Maschinen nicht das sein lassen, was sie sind: Gebrauchsgegenstände, sondern wollen sie als allegorische Figuren scenisch verwenden. (...) Wir vermissen also in Ihrer biologistischen Architekturauffassung Klarheit über den methodischen Zusammenhang zwischen 1) den natürlichen (sozialen, ökonomischen, technischen) Bedingungen der Aufgabe, 2) der Persönlichkeit und 3) der formell-ästhetischen Ausarbeitung. (...) In der Bewegung, die Sie vertreten, suchen wir vergebens die geringste Spur jener Arbeit, welche die deutsche kritische Philosophie, von Cohen bis Cassirer, gemacht hat um eine wissenschaftliche Methodenlehre und eine rationale Kunsttheorie zu begründen.»[31]

Diese Kritik trifft Hannes Meyer – der ja gerade Methodiker sein will als Rationalist – nicht unempfindlich: zum einen beruft er 1930 Edvard Heiberg, wobei er ausdrücklich betont, daß dieser «Kritizist und Architekt» ist[32], – zum anderen schlägt sich die Kritik nieder in seinem nächsten Text «bauhaus und gesellschaft», wenn er jetzt (1929) – zusätzlich angeregt durch die Kritik an der rein «konstruktiven»

---

26 vorbereitender internationaler kongreß für neues bauen
offizielle erklärung
in: bauhaus
1928, Nr. 4, S. 9
27 ebd., S. 8
28 Hannes Meyer
Die neue Welt
in: Das Werk
1927, Heft 7, S. 222
29 ders.
die neue Welt
in: Kritisk Revy
1928, Hefte 1 Marts, S. 19
30 Klaus, Georg/Buhr, Manfred
Philosophisches Wörterbuch, Bd. 1
Leipzig 1974, S. 683
31 Gelsted, Otto
Modernismus-Kritizismus
in: wie Anm. 45, S. 22 ff.
32 Hannes Meyer
Mein Hinauswurf aus dem Bauhaus
in: ders. Bauen und Gesellschaft
Dresden 1980, S. 69

Haltung im Städtebau bei Giedion und Le Corbusier während des CIAM – schreibt: «diese baulehre ist keine stil-lehre / sie ist kein konstruktivistisches system, / und sie ist keine mirakellehre der technik. / sie ist eine systematik des lebensaufbaues, / und sie klärt gleicherweise die belange des / physischen, psychischen, materiellen, ökonomischen.»[33]
(Andernorts muß es geschehen, den Text «bauen» semantisch zu untersuchen und in ihm Meyers «Harmonielehre» auszumachen; hier aber die Textzeilen, die das meint: «alles leben ist drang zur harmonie / (...) arbeiten heißt / unser suchen nach der harmonischen daseinsform. / (...) so ist das endziel aller bauhausarbeit / die zusammenfassung aller lebensbildenden kräfte / zur harmonischen ausgestaltung unserer gesellschaft. / (...) wir suchen das harmonische werk, / (...) kunst ist nur ordnung / (Renaissance: / im goldenen schnitt als regel des ausgleichs. / (...) die neue baulehre / ist eine erkenntnislehre vom dasein. / als gesellschaftslehre / ist sie das hohelied der harmonik. / als gesellschaftslehre / ist sie eine strategie des ausgleichs.»[34]

Abb. 1
Hannes Meyer, um 1929/30.
(Foto: Lotte Beese) (HAB)

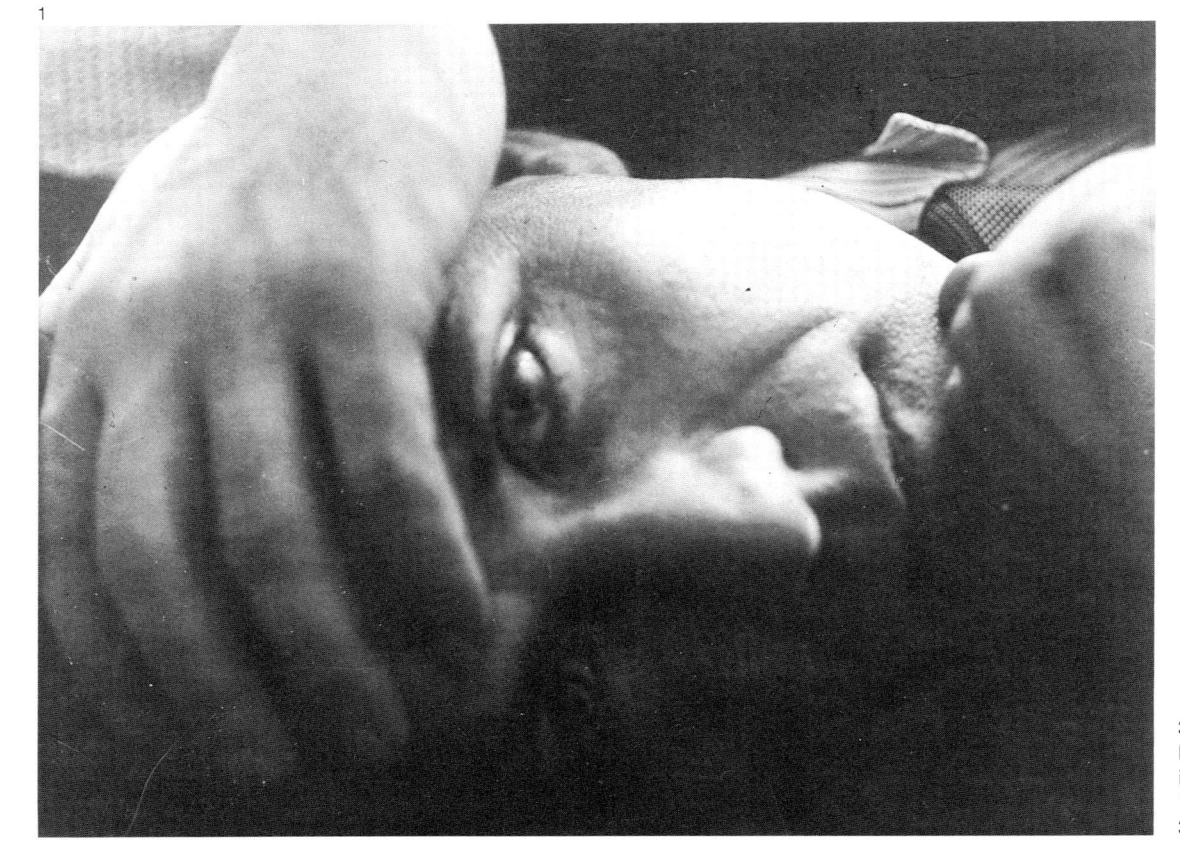

1

33 ders.
bauhaus und gesellschaft
in: bauhaus
1929, Nr. 3, S. 4
34 ebd.

Anhang

Verzeichnis der zitierten Literatur	188
Verzeichnis des zitierten Quellenmaterials und dessen Standorte	190
Bibliographie der Schriften und sonstigen Veröffentlichungen Hannes Meyers 1908–1953	191
Abbildungsnachweis	195
Editorische Notiz	195

Verzeichnis der zitierten Literatur

Nicht aufgeführt sind die Titel der Zeitschriften, in denen Hannes Meyer Texte, Projekte und Bauten veröffentlicht hat, – mithin also all jene Publikationen, die in der Hannes Meyer-Bibliografie verzeichnet sind.

ABC, Beiträge zum Bauen
   Basel, 1924–1928
Asal, Walter
   Bürgerliches Waisenhaus Basel in der Kartause 1889–1969
   Basel 1971
Banham, Rayner
   Die Revolution der Architektur
   Reinbeck bei Hamburg 1964
Basler Nachrichten
   2. 10. 1921
   14. 3. 1925
Bauwelt
   1977, Heft 33
Belgische Kunst
   Ausstellungskatalog der Basler Kunsthalle
   15. 3.–5. 4. 1925
Bodenreform
   Deutsche Volksstimme/Frei-Land 1908, Heft 21
Bodenreform, Jahrbuch für, 1923, Heft 3
Boek, de / Joostens / Servranckx
   Neue Tendenzen in Belgien
   Ausstellungskatalog der Galerie Gmurzynska
   Köln 1973
Chan-Magomedov, Selim O.
   Alexander Vesnin und der Konstruktivismus
   Stuttgart 1987
Christ, Heinrich
   Aus der Tätigkeit des Vereins «Gemeinnütziger Wohnungsbau Basel»
   Basel 1924
Corbusier, Le und Pierre Jeanneret
   Das Wettbewerbsprojekt für den Völkerbundpalast in Genf 1927
   Zürich 1988
Degen, Peter
   Hans Schmidt, Werkverzeichnis unveröffentl. Manuskript Basel o. J.
Düssel, Konrad
   Willy Baumeister, Katalog der Galerie von Garvens Hannover 1922
Fanelli, Giovanni
   Stijl Architektur
   Stuttgart 1985

Frampton, Kenneth
   Die Architektur der Moderne
   Stuttgart 1983
Freidorf, Siedelungsgenossenschaft
   Broschüre Basel 1921
Frankfurter Zeitung 19. 7. 1927
Gemeinnütziger Wohnungsbau
   Tätigkeitsbericht und Rechnung o. O. 1924/25
Gemeinnütziger Wohnungsbau
   Zürich 1921, Heft 9
Genossenschaftliches Volksblatt
   Basel 23. 5. 1919 und 29. 8. 1924
Gropius, Walter (Hrsg.)
   Das Staatliche Bauhaus in Weimar 1919–1923
   Weimar 1923
Gropius, Walter (Hrsg.)
   bauhaus dessau
   Dessau 1927
Gruppe 33
   50 Jahre Gruppe 33
   Ausstellungskatalog der Basler Kunsthalle, 1983
Gubler, Jacques
   Nationalisme et Internationalisme dans l'Architecture Moderne de la Suisse
   Lausanne 1975
Gubler, Jacques (Hrsg.)
   ABC, Architettura e avanguardia 1924–1928 (ABC-Reprint) Milano 1983
Hilpert, Thilo (Hrsg.)
   Charta von Athen Texte und Dokumente
   Braunschweig 1984
Icsac-Cahier
   Bauhaus o. O. (Belgien) 1987
Klaus, Georg und Manfred Buhr
   Philosophisches Wörterbuch, Bd. 1
   Leipzig 1974
Kritisk Revy
   Kopenhagen 1928, Heft 1
Kunstblatt, Das
   Berlin 1923, Heft 10
Lampugnani, Vittorio Magnago (Hrsg.)
   Hatje / Lexikon der Architektur des 20. Jahrhunderts
   Stuttgart 1983
Lisickij, El
   Proun und Wolkenbügel
   Dresden 1977
Majakovskij, Vladimir
   20 Jahre Arbeit, Ausstellungskatalog
   Berlin 1978

Meyer, Peter
   Moderne Schweizer Wohnhäuser
   Zürich 1928
Meyer, Peter
   Aufsätze 1921–1974
   Zürich 1984
Nerdinger, Winfried
   Walter Gropius
   Berlin 1985
Neue Zürcher Zeitung
   24. 7. 1927
Schweizerische Bauzeitung
   1927, Heft 8
Schweizerische Zeitschrift
   für Volkswirtschaft und Sozialpolitik 1921, Heft 7
Schär, Johann Friedrich
   Frei-Land
   Basel 1890
Schlemmer, Oskar
   Briefe und Tagebücher
   München 1958
Schnaidt, Claude
   Hannes Meyer
   Bauten, Projekte und Schriften
   Teufen 1965
Societe des Nations / League of Nations Concours d'architecture
   Rapport du jury Geneve 1927
Städtebau, Der
   1909, Heft 8
Steinmann, Martin (Hrsg.)
   CIAM-Dokumente 1928–1939
   Basel/Stuttgart 1979
Tschichold, Jan
   Die neue Typografie
   Berlin 1928
Wittwer, Hans Jakob
   Hans Wittwer
   Zürich 1988^2
Wasmuths Monatshefte für Baukunst
   1926, Heft 1 und 5 1927
Werk, Das
   1923, Heft 8 1927, Heft 5 und 7 1958, Heft 9

Verzeichnis des zitierten Quellenmaterials und dessen Standorte

Nicht aufgeführt sind hier die Quellen, aus denen Photo- und Planmaterial stammt, das in dieser Arbeit verwendet wurde. Diese sind verzeichnet im Abbildungsnachweis. Dank gebührt an dieser Stelle Claudia Meyer, die mich über Jahre das Material aus dem Familienarchiv sichten und mich zudem Einblick auch in die private Korrespondenz ihres Vaters nehmen ließ.

- Balsthal, Archiv der Stadtgemeinde
  Hannes Meyer
  Erläuterungsbericht zum Allgemeinen Bebauungsplan von Balsthal, 1924
- Bauhausarchiv, Berlin-West
  Hannes Meyer
  Notizen zu einer Autoreportage Manuskriptkopie (o. J.)
- Baumeister-Archiv, Stuttgart
  Hannes Meyer
  Briefe und Postkarten an Willy Baumeister
  Brief 22. 05. 1926
  Postkarte 2. 08. 1926
  Brief 21. 10. 1926
  dass. 1. 12. 1926
  dass. 13. 02. 1927
  dass. 24. 11. 1927
- Coop-Schweiz, Archiv Basel
  Flugschrift (Prospekt)
  zur Einweihung des Genossenschaftshauses, Sonntag den 1. Juni 1924
- DAM, Deutsches Architekturmuseum Frankfurt/M.
  Zeugnis für Hannes Meyer der Friedrich Krupp AG, 1918
  Zeugnis für Hannes Meyer von Georg Metzendorf 1916
  Hannes Meyer
  Curriculum Vitae, 1915
  Hannes Meyer
  Vortragsnotizen Wien/Basel, 1929
  Hannes Meyer
  Brief an Willy Baumeister 30. 03. 1948
  Hannes Meyer
  Bio-bibliografische Notizen, 1949
- Freidorf, Archiv der Siedelungsgenossenschaft Basel
  1. Jahresbericht und Rechnung, 1920
  2. Jahresbericht und Rechnung, 1921
  Pläne zu den Planfassungen Mai–Juni 1919
- Getty Center, Santa Monica, Calif. USA
  Walter Gropius
  Brief an Hannes Meyer, 18. 12. 1926
  Hannes Meyer
  Brief an Walter Gropius, 3. 01. 1927
  dass. 28. 03. 1927
  dass. 16. 02. 1927
- gta, institut für geschichte und theorie der architektur, ETH Zürich
  Hannes Meyer/Hans Wittwer
  Erläuterung zum Schulhaus von heute MS zur Petersschule, 1926
  Hans Schmidt
  Brief an Hannes Meyer, 11. 04. 1923
  Hannes Meyer
  Brief an Sigfried Giedion, 1926
  Congrès de la Sarraz
  Protokoll 25.–29. Juni 1928
  Hans Schmidt
  Vortragsmanuskript, 16. 03. 1923
  Alexander Schawinsky
  Brief an Sigfried Giedion, 23. 11. 1930
- SVW, Archiv des Schweizerischen Verbandes für Wohnungswesen, Zürich
  Protokoll über die Sitzung eines Preisgerichtes, 19. 09. 1921
- Staatsarchiv des Kantons Basel-Land, Liestal
  Erläuterungsbericht zum Baugesuch
  6. 09. 1919 (Freidorf)
  3. 10. 1920 (Freidorf)
  7. 04. 1922 (Freidorf)
  Pläne der Siedlung Freidorf
- Wirtschaftsarchiv Basel
  diverse Schriftstücke: «Bauberatungsstellen», o. J.
  «Frei-Land», Juni 1891 »Schweizerische Gesellschaft für Ansiedlung auf dem Lande», 1919
- Museum der Tschechischen Literatur
  Hannes Meyer
  Brief an Bedrich Vaclavek, 14. 09. 1926
  dass. 27. 09. 1926
  dass. 24. 05. 1927

Bibliografie der Schriften und sonstigen Veröffentlichungen von Hannes Meyer 1908–1953

Die Mehrzahl der hier aufgeführten Aufsätze ist 1980 erschienen in: Meyer-Bergner, Lena (Hrsg.) Hannes Meyer Bauen und Gesellschaft Schriften, Briefe, Projekte Dresden 1980 (vergriffen).
Der Autor dieses Buches plant gegenwärtig eine erweiterte Ausgabe der Schriften und Briefe Hannes Meyers (voraussichtlich Frühjahr 1992).

Meyer, Hannes, Ein Sieg in der Schweiz.
 Über die Abstimmung des Schweizervolks zum neuen Wasserrechts-Artikel der Bundesverfassung,
 In: Bodenreform. Organ der Deutschen Bodenreform. Berlin. 19. 1908, Nr. 23

Meyer, Hannes, Wie der Dorfplan Gestalt annahm, (m. Abb.). (Siedelungsgenossenschaft Freidorf),
 In: Samenkörner. Basel. 1919, Nr. 11, S. 166–168

Meyer, Hannes, Grundlagen des Planes, (m. Abb.). (Siedelungsgenossenschaft Freidorf),
 In: Samenkörner. Basel. 1919, Nr. 12, S. 184–185

Meyer, Hannes, Der bauliche Organismus. (Siedelungsgenossenschaft Freidorf),
 In: Samenkörner. Basel. 1920. Nr. 4, S. 55–56

Meyer, Hannes, 13 Leitsätze zur Tapetenauswahl (und): Drei Fragen eines architektonischen Doubels. (Siedelungsgenossenschaft Freidorf),
 In: Genossenschaftliches Volksblatt, (Beilage). 1920, Nr. 29

Meyer, Hannes, Leitsätze für die Spezialwünsche der elektrischen Hausinstallation. (Siedelungsgenossenschaft Freidorf),
 In: Genossenschaftliches Volksblatt, (Beilage). 1920, Nr. 29

Meyer, Hannes, Unsere Normalfenster und die Vorhänge (m. Planbeilage). (Siedelungsgenossenschaft Freidorf),
 In: Genossenschaftliches Volksblatt, (Beilage). 1920, Nr. 36

Meyer, Hannes, Das Aufhängen der Bilder. (Siedelungsgenossenschaft Freidorf),
 In: Genossenschaftliches Volksblatt, (Beilage). 1920, Nr. 42

Meyer, Hannes, Aufruf an die Siedler.
 (Siedelungsgenossenschaft Freidorf),
 In: Genossenschaftliches Volksblatt, (Beil.). 1920, Nr. 12

Meyer, Hannes, Sprechsaal: Antworten auf die Fragen von Siedlern. (Siedelungsgenossenschaft Freidorf),
 In: Genossenschaftliches Volksblatt, (Beilage). 1920, Nr. 15

Meyer, Hannes, Zusammenstellung der elektrischen Hausinstallation in den einzelnen Haustypen. (Siedelungsgenossenschaft Freidorf),
 In: Genossenschaftliches Volksblatt, (Beilage). 1920, Nr. 29

Meyer, Hannes, Die Baumalleen.
 (Siedelungsgenossenschaft Freidorf),
 In: Genossenschaftliches Volksblatt, (Beilage). 1920, Nr. 34

Meyer, Hannes, Mitteilungen des Architekturbureaus. Vom Gartenbau. (und:) Über die Einfassung der Gartenwege. (Siedelungsgenossenschaft Freidorf),
 In: Genossenschaftliches Volksblatt, (Beilage). 1921, Nr. 9

Meyer, Hannes, Mitteilungen des Architekturbureaus. Grundsätzliches über die Bepflanzung der Gärten. (Siedelungsgenossenschaft Freidorf),
 In: Genossenschaftliches Volksblatt, (Beilage). 1921, Nr. 10

Meyer, Hannes, Mitteilungen der Bauleitung. Kiesgrube. Gartenhäuser. Seitliche Laubenabschlüsse. Kellerfenstergitter. (Siedelungsgenossenschaft Freidorf),
 In: Genossenschaftliches Volksblatt, (Beilage). 1921, Nr. 21

Meyer, Hannes, Aus unserem Baubüro.
 Umgebungsarbeiten. Kanalisation. Straßenanlage. Blickschutzanlage. Wiedereröffnung des Baubureaus. Führungen. Mängel und Schäden. (Siedelungsgenossenschaft Freidorf),
 In: Genossenschaftliches Volksblatt, (Beilage). 1922, Nr. 12

Meyer, Hannes, Baukommission.
 Der stinkende Mull. Der kaputte Lattenhag. Die zerstampften Papierkörbe. Das zerbrochene Drahtglas. (Siedelungsgenossenschaft Freidorf),
 In: Genossenschaftliches Volksblatt, (Beilage). 1922, Nr. 36

Meyer, Hannes, Der Baugedanke. (m. Abb.) (Siedelungsgenossenschaft Freidorf),
 Siedelungsgenossenschaft Freidorf, Broschüre Basel. 1921, S. 55–77 u. S. 100–104

Meyer, Hannes, Het Co-op Tooneel, le Théâtre Co-op. Programmheft zu den Aufführungen in Gent/Belgien in

Meyer, Hannes, französischer und flämischer Sprache. (m. Abb.), Gent 1924 (erschien auch in deutscher Sprache zu den Aufführungen in Freidorf. Basel 1924)

Meyer, Hannes, Das Theater Co-op (m. Abb.).
In: Das Werk. Zürich. 12. 1924, H. 11, S. 329–332 (erschien auch in: bauhaus. 1927, Nr. 3, S. 5 unter dem Titel: Das Propagandatheater Co-op)

Meyer, Hannes, Die Siedelung Freidorf, (m. Abb.),
In: Das Werk. Zürich. 12. 1925, S. 40–51

Meyer, Hannes, Junge Kunst in Belgien, (m. Abb.),
In: Das Werk. Zürich. 1925, H. 9, S. 257–276 Forts.: H. 10, S. 304–305

Meyer, Hannes, Zur Eröffnung der Ausstellung belgischer Kunst in Basel,
In: Basler Nachrichten. 14. 3. 1925

Meyer, Hannes, Antwortschreiben auf einen Artikel von Werner Hegemann und Alexander Klein. (Siedelungsgenossenschaft Freidorf),
In: Wasmuths Monatshefte für Baukunst. Berlin. 1926, H. 7, S. 302–303

Meyer, Hannes, Abstrakte Kunst.
Zusammenstellung von Bild und Text. (Redaktion) dieser Sondernummer der Zeitschrift A B C, Beiträge zum Bauen. Basel. 1926, Serie 2, Nr. 2

Meyer, Hannes, Co-op. Construction 1926/1.
(Fotografie einer Ei-Glas-Konstruktion von Hannes Meyer, Foto: Hannes Meyer),
In: A B C, Beiträge zum Bauen. Basel. 1926, Serie 2, Nr. 2 (erschien auch in: Das deutsche Lichtbild. Jahresschau 1927. Berlin. 1927/28, S. 115)

Meyer, Hannes, Die neue Welt, (m. Abb.),
In: Das Werk. Zürich. 13. 1926, H. 7, S. 205–224

Meyer, Hannes, Die ersten 8 Bauhausbücher, (Kurzrezensionen)
In: Das Werk. Zürich. 13. 1926, H. 7, S. 234

Meyer, Hannes, Das Licht Co-op.
(Fotografie der «Lichtwirkungen im Kraftwerk Augst», unter der Rubrik «Das Licht», Foto: Hannes Meyer),
In: Das Werk (Die neue Welt). Zürich. 13. 1926, H. 7, S. 229

Meyer, Hannes, Das Interieur Co-op.
(Fotografie eines (synthetisch eingerichteten) Zimmers, unter der Rubrik «Der Standard» Foto: Hannes Meyer),
In: Das Werk (Die neue Welt). Zürich. 13. 1926, H. 7, S. 219

Meyer, Hannes, Die Vitrine Co-op.
(Fotografische Detailaufnahme von der im Freidorfer Genossenschaftshaus von Hannes Meyer bestückten und ausgestellten Schauvitrine mit Serien-Produkten des VSK, Foto: Hoffmann, Basel),
In: Das Werk (Die neue Welt). Zürich. 13. 1926, H. 7, S. 216

Meyer, Hannes, Die Landschaft Co-op.
(Fotografie von Stromleitungsmasten auf dem «Schlachtfeld St. Jakob bei Basel anno 1926», unter der Rubrik «Der Standard», Foto: Hannes Meyer),
In: Das Werk (Die neue Welt). Zürich. 13. 1926, H. 7, S. 219

Meyer, Hannes, Das Buch Co-op. Die Zeitschrift Co-op. (Fotografische Titelblattkompositionen von Avantgardebüchern und -zeitschriften, Foto: Hoffmann, Basel),
In: Das Werk (Die neue Welt). Zürich. 13. 1926, H. 7, S. 233 u. 235

Meyer, Hannes, Die Petersschule in Basel, (m. Abb.).
Überarb. Wettbewerbsentwurf 1926/27. Hannes Meyer, Basel/Bauhaus-Dessau. Hans Wittwer, Basel,
In: bauhaus. 1927, Nr. 2, S. 5 (Architekturnummer)

Meyer, Hannes, Das Propagandatheater Co-op, (m. Abb.).
(Hannes Meyer, Basel und Jean Bard, Genf),
In: bauhaus. 1927, Nr. 3, S. 5 (Bühnennummer)

Meyer, Hannes, Völkerbundpalast in Genf. (Abb., erste Veröffentlichung),
In: Concours d'architecture, Jury-Bericht, franz. u. engl. Genf. 1927, S. 44–45

Meyer, Hannes, Ein Völkerbundgebäude für Genf – 1927. Leitgedanken. Der Saalbau. Das Sekretariat (m. Abb.). Hannes Meyer und Hans Wittwer.
In: bauhaus. 1927, Nr. 4, S. 6

Meyer, Hannes, Völkerbundpalast in Genf.
Le concours pour l'édification d'un palais de la société des nations a Genève. (Erläuterungen m. Abb.),
In: Das Werk. Zürich. 14. 1927, H. 7, S. 223–26

Meyer, Hannes, Ansprache an die Studienvertreter vom Bauhaus, (1928) (Aufzeichnungen von Otti Berger, 1928),
In: Wingler, Hans M., Das Bauhaus. 1919–1933 Weimar, Dessau, Berlin. Bramsche 1968

Meyer, Hannes (Hrsg.), bauhaus. Zeitschrift für Gestaltung.
1928, Nr. 2–4 1929, Nr. 1–4

Meyer, Hannes, Erläuterungen zum Schulprojekt, (m. Abb.). (ADGB-Bundesschule Bernau bei Berlin),
In: bauhaus. 1928, Nr. 2/3, S. 13–16

Meyer, Hannes, Co-op. Antwort auf eine Umfrage. (Hannes Meyer über Hannes Meyer),
In: bauhaus. 1928, Nr. 2/3, S. 27

Meyer, Hannes, Bauen,
In: bauhaus. 1928, Nr. 4, S. 12–13

Meyer, Hannes, Die neue Welt.
(Neu gesetzt u. ergänzt, erweitert; eingearbeitet das Text-Manifest «bauen» aus der Zeitschrift bauhaus, 1928, Nr. 4),
In: Kritisk Revy. Helrup. 1928, H. 1, S. 14–20

Meyer, Hannes (Hrsg.), bauhaus. Vierteljahr-Zeitschrift für Gestaltung.
3. 1929, Nr. 1, Januar
3. 1929, Nr. 2, April bis Juni
3. 1929, Nr. 3, Juli bis September
3. 1929, Nr. 4, Oktober bis Dezember

Meyer, Hannes, (Baulehre Bauhaus-Dessau).
Vortrag, gehalten in Wien (22. 4. 1929) und Basel (3. 5. 1929). Erstmals als Manuskript faksimiliert gedruckt,
In: Hannes Meyer, Bauen und Gesellschaft. Dresden 1980

Meyer, Hannes, Bauhaus und Gesellschaft,
In: bauhaus. 1929, Nr. 1, S. 2

Meyer, Hannes, Aufnahme durch die Fensterscheibe von Co-op. (ganzseitige Fotografie, [Portrait seiner Frau Nathalie Herkert] von Hannes Meyer mit dem Kommentar: «Zur Frage: Photographie und Kunst im Aufsatz von Lu Märten»),
In: bauhaus. 1929, Nr. 1, S. 3

Meyer, Hannes, Die Ausbildung in der Bauabteilung (m. Abb.)
In: Junge Menschen kommt ans Bauhaus (Bauhausbroschüre). Dessau. Bauhausdr. Co-op, 1929

Meyer, Hannes, Junge Menschen kommt ans Bauhaus. 48seitige Prospekt, bekannt als «Co-op Broschüre». Programm des Bauhauses. Text, Redaktion, Zusammenstellung und Layout von Hannes Meyer. Dessau. Bauhausdr. Co-op, 1929

Meyer, Hannes, ADGB-Arbeiterbank Berlin, eingeladener Wettbewerb für ein Büro- und Bankgebäude, (Abb.),
In: Wettbewerbe. Berlin. 1929, Nr. 11, S. 121–127

Meyer, Hannes, ADGB-Arbeiterbank Berlin, eingeladener Wettbewerb für ein Büro- und Bankgebäude, (Abb.)
In: RED. Bauhaus-Sonderheft. Prag. 1930, Nr. 5, S. 147–149

Meyer, Hannes, Man begreift den Westen nur noch schwer,
In: Basler Vorwärts. 10. 12. 1930

Meyer, Hannes, Mein Hinauswurf aus dem Bauhaus,
In: Das Tagebuch. Berlin. 11. 1930, H. 33, S. 1307–1324

Meyer, Hannes,
Geleitworte,
In: Der rote Student. 1. 1930, H. 1, S. 2–3

Meyer, Hannes, (ADGB-) Bundesschule in Bernau bei Berlin von Architekt Hannes Meyer, (m. Abb.). Text: Adolf Behne,
In: Zentralblatt der Bauverwaltung. Sonderdr. 51. 1931, Nr. 14, S. 211–222

Meyer, Hannes, Einleitung zum Katalog der Bauhaus-Ausstellung im Museum für Westliche Kunst.
Moskau 1931

Meyer, Hannes, Über Sowjetrussland.
In: Baugilde. 20, 1931, S. 1602–1604

Meyer, Hannes, Bauen, Bauarbeiter und Techniker in der Sowjetunion,
In: Das neue Rußland. 8. 1931, Nr. 8/9, S. 46–48

Meyer, Hannes, Schweizer Architekten in der SU,
In: Basler Vorwärts. 22. 4. 1932

Meyer, Hannes, Der Architekt im Klassenkampf,
In: Der rote Aufbau. 5. 1932, H. 13, S. 614–619 (erschien auch in: Schweizer Städtebauer bei den Sowjets. Basel. Verl. Genossenschaftsdruckerei, 1932, S. 24–30

Meyer, Hannes, Städtebau hier und dort,
In: Schweizer Städtebauer bei den Sowjets. Basel Verl. Genossenschaftsdruckerei, 1932, S. 20–21

Meyer, Hannes, 12 putevovo dnevnika architektora (Aus dem Reisetagebuch eines Architekten),
In: Architektura SSSR. Moskau. 1. 1933, S. 36–38

Meyer, Hannes, Koreferat zu einer Buchkritik von Architekt Blumenfeld (zu dessen Kritik des Buches von Golmerstein und Stodieck: «Wie atmet die Stadt?», Berlin 1932),
In: Sowjetskaja Architektura. Moskau. 5. 1933

Meyer, Hannes, Zur Friedenspolitik der UdSSR,
In: Basler Vorwärts. 18. 10. 1933

Meyer, Hannes, Kak ja rabotaju (Wie ich arbeite),
In: Architektura SSSR. Moskau. 6. 1933, S. 34–35

Meyer, Hannes, Generalplan von Groß-Moskau, (Abb.),
In: Die Neue Stadt. (Jg. 6 der Zeitschrift «Das neue Frankfurt»). 1933, Nr. 10, S. 225–226

Meyer, Hannes, Novye žilye doma Moskve (Neue Wohnhäuser für Moskau)
In: Architektura SSSR. Moskau. 1934, H. 12, S. 10–12

Meyer, Hannes, Sprung ins Leben. Betrachtungen über die Untergrundbahn in Moskau,
In: Sowetskoje – Iskusstwo. Moskau, 5. 11. 1934, Nr. 10

Meyer, Hannes, Bolšoj perelom (Der große Durchbruch),
In: Architektura SSSR. Moskau. 1934, Nr. 12

Meyer, Hannes, Skul'ptor Karl Gejzer (Der Bildhauer Karl Geiser, Schweiz), (m. Abb.)
In: Architektura za Rubežom. 1934, H. 1, S. 29–31

Meyer, Hannes, Koncertny dom (Das Konzerthaus), (m. Abb.), (Über den dänischen Architekten Ivar Tengbom)
In: Architektura za Rubežom. 1935, Nr. 2, S. 9–17

Meyer, Hannes, Flucht ins Leben,
In: Deutsche Zentralzeitung. Moskau. 15. 1. 1935, Nr. 10

Meyer, Hannes, Metro in Moskau,
In: Basler Vorwärts. 9. 3. 1935

Meyer, Hannes, Was leistet unser Architektur-Kabinett,
In: Deutsche Zentralzeitung. Moskau. 16. 2. 1935

Meyer, Hannes, Über Sowjetarchitektur von heute,
In: Die rote Fahne. Prag. 26. 1. 1936

Meyer, Hannes, ...Antwort zur Umfrage der «Ehemaligen»,
In: Zeitung der Kartause (Waisenhaus in Basel). 1937, S. 20–22

Meyer, Hannes, Werkübersicht Hannes Meyer. Redaktion, Text, Abb.: Hannes Meyer,
In: Arquitectura y Decoración. 2. 1938, Nr. 12, S. 226–276

Meyer, Hannes, Experiencas de urbanismo (Erfahrungen im Städtebau). Vortrag an der Akademie San Carlos, Mexico, 4. 10. 1938,
In: Arquitectura y Decoración. 2. 1938, Nr. 12, S. 252–257

Meyer, Hannes, Entwicklungs- und Rekonstruktionsplan von Groß-Moskau (1931–1932), (m. Abb.).
In: Arquitectura y Decoración. 2. 1938, Nr. 12, S. 262–267

Meyer, Hannes,
La Capital de Birobidjan,
In: Arquitectura y Decoración. 2. 1938, Nr. 12, S. 268–271

Meyer, Hannes, Die Satellitenstadt Nishni-Kurinsk im Bassin Perm/Ural-UdSSR (1932), (m. Abb.),
In: Arquitectura y Decoración. 2. 1938, Nr. 12, S. 275

Meyer, Hannes, Die Satellitenstadt Molotovo im Bassin Perm/Ural-UdSSR (1932), (m. Abb.),
In: Arquitectura y Decoración. 2. 1938, Nr. 12, S. 276

Meyer, Hannes, La Formación del Arquitecto (Die Erziehung zum Architekten). Vortrag an der Akademie San Carlos, Mexico, 29. 9. 1938,
In: Arquitectura y Decoración. 2. 1938, Nr. 12, S. 231–235

Meyer, Hannes, Die Satellitenstadt Perm im Ural-UdSSR, (m. Abb.)
In: Arquitectura y Decoración. 2. 1938, Nr. 12, S. 272–274

Meyer, Hannes, Bauhaus Dessau.
Erfahrungen einer polytechnischen Erziehung, (m. Abb.),
In: Edificación. Mexico-Stadt. 1940, Nr. 34, S. 13–28

Meyer, Hannes, El Espacio vital de la Familia (Der Lebensraum in der Familie), (m. Abb.),
In: Edificación. Mexico-Stadt. 1940, Nr. 32

Meyer, Hannes, El hogar infantil cooperativo en Mümliswil von Hannes Meyer (Jura Suizo), (Das genossenschaftliche Kinderheim in Mümliswil von Hannes Meyer), (m. Abb.),
In: Arquitectura. Mexico-Stadt. 1941, Nr. 8, S. 28–37

Meyer, Hannes, El regionalismo en la edificación de la vivienda suiza (Der Regionalismus im schweizerischen Wohnungsbau), (m. Abb.),
In: Arquitectura. Mexico-Stadt. 1941, Nr. 7, S. 30–41

Meyer, Hannes,
Städte in der Feuerprobe,
In: Freies Deutschland. 15. 12. 1941, S. 18

Meyer, Hannes, Die Sovietarchitektur,
In: Task. An magazin for the younger generation in architecture. Cambridge, USA, 1942

Meyer, Hannes, La Realidad Sovietica los Arquitectos (Die Wirklichkeit der sowjetischen Architekten)
In: Arquitectura (Sonderdruck). Mexico-Stadt. 1942, Nr. 9, S. 1–20

Meyer, Hannes, La Colonia Obrera de las Lomas de Becerra, Mexico, D.F. (Die Arbeitersiedlung Lomas de Becerra in Mexico, D.F.), (m. Abb.),
In: Arquitectura. Mexico-Stadt. 1943, Nr. 12, S. 105–109

Meyer, Hannes, La ciudad de México, fragmentos de un estudi urbanistico (Die Stadt Mexiko, Fragmente einer urbanistischen Studie), (m. Abb.),
In: Arquitectura. Mexico-Stadt. 1943, Nr. 12, S. 96–107

Meyer, Hannes, Higiene industrial y arquitectura industrial (Industrie-Hygiene und Industrie-Architektur. Vortrag auf dem 2. Kongreß für Arbeits-Hygiene und -Medizin in Mexiko, D.F., 27. 7. 1943),
In: Trabajo y Prevision Social. Mexico-Stadt. 1943, Nr. 70

Meyer, Hannes, Bemerkungen zur mexikanischen Architektur der Jahre 1940–1950, (m. Abb.),
In: Edilizia Moderna. Mailand. 1950, Nr. 45

Meyer, Hannes, Die Werkstatt für grafische Volkskunst in Mexiko (TGP), (m. Abb.),
In: Album del Taller de Grafica Popular en Mexiko 1937–1949. Mexiko 1949

Meyer, Hannes, El taller de grafica popular (Die Werkstatt für grafische Volkskunst in Mexiko), (m. Abb.),
In: Graphis. Zürich. 1950, Nr. 30

Meyer, Hannes, Die Schweizer Volksarchitektur im Krieg und Nachkrieg 1939–1950, (m. Abb.),
In: Edilizia Moderna. Mailand. 1950, Nr. 45

Meyer, Hannes, Mexiko,
In: Edilizia Moderna. 45. 1950, S. 68–74

Meyer, Hannes, Zum Tode von Hans Wittwer, Basel,
In: Das Werk (Chronik). Zürich. 1952. H. 4

Meyer, Hannes, Schulbau in Mexiko, (m. Abb.),
In: Bauen und Wohnen. Ravensburg. 1953, Nr. 1

Meyer, Hannes, Kinderheim in Mümliswil, (m. Abb.),
In: Das Werk. 40. 1953, H. 7, S. 213–216

Meyer, Hannes, Über marxistische Architektur.
und: 13 Thesen über marxistische Architektur (1935)
In: Meyer, Hannes, Bauen und Gesellschaft. Dresden 1980, S. 92–99

Meyer, Hannes,
Entwicklungsplan für Sozgorod na Gorkach, (1935)
In: Meyer, Hannes, Bauen und Gesellschaft. Dresden 1980, S. 113

Meyer, Hannes, Gorod Birobidshan.
Bericht einer Stadtbaubrigade (1934),
In: Meyer, Hannes, Bauer und Gesellschaft. Dresden 1980, S. 139–147

Meyer, Hannes,
Deutsche Architektur der Nachkriegszeit (1919–1934) (1934),
In: Meyer, Hannes, Bauen und Gesellschaft. Dresden 1980, S. 156–160

Meyer, Hannes, Kleinwohnungsbau im Westen (1934),
In: Meyer, Hannes, Bauen und Gesellschaft. Dresden 1980, S. 160–168

Meyer, Hannes, Studie zur Wohnungsarchitektur (1935),
In: Meyer, Hannes, Bauen und Gesellschaft. Dresden 1980, S. 173–175

Meyer, Hannes,
Über die Architektur des Wohnkomplexes (1935),
In: Meyer, Hannes, Bauen und Gesellschaft. Dresden 1980, S. 175–177

Meyer, Hannes,
Über die kapitalistische Wohnungsarchitektur der Nachkriegszeit (1919–1934) (1935),
In: Meyer, Hannes, Bauen und Gesellschaft. Dresden 1980, S. 177–185

Meyer, Hannes, Eröffnungsrede zu einer Ausstellung über sowjetische Architektur in Mexiko,
In: Meyer, Hannes, Bauen und Gesellschaft. Dresden 1980, S. 341–344

Meyer, Hannes, Spaziergang als Städtebauer durch Italien
In: Meyer, Hannes, Bauen und Gesellschaft. Dresden 1980, S. 344–361

Meyer, Hannes, Über die Beziehung zwischen euch Biologen und uns Urbanisten (undatiert),
In: Meyer, Hannes, Bauen und Gesellschaft. Dresden 1980, S. 337–340

Abbildungsnachweis
Editorische Notiz

Wenn nichts anderes in den Abbildungslegenden vermerkt ist, stammen die Fotovorlagen aus dem Archiv des Verfassers. Abkürzungen werden wie folgt verwendet:

StaBSt.	= Staatsarchiv des Kantons Basel-Stadt
StaBL.	= Staatsarchiv des Kantons Basel-Land
gta	= institut für geschichte und theorie, ETH Zürich
DAM	= Deutsches Architektur Museum, Frankfurt/M.
BA	= Bauhausarchiv Berlin (West)
Gb.	= Galeriebesitz
C. M.	= Claudia Meyer, Zürich
HAB	= Hochschule für Architektur und Bauwesen, Weimar

Dieses Buch geht Meyers Wirken bis zu seiner Berufung ans Bauhaus (1927) erstmals detailliert nach und legt somit erstmals seine architektonischen und kunsttheoretischen Intentionen zur Findung einer wissenschaftlich fundierten Bau-Kultur offen.

Auf ein gesondertes Werkverzeichnis wurde deshalb verzichtet, da sich dieses aus der biografisch-werkmonografischen Anlage dieses Buches bis 1927/28 ergibt. Die Bibliografie der Schriften und sonstigen Veröffentlichungen Meyers wird hier aber vollständig bis 1954 wiedergegeben, da eine solche bislang nur unvollständig vorliegt.

Der Hochschule der Künste Berlin-W (Fachbereich Architektur) gegenüber wird dieses Buch als Veröffentlichung der Dissertation vorgelegt. Mein Dank gilt hier vor allem Ingeborg Beer, Eduard Führ und Gerd Gröning für die Feinsicht, die Sie erkennen ließen.

Martin Kieren, im Februar 1990